JN323910

近代・戦争・国家

——動員史観序説——

畠山弘文著

文眞堂

近代・戦争・国家——動員史観序説　目次

序章　動員史観への長い助走……1
1　本書の性格　1
2　もう一つの《感受性》としての動員史観　3
3　隠れたねらい——理論と生活の共振　5
4　批判的権力理論としての動員史観　9
5　社会理論としての動員史観——二つの特徴　12
6　本書の構成　16

第1部　動員史観へのご招待——近代、よい子、動員……29

第一章　動員史観への序奏……31
第一節　動員の産物としてのわれわれ？　31
1　虎穴に入らずんば虎児を得ず？　31
2　自然って何？　32

3　大きな力って何？　33
4　最初のアダルト・チャイルド森鷗外？　35
5　動員って何？　37
6　動員社会としての現代社会　39
第二節　一億総よい子化社会　40
1　動員という視点　40
2　動員されて棄てられて――《自主的に活動しなさい》という呪縛　40
3　文化的動員解除としてのブルセラと援助交際？　43
4　一億総よい子化社会――ブルセラ女子高生対体育会系男子学生　45
5　《何のための動員？》――リースマンのひそみにならって　48
第三節　動員の歴史社会学(1)　48
1　よい子の2DK　48
2　テニスコートの下の動員――昔陸軍、今自動車教習所　49
3　特権的な一九世紀から例外としての一九世紀へ――特徴1　51
4　政治理論としての国家論から社会理論としての国家論へ――特徴2　52
5　一八世紀から二〇世紀へ――特徴3　53
6　社会経済史から軍事史へも――特徴4　54
7　内外の動員との格闘　57
第四節　動員の歴史社会学(2)　57
1　全般的鬱陶しさの経験　57
2　戦争が生んだ近代――近代理解の基本線　58

3　歴史における統治形態のインパクト(1)――動員の歴史的源泉　59
4　歴史における統治形態のインパクト(2)――有機体国家の登場　64
5　《戦争国家論》としての動員史観　66
第五節　孤独でデリケートな美学的抵抗　68
1　絶対主義から援助交際まで　68
2　モダンとしてのカニ――上海の中華レストランにて　69
3　かくも長き動員――よい子の一生　71
4　変化への始動　73

第二章　「動員後」へのスルーパス――一九九七年ジョホールバルからの展望　竹内瑞穂・執筆……75

編者（畠山）から一言　75
序　書くにあたって　77
第一節　スポーツ社会学の起点とその広がり　79
1　ノルベルト・エリアスの議論　79
2　エリアスの限界　80
3　近代的文脈を知るために　80
第二節　動員史観で捉えるアジア最終予選　81
1　ワールドカップ出場まで　81
2　「動員史観」で捉える「ゾーンプレス」　84
3　「動員史観」で捉えるメディア　86
4　「動員史観」で捉えるよい子カズ　87

第三節　「動員後」にあるもの　90
1　ある違和感　90
2　「動員」を拒否する中田英寿　91
3　中田の視線の先にあるもの　93
最後に　「動員」解除への方向性　95
1　もう一つの流れ　95
2　「動員後」の過ごし方　95

第2部　一九世紀型社会科学からネオ・マキアヴェリ主義的冒険へ……107

第三章　社会科学の古典モデル……109
第一節　一九世紀型社会科学　109
1　一九世紀型社会科学という発想　109
2　啓蒙の産物としての社会科学　114
第二節　一九世紀型社会科学のバイアス――《社会中心的な一国史的アプローチ》　119
1　イギリスというヘゲモニー――外部世界の消失　120
2　一八世紀への反動形成――もう一つの外部世界の消失　124
3　近代における常態としての戦争可能性――国家と国際関係の連結　127
第三節　近代の新たな自己理解――二一世紀型社会科学へむけて　132

第四章　日本におけるネオ・マキアヴェリ主義的精神の躍動——動員史観前史の試み……136
第一節　《怪物としての国民》の自覚——西川長夫　138
第二節　ネオ・マキアヴェリ主義的精神の《心の旅路》——山之内靖　143
第三節　二一世紀型社会科学への遺言——村上泰亮　146
第四節　ネオ・マキアヴェリ主義的精神の横溢——多島海への船出　152
1　川勝平太——文明の海洋史観　152
2　木村雅昭——思想史的突破　153
3　野口悠紀雄——一九四〇年体制論　155

第3部　第三の社会理論の実践としての動員史観……173

第五章　動員史観の理論枠組……175
第一節　総力戦体制という出発点　176
1　山之内靖の総力戦論　176
2　現代のノマドたちの社会運動論　182
3　動員史観による総力戦論の変容——動員体制という観点　185
第二節　動員史観の基本的な概念と枠組　192
1　《国家関連事項》　193
2　動員の基本的な型——動員体制の三層構造　204
3　動員史観における《モダンの条件》——近代のビッグバンとしての原動員と国家的動員　209

4　第三の動員体制としての《心の動員体制》——純正近代日本における人間動員体制　212
第三節　社会理論としての国家論、バージョン1と2——動員史観の理論的基礎づけ　219
1　《社会理論としての国家論1》——統治の目的　219
Ⅰ　統治の技法論——統治の問題構成　220
Ⅱ　一七、八世紀におけるポリス論——《生活する人間》の発見から《人口・住民》へ　224
Ⅲ　統治の目的　226
2　《社会理論としての国家論2》——統治のメタ目的　226
Ⅰ　《統治の目的と国家の目的の疑似パラドクス》　228
Ⅱ　《統治のメタ目的としての国家の目的》論再考　233
Ⅲ　《戦争国家論》　236
(1)　近代戦争国家のさまざまな顔——徴税国家そして治安国家　236
(2)　戦争国家イギリス——　国家の軍事的起源と発展　238
第四節　フル動員としての近代生活——動員の考古学へ　239
1　今日的現象を解釈する第三の社会理論は可能か——動員史観成立の可能性　240
2　動員の考古学——二つの考古学　246
3　内なる動員——動員の考古学2　248
第六章　よい子という問題構成——動員の考古学……254
第一節　よい子の誕生と生態　255
1　近代社会からの脱出：全共闘バージョン——団塊世代の挑戦　255
2　近代社会からの脱出：成熟社会の戦略——学校的日常の憂鬱　259

3　何のための動員?:《体育会系》という生き方――動員のための動員　261
4　動員とその産物としてのよい子　265
第二節　組織による正常で過剰な動員――組織という絶望　268
1　強制された自発性:よい子生産工場――労働現場のよい子化圧力　269
2　何のためでもない動員:浮遊する動員――受験体制のよい子化圧力　275
3　組織による動員――繭としての動員組織、蚕としての動員人間　280
4　競争という現実原則――大状況　281

終章　動員史観の基本的性格――総括……301
第一節　基本的性格――動員史観の二つの顔　301
1　第一の顔　301
2　第二の顔　305
第二節　ネオ・マキアヴェリ主義社会理論――フェイズ1とフェイズ2　308
1　フェイズ1　308
2　フェイズ2　311
第三節　歴史社会学と動員史観　312

付論　見えざる手としての国家……318
はじめに　318
第一節　ネオ・マキアヴェリ主義的実践――多様で分散した試み　320
1　政治社会学としての政治学――一九世紀の遺産　321

2　国家中心的アプローチへの先駆的な動き　323
3　ドイツ・リアリズムという伝統――《ウェーバー＝ヒンツェ的パースペクティヴ》　326
第二節　《歴史のなかの国家論》――歴史社会学からの展望　328
1　国家権力の二つの顔　328
2　ウェーバー社会学の主題による変奏(1)――宗教社会学の問題設定から　330
3　ウェーバー社会学の主題による変奏(2)――国家社会学の問題設定へ　331
第三節　《ヨーロッパ的例外》の歴史社会学　334
1　統合のなかの多様性――《文化的統一性と政治的分断のユニークな結合》　335
2　経済発展における国家の性格――有機体国家の国内的条件　338
3　多極的国際システム――有機体国家の国際的条件　340
4　結論――ヨーロッパ的動態の例外性　342
第四節　近代世界と国家という問題設定――国家の政治理論から社会理論へ　344
1　政治理論としての国家論、社会理論としての国家論　345
2　近代世界と国家　346
3　《リサーチプログラム》としてのネオ・マキアヴェリ主義　350
第五節　ネオ・マキアヴェリ主義社会理論の射程　350
1　社会理論としてのネオ・マキアヴェリ主義――鳥瞰的整理　351
2　無自覚な比較は無意味である――比較論の前提をめぐる疑問　355
3　社会科学において歴史は異化の技法である――歴史と社会科学の対立の無効　357
4　おわりに　359

あとがき……368
付録――動員史観用語……381

序章　動員史観への長い助走

1　本書の性格

本書は、一冊の《マラルメ的なリーヴル》がそうであるように、見果てぬマクロコスモスをそのなかに閉じ込めようとしてつくられた書物である[1]。その結果、《研究書》《啓蒙書》《教科書》のどれでもあろうとし、どれでもないような欲張りでバロック的、もしくは均整の要請をものともしない南国の果実となった。とはいえ、この研究、啓蒙、教育というトライアングルの頂点から内部に向かうどこかでかろうじて小さな三角形（ミクロコスモス）をつくっているのではないかとも期待しており、したがってどっちつかずだといわれればそうだと答え、読みやすかったといわれれば読み飽きないよう工夫したとも抗弁しよう、そう密かに考えている小著である[2]。

内容的には、動員史観と称するものについてごく簡単な概要を示し、御批判をいただこうとして書かれた。本書の書き手以外には一読不明に思われる箇所や心理的抵抗もないわけではないだろうが、話全体の筋は単純だし十分伝達可能と判断して、今後はさらにこの方向で分かりにくい点、納得のいかない点、問題にならない点などをご指摘いただき、次の本格的な作業に備えようと考え、さしあたりこの段階で形のあるものにすることにした。

講義や研究会、学会や講演会などかなりの場で動員史観について語る機会があったが、即座には理解されないこともあった。伝統的なディシプリンのどれか特定の領域（政治学、社会学、歴史学といった）にすんなり収まる性質のものではないためと思われる。そのためあらかじめ書かれた言葉で一定のオリエンテーションを提供しておいてもいいだろうというのが、本書刊行の理由の一つである。学生たちとの関係では講義が少しは容易になるものと期待している（↓教科書的効用）。

しかしただちにピンとくる人にはピンときてもいるようで、もっと詳しく知りたいという要求も少なくなかった。というかむしろ多かった。その場合の共感の質を考えると、それは学術的な関心というよりも、それ以前の段階、いってみれば整然たる学的体系そのものの誕生を促す最初の一撃のようなもの、あるいは日常経験に根ざす、いま生きている世界についての違和感とでもいったようなものに近いと感じられた。その意味では本書を提示するもう一つの理由として、各人の批判意識を介した個人的な生き方の問題、《切実な意識》に重なるような動機があるというべきで、著者としては、この本が何よりも、読み手にとって、そのような社会と自己の双方にとっての、ロシア・フォルマリズム的な《異化の技法[3]》となってくれるよう切望している（→啓蒙的効用）。

とはいえ、かなりの期間、この漠然たる匿名の促し、あるいは、端的には着想と苦痛の入り交じった想念にかかわった大学所属の専門家という立場からいえば、本書全体を通じて波状的に言及していくような学術的な関心を展開するところに、そもそも動員史観という名前で呼ぶことになった考え方を育てていこうとした《制度的》な理由があったわけで、その意味では純粋に理論上の冒険として書かれた書物でもある（→研究書的効用）。

だから、特定の時事的なテーマを追求したり、歴史（学）的作業を細部にわたって行うことは（少なくともこの段階では）考えてはいなかった。ただ追って見るように、社会科学の大海原には、孤独な独行船《動員史観号》と航路をともにするものがないではない。そして荒い波間からかすかに遠望できる独航船は、船籍も多様である。いるはずと思うといないし、いないと思って見渡すといないわけではない。そうした落胆と安堵の狭間から、本船は、単独航にもかかわらず、多分に現実離れした長期的で抽象的な理論水準を維持するところにしか動員史観号のオリジナリティはないのだと航海途上で思い定めることになった。かくして、はじめから、ある理路を大筋で示す、そのことに重きを置いて本書全体は構想され、事実、構成されている。

とはいうものの、本書は、皮肉でも何でもなく、ゴシップと見える事象のなかに歴史的位相を発見し、そのことによって支配的な現在を相対化する異化の手段、いうならば以下で述べるようなミシェル・フーコー的な《現在の歴史[4]》のためのヒューリスティック（発見的）な探究として、むしろ大方の読者には役立つことになるのではないかと思われる（社会的抵抗の武器といってもよいが、直接そういうほど大時代的な人間ではないので、一人小声で自室でつぶやくだけだが）。

もうお忘れの方も多いと思われるが、動員史観の着想から完成、そして出版にいたる長い時間のなかで、《ダディ[5]》郷ひろみは離婚し再婚しまた離婚した。そして《スター》松田聖子も再婚し、そして離婚した。それにとどまらず、サッカー日本代表チームのフォーメーション論議から東京的街頭の美観の欠如[6]、過労自殺から援助交際まで、動員史観が、そこに露呈した矛盾は近代的論理の産物、そのさまざまな非合理（近代的非合理）の浮上であると告げる事柄は多い。ここで率直に、動員史観を推進する原動力が、《学問内》的な関心（理論的革新）だけでなく、経験世界に対する根本的に批判的な考察（ニーチェ的《診断》）によるところ大であったという事情を開陳しておくべきだろう。それは、ワイドショーのスキャンダルに世界の縮図やあり得べき徴候を見るような、いってみればボードレール的照応関係[7]の理論のようなものとして動員史観が機能する、ということでもあるだろう[8]。

近代という時代とシステム[9]――それが強固であればあるほど、その《近代の諸帰結[10]》は、さまざまなマクロコスモスとミクロコスモスを貫いて、その姿を顕現させるはずである。箸の持ち方や上げ下げに対する抑えきれない困惑、一挙手一投足からの全体的な人物判断、小顔や八頭身などを美しいと受けとる身体観などが、圧倒的な程度において歴史的近代の規定を受け、その効果にかかわるものであるだろうことは否定しにくい[11]。

これはたんなる三つの一例（?）に過ぎない。とすれば、何が自分の決定で、何が自分の外からやってくるのか。そういう判断をまるで主体的な選択として行っているように見える自分とは、本当はどういう存在なのか。そもそも自分とその《外》といったものが敢然と区別されるのか、さらにさらに、云々云々……。

問いはもっと膨らんでいくが、動員史観はいわゆる近代の個性神話に加担するものではない。ましてや、個人の美的・倫理的差異を追い求める昨今流行の《自分探し》とは指向を異にする。自分探しは他者との差別化をはかるゲームである。動員史観は、細かく差別化をねらう個性的たらんとする他者の群れのなかで《地》となっている隠れた相似を析出し、自分らしさを求める傾向の背後に潜む共通の時代的・システム的な《図柄》を探ろうとするものである。すなわち地の図柄の探求、あるいは個性という化粧の下にある地顔としての近代を腑分けする技法、それが動員史観なのである[12]。

ともあれ本書は、以上のような複合的な背景から書かれ、分量的にも意図的にもあくまで触発的な試論でしかない。したがって、ご不満に思われる点は、これに続くはずのもう一、二冊のリーヴルの、その課題となり糧となるとだけいわせていただくことにしよう。

2　もう一つの《感受性》としての動員史観

さて動員史観という言い方は簡潔なキャッチフレーズとして採用された。

内容的には、歴史形成、とくに近代の誕生・成長・収束における国家、およびその集合としての国際関係（国家間関係）の意義を、巨視的な社会理論として表現しようとする試み――《歴史形成力としての主権国家および主権国家システム》論というものに、仮につけた付箋、悪くすればスティグマのようなものであって、史観といっても大げさにとっていただく必要はなく、そもそも司馬史観や東京裁判史観、進歩史観や唯物史観といったような大局的・実態的な歴史観を表明しているのではない[13]。ただマートン的な《中範囲理論[14]》のように特定の限られた現象を個々に説明する理論ではなく、そうした多様な理論的営為の背後にある、往々黙示のままとどまる前提的な思考のシステムにかかわるものであって、その限りで、お望みならば本書を、マイケル・ポランニー的な《暗黙知》の次元を問題にしようとするものだと考えていただいて多分結構である。比較的メタレベルの理論構築になるからである[15]（後にいう《一九世紀型社会科学》という深層の解剖学として）。

　このように動員史観は、一定の歴史的事実や解釈を前提にしているとはいえ、かなり思弁的・統合的な作業であり、個々の事実の微細な解釈そのものについて対抗諸解釈と正統性を競うような局所的（?）な争いは、以下の議論においては重要ではない[16]。思弁と総合によって本書のねらうところはもっと限定的で、ささやかでさえある。動員史観とは何よりも、もう一つの《感受性》の提起だからである。

　ここでもう一つの感受性とは、細部理解の漸次的・技術的改善（従来の社会科学におけるトーマス・クーン的な《通常科学化》の試み）ではなく、支配的なものの考え方への漠然たる差異の感覚を、もう少し形のある異議申立てへと変形するための最初の基礎や手引きを提供するということである。そのことの故に動員史観は《社会理論》レベルの問題に拘泥するのである[17]。

　改めて、その主な任務は、未知の物事を発見するよりは、既知だが不定形な経験に適切な表現を与えることにある。ニーチェの年長の友人歴史学者ブルクハルトが中世と近代の間に横たわる薄明のクワトロチェント（一五世紀）を鮮明なルネサンスという言葉で呼んだように。近代のあり得べからざる貧窮民の惨状を産業革命という新概念によって説明したイギリスの経済史家トインビーのように。これを要するに名指し、名付けること。しかしそのためには、そうした表現の可能性を奪うような《地平的》な思考習慣からの切断がまず必要である。動員史観はかくて二つの使命を担う。感受性の開発、そしてそのための道を障害の排除という形で整備することである。

　では、何のための開発と排除なのか。あるいは動員史観が直接、その読み手に益することは何なのか。改めて動員史観は慎ましい試みである。いってみれば、もっと別の見方がある、こういう考え方だってある、と人の耳元でつぶやく、フーコーを幻惑したフランスの評論家モーリス・ブランショのいうようなギリシャ神話のセイレーンのささやきに近い。その声はある人には社会科学の作法に一定の疑問や変更をもたらすようなもう一つの解釈や発見を告げるものと聞こえたが、旧来の認知地図に満足してきたかなりの人々には不要なノイズでしかなかった。もともとセイレーンの歌を耳にすることでギリシャの船乗りたちは海へと吸い込まれていった。セイレーンとは時と場合によっては、はみ出しや堕落、挫折への誘いなのである。しかし…

セイレーンたち。確かに彼女たちは歌っていたようだが、それは人を満足させるような歌いかたではなく、歌の真の源泉と真の幸福がどのような方向に開かれているかを了解させるだけの歌いかたであった。だが、彼女たちは、未だ来るべき歌にすぎぬその不完全な歌によって、航海者を、そこでこそ歌うという行為が真に始まると思われるあの空間へ導いていった。だから、彼女たちは、航海者をあざむいたわけではなく、実際に目的地に導いたのである[18]。

だからこの危険な声をうまく聞き分けることで、専門家には、一定の視点の転換をもたらし、そうでないとしてもせめて何らかの現実にアプローチする際の認識の可能性を多様化させることができるかもしれない。また、身近な現今の社会現象を理解したいという一般の方々には、曇った日常的約束事の世界を抜け出てこれを相対化するある種デカルト的、といわなければアクロバティックな《自由の快楽》を味わう実践的契機となってもらうことができるかもしれない。つまりは、そうした介助の一端を担うことができるなら、それで本書の段階における動員史観――産婆役としての動員史観は十分な成果があったと考えたい。

決定的な言明でなく、一個の触媒たること――間断なく再生産される制度的知の枠内にあることの安逸と抑圧の二声のポリフォニーに酔いしれるギャラントな《大人》の快楽は、それはそれとして認めつつ（スノベリー＝スノッブたることは社会科学者の一つの条件ですらある[19]）、そこからさらにお読みになる方々が、想像上であれ現実にであれ、心象風景の切り換え、もしくは現実的な《解法＝解放》へのチャンスと夢を得ることができるような、そういう試みでありたいと願う。

3　隠れたねらい――理論と生活の共振

本書のそうした明らかなねらいを逸脱してさらにいうことができるとすれば、そこには、隠れたねらいとして、二一世紀が始まったばかりの社会科学の専門家の生活を少しでも変えたいという願いがないわけではない。それは考えてみるまでもなく大変に驕慢なことではあるのだが、専門家がその頭の爽快さ（さきほど感受性という言葉で表現したもの）から自分の生活や行動を見直すような形で、あるいはそのことに直結する形で、既存の社会科学的テーマや方法を再検討するきっかけにでもなればということに関係してくる。ちょっと唐突かもしれないが、経済学者森嶋通夫の、自らの学問史に重ね合わせた近代日本の学問批判『智にはたらけば角が立つ[20]』も、おそらくは同様のねらいをもつように見える。彼は《気弱な善人》という日本知識人の典型（本書のいう《よい子》学者版あるいは藤田省三の《制度通過型インテリ[21]》）を、怖るべき記憶力で自伝的に再現し徹底的に生体解剖していくが、本書の隠れたねらいは、このイギリスで後半生を送ることになった論争的人物の人生航路が如実に示しているような、動員史観風にいえば《純正近代＝日本社会》への人間的・構造的批判に対応するものだといってそう遠くないように思われるからである（ちなみに現代日本の問題は端的に人間類型や人間関係のあり方にかかわる、したがってその一端は戦後の教育制度の問題でもあるという森嶋と同様の発想は最近再びよく見られるようになった[22]）。

　森嶋の批判の要点を、本書の線に沿って一言で要約すれば、学問を変えるには学者自身が（まず、あるいは、もまた）変わらなくてはならない、ということ以外にはない。この文脈で、動員史観が、慎ましい意図とは裏腹に結果的に多分に誇大な知的パノラマ、《マクロな大風呂敷[23]》を招来することになったについての、いうも気恥ずかしい次のような危惧にやはり触れておくべきだろうか。それは、社会科学者が専門分野という名の、アメリカの大学が典型を示す二〇世紀後半的《家業》（ディシプリン）に隠蔽されることで、知的営為の批判性や全体性が独特に頽廃していくのではないか、という身の程をわきまえぬ、大袈裟な悲壮の身振りというか懸念のことである（勿論ここでそう書く書き手の人生は、タイル張りのコンクリート建築のオフィスで大半費やされている。そのギャップ、密室芸人的な言辞に大笑いしていただきたいとも思う）。

　その意味では、それ自身大変なことだが、《思考（感覚）を変えよ》といったアルチュール・ランボー的な挑発を越えて、《世界を変えよ》とするカール・マルクス的な試みが現実に何ほどか実現されることが、やはりロジカルに延長していけば著者の望みだったに違いない、と冷戦以後の羞恥心を抑えていってみる必要があるのだろう（それは間違いなく過度も過度、超過度な延長なのだが）。マルクスの名前が出たのであわてて付け加えると、そこにはイデオロギー的含意はまったくないし、世界の変革がリオタール的な《大きな物語[24]》が焦点をあてるような大状況の変革でもないだろうことは確実である[25]。

　ここでいう世界を変えるというのは、さしあたってはグランドデザイン・レベル（天下国家）の大変革ではない。本書の書き手は官僚でも政治家でもない。もっと日常的な《いま—ここに》（局所）のレベルにおける再びフーコー的な《抵抗》として考えていただけたらと思う（そのことが大状況といわれるものの変化と無関係だと考えてはならないし、そう考えているわけでもない）。

フーコーはそれを、《特定領域の知識人》という形容矛盾な主体による今日的な《日々の実践》だとしている[26]。特定領域の知識人はフーコーのいう《大作家時代の終わり》によって生れた。大作家＝《なんでも知っている知識人》とは定義によって自分の専門を越えて発言する者でしかないのだから（そうでなければ専門家である）、エミール・ゾラやアンドレ・ジッド、ポール・ヴァレリーやＪ・Ｐ・サルトルなど、本来の大知識人に期待されたのとは異なる形で今日の専門家が行う市民的・社会的関与（《ローカルな抵抗》）ということがその意味である。

日本の《例外的で代表的》なエスノメソドロジスト山田富秋が精力的に論じているように、フーコー的な微細権力が縦横無尽にゆきわたったトポスである[27]。とすれば、ごくありきたりの日常こそ、権力の政治力学の中心的な磁場なはずなのである。つまり常識＝現実の社会的構成は強度の権力関係をはらんだ多様な政治過程の産物なのであって、この空気のように軽やかで鉛のように重い《権力作用》のあり方を明らかにしていくこと、それがフーコー的抵抗の出発点となるに違いない[28]。

このようなローカルだが現実的、専門的だがラディカルな抵抗の強調は、日本の場合、《市民社会派》的な良心と抵抗という《戦後社会科学》の最良の伝統とその一貫した姿勢にもかかわらず、実は学者のレベルですら（そうした抵抗の）生活への個別的実践や啓蒙としては定着しなかったのではないか、との判断をもっていらっしゃる方には、一層切実に受け取ってもらえるかもしれない[29]。

ここでさきほどの隠れたねらいに戻って、社会科学と実生活との乖離ということに関連してある学生の示した印象的な寓話を紹介しよう。ポマードでオールバックにした匂うがごとき紳士がいて（これがどうも政治学者らしいのだが）、本屋の若い女店員に横柄な態度で本と金を差し出す。店員が丁寧な対応をとるにもかかわらず、男はただ差し出された本を不機嫌に受けとるだけで礼の一つもいわずに去っていく。礼どころか、一言も発しない。まるで言葉を発することが沽券にかかわるとでもいうように。

そもそもポマードなどという大時代な代物をいまだに使っている人間がいるとも思えず、したがってこれはまさに神話的な例であり、学生が具体的な特定の人物にリファーしているとは思えないが（断言はできない）、実をいえばこれは一歩外に出ればちょくちょく目にする人物だし光景である。問題はその《オヤジ》も、場が場なら、それなりにひとかどの人物として振舞えるということである。しかしそれは《必要》（？）な場面に限られ、必要でない一般生活の上では常識を欠いたままの身振りで相手に権力落差を鋭く感じさせるような無作法な振舞をしている[30]（もしそのオヤジが本当に政治学者なら己の権力作用へのあまりの無知によって政治学者失格とされてよい）。

ここに露呈されたのは、業績と素行との断絶という現代（日本）社会の縮図である[31]。内容と形式の離反、もしくは言説と行為の乖離の物語といってもいいが、社会を担う《立派な大人》にしてその程度の作法（の不在）で堂々と生きていけることの《近代的》不思議にそろそろ気づくべきである。システム論社会学者宮台真司が《ウソ社会[32]》と呼んだこの社会の矛盾が、そこに集約的に露呈されている。別の言い方をするなら、説教しながら援助交際するオヤジという、この善意であり欺瞞であるもの。あるいは品格の欠落もしくは現代日本の象徴――この寓意は社会科学にとってみれば、具体的な日常生活（自分の、そして他者の）にリファーしない高邁な言説がどんな結末をたどるかを示唆して憂鬱である[33]（いわゆる《公共性》や《公共空間》論を展開する専門家の日常生活を覗いてみたい、というスノッブな気持ちもこの系として――少しだけ――理解されるのではなかろうか[34]）。

では理論的営為が自分の生活や感覚にいま一度返り、これらと充実した共振関係をもつようになるにはどうしたらよかろうか。（政治学的文脈でいえば）勇敢な外部向けの政治発言をしたり、市民運動やＮＧＯに関係したり、国政に関する新聞記事を追えば済むといったものではまったくない。むしろ現状から見て、そうした《制度化された》政治意識の高さを誇ることが、逆に、社会科学の学問的深度や批判性を削いできたとすらいえるような短くない経験や歴史を、われわれは目のあたりにしてきたと考えるべきである[35]。

いいかえると、制度的な知の再生産とその専門的（ないし業界的）な確認が、つまるところは現状維持・追認の儀式でしかないことは、あまりにも多い。そうして生み出された高度な言説やリベラルな政治活動が《現実なるもの》という大きな保守的抑圧装置の折り込み済みの過程、その一環に陥りがちだということも、いまや明らかではないか。反近代的抵抗運動であった二〇年代モダニズム芸術（未来派のような）がいまや典型的な近代主義様式に見えてくるように、もともと近代という《再帰的システム[36]》には、反近代のモメントがその構成要素の一部として組込まれている。そうした近代の狡智に気づかぬふりをすることはもう許されない。

この文脈で、フーコーといういまや神話的な名辞によって示される思考の作法＝体系がある。フーコーという名が圧倒的な共感をもって、最初は少数者の特権として、そして以後は瞬く間に知的世界を席巻したのは、かつてマルクス主義がそうであったように、理論的な営為の、日常的実践との本来的なつながりを回復させた（あるいは制度的知のそうした共謀を暴いた）その衝撃の故であったといってよいだろう。内なる安楽さを震撼せしめることによって、一九世紀にマルクスが、二〇世紀はじめにフロイトがそうであったような、社会科学や精神科学の範型としての意義を今日も依然、フーコーという名前は担うものである[37]。

フーコーは一つの啓示であり、あるいは例示に過ぎない[38]。大切なのは、フーコーを追うことではなく、その意図を汲みとることである[39]。社会科学の専門的営為は日常的実践との異種交流的な出会いの産物であり、かつこれを脳外的・脳内的に変えるための実践だということに改めて思いいたるということ。理論は、最低限、思考する者にとっての実践でなくてはならない。それによって自らを変えるか、世界を変えようとする、遠大な航路をもった、もともと孤独な営みだということの覚醒[40]。

その意味でも、一九世紀に制度化された社会科学とは、現実を把握するとともに変えてゆく《認識＝実践》行為に与えられた、とりあえず世を忍ぶ名称、その名で特別の反感を抱かせないという意味での愛称でしかない、ということを再確認しておきたい[41]。社会科学は冒険し、闘うものである。それが、しかし、たとえばマルクス・レーニン主義という名で行われた、認識の実践への奴隷化が示すようなものであってならないことはいうまでもない。通俗的な実践対認識図式とはまったく無関係に、フーコーもマルクスも、認識と批判が同時に成立する局面に社会科学という営為の焦点を定めていたことを想起し直したい（ここで再びニーチェのいう《診断》という方法意識にもう一度目をむける必要を強調したい[42]）。

4　批判的権力理論としての動員史観

制度化された思考は冒険しない。社会科学は冒険するというところまで話はきた。冒険といってもその実践は、実につまらなそうに見えるところからでも可能である。たとえば体を張って事に当たるという意味での「汗をかく」という政治家的慣用句。確かに最初に使った人間のセンスは買える。メタファーとしての通俗性と汎用性は抜群である。にしてもいまや使い古されそれ自身汗まみれなこの言い方だけはしない、というささやかな決意によっても冒険は実践される。温度差という言葉も同様である。小難しくいえばウェーバーが『職業としての政治』末尾において従えといった《日々の要求》が、あるいは宮台的には《終わりなき日常を生きろ》という冒険ならざる冒険が、ここでいう冒険たり得る[43]。

こうして冒険とは、一元的な現実構成への（集団的）権力作用から距離をとる、ということの別名ともいえよう。つまり日常世界の支配的な現実もしくは権力作用を穿つということ。だから汗を流したかどうかとはまったく無関係だし、いわゆる《政治的》という言葉の表層的な意味合いとも異なる含意をもつ。日常の微細で、専門的には一見政治とはいえないような領域、政治学の教科書では政治の概念の一部（《広い意味での政治》）だと説明されていても、どの教科書の本論部分にもまず乗らないような諸現象への権力論的視点からの発見的アプローチ――そのためには、繰返すように、見慣れた風景を異化する何らかの契機＝認識論的切断が必要である。適度に異質な世界との遭遇が認識を生む契機だとすれば、これとつかず離れずの関係が必要となってくるだろう（この点の技法にとって既に社会科学者のスノベリーといったものをもう一度思い出していただきたい）。

のみならずここで、さきほどの神話的なオヤジの例からも分かるように、その冒険には、思考の制度化（制度的な知の再生産）を脱し、生活態度自体を変えるという処方が、おそらくは必ず伴うのだということを再度強調してみたい。平たくいえば、自分の切実な問題として理論的営為を考えるという当然の姿勢を取り戻すべきこと、その観点から学問体系や思考への根本的な懐疑をもつべきだということであろうか。いずれも原則的にはごく平凡な事柄でしかない。

しかしながら、一般に、そうした懐疑の姿勢は（本来そのための訓練を受けているはずの）研究者においても弱い。しかも弱いのは通常科学のもたらす平安のなせる業であり、科学の成熟を示すもの、それ自体としてとくに批判されるべきものではないとされることが多いように思える[44]。現実にも、一度学んだ学派から出る学者はほとんどない、という指摘すらある。知らず知らずに既存の思考に囚われるのが専門家というものなのである。したがって、反省的な自己認識、あるいは知識社会学的な視点を、自分を対象に自分に課すというのは、いうほどたやすい作業ではないが、しかしそういう事情であればあえてなおさら、研究者自身の、個人全体としての体当たりの《方法的・体系的錯乱》とアルチュール・ランボーあたりが呼んだようなものを、認識の平面に日々引き入れる用意を怠らないようにすることの必要に気づかされるだろう。だから、その実践的な担保として生活態度を供ずる、幾分は覚悟に近いものが求められることにもなる。自戒をこめて指摘しておこう。

ここでは正面から《近代知の乗り越え》といった勇ましいが紋切り型な行動をめざそうといっているのではないし、それがシンボルやスローガンとして重要だと考えているわけでもない。そうではなく、動員史観が、理論と日々の生活を架橋し、自らの実践が同時に学問的な見識の具現になるような、実はしごく当然の理論と実践の相互作用をめざしたい、というに過ぎないのである。生活する人間としての切実な関心とは関連のない問題（これを《制度的問題》と名づけよう）から理論を構築することのないよう努めることが、社会科学批判の形をとるのは、まさにこの両者（つまり生活と制度的問題）の連関の切断が、伝統的な社会科学の問題把握の仕方や作法（いわゆる実証科学化）に密接に関連している、と考えられるからである。その意味では歴史的には、社会科学こそが、近代的営為の中核に位置して、近代理解の最初の有効な入り口を塞いできたものなのかもしれない。おそらくは、ドイツの哲学者カール・レーヴィットのいう《学問的合理化の先鋒》

として[45]。

この文脈でさきほどの寓話的なオヤジ学者の例がまた思い出される。彼は社会科学そのもののある傾向と現実の寓意なのだといってよいだろう。すなわち冒険を口にしながら我関せず安穏としている知のミューズ、腐臭を整髪料で糊塗しようと必死な気位高き凡人、再びすなわち、これを専門家＝研究者という。このような生活上の帰結に無頓着に、制度的問題を追求する社会科学を、本書では《一九世紀型社会科学》と呼ぶことにする。とすれば大学は一九世紀人の巣窟である。

さて社会科学は歴史上この時期にはじめて制度として確立するから、一九世紀型という呼称自体がくどい響きをもつ。二〇世紀社会科学もその傘下にあるという意味では、たんに裸のまま、社会科学という言い方で事足りるともいえる。が、まさに疑われざるその正当性が、二一世紀を迎えた現在、疑問に付されつつある。《社会科学の一九世紀》という歴史的規定性、被拘束性への疑い。それは先程来執拗なほど述べてきたように、学問と学者との切断への疑問に重なるのである[46]（社会科学は最前線の真理の体系であって、その限界や歴史性に頓着しない社会科学のことを《裸の社会科学》と呼びたい）。

このように考えてくると、改めて《現在の歴史》とは、制度化された思考の方法や作法に無批判に従うのではなく、そのように考えてしまう自分やそれを導き出す制度的チャネルは何なのか疑うことを通じて、自分や組織、制度や社会を成り立たせている見えざる秩序や権力のあり方にメスを入れることだということが分かる。そうすることで閉塞された現在を相対化し、これとは異なるもう一つの世界への想像上の旅を行うこと。現在の歴史はかくて、一元的な現実を否定する認識上のオルタナティヴ運動だということができるだろう[47]。社会学者近藤哲郎は、フーコーが唯一まとまって著した権力研究『監獄の誕生』をとりあげ、そこに彼の『批判』の道具としての『歴史分析』[48]のモデルをみてとった論文のなかで次のように語っている。フーコーによれば、これまで歴史家は自らの過去の再構成がリアルであると述べることで自明性の切断という作業を怠ってきた。批判とはいまあるものが過去には必ずしも存在しなかったということを示すことで、明白なものを偶然の所産として相対化する仕事である。だとすると、フーコーにとって、歴史分析はそのための重要な武器となるだけでなく、そうした道具となる限りにおいての歴史分析でしかないということになるのだと[49]。

だから絶え間ない領域侵犯、歴史的相対化、自明性の根拠を問う作業が、フーコーの歴史分析にとって課題となり方法となってくる。フーコー固有の歴史分析はフーコー権力分析の主要な過程を構成するものなのである[50]。これは勿論フーコーにとどまらず、社会科学本来の任務でもあるというべきであろう。

5　社会理論としての動員史観——二つの特徴

動員史観は、以上のような、一口でいえば、社会科学＝社会科学者批判の含意を《借景》にしながら、現在の日本を対象にして、近代的な制度や生活、態度の問題を、従来の社会科学の枠組とは異なる二つの観点から分析する試みである。

第一に、日本はここでは、従来型の《日本＝後進》モデルではなく、はっきりと《近代のロジック》をかなりの程度貫徹的に、ということはそれを阻止する他の原理的オルタナティヴを廃棄するか、もしくはかなりの程度抑制するほどの徹底さでなされた近代の実験場《日本＝純正近代》と捉えられている[51]。純正近代日本とは、戦後社会科学を支配した《講座派》的な後発近代化国型の思考からは一八〇度転回した観点である。

市民社会派もしくは《近代主義社会科学》は、北西ヨーロッパ、とくに英米を典型的な先進モデルと見て、後進日本を、そうした普遍的な近代社会に近づけるための（戦前からの）運動を受け継いだ戦後日本社会科学の（土着の）パラダイムである[52]。それは、戦後アメリカの近代化論に見られるような一元的な歴史時間軸、たとえば先進—後進図式で世界を整序する分かりやすい進歩図式であった（日本はその後進性故に好戦性をもち、また歴史の必然において敗戦にいたる）。これに対して動員史観は、日本を知ることで近代社会の最前線（の少なくとも一つ）を知ることができると主張しよう。日本を対象にした研究は最善の近代研究となり得る、そういう視点が本書では架構される。

もとよりその近代に、日本独特のバイアスがないとはいわない。そんなはずはない。しかしこれほど伝統と切れた形で近代のロジック（なるもの）や実践（なるもの）が、広く徹底して称揚された国もないように思われる（保守が苛立つのも無理はなく、伝統との徹底的な切断という現実認識こそ、日本的保守の失われた感情的基盤なのである）。それはいってみれば、快適な散歩のための歩道の不在（おしゃべりしながら反対方向から来るもう一組のグループとそのままではすれ違えないような）、見るべき都市景観の喪失（主要街道沿いの単調さのような）、ドアをフルオープンできない駐車場スペース（バック駐車の拷問のような）、集合住宅の《愛すべき》サイズと機能優先のせせこましさ（休息を外に求めてしまうような）の、どれ一つとっても日本というのは、近代社会のある一面をグロテスクに拡大延長したもののように見えるということなのである[53]（たとえオランダの平均的なアパートが日本以下の広さだとしてもである）。

追々述べていくように、日本は、西欧を含めて近代化に成功した国のなかでは、その意味で極端な存在である。事実、戦後日本社会においてつい最近まで、支配的な言説レベルの争いでは、近代主義を否定し切るような考え方が優位したことはなかった。明治の開国期に、国と人のあり方全体を徹底的に変えることになるはずの《近代化》（文明開花）であるにもかかわらず、その導入の是非をめぐる議論が不思議なほどなかった、あったのはより速く近代化するためにはどうするかという功利主義的な争いであった、という社会経済学者竹内啓の指摘[54]と同じことが、第二次大戦敗北後にも繰返され、近代主義パラダイムがほとんど無批判に国中、社会中に浸透していく[55]（李朝朝鮮には開国の是非をめぐるもっと苛烈な議論はあったし、実際開国は遅れた。ヨーロッパでも依然、全面的な近代化を抑制するさまざまな装置、たとえば階級や貴族制、地域文化などの力は強い。産業主義の母国イギリスで執拗な反産業主義が消えないように）。

　本書の立場は、近代の優等生であった結果として現在がある、という角度から日本社会を近代社会のある種の雛型として見ていくというものである。問題はしたがって、なぜ優等生たり得たのか、その場合どういう経緯と契機によって比較的徹底した形で近代が浸透していったのか、その構造的諸要因の析出ということになる。また、そもそも優等生であったことは二〇世紀後半以降の日本にとってどういう結果を招いたのか、その歴史的功罪の検討ということにもつながってくる。あらかじめいえば、動員史観において主眼となるのは、もうお分かりのように、現代日本の弊害が近代の不徹底なのではなく（不徹底だというのが近代主義者の主張である）、近代的生活様式や近代的生産様式といった形で現れる《近代的現実構成》そのものの過剰、ないしその行き詰まりによるとする近代批判の観点である。その起源は古く、一九〇〇年の死からもう一世紀を越えたニーチェに代表される思考（実験）の作法（《パースペクティヴィズム》＝遠近法）であり、それを社会科学において実践しようとしたものである[56]。

　さてこの一〇〇年という年月は、ウェーバーなど《第二世代の社会科学者》以降の今日の社会科学の主要な発展と重なる。その意味でもこのようなニーチェ的な観点を採用しての日本社会論や近代社会論は、機械的に実証主義を標榜する学問の伝統に忠実な分野を除けば、言説レベルでは、もう目新しくはない（ポストモダン以後はとくにそうであろう）。ウェーバー自身がその知的負債をマルクスに劣らず、ニーチェにも負っていた事情は、山之内靖等の解読によってようやくではあるが自覚されるようになってもきた[57]。

ただ動員史観にはもう一つ、そうした既存の批判的言説とは異なる観点が打ち出されており、これが加わることによってオリジナルな視点が確保されることになるのではないかといわせていただきたい。それが国家的動員である。それを主役に全面的にフィーチャーしようとするところに動員史観活劇の特色がある。こうして第二の観点とは、理論的に明確化される国家の役割である。

　後にも見るように、国家はこれまでさまざまに論じられてきた。にもかかわらず、それが社会理論のなかに正当に位置づけられることはほとんどなかった、であろう。国家の本質をめぐる議論、国家の組織原理・内部構成・機能形態や国家の歴史の研究はなるほど唸るほどあり、既にして抑圧的である。飽き飽きするほどの国家論の山。このタイプの研究を本書では《政治理論としての国家論》と呼んでおくが、この種の議論は、その量的プレゼンスにもかかわらず、経済（学）中心的な社会科学のなかでは、実は余白に生きるものであったということを強調してみたい。

それはこういうことである。社会科学全体のなかで政治理論としての国家論は、国家の理論的役割を不透明にしておいたために生き延びたのではないか、ということなのである。国家の研究が大事であることは誰でも直観的に分かる、でもどうしてなのかは分からない。一般の社会科学者は、左派もリベラルも、国家はたんに外から市場経済や私有財産制を維持する装置として重要であると割り切りがちである。しかしそれでは国家の役割はかなり限定されてしまう。言葉は悪いが、そういう理論的な真空にこの種の国家論は地歩を固めたのである。かつての日本社会党のように。政治理論としての国家論にとっては日陰の安逸さを棄てるのはしのびなく、また棄てるためには社会科学全体に挑戦しなくてはならなかった。いいかえると、国家にダブルバインドな場所を与えるのが、一九世紀型社会科学の特徴なのである。したがってどうしても、社会科学の中核となる部分（いわゆる法則定立的社会科学）では国家の研究が成立しにくかったように思われる。憲法学、歴史学、国際政治学といった周辺的なディシプリンが大半の国家論を担当したのは、そのためだと想像されるだろう（第2部を参照のこと）。

さて歴史において国家が経済と並んで大きな役割を果たしたことに異を唱える人はまれである。たとえば次のような表現――「近代西洋社会のダイナミクスは、一方での国民国家間の競合と他方での市場機構における資本主義企業間の競争との結合からきている[58]」。しかし、こう述べたイギリスのクリストファー・ダンデカーは国家の役割を理論的に敷衍しようとする異数の《軍事》社会学者であり、あくまで例外であって、圧倒的に多くの場合、社会科学において議論は実質上資本主義論に傾き、国家については触れることがあっても形式的な言及にとどまる。社会科学の近代論議は、事実の叙述や書物の序論を終えて本格的な理論的説明の段になると、国家に対し必要な注視を行うものではない。スターはあくまで資本主義であった。

いってみれば国家は社会科学的透明人間だったのだろう。なるほど代表的な社会科学者たちは、官僚の模範解答のごとく主権国家と市場経済について言及してきたし、どちらも重要だとする点で意見の一致を見ている。マルクスも世界システム論のイマニュエル・ウォーラーステインも、大塚史学の大塚久雄も産業社会論のJ・K・ガルブレイスも、そうだったはずである。しかし、では経済と国家はどういう位置関係に立つのかと問い直すと、誰一人として理論的に十分説得的に答えた者はないように思われる。かくて社会科学全体が国家のあり方には、少なからず大きな解釈的困難を残しているといわなくてはならない。

たとえば、典型的には、『資本論』の経済学者マルクス。マルクスは最終的に国家を彼の主たる理論的枠組に収め切れず、機械論的な反映論の産物としてしまったように見える。さらに、ギデンズ同様、社会主義国家の崩壊以降のポスト・マルクス主義的期待を担うウォーラーステインを見ると、世界システム論は、なるほど国民国家を単位とする近代社会科学の常識的な視角をはじめて社会科学プロパーとして乗り越えようとしたものであった。アナール学派の巨匠ブローデルを除いて、相互依存と垂直支配の有機的な体系、広範な分業体制をもつ世界システムを社会科学の唯一の研究対象、唯一の「トータルなシステム」、「現実に実在する社会システム」と認めた最初の人物がウォーラーステインであった[59]。

しかし世界システム論では、一国史的アプローチは拒否されていても、依然、経済学的発想が支配的であり、世界大での階級闘争的な説明が重視されている[60]。よくいわれることなのかもしれないが、階級関係と階級闘争が一国内から世界的規模へと拡大延長されているのである。その結果、実り豊かな品種（世界システム論）なはずにもかかわらず、実は収穫される作物は限定されてしまう。とくに国家的要因はいまだ、近代世界システムという世界資本主義における位置から説明される経済的関数にとどまっている。本書の後の言い方でいえば、世界システム論は一九世紀型社会科学における《一国史的アプローチ》からは脱却できていても、《社会（経済）中心的アプローチ》からは抜け出していない。ウォーラーステインが近代世界システムの成立と展開を説明していくときに依拠する変化の原動力はあくまで世界システムとしてのヨーロッパ資本主義経済であり、国家ではない。結局、近代世界システムのなかで国家の役割はどこまでも限定的であるか、扱いに困り果てているとしか見えない（この文脈ではウォーラーステインの議論を転倒するのが動員史観なのである）。

にもかかわらず、たとえば最近の《リージョナル化》と《グローバル化》の両極運動は、国民国家についての関心を再び喚起したから、社会科学アリーナにおいて議論は百出状態である。いま触れたように、国家は社会科学において理論的には国籍（？）をもたず、亡霊にも等しい存在だった。にもかかわらず、メディアや専門家の論議においては、強固な機構、盤石の近代的仕組としての国家が現在、どんどん越えられつつある（国境が物理的に法制的に経済活動において）、もしくは将来的には消えつつある（一九世紀型社会科学の伝統的信念もしくは論理的延長といえる）と論じられる。とくに政治学以外の領域からのほとんど無自覚な侵犯行為としての国家論議では、そうした傾向が強い。ところが理論レベルで国家がこれまで、最近のにわか国家論議がいうほど確固たる存在であったことはなかったのであって、したがって、突然降ってわいたように、強固な国家がとうとう解体していくというストーリーが横行するのは、不可解だし不思議である。そのことは、表面には現れにくいが、実のところは、社会科学者の側の理論的探索における大いなる怠惰の可能性、あるいは他の分野にとっての学問的な壁の高さ（国家論がどういうものか分かっていない）を示唆するものかもしれない。いずれにしても、国家が歴史を画する存在であるということを、これまでどの社会理論も断固として明言したことはなかった、ということだけをいま確認しておけば十分である[61]（まして政治学者がそう断言することなどあり得ない。彼らは、本来それが主な飯の種であるにもかかわらず、三杯目の茶碗をそっと差し出す居候のごとく、国家の役割を強調してこなかった。むしろフィクションとしての国家の人為性↓解体・取替え可能性を主に論じてきたといえよう[62]）。

したがって求められるべきは、一九世紀型社会科学の枠組をいったん離れ、国家はいったい歴史のなかでどういう存在であり、いかなる役割を担ったのか、その理論的な見直しを素直に行うことでしかないだろう。国家の将来展望という時事的で政治的なテーマではなく、それよりは、過去の《歴史のなかの国家》（ジョン・A・ホール）の役割の地味で粘り強い学問的再検討である。これを政治理論としての国家論に対して《社会理論としての国家論》と名づける。それは、近代国家が歴史形成のなかでどういう決定的な位置にあったか、他の権力諸主体とどういう関係を取り結んできたかを巨視的に探求する国家論である[63]。

6　本書の構成

本書は三部構成である。各部は各二章からなり、この六章に、始まりと終わりに置かれた序章と終章が加わって、計八章のシンメトリーである（それに付論と用語集がついて一書となる）。

第1部は動員史観への招待と称する導入部である。第一章は、日常経験する実例をもとに、動員史観への初歩的なアプローチをはかるもので、もともと一般向けに書かれているが、学生相手に授業で説明するときに使った、くだけた話題も一部あり、当世教師稼業の技術的労苦の一端を示している。あるいは書き手の性格を反映しているかもしれない。しかしくだけた話題と真摯なアプローチは両立する。スノベリーが社会科学者の最低条件とはいえ、動員史観はこの二つに区別を設けるスノッブな態度については徹底的に冷笑的である。それに、動員史観は近代理解の方法であるから、もともと古い（=歴史的）話題が多い。そこで、できるときにはなるべく身近な例を用いることのシュールな効果といったものを、またそのギャップを、この本の書き手がねらっているということも実はある。それは要は、自分のうちなるロートレアモン伯にむけて、手術台の上でミシンとコウモリ傘の出会い（いわゆるデペイズマン）を演出したいということでもあるのだが、読者の方々にはその稚気を軽い一笑に付すご寛容を切望したい。第一章はあくまで動員史観への導入であり、第五節を除いて、あとがきに示すように、意識の高い市民向けを標榜する雑誌に連載したものを母体にしている。ご紹介いただいた同僚の川上和久氏と編集長我孫子誠人氏に感謝したい。思わぬところから反響があったことの快い記憶とともに。

一つ面白い試みとして、第二章では、学生の卒論をそのまま《有機的》に援用した。一九九七年度明治学院大学法学部政治学科へ提出の卒論であり、書き手は竹内瑞穂氏。卒論は、一九九八年世界サッカー選手権フランス大会へむけて行われたアジア予選における日本代表ミッドフィールダー中田英寿（二〇〇六年引退）を中心にとりあげている。中田を卒論で扱うことに決めた段階では、彼に対する評価も声望も一般化していなかったから（少なくとも畠山は知らなかった）、当時としては先駆的な分析であった。竹内氏は動員史観を自分なりに応用しており、応用の仕方には畠山とは異なる彼なりの受け止め方がある。それもまた、主題の一つの変奏として興味を引くところであるが、もっと嬉しいのは、多くの社会学者がポストモダンの人間像として、どちらかといえばプレモダンに近い性的人間、いってみれば性に準拠して語られる傾きをもつ限りでの人間像を主に提供しているように思われた当時の状況において[64]、明確に性以外の領域において、来るべき人間像を、しかも次世代を担う青年が書こうとした点にある。その点も含めて読者の方々が、今日の時点でどう判断されるか楽しみにしている。その後の《中田産業》の興隆により参照すべき書物は増えたが、できるだけ原形を保つことにし、むしろ註は最小限とし、枚数も縮小を図っている。竹内君も三〇代になろうとしている。現在の彼がこの論文を読んでどう思うのかは改めて聞いてみたい。ちなみに、ゼミの担当者（本書の著者）としてその試みに逆光から挑戦してみたのが第一章第五節で、年齢としてはこの当時の学生の二倍の手習いである。

第2部はより専門的なレベルでの導入であり、第3部の動員史観提示へいたる道を概観したものである。内容的には第1部での議論の背景にある社会科学批判を分かりやすい形で整理したもので、基本的な文献と対象を日本語や日本に絞っているために典拠の参照や検証も容易だろうし、さらに読み進めることもできるようになっている。日本が動員の最先端なら、日本の／における／による反省的検討こそ、実は二一世紀型社会科学構築の宝庫である。事実、隣接領域の多産な刺激には目を見張るものがある。

第三章は、本書のいう一九世紀型社会科学について学史的検討を加えている。ただし一九世紀型社会科学の母体となる社会理論、すなわち自由主義とマルクス主義については個別的には既に多数の指摘や研究もあるという判断[65]から、簡単にしか言及されない。啓蒙主義というその巨視的な背景を踏まえて、一九世紀型社会科学の二つの特徴（社会科学のバイアス）が重点的に論じられる。

第四章は、二一世紀型社会科学へむけて、精神史的な素描を行う。動員史観をその一翼に含むネオ・マキアヴェリ主義的営為が検討される。二一世紀型社会科学への最短コースはこの系譜にあるとの見立てから、その系譜をラフに押さえておくために、とくに日本の印象的な先駆者たちをランダムにとりあげ、一つながりの精神史を想定しようというのが第四章の趣旨である。このように第2部は、第3部における動員史観提示へのステップボードであるが、ネオ・マキアヴェリ主義社会理論の可能性は動員史観に尽きるものではなく、読者なりの読み方も可能である。

第3部が行うのは動員史観の枠組の提示であり、その応用である。第五章では、動員史観そのものの初歩的な見取り図をお示ししたい。本書の著者はもう長いこと、かつては未踏に近く、ツアーコンダクターの姿すらなかったこの《荒地》に足を踏み入れてきたが、気づくといまや流行となってしまった戦争論や総動員体制論などに適宜触れながら、動員史観の特徴、ねらい、方法、枠組、その国家論的含意などをデッサンする。いつしかむせかえるようになった人込みのなかで新参者的な慄きを味わいつつ、動員史観を展開するために必要な新しい概念の案出や関連の説明を行っている。動員史観の最初のお披露目としての役割からすれば、この章が本書の中心である。

ただし第3部にはもう一つ、現代日本におけるよい子の生理と病理を扱った第六章がある。これは動員史観から導かれるよい子の問題（いわゆる後述の過動員）に対し、動員史観なりの問い方を提示したもので、動員史観の応用というか、もう一段進んだ展開、もしくは動員史観そのものの有効性の検証である。よい子という動員史観独自の問題構成を用いて、現代日本のさまざまな状況を解釈しようと試みている。動員史観が過去の再解釈と並んで、今日的現象の理解をめざすということがご理解願えるだろう。よい子の問題についてはいずれ詳しく扱いたいと思っているが、さしあたり次に予定しているのが国家論、とくに絶対主義国家を含めた近代史の国家論的再検討になると思われるので、あえてここで一筆書きを行ってみたわけである[66]。

動員史観の特徴を要約し将来展望を行おうとした短い終章は、以上の議論の流れを受けて、動員史観の基本的性格についてさらに総整理したものである。それは社会理論としての動員史観のもつ理論的射程を二点にまとめ、方法としての特徴についてもネオ・マキアヴェリ主義社会理論や歴史社会学と対照させて考察している。

＊　＊　＊

今回、最後に付された付論「見えざる手としての国家」は、第2部で検討されたネオ・マキアヴェリ主義社会理論の系譜のより徹底した検討である。欧米系の研究史を一瞥し、ウェーバー社会学との接続もより意識的に浮上させている。本書の著者が動員史観について書いた最初の論文（一九九六年）をもとにしており、原形を維持しつつ、修正や主に縮小を行った。本書中もっともアカデミックに見える部分であり、いいかえると英文の文献を唯一多用している章である。院生のようなお堅い時分の読者には、この部分から本書に入られてもよい、お望みならば。でもそうした方でも、いつかは自分でものを考える時分に達して第1部の軽い調子を愛してくださることを期待したい。この学術論文部分には本書の他の部分とある程度の重複もあるが、著者としては愛着半分、必要半分なのでご寛容を願いたい。

＊　＊　＊

本書は、最終的には、バロックを越えて、いまやマニエリスティックな洞窟である。要は、本来自分のなかに根強く巣くう均整や対称といった形式美への執着を意識的にはねのけ、ピクチャレスクの高山宏翁がいうような、一七世紀的な《崇高美[67]》、つまりはこの文脈では、本書を読むことが同時に危険な崖を登るがごとき、苦痛と緊張の生理学でもあるような、アンファン・テリブルとしてのエドマンド・バーク的な険しさの逸楽[68]という視点を（なかばご都合主義的に）打ち出しつつ、独航船動員史観号の最初の航海を行った、その深夜の軌跡（いわゆる night science）なのだ、と本書を評させていただきたいと思う。一攫千金を求めたつもりはないが、相当の時間と労力を投資したバグダッドの船主としては、無事難破せず、七回目の航海へ旅立てるようただ祈るのみである。読者の方々の率直な感想や批判をいただいて、もっと荒波の公海に出て行くことのできるよう努めたい。

序章・注

1　あらゆる事柄を根底から考え直すことが詩人だとしたフランス象徴派の精華ステファヌ・マラルメは、その有名な火曜会での朗読では、司祭にして踊り子に見えたというが、その一にして多なる彼の構想したリーヴル（世界―書物）もまた、一個の見果てぬ夢に見える。すなわち、「世界の構造を開示する書物、世界の現実に匹敵する書物」（柏倉康夫『マラルメ探し』青土社、一九九二年、三五六頁）。それは、どこから読んでもよく、《折り畳み》によって稼働性を備えた書物であったが、生前は夢想でしかないと思われていたこのマラルメ的リーヴルが、実ははっきりした形をもっていたという事情については、日本では、高階早苗『マラルメ作品における虚構の場――「書物」をめぐって』（大阪外語大学学術出版委員会、一九九八年）第一章「折り畳み運動」参照。

2　高階秀爾のいう《解説、書評、随想》の「三つの要素を一緒にまぜあわせたような一つの読書報告」（『美の思索家たち』青土社、一九九三年、三七一頁）のようなものかもしれないとの思いもあるが、ズバリいえば、高山宏的な《アリス・コンビナトリア》（結合術）のマニエリスム的実践であれかし、という願いもないわけではない。高山宏『綺想の饗宴』（青土社、一九九九年）によれば、それは「糾合、編集、博覧、それらがうみだす驚異というものを内容」（二三三頁）とする《展覧行為》、あるいは「定形化した記号作用と範疇の安定をなし崩しにするものへの方法的関心」（二一九頁）なのである。

3　その刺激的な解説はこの用語の日本的擁護に最大の力を発揮した山口昌男「文化記号論研究における『異化』の概念」『トロツキーの神話学』（立風書房、一九九一年）参照（初出は一九七七年の雑誌『思想』）。ここではもっとメタファー的に、多元的現実という認識への最初の道案内となるような刺激を与えることをそう呼んでおきたい。

4　後に本書における含意は示されるが、現在の歴史とはもともと「現代文化の主要な実践を歴史的展望のなかに位置づけながら、その概念的支柱を見いだすこと」（一五頁）であり、メルキオールによるとそれが、『狂気の歴史』から『性の歴史』までフーコーのすべての著作の目的であったという。J・G・メルキオール（財津理訳）『フーコー――全体像と批判』（河出書房新社、一九九五年）。詳しくは次を参照。A. Barry, *et al.*, "Introduction", in A. Barry, et al., *Foucault and Political Reason* (UCL Press, 1996).

5　郷ひろみ『ダディ』（冬幻舎、一九九八年）。

6　本書では景観論は省略しているので、同じような《日常的（悪い意味ではない）な関心から発する松原隆一郎『失われた景観――戦後日本が築いたもの』（ＰＨＰ新書、二〇〇二年）をあげておきたい。松原の場合、景観の喪失は近代的というよりも純正近代日本という後に出てくる事柄が問題の根幹になっていると解される。

7　いうまでもなく《モデルニテ》（近代）についての最初の覚醒者ボードレール『悪の華』（一八五七年）で示された、小宇宙と大宇宙の間の密接な交流状態あるいは象徴主義を万物照応（コレスポンダンス）という。しかしそれはまた、「《ワレトワガ身ヲ罰スル者》の格闘」ではあるのだが。古典ジョルジュ・ブラン（阿部・及川訳）『ボードレール』（牧神社、一九七七年）第二章表題。

8　「むろんそれは、現実の小さな断片に過ぎない。だが、ブレイク風にいえば、小さな断片にも世界のすべてが映しだされている。喧騒を作り出している砂粒のひとつひとつが、それぞれの歴史を背負っている」。三浦雅士『小説という植民地』（福武書店、一九九一年）八頁。

9　近代はご承知のように時代的概念であるとともに様式的概念であり、本書でも強調点は後者にある。したがって一つの時代にモダン、プレモダン、ポストモダンが入り混じ得る。

10　アンソニー・ギデンズ（松尾・小幡訳）『近代とはいかなる時代か?――モダニティの帰結』（而立書房、一九九三年）。邦訳副題が原題である。ポストモダン批判がそこでのテーマである。ギデンズ自身はハイモダニティ論者である。なお、この書物は、彼をして国家の社会学の先鋒の一人となさしめた後述する『国民国家と暴力』論での議論をさらに押し進めたものである。今枝法之「A・ギデンズの構想力とその知的プロフィール」『ソシオロゴス』一二五号（一九九六年）参照。

11　お望みなら「東照宮より桂離宮を美しいと感じる心すら、実は『教育』された感性であったことに、本書を読んで改めて思いあたった」といった指摘も追加しておこう。ゲオルゲ・L・モッセ（佐藤・佐藤訳）『大衆の国民化――ナチズムに至る政治シンボルと大衆文化』（柏書房、一九九四年）訳者あとがき、二三九頁。

12　「死ぬ瞬間まで何かを追求し続ける。それは現代にあっては、社会から公然と要求される人生のモラルである。社会から人生の行き先をはっきりと提示されていない以上、人生を探し求めるという姿勢は、社会から推奨され称揚される、いわば立派な行為となる」（小林恭二『父』新潮社、一九九九年、二二四頁）というのが現代なのだとすれば、追求される人生の自分なりのバージョンを求めるのが《自分探し》、そういう時代の到来の歴史的意味を考え、相対化しようとするのが動員史観である。

13　たとえば、もっぱら経済的要因に注目する平尾透の《統合史観》の提唱は明らかに「歴史全体の法則的説明が何らかの程度において可能になる」ことを意図している。平尾『統合史観――自由の歴史哲学』（ミネルヴァ書房、一九九六年）二五三頁。しかし動員史観における史観の意味は必ずしもそうではない。それは理論ではなく、一つの《視点》（viewpoint）の提示に過ぎない。歴史の実在全体を対象としているのでもなければ、法則的発展を仮定しているわけでもない。これまで軽視されていた要因（ここでは国家および国家的動員）を照準に世界を見るときにある新しい世界や認識が開けてくるという場合、そのことを唯一の根拠に、物事を眺める約束事の体系から抜け出るために、その現実的妥当性や可能性への配慮とは無関係に採用されるある架設的な視点のことなのである。それはある《見立て》を提示するものに過ぎず、見立てられた世界は現実の世界と同義ではない。むしろそこに浮かんでくる現実の断面や世界解釈の有効性や迫真性によってその評価が決まるようなものなのである。仮縫いの仕付け糸、あるいは肉塊の形を整えるが調理の最後には捨てられてしまう紐糸のようなもの?

14　最近のその意義についての興味深い議論として橋本満「『中範囲の理論』の構想力」高坂・厚東編『講座社会学［1］理論と方法』（東京大学出版会、一九九八年）。

15　マイケル・ポラニー（佐藤敬三訳）『暗黙知の次元』（紀伊国屋書店、一九八〇年）、同（長尾史郎訳）『個人的知識――脱批判哲学をめざして』（ハーベスト社、一九八五年）。略説すれば、ドライバーを加減してネジを締める自分は実はドライバーの微妙な動きを見ていないように（見ているのはネジである）、種々の《見え》としての《遠隔項》（ネジ）の構成を可能にしてはいるが当事者の意識にはのぼらない《近接項》（ドライバーの微調整）のようなそういう社会科学的深層が、ここでいうメタ理論の意味である。宮崎清孝・上野直樹『視点』（東京大学出版会、一九八五年）も併せて参照（なお訳書ではポランニーの表記はポラニーである）。

16　局所的ではないのではないか、重要なのではないかという反論は十分成り立つだろうが、社会思想と社会学理論との中間領域という意味で本書で使われる社会理論ということを強調するのは、そうした争いを避けるためでもある。

17　したがってここで社会理論ということの意味は二重である。現象を大きく位置付けるような認識の整備に加えて、その背後に、もう一つ、異議申立てという《政治的》含意をもつ実践的判断を可能にしようとするねらいがあるからである。

18　モーリス・ブランショ（粟津則雄訳）『来るべき書物』（現代思潮社、一九六八年）三頁。第Ⅰ部「セイレーンの歌」冒頭の印象的な表現。

19　ちょうど「虚栄心。そう、虚栄心は哲学者のシーニ・クワ・ノーン［必要条件］です。…」というオックスフォードの哲学者エイヤーの皮肉な指摘と同じような意味で。ヴェド・メータ（河合秀和訳）『ハエとハエとり壺』（みすず書房、一九七〇年）七三頁。

20　森嶋通夫『智にはたらけば角が立つ――ある人生の記録』（朝日新聞社、一九九九年）。同書は彼の三巻本の自伝の第二冊目にあたる。ちなみに、オルテガを引いて現代の典型的な大衆とは専門家（学者）だといったのは西部邁『大衆への反逆』（文藝春秋、一九八三年）であった。

21　藤田省三『転向の精神史的考察』（みすず書房、一九九七年）。

22　森嶋自身については近著（村田・森嶋訳）『なぜ日本は行き詰まったか』（岩波書店、二〇〇四年）参照。すぐ思いつくところでは他に、阿部謹也『「世間」とはなにか』（講談社新書、一九九五年）、同『日本で生きるということ』（朝日新聞社、一九九九年）、佐伯啓思『「市民」とは誰か』（ＰＨＰ新書、一九九七年）など。いずれも市民や個人、社会や自由といった西欧的な概念が日本には存在できないらしいという観点からの伝統的な議論に近い。いわゆる岩波的進歩派の同じような最近の印象的な議論に、たとえば後に見る野田正彰『戦争と罪責』（岩波書店、一九九八年）がある。心理的に傷つきにくい日本人という文化の問題がクローズアップされている。しかし問題は日本文化にではなく、近代化そのものにあるだろうし、かつ強張った心的姿勢（傷つかない心理）の奥底には強い動員の縛りがあるというべきではなかろうか。この文脈で森嶋の『なぜ日本は没落するのか』（岩波書店、一九九九年）は人間（日本人）の変化を前提にしている点で文化重視の日本批判から自由であり、そうした変化しているであろう人間類型を《土台》に他の上部構造（経済も含む）の未来、二〇五〇年の日本の将来を推測する興味深い議論である。

23　上野千鶴子「世界システムと市場」河合隼雄・上野千鶴子共同編集『現代日本文化論［８］欲望と消費』（岩波書店、一九九七年）一二頁。

24　ジャン＝フランソワ＝リオタール（小林康夫訳）『ポスト・モダンの条件――知・社会・言語ゲーム』（水声社、一九八六年)。

25　解法をマルクス主義、解放を革命に期待した時代は冷戦とともに去った。誤解を防ぐためにいうと、本書の書き手がマルクスに少しでも関心をもった時期はない。まったくない。

26　ミシェル・フーコー「権力と真理」および同「権力について」桑田・福井・山本編『ミシェル・フーコー　1926-1984』(新評論、一九八四年)参照。なお、日々の実践や要求ということのある種絶望的なまでの意義を、『職業としての政治』においてウェーバーが強調していたことは繰返し想起しておきたい。

27　山田富秋・好井裕明『排除と差別のエスノメソドロジー――「いま―ここ」の権力作用を解読する』(新曜社、一九九一年)の、たとえば「このカテゴリー化による『権力作用』は、局所的でローカルな場面で、微細にかつ協働で行使されていく。だからそれを分析するためには、権力の一般理論をうちたてる方法ではダメで、そのつどそのつどアナーキスティックに差別や排除現象を分析していくしかない」(四〇頁)というエスノの戦略は、本書の立場とは違うが興味深いものがある。また、山田・好井編『エスノメソドロジーの想像力』(せりか書房、一九九八年)、山田富秋『日常性批判――シュッツ・ガーフィンケル・フーコー』(せりか書房、二〇〇〇年)に見られる山田の《繊細でポリティカルなエスノグラフィ》の主張も参照。

28　天下国家の変革のデザインを社会科学のもつ現在の用具で確信をもって案出可能かどうかは、設計主義的思考の陥穽を含めて、政策科学流行のいまこそ考えるに値する問題である。既に佐和隆光『虚構と現実――社会科学の「有効性」とは何か』(新曜社、一九八四年)が二〇年も前にそのことを指摘していたのを覚えている人はいないのだろうか。

29　青木他編『近代日本文化論[4]知識人』(岩波書店、一九九九年)、間宮陽介『同時代論』(岩波書店、一九九九年)、加藤節『政治と知識人――同時代史的考察』(岩波書店、一九九九年)参照。最近も丸山真男論を中心に知識人論は少なくないが、思想的巨人という山頂ではなく、今日の大学を考えると、大学山の裾野の方に広がる群像を論じることの必要性をより感じる。その方向での近年の代表作の一つとして《二流》意識に苛まれる文学部知識人を扱う高田里惠子『文学部をめぐる病――教養主義・ナチス・旧制高校』(松籟社、一九九九年)、経済学部知識人についての竹内洋『大学という病――東大紛擾と教授群像』(中央公論新社、二〇〇一年)など。この面では知識人論は教養主義論と接合する。高田のそのものズバリの近著『グロテスクな教養』(ちくま新書、二〇〇五年)も参照。

30　このオヤジの対極的イメージはたとえば次に描かれたハプスブルク帝国小官吏カフカの官吏らしからぬその挙措である。「掃除婦が挨拶をする。カフカは挨拶を返すとき、きっとひとことかふたこと、つけ加えた。家族の健康のこと、あるい近況をたずねる。風邪を引いた坊やはどうなったか、年金にまつわる障害は解決したか?相手が何げなくいったことを、よく覚えていた」。あるいは「ノックの音がする。先輩同僚は『ヘラインー!』といった。『入れ!』といった意味である。その声を聞くたびに、カフカはビクッとしたように身をちぢめ、そっと同僚をうかがった。カフカ自身は『どうぞ!』にあたる『ビッテ!』を使った。地位は上がっても、それは終始かわらなかった」。池内紀「フランツカフカの生涯(第十三回)小官吏の日常」『大航海』第二八号(一九九九年)一七七頁。

31　ここでは個人の政策(生き方)と社会科学との関係(無関係

でいいという関係）を問題にしているが、国家的政策と社会科学との密接すぎる関係を問題にしているのは、山之内靖「日本の社会科学とマックス・ヴェーバー体験」、中野敏男「ボランティア動員型市民社会論の陥穽」『現代思想』一九九九年五月号。業績と素行との関係をもっと広げて専門家と素人の関係という形に置き直すことも可能である。この観点では米本昌平「専門家と素人の間」『岩波講座・科学／技術と人間［2］専門家集団の思考と行動』（岩波書店、一九九九年）が興味深い科学・科学者批判になっている。

32　宮台真司『世紀末の作法――終リナキ日常ヲ生キル知恵』（メディアファクトリー、一九九七年）一三〇―三頁。

33　この寓話に類似した例は当然、分野を限らない。文学者の例としては詩人荒川洋治「恥ずかしい」『大航海』第二八号（一九九九年）が興味深い二例を提供している。

34　このような恥ずかしいといえば恥ずかしい指摘を心理的に可能にした起爆剤（？）として評論家小谷野敦の一連の書物には感謝したい。

35　たとえばよくいわれるように、大学自身が一個の権力機構であることに無自覚であった六〇年代末の学者たち、逆に大学なら大学といった特定の組織を敵として叩けば世界が変わると考えていた学生運動家たち。共に現代的な抑圧の複雑な仕組については感受性を欠いていた。

36　再帰的近代化論は創造的破壊としての近代の力を評価する基本的にモダニストの議論ではある。ウルリッヒ・ベック他（松尾他訳）『再帰的近代化――近現代における政治、伝統、美的原理』（而立書房、一九九七年）参照。ベック、ギデンズ、スコット・ラッシュの再帰性論はしかし一致していない。

37　「かつてマルクスがその後の時代にもったような理論的意義を今フーコーがもちはじめており、歴史や文化にかんする重要な研究の多くがいずれもフーコーを参照している」。内田隆三「ミシェル・フーコー」『大航海』第二八号（一九九九年）一五八頁。

38　いまではフーコー研究も大学という知の家でブランド産業化した感がある。ウェーバー的な《学問のために》ではなく《学問によって》生きるという今日的な専門研究の宿命とは思いたくないが。

39　ジョン・A・ホールがウェーバーの《問題構成》と《ウェーバー主義》を区別するのと同様である。ウェーバー主義はまた、ウェーバーの議論を中国の事例で検討する余英時（森紀子訳）『中国近世の宗教倫理と商人精神』（平凡社、一九八五年）では《ウェーバー式》という言葉で指摘されている。

40　この点では哲学の使命にも近い。「哲学的な理解はつねに実践的なものであり、行動への移行である」。哲学を社会科学といいかえても誤りではない。ルネ・シェレール（杉村昌昭訳）『ノマドのユートピア』（松籟社、一九九八年）一六二頁。

41　イギリスでは社会科学は長いこと社会主義の別称であり、反感をもたれてきたわけだが。

42　フーコーはこういっている。「我々の足下を掘りおこすという仕事は、ニーチェ以来現代の思考を特徴づけています」。ミシェル・フーコー（小林康夫編）『ミシェル・フーコー思考集成』Ⅱ（筑摩書房、一九九九年）四六〇頁。

43　両者の共通性は次のウェーバーへの解説から明らかと思われる。「この単調で息づまるような『日常に耐えること』、…確固とした心の拠り所がないにもかかわらず、なおかつ憧憬を失わず、みずから立てたプランにしたがって自己の生を生きぬくこと、これがウェーバーのいう『日々の要求』であった」。D・ポイカート（雀部・小野訳）『ウェーバー　近代への診断』（名古屋大学出版会、一九九四年）七八頁より再引用。この引用は本書の後の部分にも出てくるが、この主張をより非英雄主義的で大衆的な文脈に翻案すれば、宮台真司『終わりなき日常を生きろ』（筑摩書房、一九九五年）が捉えた当時の少女の戦略、《まったりずむ》につながってくるというのは不謹慎だろうか。

44　執拗に確認しておけば、非常に一般的にいって、実証主義（的社会科学）は、研究者人格と研究成果の間には関連がないというだろう。それでいいし、そうでしかないと。しかし実態は本当にそうなのか、それでいいのか、というのが本書の問題提起である。

45　K・レーヴィット（上村・山之内訳）「学問による世界の魔力剥奪」『学問とわれらの時代の運命』（未来社、一九八九年）所収、参照。

46　いわゆる近代知の乗り越え運動は社会科学に限ったことではない。「近代科学全体は、…直接的なイデオロギーではありえなかったが、…高次のイデオロギーである近代の知の中心的な担い手となった」という観点からすれば、当然そうなるように、事は自然科学の問題でもあるだろう。北沢方邦『近代科学の終焉』（藤原書店、一九九八年）六四頁。

47　《言語論的転回》の影響を受けた社会科学や歴史学においては、ニーチェ的なパースペクティヴ主義的認識を踏まえて、こうした見方は、アナール学派の《問題史》的アプローチにも見られるように、受け入れられているように思われるのだが。一般にはしかしフーコーの《系譜学》的な方法として論じられているだろう。本書の参照した分かりやすいこの方法の説明は中山元『フーコー入門』（ちくま新書、一九九六年）第四章。以下では動員史観の歴史的脱構築の側面を字面的にも確保したいので、現在の歴史という言葉を使用する。

48　近藤哲郎「フーコーにおける権力分析のパラダイム――『監獄の誕生』の方法と論理」『ソシオロジ』一〇七号（一九九〇年）四二頁。第3節の表題。

49　フーコーには珍しい共同研究者であった女性歴史家も、「歴史は、わたしにとっては、現在を耐え、現在をささえる手段です。この現実の異様さや、あるはスキャンダルや、あるいはなれなれしさを生きぬく手段ですね」（一〇七頁）と語っていることは、フーコー的歴史の実践に符合する。福井憲彦編の対談集『歴史の愉しみ・歴史家への道』（新曜社、一九九五年）「歴史と人間の創造性――アルレット・ファルジュ」の章参照。

50　近藤、前掲「フーコーにおける権力分析のパラダイム」（四三―四六頁）によれば、フーコー的歴史分析は次のような二段の形で行われる。まず、現に存在するものが自明ではないことを示す。歴史が連続的因果的発見の所産、帰結でないことが明らかにされる。次に、自明で普遍的なものと見做されたものが形成された時点におけるその事実（抵抗、偶然の合流、葛藤）の再発見を行う。さらにその方法の特徴として近藤は、不連続の出現を可能にする歴史のモデル（出来事の水準の多様化と不連続な網の設定と差異の体系化）と歴史資料のモニュマン化の二点から詳細に検討を加えているので参照のこと。

51　日本へのアプローチが異質性（否定的特殊性）の問題をかかえこんでしまう社会科学のディレンマについては、園田秀弘「日本文化論と逆欠如理論」濱口恵俊編著『日本型モデルとは何か』（新曜社、一九九三年）が興味深い。動員史観は、日本的特殊性の現実が実は近代のロジックのより一層の貫徹にある、という形で問題を構成しており、園田の《逆欠如理論的な解決》（同書、一七二頁参照）とは指向を異にする。

52　欧化と国粋のような、普遍と土着という反応は実は異文明への一般的反応である。日本だけではないし、近代以前にも広く見られる。山本新「欧化と国粋」伊藤・内藤・佐々木編『近代社会学の諸相』（御茶の水書房、一九七八年）。

53　ヨーロッパの整然たる都市景観は国家的監視の産物であるとは、都市論の巨人ルイス・マンフォードの主張である。日本の美観の欠如はしかしこれでは説明できない。L・マンフォード（生田・横山訳）『歴史のなかの都市』（思索社、一九七一年）。

54　竹内啓「日本社会科学の知的環境」岩波講座『社会科学の方法［Ⅳ］社会科学の現場』（岩波書店、一九九三年）。

55　講座派的思考が戦後の社会科学と言論界で支配的であった以上、早急な近代化＝資本主義化について根本的な疑問が出るはずがないともいえるが、他方で、近代世界では、近代化の達成以前に近代化を否定するのは国家的存亡の危機を意味し、不可能に近いのではないかということも、当然に指摘しておくべきだろう。

56　この点をはっきり主張しているのは佐伯啓思「近代化論とイデオロギーの終焉」岩波講座『社会科学の方法［Ⅱ］20世紀社会科学のパラダイム』（岩波書店、一九九三年）。

57　代表的なものは山之内靖『マックス・ヴェーバー入門』（岩波新書、一九九七年）。同方向の展開についてはそのあとがきなどを参照。そうしたウェーバー解釈への抵抗の大きさは、たとえば山之内靖「『祭司対騎士』の対抗軸は何を語りだすか」『未来』一九九七年一〇月号の折原浩への反論など参照。

58　Christopher. Dandeker, *Surveillance, Power & Modernity: Bureaucracy and Discipline from 1700 to the Present Day* (Polity Press, 1990) p.150.

59　I・ウォーラーステイン（川北稔訳）『近代世界システム――農業資本主義と「ヨーロッパ世界経済」の成立』Ⅱ（岩波書店、一九八一年）二八〇、二八四頁。

60　ウォーラーステインの関心が基本的に、不自由な労働の自由な賃金労働への転化、つまりプロレタリア化にあり、その割合が世界的にどう高まっているかにあるとすると（エティエンヌ・バリバール、イマニュエル・ウォーラーステイン［若森他訳］『人種・国民・階級――揺らぐアイデンティティ』大村書店、一九九五年、二一八頁）、やはり一九世紀型社会科学の残跡濃厚と見える。

61　なるほど、もともと国家は必要悪であって、最初から強くはなかったと考える素朴な自由主義者なら（実際には自由主義者は国家の役割をもっと柔軟に見ていたが）、国家というのは歴史逆行的な過渡的存在であって、長い人類史のなかでは当然消えていくと主張するかもしれないことは分かるし、そうなれば歴史が、国家によって歪んでいたところから正規のルートに復することになると見るかもしれない。しかし国家がそもそも弱まりつつあると考えること自体が確かなのだろうか。その指標をどう考えるかは措くとして、一方で確かだと解釈する場合、それは失敗したから弱まるのか。それとも成功したから弱まるのか。前者について一つの解答はいま見た自由主義がするような解答である。もう一つの解答は、国家の歴史的役割は終わり、すでに新しい状況に対応できないから、国家以外の全体を束ねるメカニズムが必要となり、国家は消えていくとするものである。ここでは国家の失敗は成功と表裏をなす。というのも、成功して歴史の正当な役割を終えたから消えていくということと、いまや失敗したから消えるというのはちょっとの差でしかないからである。では成功したというのはどういうことなのか。国家が成功した時代、あるいは国家の時代というのは近代理解のこれまでの立場にうまく接合するものなのか。そして他方では当然、国家が消えていくか弱まっていくというのは確かではない、という解釈もあり得る。それについても複雑で多岐にわたる問題が浮上してくるだろう。しかし社会科学のこれまでの分析の作法は、以上のような、後に触れる《国家関連事項》に対する問題群には慣れておらず、適切な糸口を多数もっているわけではない。今日の社会科学は、第2部第三章で見る通り、一九世紀後半の啓蒙的近代の理想の逆転現象（合理的・意志的選択から遺伝的・環境的宿命へという移行）を前に、不安の世代の巨人たちが行なった思想的格闘に直接の起源をもつが、時代一般と個別的制約によって、当時の社会理論は国家関連事項を、来るべき社会科学の正当で中心的な問題群のなかに置くことに事実上失敗したのである。ウェーバーのような例外的な人物においても幾分そうであったし、その後のウェーバー解釈の歴史においても彼の意図をその方向で復元しようとするには時間を要した。

62　それもまたそれで、独自の歴史的展望や戦略にかかわってはいただろう。その一つの代表として福田歓一『国家・民族・権力――現代における自由を求めて』（岩波書店、一九八八年）。副題に注目。

63　カール・ポランニー（吉沢他訳）『大転換――市場社会の形成と崩壊』（東洋経済新報社、一九七五年）。この関連で木村雅昭『国家と文明システム』（ミネルヴァ書房、一九九三年）第一章参照。

64　しかし社会学者たちは近代的性規範の緩みは即、伝統回帰ではないと強く指摘している。伝統社会における性行動を支えた条件が近代以降には存在しないからであるが。SEXUAL RIGHTS PROJECT編『売買春解体新書』（つげ書房新社、一九九九年）とくに九二頁における上野千鶴子と宮台真司の対話を参照。しかし組織研究の経営学者の方にむしろ普通の職業人を念頭に置いた人間類型論があることに気づいた。組織一般と個との新しい関係《間接統合論》を提唱する本田肇の一連の著作は動員史観との共通性が濃厚である。たとえば『囲い込み症候群――会社・学校・地域の組織病理』（ちくま新書、二〇〇一年）、『個人尊重の組織論――企業と人の新しい関係』（中公新書、一九九六年）、『日本企業と個人――統合のパラダイム転換』（白桃書房、一九九四年）参照。

65　さしあたって山之内、前掲『マックス・ヴェーバー入門』第一章をあげておく。

66　その後、人間類型論の《脱構築派》としてこの問題をさらに展開した。拙稿「脱構築派人間類型論――動員史観によるポスト近代的人間類型論の試み（上下）」『明治学院大学・法学研究』第七七、八〇号（二〇〇四、二〇〇六年）。

67　高山宏『ふたつの世紀末』（青土社、一九八六年）。

68　エドマンド・バーク（中野好之訳）『崇高と美の観念の起源』（みすず書房、一九九八年）。

第1部　動員史観へのご招待——近代、よい子、動員

動員史観はすぐれて《実践的》な理論である。ただし実践の意味は通常とは異なる。いま―ここにあるさまざまな違和感が歴史的な視線を踏まえて理論的に処理されることによって、それまでとは異なる世界への展望を、各人がおのおのの志向と興味にあわせて開き得るよう、刺激やチャンスを与えるということ、そうした机上の刷新をさしあたり実践と呼びたいのである[1]。

ここで重要なのは理論と歴史の両面からあわせて一つの像、つまり近代という時代やシステムの姿が浮き彫りにされるという点である。《現在、過去、未来》の三者を俯瞰しようとする《見果てぬ夢[2]》は、動員史観最大の特徴である。細部に宿った髪の毛のごときか細い糸口が、長期の近代史全体と接合されることによって意味をなす、その爆発的で覚醒的な瞬間が、第1部を通して一度でも訪れるなら、それで既に望みは達せられたと考えたい。あえていってみれば第一章は現在と過去を扱い、第二章は未来にその裾野を拡げるものである。

第一章　動員史観への序奏

第一節　動員の産物としてのわれわれ？

1　虎穴に入らずんば虎児を得ず？

戦後民主主義の下、われわれは、誰の干渉にも服さず自律した市民として、社会の悪や国の無策、他人の不品行を批判できると教えられてきた。事実そのために長い学校生活を通じて、確固たる個の確立を求められ続けてきた。前進せよ。努力せよ。清く正しく美しく。廊下は走るな。買い食い禁止。云々云々。山のような決まりの渦のなかで、個の確立なるものは、結局、剣道着姿の森田健作氏よろしく、いっかな突進してもいつも遠のく地平線のように、無限に後退するばかり。学校的《今週の目標》だけではない。それは日本の近代化そのものの姿だったといえる。「私たちは明治以降、西欧化の波の中で、西欧的な個人を身につけようとしては失望を重ねてきた」[3]（阿部謹也）。

しかしこの心理的負い目が、目標の気高さを引き立ててもいた。永遠に到達不能だからこそ、また舶来品であるが故に、ことさらに輝かしき近代的主体、自我、市民という逆説。ところが月日もたつと、自律した個人という理念が西欧人にとってすら理想でしかないことに気づくばかりでなく、それが理想なのかすらいまでは怪しくなってきた。

たとえばフーコーが、主体化の過程が同時に従属化の過程でもあるとして、《主体（にして）従属》としての近代的人間像を提出したのも、既に旧聞に属することである。彼によれば、主体になるということは何かもっと大きな権力への従属と不可分であり、しかもそうした人間の登場もここ二世紀程度のことに過ぎないのだという。主体や市民というものの成り立ちが歴史的なものであり、ある種の権力機構や機能と関係しているという発見。そしてこのような主体産出の機構としてフーコーがとりあげたモデルが、監獄であったという驚き。監獄状の権力機構のなかで形成される自律的主体？――要は、近代においては権力にとりこまれることなしに主体は形成されない。これを講義では、虎穴に入らずんば虎児を得ず、という風に学生には説明している。[4]

問題は、こうした市民というものの歴史的・権力的構成ということが、実際の市民活動にたずさわっている人を含めて大半の人には理解されていないということである。そのことによって善意の活動をしながら思わぬ盲点――ほとんど《講座派》的な偏向が生まれる可能性が想像される。以下では、現在に生きる人間が啓蒙主義的な理性の独立的な行使者というよりは、否応なく巻き込まれるある歴史的な作用のなかで、これを大きな権力磁場としつつ行動する存在だという点がクローズアップされる。普通の市民がもつバイアス、いってみれば《普通というバイアス》、《市民というバイアス》を指摘してみたいのである。[5]

2　自然って何？

身近にあるいちばん自然なものというと、誰でも自分の体を思い浮かべるだろう。このすらりと伸びた美しい肢体。コントロールしがたい他者＝欲望としての身体。でも本当にそうなの？　と学生に聞いてみる。

いまや大学一年生というより、高校四年生といったほうがいい入学したての、はちきれんばかりの学生たち。野獣的な身体をもてあましながら、素直に彼らは、ハイと答える。そこで、素直さはいまや学生の第二の天性である、などとつぶやきながら教師は、待ってましたとばかり、こう切りだす。近代軍隊、ということは、ナポレオンの国民徴兵制ができるまで、戦闘集団でないフランスの農民たちは《匍匐前進》も《回れ右》もできなかった。だから、オリンピックや北朝鮮のマスゲームを含めて大規模な集団競技を行うということは、産業化以前の自然な身体にはほぼ不可能だったはずだ。いまのあなたがたのようなしなやかで軽やかな身体を想像することは歴史的空想である、と。[6]ところが教師は学生の顔から彼らがホフクゼンシンという言葉すら知らないのに気づいて、たとえば次のような話に転じる。

イギリスの探偵小説家で、独創的（アクロバティック？）な謎解きをするので呆れられているインテリ作家にコリン・デクスターというのがいる。彼の書くのは、オックスフォード警察（正確にはテムズ・ヴァレイ警察）の孤独な中年主任警部のシリーズ。その一編『オックスフォード運河の殺人[7]』で主人公の一匹狼モース警部は、足を怪我して自宅にいる。暇なのでちょうど見つけた昔の殺人事件の文書を読むことになった。百年以上前の文書。で彼が家に居ながらにして、犯人を探していくというアームチェア探偵の話になるのだが、犯人探しの焦点となるのは、ジョアナという名の殺された中年女の身長である。日本では想像もできないが、そこがイギリスの面白いところで、ヴィクトリア朝時代のこの労働者の娘が育った家は一九八〇年代末のいまも残っていた（という前提で話が進む）。疑問がわいて怪我をおして当の家に駆けつけたモースは、結局、ジョアナの成長記録となった日本流にいえば《柱のキズ》を発見する。彼女の実際の身長は当時の医者の報告書とは違っていた。お話のポイントはここにある。

ジョアナは小柄であるはずにもかかわらず、その報告書には五フィート三インチ四分の三（一六〇センチくらい）と書かれていた。いまのイギリス女性では確かに低い方かもしれない。だから小説の主人公たちもそう考えた。ジョアナは小さいと。ちなみに私がイギリスにいたとき所属していた中部イングランドのレスター大学治安研究所で一番の長身は、バーナデットという女性秘書だった。《六尺》どころの話ではなかった。ところが一九世紀末の八〇年代、有名な切り裂きジャックに殺されたロンドンの売春婦たちはといえば、いずれも四フィート九、四フィート一〇、四フィート一一インチ程度しかなかった。つまりイギリス女性とはいえ、いまの水準を単純に当てはめて当時の労働者階級の女性の平均身長を推測することはできないのであって、ジャックに殺されたうち一人だけ大柄の女性がいて、これがロング・リズといったが、それでも五フィート三インチしかなかったのである。つまり殺害された小柄なジョアナより四分の三インチも低かったのである（勿論実際に家に残る印からはジョアナの身長はやはり四フィート九インチしかないことが判明するのだが）[8]。

事ほど左様に、現在を特権化して、いまある状態が自然なのだと決めつけることはできない。いちばん自然に見えるものこそ、逆にもっとも加工され変形された、ある大きな力の産物である可能性が高い。ドイツのポストモダン論者ノルベルト・ボルツがいうように、「われわれの現実において、自明なものはもう何もない。自明性の喪失自体が、全く自明になっているのだ[9]」。われわれの現在において、自然なものはまず何もなく、われわれがそれを当たり前であると思い込むことの共同幻想が現実を支えている。こう《説経》を垂れて、教師はいよいよ本題に入ることになる。

3　大きな力って何？

では、この大きな力って何だろう。この問題にはいくつかの定式化が可能だが、《歴史形成の力》として何を基本に考えるか、という観点から答えるのがいいだろう。これまでの代表的な解答は二つ。一つは、技術の変化を強調する《産業社会論》、ないし自由主義の系譜。社会の構成が複雑化し、社会問題が多様化してきたために、それに答える形でさまざまな技術的発展が進んだ。近代社会とは、分化と技術の織りなす多元的な産業社会であるとするもの。もう一つは、生産の決定的意義を重視する《資本主義社会論》、ないしマルクス主義の伝統。そこでは経済的要因ないしは階級闘争が歴史の原動力であって、極端な単純化でいえば、それ以外の要因は基本的にはそこに還元される。これら二つの見方はいずれも経済変化を重視するのだが、近代社会の捉え方という点では大きく対立し、近代を比較的よしとして肯定するのが前者（高い技術がなければ暮らしていけない）、乗り越えられるものとするのが後者（最終的に絶対窮乏化に労働者は陥るのだから）である。

この二つの見方がはっきり定式化されたのは一九世紀であり、われわれはこの歴史形成力に関する二つの思想的延長線上を二〇世紀においても歩んできた。つまり現在でも大きな社会理論としては自由主義とマルクス主義の二つしかわれわれは知らず、しかもこの二つは拮抗しながら、戦後世界を支配した冷戦構造のイデオロギー的背景とも重なりあっていたために説得力をもってきたのである[10]。自由主義体制か社会主義体制かといったレアルポリティーク上の争いは、かくて社会科学の理論レベルの二分法にもすっきり合致し、事実と仮説の双方で相互を補強しあい、《一元的な現実》とでもいったものをつくりあげていった。冷戦が鬱陶しかった理由の一つはそれだった。すなわち可能性の棄却。そして学問的にも一時はやった体制収斂論の狭隘さは、この一元的現実をあまりに几帳面になぞったためであるだろう。

しかしながら自由主義か社会主義かという捉え方は、あまりに一九世紀的なバイアスがかかったものである。そもそも歴史の長い過程、とくに近代という独自の世界を生んだ構造的条件も含めて、なぜ今日のような近代社会がある地域である時期に《爆発的》に生まれ、瞬く間に地球の全表面を駆けめぐったのか[11]は、そうした見方によってはうまく説明できない。今日の社会科学の説明というのは一九世紀以降の歴史、あるいはアダム・スミス以後の近代資本主義世界については、もっともらしい説明を提供しているように見えるかもしれない。また、マルクス主義などは、少なくとも一九世紀ヨーロッパの全般的な動向について、もっとも妥当な説明を与えたと受け取られているのかもしれない。しかしいかんせん、歴史のもっと幅広い理解という点から見ると、両者には重大な欠点があるというべきである。

たとえば一九世紀がイギリスの世紀であるとして、イギリスが経済を中心にして《市民社会論》を構想していく（＝自由主義社会理論）のは、その前の諸世紀において国家が無視できない力をもち、重商主義などの成功した国家保護政策つまりは国策によって、資本主義経済の順調な発展を支えた前提があったればこそである。そもそも決して市場経済そのものに、歴史を動かす確固たる自律性があったというわけではないのである。そのことは古典的にはカール・ポランニーの経済人類学『大転換』によって早くから指摘されている[12]。この点ではイギリスも後発国たる日本やドイツと違うところはない。ヨーロッパの辺境たるイギリス自身が一六、七世紀においてはハプスブルク・スペインやオランダの後塵を拝する文字通りの後発国だったのだし、典型的な重商主義時代が終わってもイギリスはその政策を継続させた。忘れられたのかもしれないが、アメリカの歴史社会学者の大成者の一人ラインハンルト・ベンディクスは、大著『王なのか人民なのか』において、先進対後進の国家対抗図式で各国の盛衰を考えるべきだとし、イギリスの興隆もそうした国家的努力としての《デモンストレーション効果》で説明すべきだと主張していた[13]。そもそも市場と対立し阻害するものとしての国家を否定的に考える教説、いわゆる《国家の死滅》説は、もとをただせばマルクス一人の特殊な発想ではなく、イギリスの社会学の創始者であるハーバート・スペンサーなど自由主義思想家のものだったのであり、要は近代の北西ヨーロッパにだけ突如現れた特殊な願望の表現だったのである（マルクスはこれを受け継いで徹底させただけである）。

とすれば、国家＝政治＝統治といった一連の現象に対する、自由主義とマルクス主義両陣営の根深い近代的反感が、前代に対する《反動形成》として理解できるのではないか、ということにどうしても気づかざるを得ない。この反動形成は、歴史の正しい理解とは無関係であるばかりか、これをゆがめたというべきだが、にもかかわらず、これが形成途上の《社会科学》の成立を深層から規定していた。われわれとしては、現在、一九世紀を支配したこの反動からどうやって抜け出したらよいのかを考える時である。二一世紀において新しい社会理論のこれが最大の課題といってもよい。冷戦終了から九・一一以後へと変化する情勢のなかで、そのことが同時に、実は、われわれの日常を処する生き方の問題にまで及ぶのだ、という点への注視を、以下に改めて強調しておきたいと思う（むしろ二〇〇一年のアメリカ同時テロは文明論に引きつけて考えないとしたら、現実の国際世界における国家の圧倒的な意義を再び前面に呼び出したものといってよいだろう）。

4　最初のアダルト・チャイルド森鷗外？

新しい社会理論の探究がわれわれの日々の生き方に直結するなどというと学者の戯言でお笑いになるかもしれないが、それにはわけがある。きちんと説明するためには時間がかかるので、一例をアダルト・チルドレンに求めてみよう。ここでいわゆるACとは、子供でありながら親の期待を先取りし、親の立場になって自分の生き方を律してしまう生き方を選んだ子供のことである。そのため、いつまでたっても自分を実感として感じることができない。「極度に従順で、自発性に乏しい子どもたち[14]」。自己決定能力の喪失、一種の自己不全症候群である。これが、学校カウンセラーや成人を扱う医師、心理学者の間で話題になってきたことは先刻ご承知だろう。もともとアルコール依存症の父をもった娘が同じような夫を選んでしまうという反復強迫・共依存の症例がその典型であったが、問題の幅をもう少し広げて、まずは親の期待（アスピレーション）に添うべく生きることを最初の選択基準（喜び）にする子供というように捉えてみると、これが高度成長期にはごくありきたりの生き方であったことに気づく人は多いだろう。

　親よりもよい収入、親よりも高い地位、親よりも頭を下げずにいていい生活。これが高度成長を支えた無数の《地方の秀才》の頭にあった《通俗道徳[15]》（歴史家安丸良夫）であったことは、おそらく否定できない。親が望み、子供も望んだ《近代主義》的願い。それが時代の趨勢であった以上、ＡＣが社会問題となって浮上するはずはなかった。みんな《病気》でどこが悪い？　そもそもそういう生き方はわれわれにとって、近代化とともにやって来たはじめてのチャンスでもあった。その意味では戦後の大衆化がそれに輪をかけたとはいえ、明治以来の日本近代化そのものに根ざした標準的な生き方なのである。なのにいまやそれが多くの人々の問題となるということは、そうした生き方を肯定してきた社会基盤そのものが大きく変質したということである。

　ところでそうした近代主義的生き方のはらむ不充足感については、《闘う家長》森鷗外が既に気づいていた[16]。夏目漱石と対照的にあれほど世の栄達を願った鷗外が、ただの石見の人森林太郎として死に臨む。それは、そうすることで家族の期待を押しのけ、はじめて自己のなんたるかを証明しようという最後の抵抗からであったと考えられる。その意味で彼を象徴的に最初のＡＣと呼ぶことができるだろう（実はヒトラーも同様の視線で眺めてよいことが専門家から提起されている[17]）。

　改めて、そうした生き方を長いこと可能にし、望ましいものにもしてきたのは《近代》という時代でありシステムである。それが圧倒的な権力磁場として作用していたのである。プロテスタンティズムの《休みなき追及》の倫理（が近代を開くというあのウェーバー・テーゼは、つねに世界に緊張をもたらす強迫神経症的な生き方の見事な要約である。絶えざるスタンバイの論理とでもいおうか）。――ともあれ、もしわれわれの身体、感情、欲望、趣味など《自分》とその構成要素、そしてその一生がこの時代とシステムに決定的に規定されるのだとすると、なすべき最初の社会科学の問いは、近代というものがどういうものなのか、これを問う以外にはない。自己決定・自己責任という近代主義的原則も、その舞台の上で成り立つドラマの進行役でしかない。

　こういう例はどうだろう。エレガンスに欠くといわれれば返す言葉もないが、たとえばいまの日本に巨乳といった造語がつくられ、胸の大きな女性を好むという傾向がもしあるとして、これなども私にはごく近代的な現象に思われる。デフォルメを旨とする浮世絵を眺めていても、女の胸は純粋に単線で一筆書きされており、乳首には色がついていないことが多い（と思う）。江戸時代は大きな胸に興味がなかったのではなかろうか。つまりおっぱいは格別の性的機関ではなかった。かくして（かどうかは疑問だが）、近代社会の性格を掴むことは自己解剖の術、その第一歩であり、可能性としての人生への第一歩である、と学生には一方的に申し渡す。

5　動員って何？

でも、その近代理解のために用意されている既成の社会理論が、一九世紀的なバイアスに侵されていてはお話にならない。一番の問題は、国家の軽視にあるように思われる。自由主義もマルクス主義も、（技術であれ経済であれ）市民社会の側の論理を過度に強調しているように見えるが、ここで思い起こそう。さきほどいった反動形成、それは何についての反動形成だったかというと、一七、八世紀を支配した《強い国家》（strong state）に対する反発――絶対王政＝絶対主義国家への成熟しつつあるブルジョワ的反動形成だったということを[18]。とすれば、この、国家という、非常に粗雑な言い方でいえば、市場社会＝市民社会に相対するものの意義を準拠点に議論を組み立てる方が、少なくとも一九世紀以前からの歴史の流れをよりうまく掴めるのではないか、という疑問がわいてくる。国際政治のレベルでいえば、西欧の世界史的勝利を理解する上で、国家の力としての軍事力は、（仮に）民の力としての経済力以上に、決定的な力であったはずなのではないかといってもよい（パックス・ブリタニカの場合だと海軍力と経済力の統合力としての軍事力がその強さの現実的な保証であった）。

ここで私どもの研究会《近代と監視》（略称）についてご紹介させていただこう。この研究会は二年以上にわたって社会学者、政治学者、法学者、思想史家などが学際的に行っていたもので、そこで提示された視座をさしあたり《動員史観》ということができる。厳密にはカテゴリー錯誤なのだが、別名として、ネオ・マキアヴェリ主義社会理論、第三の社会理論、あるいは二一世紀型社会理論などとラフに呼ぶこともあり、只今、社会の認知を求めて羽化の状態にある[19]。

基本的な視点は、国家的動員である。近代国家＝主権国家の形成・発展という目標（古い言葉では国家理性）は、人と物とあらゆる資源をそれに向けて動員していくもっとも強い力である。近代以降の世界はこの渦に巻き込まれ、この観点から合理化されていく（ウェーバーの合理化史観はその例であり、それはおおそれながら、動員史観の一部に包括される！）。経済も技術もその限り主権国家への統合ないし集権の手段であり、それらの自律性は限られた範囲でしか認められない。（実効性の大小は別にするとして）国家の容認する範囲においてだけ、経済や技術は自律性をもつといってもよい。そう考えると自由主義やマルクス主義の想定するような《社会的》な歴史形成のルートは、かならずしも支持しがたいものとなることが分かる。動員史観は反対に、ヨーロッパでは国家という釈迦の手が経済や技術という孫悟空たちを自由に飛翔させたし、そうせざるを得ない事情があったとみるのである。これを《見えざる手としての国家》と表現する（付論参照）。

動員という視点を強調することで見えてくる近代社会の性質は、その常態（＝スタンバイの論理）的な《戦争》遂行という側面である。自由主義もマルクス主義も中世社会を（領主＝貴族階級の支配する）《軍事社会》と見て、近代社会をその終焉（都市商工民＝市民の活躍する商業＝平和社会）と捉えるが、戦争が規模と頻度の双方において急激に拡大するのは近代においてである。ここには観念と現実の逆説がある。動員史観はこの逆説を説明し、社会進化論的な通説を逆転させる。誤解を怖れつつ、戦争が近代社会をつくったとまずは捉えてみたら、どんな視界が開けてくるのかを見ようというわけである。

ただしこの場合、戦争というのが曲者で、あらゆる統治体制に必然的にいわゆる戦争が伴うわけではないのである。暴力紛争や集団的闘争はすなわち戦争ではない。歴史の全過程に見られる戦争という《のっぺらぼうな戦争観》こそ、注意されなくてはならない。あるいは、《呑気な戦争論》と皮肉をこめて呼んでもよい。たとえば人口に膾炙したロジェ・カイヨワの『戦争論[20]』のような戦争の人類学——そこから人間存在の根源的な議論（人間に潜む戦争礼賛の衝動）を引き出そうとする研究だが、それは近代戦争の社会科学とは基本的に無関係というしかない。本書で問題としなければならないのは、近代戦争、すなわち近代的な国際関係とともに成立する主権国家同士の近代戦である（その意味では呑気な戦争論こそ最大の敵なのであるが）。

ちなみにいわゆる《国際関係》も、すべての地域や歴史に存在するわけではない。朝貢関係として成立した前近代東アジア冊封体制には、今日いうような本格的な国際関係は存在しなかった。そもそも伝統的な《帝国》型統治では、国際関係を成り立たせる《国境》なるものは不明確で、多くの場合は国境でなく《辺境》（フロンティア）があるに過ぎない。帝国そのものが一個の宇宙（ユニバース）だから、その内部には原則として主権的な対立としての戦争はないのだといってもよい。ところが封建制から発したヨーロッパ（とくに西ヨーロッパ）の国際関係は常に分裂しており、しかも地理的に閉じ込められていた結果、常時戦争の危機をはらんだ、独立した統治体による国際関係となった（ちなみに封建制自体が一個の萌芽的な国際関係である）。

国際関係があるということは、その単位となる国家が存在したということである。国家と国家間体系（国際システム）は同時に誕生し、同時に存在する。この点が重要である。そしてその常態は、潜在的戦争状態である（戦争がスタンバッている状態）。国家より上位の、全体を差配するメタ統治体が存在しないからである。そのため各統治体（国家）は、あり得べき戦争にむけて国内すべての資源、人から物から組織から情報からその他その他、国の管理できるあらゆる事象について、最大限のものを引きだそうと努める。こうして初期の動員体制が成立してくる。この動員体制は、原理的・希望的には、官民総ぐるみの動員を潜在的には要求する（ただしそれが可能になるのは総動員体制へ移行する二〇世紀になってからである）。歴史上、このような体制全般の国家的動員へのはじめての歴史的試行が成立したのは、封建制をくぐった後のヨーロッパにおいてであった。そうした近代ヨーロッパの過程を《近代化》や《脱魔術化》、《未完のプロジェクト》や《合理化》とか呼ぶのは、観点の違いだから一向に差し支えないが、もしそれだけを見て本質規定のように考えているならば、現実の表面を一部かすめるだけで、学問的には今日的な世界の問題状況を明らかに捉え損なうと思われる。後に見るようにネオ・マキアヴェリ主義社会理論は合理化でも近代化でもなく、《初期動員↓総動員》という動員を基軸にした何ほどか管理社会論的な把握をしていくことになる[21]。

6　動員社会としての現代社会

純技術的には主権＝国民国家はもっとも効率的な動員体制を敷き得る、その限りにおける史上最強の統治形態である。ローマ帝国の再建失敗の上に成り立った、次善的選択でしかなかったヨーロッパ封建制。東方文明にくらべて格段に遅れていた西方文明。かつて一世を風靡した《ピレンヌ・テーゼ[22]》によれば、イスラム勢力の地中海進出により押し込まれた結果はじめて一個の文化的まとまりを手にした辺境地帯（一種の鎖国化）。これが成立したてのヨーロッパ世界であった。にもかかわらず、それが次代になると、近代を生み出し、世界をそのもとに支配できるような強力な統治形態を編み出す。こうして近代になって東西文明の力関係は完全に逆転した。社会科学はこの《世界史的逆転》、このパラドクスを説明しなくてはならない。

潜在的・顕在的な戦争および戦争準備のための動員――その及ぶ範囲は、きわめて広汎である。評判になった戦時動員経済（一九四〇年体制）論は戦後経済のあり方が戦中に形成されたものであることを指摘し、規制緩和が戦時体制からの脱却であると主張している[23]。また、ポスト冷戦という視点も、軍事動員としての戦後世界の基本的な状況変化を論じるものであるだろう。のみならず、本書が《一億総よい子化社会》と呼んでいる現象も、動員内面化の総大衆化の産物である。心のなかの動員体制はいまやACなどという形で苦渋に満ちた形で解除されつつあるが、学校教育の自由化、個性化という視点もおそらくは、各論者の意図とは別にして、同様の潮流の内にあるものだろう[24]。

現在の多くの問題が、この動員という視点を導入することで全体的に俯瞰可能なものとなる。知らず知らずのうちに自らの首を絞めつけるこの動員体制と動員思考。これを徹底的に駆逐できるかどうかは、少なくともわれわれの今日の昼食より大切である、そしてその成功いかんは動員というメカニズムとその歴史的背景についての理解いかんにかかっているのである、と関心の薄そうな学生を遠くに見ながら、大見得を切りつつ……続く。

第二節　一億総よい子化社会

1　動員という視点

前節では、近代というシステムが特殊な歴史現象であり、そのことを自覚することがわれわれの抱えるさまざまな問題を全体として理解する出発点であるといった。そしてそのためのツールとして用意されている既成の社会理論にはバイアス（一九世紀的バイアス）があり、どうしても突破口となり得る別の観点を探さなくてはならないともいった。それが動員であった。動員のメカニズムとその歴史的背景の検討をさしあたり《世界史の社会学[25]》と呼ぶことにしよう。これは戦前の《世界史の哲学》（高山岩男）とは何の関係もない。世界史の社会学に踏み込む前に、しかしいま一度、動員という視点でどういう風に現代日本の《市民》状況を切れるのかを見ておくことにしたいと思う。風俗的な視線が歴史的な視線に変換されていくことの快楽を共有し、あわせて動員という視点の有効性を確認しておきたいからである。

動員体制は、逆説的ながら、平和ないまこの日本で全面的に開花している。日本は動員の最先端だというのがここでの判断である。ではなぜそうなったのか。おおよそのところは推測できるが、いまの段階では秘密であり不明といっておきたい。ポイントは動員が日本だけの現象ではなく、近代そのものの特徴だということである。したがって日本を知ることは動員の先端を知ることであり、動員の到達点を知ることは近代の全面的な展開結果を知ることにつながるのである。

このような《モデルとしての日本》という問題関心は、《遅れた日本》を問題設定する講座派以来の社会科学の伝統とは一線を画している。進歩派への回帰を遂げつつあるニューアカへの批判もこめて、世界史の社会学はそうした《先端日本》の現実に迫ることを可能にする。

2　動員されて棄てられて——《自主的に活動しなさい》という呪縛[26]

動員という言葉は、もともと軍事用語である[27]。だからこの言葉が学生の皆様方に通じなくても（やや）不思議はない。しかし講義が分からなかったのがたんに動員という言葉自体への不案内だったとなると、さすがにアンチ・コンフォーミストの教師としても、学生を動員し、やる気を起こしてみたくなる、という気持ちが（少し）わく。「よしよし、一からじっくり仕込んでやろうじゃないか、カモン・ベイビー」（などと下品な言葉は遣わないが）。しかし立ち止まるべきはここである。

《やる気を起こさせる》という言い方は、なるほどごくありきたりな慣用句であるが、不気味な表現ともいえる。それは、火のないところに煙をおこすようなもので、無（無関心）の状態から有（関心）をつくるような行為である。考えてみると、これほど力ずくで根底的な権力行使というのも、そうざらにはないように思われる。もしそこに《善意》（教育的配慮のような）がなく、歴然たる制度関係（教師と生徒のような）もなければ、そうした介入が本来許されるはずはない。それをわれわれは呑気な教師根性で何気なく口にしているのである。やる気のない連中にむかって、「自主的に活動しなさい」ということは教師のイロハである。しかしこの常套句は、見直す機会さえあれば、その異様さには目を見張るものがある。「クレタ人は嘘つきだ」と言うクレタ人のように、ここには論理的逆説（自己言及のパラドクス）が含まれている。ところが普通はあまりそのことは意識されないし、教育環境はこの種のダブルバインドな言明であふれかえっている。よき教育者たるもの、錬金術師たるべし！

錬金術は何も教育世界の専売特許ではない。むしろ企業活動こそ、《魔術の園》である。たとえば、一〇年近く前になるがいまだに生々しい記憶として、一九九七年の総会屋小池隆一郎への野村證券や第一勧銀の利益供与事件[28]が思い出される。この不祥事についてはいろいろ説明されていたが、当時、最初に捕まった野村證券の役員二人がいわゆる高卒であった事実は、（差別になるからか）あまり注目されていなかった。現在であればブランド大学でない大学の卒業者ということになるのであろうが、組織運営という観点から見ると、この出世に有利とは思われない高校卒業生たちが長年、総会屋対策の専従に近い立場で対応してきたという事実は興味深い。ここでは、彼らに裏のダーティな仕事をさせ、それなりに業績を積んできたからには、他のエリート社員たちもうかうかできない、という点が重要である。結局、日の当たりにくい一部の人々に《自主的》なドライヴをかけさせ、それを組織全体の効率的動員へと波及させていくやり方は、現代日本ではごく一般的な《平等処遇的》な企業戦略である。過労死にすらいたる企業戦士の心理的－組織的現象を、《強制された自発性》という見事な造語で呼んだのは、後に触れる労働経済学者熊沢誠である。自己動員（出動）が上昇（自己拡張）と転落（自己破壊）の二つの顔をもつ事情を、野村證券事件は余すところなく示す。動員は一三階段[29]だったのである[30]。

さて徴兵制がなくなり、軍隊も形式上は消えた日本では、日常語として動員という言葉を使う人間は確かにいなくなった。しかしこのように、《動員する／される》という関係は、実質的には一層、身近なものとなっている。学校と会社といえば、大半の人の人生の大半の時間を占めるものである。四歳で幼稚園に入園し、六〇歳で退職する会社員にとって、人生八〇年中の五六年が短いはずはない。家族という《銃後》の同伴者たちにとっても同様である。動員の蔓延が今日の姿だというのはそういう意味である。

《動員する／される》という関係が続く限り、人は嫌が応でも何らかの他者との《競争》を強いられ、そのために《自己克服》が課題となる、というライフサイクルのなかに置かれる。近世日本でいえば二宮尊徳型の克己奮闘精神に近いものが要求され、それが近代日本において期待される生き方の標準となる[31]。このような標準の強制は明治以降の欧化政策の線上にあり起源は古いが、しかし戦後、《サラリーマン》という名のライフスタイルとして、はじめて大衆レベルにも浸透していった。ところがそれは、日本伝統の勤勉文化とは似て非なるものではないか、と精神科医中井久夫は問う。「戦後うたわれた勤勉は二宮以来でなく、兵士に倣えといわれ『倒れて後やむ』という誓いが盛んに交わされた戦時中の過酷な労働の遺産ではないか。健康と家庭とを顧みずに働く悲壮感は戦前の普通の勤め人にはなかったように思う。そして二宮の実像はそういうことを嫌った合理主義者だった[32]」。

この指摘は重要な問いを投げかけるが、いまはとりあげない。ともあれ文明開化、都市化、工業化、大衆化、アメリカ化など、時々にいろいろな言葉で概括されてきたそうした大がかりな変動は、日本では高度経済成長を境に、それまで続いてきた江戸時代以前からの生活・風習をすっかり変えてしまったといわれる。一九三四年生まれの中井は、日本の生活様式のかなりの部分が室町時代あたりに形成されており、それがつい最近まで基本的に変わらなかったとし、自分ならその時代に放り出されても暮らしていけるだろうが、彼以後の世代、とくに高度成長をくぐった日本人にはもう無理だろうとも述べていた。都会のサラリーマンなるものの出現が意味するのは、そうした歴史と文明の大転換なのである[33]。

だから、それは非常に新しい経験である。にもかかわらず急速に日常風景化してしまうと、そのことの新しさを《不思議発見》するためには、あえて目を凝らして見る必要があるような、そういう状況にわれわれはある。いまわれわれが当然視している心の動きの多くも、歴史的に特異な精神の姿勢、アメリカの社会学者ベラーらのいう《心の習慣[34]》(もとはフランスの思想家アレクシス・ド・トクヴィルの言葉)なのである。賃金が二倍になれば半分しか働かない、というウェーバーのいう《伝統主義的》な精神態度とは対極的なところに、現在のわれわれは来ている。少なくとも伝統的な心の習慣を前提には近代の経済システムはつくられていない。このことを銘記することが大切である(よく遅刻する最近の学生の行動パターンはそのことを裏付けるだろう。あるいはステントのいう

《ポリネシアン化》かもしれないが[35]。

以上を要するに、われわれこそ動員の歴史的帰結、長期にわたるさまざまな動員の最先端である。われわれは動員体制のなかで介抱されてき、そしていまやそこから解放されることを求める。この身を裂くような《ヤヌスの体制》こそ、われわれの解くべき課題である。それはどこから来て、どこへ行くのか。

3　文化的動員解除としてのブルセラと援助交際？

それがどこから来たかについて答えるのが、世界史の社会学というか第三の社会理論の仕事である。動員がどこへ行くかは、控えめにいえば分からないが、一定の見通しを立て得るほどには兆候をうかがうことができるともいえる。

動員体制解除への試行は、まず文化の面で明確な形をとったように思われる。これはおそらく近代社会の構造的な面からくるものかもしれない。というのも、やや古くなるがアメリカの知識人ナンバー・ワンにも選ばれたハーバードの社会学者ダニエル・ベルは、つとに資本主義における文化的矛盾を指摘していたからである。その古典『資本主義の文化的矛盾』[36]は興味深い本で、彼の着眼の面白さは、普通は現代社会を緊密なシステム、安定した協調システムと捉えがちなところを、三つの基軸原理を抽出して、この三者間に矛盾・対抗のある不安定なシステムだとした点にある。三つの基軸原理とは社会構造、政治形態、文化であるが、ベルの場合、政治形態について論じるところはほとんどなく、議論の焦点はもっぱら社会構造と文化の対立に置かれる。すなわち資本主義社会の社会構造（技術－経済構造のこと）は徐々にその文化的基盤を浸食し、経済構造の維持に必須の勤勉な生産・労働態度を育んだプロテスタント的倫理を崩壊させていくとする。ここには六〇年代後半のアメリカのカウンターカルチャーの動きが反映しているが、同じ論法が、ベルよりかなり前になる、同じく著名なハーバードの経済学者シュンペーターにも見られることはまた面白く、彼はご承知の通り、資本主義の成功が社会主義的な次代の文化をつくると論じていた[37]。資本主義はその成功の故に崩壊するというこの刺激的な主張は、失敗故に崩壊するとしたマルクス的な社会変動論（史的唯物論）の反対側にあり、しかも結論を同じくするものである。このような議論からすると、文化的な面での動員の解除は、後期資本主義においては、思いのほか足早にやってくるのかもしれない。日本もその例外ではない[38]。

日本の場合、社会学者宮台真司がいいあてたように、九〇年代現象としてのブルセラや援助交際は、たんなる非行や未成年者の売春という《社会問題》なのではない。それらは明日のために今日を我慢する《近代主義》的倫理の解体のシンボルとして登場した。なぜなら生活にとくに苦労のない中産階級の娘たちが援交の主体であったからである。日本でも動員解除はまず、性にかんする文化＝心の習慣の変化となっていち早く顕現したのである。性がシンボライズするものは、我慢すべき今日やいまであり、よくなる明日である。だから、進歩の幻想としての近代というプロジェクトが最初に抑圧し管理しようとしたのが、性の問題だったことは半ば当然なのである。

成功した近代は事実、性の管理にそれなりに成功してきたのであって、フーコーを読むと、一九世紀後半のフランスでさえ、片田舎ではオナニーが集団で行われていたことが分かる。《集団ミルク》といって、街道で村の若者たちが馬車の通る方をむいてオナニーをしていたというのである。爆笑ものだが、考えてみると《個人主義的》（?）オナニーというか、陰でこそこそするオナニーというのは、《個室》の与えられた近代の現象（あるいは個室をもち得る階層の現象）だといえなくもない。オナニーの密室化は一面でそれを反道徳的な行為として、少なくとも公然たる場面から排除しようとする道徳的コモンセンスの変容を示しているといってよい[39]。マルクス主義フェミニスト上野千鶴子も、日本ではいま四〇歳から八〇歳くらいの人間がもっとも性的に《損をした》人々だとどこかで述べていた。ということは、損をしていない世代があったということであり、そういう世代がまたやってき得るということでもある。

それが現に起こりつつある。《ブルセラ論争》（一九九三年）における宮台の主張がこれであった。なぜそうなるかといえば、そもそも近代を立ち上げた精神的起動力が、いったん立ち上がったシステムの運営には必ずしも必要ではないからである。ウェーバーが『プロテスタンティズムの倫理と資本主義の精神』末尾で述べたように、資本主義を立ち上げるためにプロテスタンティズムの倫理は必要ではあっても、それがいったん軌道に乗れば、資本主義は（日本でも香港でも）自動的に動いていくというのに似ている――禁欲精神なしに。ウェーバー自身そのように述べていたはずである。その意味では戦後啓蒙主義者の《主体の確立》論はウェーバーの読みとしては誤っていたろう。禁欲的な主体は、いったん生じた合理的資本主義を模倣したり運営したりするためには必須要件ではない。だから封建遺制の払拭には英米モデルの正常な資本主義が必要であり、正常な資本主義のためには市民的主体の育成が課題であるという講座派の三段論法は、成り立たないわけではないが、そうでなければならないというものではない。実際、それは高度成長期の《猛烈サラリーマン》によって無効化されていく。日本資本主義の成功が、集団に埋没しつつ《欲望自然主義[40]》（政治学者神島二郎）を発揮した彼らの努力に負うところ大とするなら、進歩派の理想は、その対極にある猛烈サラリーマンが実現したのである（昔、ノーベル賞作家大江健三郎が海外の講演会で、商社マンは普通の日本人ではないと発言して居合わせた商社マンに問いただされたという話は象徴的である)。

さてブルセラ女子高生現象は近代システムが抑圧していた、もっとも分かりやすい領域、つまり性についての文化変容を告げるものであるとしても(さらにこのエセーでは触れられないが、オウムに代表される新・新宗教ブームや、不登校の一般化などからも動員解除の兆候を読みとることができる[41])、しかしそれが果たして近代の解体への一歩なのか、それとも軌道に乗った近代が倫理的ドライヴを切り捨て、性を公然と資本主義的売買の対象とするその一層の深化を示すものなのかは、まだ分からない。ブルセラ論争は本来こうした点を論じるべきであった。とはいえ、理念型として見た場合、ブルセラや援助交際が理論的に興味深かったのは、それが理想的動員体制の陰画になっていた点にある。その点を今度は体育会系男子学生との対比でさらに見てみよう。

4　一億総よい子化社会
――ブルセラ女子高生対体育会系男子学生

何年か前のある学会のシンポジウムでのこと。宗教と逸脱の社会学者大村英昭は、少年非行について真面目な関心が寄せられている席上で、議論が少し実務面にそれかけたとき、少年が非行に走ろうがどうしようが自分には関心がないといって、参加者に冷水を浴びせかけた。私は彼の横にいて、さすがにすぐれたデュルケーミアン(犯罪や自殺の社会学を創始したデュルケーム主義者)は違うと感心していた。大村のいいたいのは、本来の社会科学的関心にとっては、非行や犯罪はそれ自体としてだけでなく、そのネガである正常な人や社会といったものを知る手掛かりとして重要なのだ、というごく真っ当なことであった。ブルセラ問題も、そこから逸脱してくる正常さのありようを示す点で面白いのである。私自身はそうしたネガというかポジの正常面を、《よい子》という概念で把握している。これは私の専門用語だが、みだりにお使いいただいて結構である[42](!)。

《よい子》とは、動員体制の要請に忠実な人々の総称というかモデルである。動員に適した人間として自己形成され、自己形成しようともした人間のことである。数学者森毅の言葉を借りれば、「短期的勤勉を積み重ねていけば、長期的繁栄が予約できるような時代[43]」の子である。ブルセラ女子高生の対角線上にあるよい子は動員体制の基本的な構成員であり、やくざの構成員に似て、従順・勤勉・無法・過激である。一見矛盾した取り合わせだが、野村證券事件をご想起願いたい。テレビで一瞥する限り、逮捕した刑事と逮捕された暴力団員の区別がつきにくいように、長じて会社人間となり《出世した》優等生と、かつてのはみ出し者(企業ヤクザ=総会屋)との差も、大きいようでいてそうではないのかもしれない。ともあれ、《よい子化社会》というのは、動員体制が社会のかなりの構成員たちの日常生活の基本的な枠組をなすようになった社会を意味している。日本は典型的な《一億総よい子化社会》である。

総会屋事件にかかわって野村證券以上に逮捕者を出した元第一勧銀行員で歌手の小椋佳は、まさにこのよい子化という視点から事件を語っている。

みな律儀に仕事をするうちに、組織の価値構造に染まってしまう。そこでの行動が結局、社会的犯罪となってしまった。「哀れ」という言葉しか浮かびません。彼らが「だらしがなかった」とか、「愚かだった」とか言えば、世の中のサラリーマン全員がそうじゃないか、と僕は思います。日本社会の構図が生んだ残忍な出来事なのです[44]。

彼が浜松支店長になって、入行以来はじめて怒鳴ったのも、営業成績があがって浜松支店として初の表彰を受けたにもかかわらず、部下の行員たちが、週一度水曜日だけは残業しないという約束に反して残業していたからである。自発的なドライヴ、そしてそれを上司がたしなめるという転倒した構図。これが、よい子の何たるかを象徴している。牽制しなければ止まらない自己運動——強制された自発性とは強制を忘れて進んで無理する、よい子ぶりっこのメカニズムである。まわりがよい子だらけなら、行き着く先が過労死であっても不思議はない。

では一般に社会や組織がよい子を求める理由は何か。明るさ、扱いやすさ、義理堅さ、人のよさ（?-）、効率、行動や思想の予測可能性、管理の容易さなどなどだろうか。爽やかな笑顔というのもあるだろう（爽やかさというのは既に管理のためのイデオロギー用語である）。こう列挙されると誰しも、これらの特性が組織人間としての体育会系人間のステロタイプだということに気づくだろう[45]。非スポーツ系元書道部長（つまり私）として、批判を承知で、《ブルセラ女子高生対体育会系男子学生》という図式があり得る、という風にいっておこう[46]。その是非はともかく、そうした対比で浮き彫りになるよい子自身の特性は、しかしそれほど重要ではない。本当に重要なのは、もっとも根底的なところに避け得ぬ競争があり、これに負けてはならないからこそ有能かつ従順なよい子になろうとし、まただからこそよい子が求められもするという点にある。

前近代社会（あるいは近代社会以外の社会）では、人々がどういう人間であろうとよかった。人についてであれ共同体についてであれ全体の改善を考えるという《企画》（プロジェクト）の発想は、近代のものである。反対に、《国民社会》が他の同じような国民社会との関連で一つのものとなるように差し向けられ、マスメディアや市民権という統合装置などによって内部的にも一体となった国民が成立した段階、つまり《想像の共同体[47]》（ベネディクト・アンダーソン）としての近代社会では、その構成員がどういう人間なのかは、国家にとっても社会にとっても、重大な関心事となる。社会や国家（この二つは要は一枚のコインである）は、外部との競争関係としての国際関係のただなかに置かれており、この闘いに負けることが、たとえば人口と国土と伝統の点でヨーロッパ有数の大国だったかつてのポーランドのように、国全体の滅亡となることもある。ポーランドは最終的に一七九五年から一九一八年まで地図上からは消え、ポーランド人は《国家なき民族》となった。

そうした例が一つでもある以上、予防的観点の優位する近代においては、どうしても、構成員としての国民の《個々かつ全体》（フーコー）の状態に、国家も社会も関心をもたざるを得なかった。現実は一つの脅迫ですらあった。人間を《数》として補足する社会統計学やマーケティングも、もともと、そうした国家の強迫的関心の産物なのであり、前近代の権力と近代の権力を分かつのは、この《配慮》（フーコーのいう《生の政治》）の有無なのだということは、既に常識かもしれない[48]。

ひとまず近代社会は豊かで自由な社会なのだとしよう。ハーバードの社会学者デイヴィッド・リースマン風にいえば『何のための豊かさ[49]』の社会。しかし豊かさ故の目的の拡散や喪失だけが、この豊かな社会の問題なのではない。豊かさの背後にある悲壮な現実をこそ問題としなければならない。すなわち近代の大半の時代は、皮一枚はさんで戦争と滅亡の危機に接する薄氷感に満ちた世界であったということである。その意味では、近代人は、いつ国替えや御取り潰しがあるかもしれないと怯えつつ暮らしていた江戸時代の武士（大商人もまた）と変わりはない。近代人の原型がサラリーマンであるというのは、サラリーマン的心性ないしは中産階級的心性こそ、そうした薄氷を踏み続けて生活する人々だからである[50]。

転落の危機を予見＝与件に、負けられない競い合いがあり、故にそれに勝つための組織化が生じ、その組織を通じて一定の人間類型が提示されてくる。近代システムはこの三者――他者との競争、動員組織、歯車人間の三者関係によって成立したチクタク時を刻む精密機械のようなものである（後にこの三者関係を動員体制の三層構造と呼ぶことになろう）。

その端的な例は《市場競争・企業・サラリーマン》の関係に見られるが、それは目に見えやすいからそう思うだけで、もともとは規模においても始点としても国家的動員が先行・潜在しており、《戦争・国家・国民》のトリアッドがこの原型だと考えるべきである。なぜなら戦争こそ最大の競争であり、その担い手は最大組織としての国家以外になく、その国家を構成するものが、（近代人最大のアイデンティティたる）国民と呼ばれるからである。

ただこの種の動員はあまりに大がかりであり、時代の技術水準その他の理由で散漫かつ非効率でもあったため、見えにくかったとはいえる。またこれまでは、動員ではなく、民主化や解放といった理想的近代と同調する《文化的、人道的》な用語で同じ現象が捉えられることも多かったはずである。加えて、一九世紀型社会科学のイデオロギーたる、国家の役割を最小化せよとの要請（一八世紀への反動）がこれにかぶさることで、現実はますます不透明になっていった。社会科学はこの文脈では近代の共犯者であったともいえよう。

　だからこのベールをはがそうとする動員史観には激しい抵抗があるだろう。既成の歴史的・理論的常識に正面から挑戦するからである。たとえばマルクス主義では、没落する封建勢力と伸張するブルジョワ権力の階級的均衡に過ぎなかった絶対主義国家は、動員史観においては、最初の明示的な動員体制として初発の近代国家だと見ていくし（あるいはその直接的な連続のなかで捉える）、フランス革命についても絶対主義との輝かしい断絶ではなく、その集権化を完成させたものと見做すことになる[51]。こうして進歩史観とは異なる世界像が成立し、筋としては一八世紀と二〇世紀がよりスムーズに架橋され得るものとなる。

5　《何のための動員？》
——リースマンのひそみにならって

　動員という一本の線を基調に《世界史の社会学》をやり直す。一貫した見取り図が提供され、ある種の幻惑が生じる。まるで自分が世界の秘密を覗いたような。「まわりの世界に対する我々の視覚構造を変え、歴史空間をダイナミックに捉える技法」[52]が動員史観である。その結果、自分という歴史の最前線にいる存在の深淵をも覗くことになった。なぜ自分はこういう自分であり、いまここにいるのか。動員史観は世界のあり方を問いつつ、このような主体=よい子の問題にも答えようとする。

第三節　動員の歴史社会学(1)

1　よい子の2DK

　動員の歴史社会学と称して、動員体制としての近代に接近する手掛かりを二回にわたって提示したい。今回は、動員史観をいくつかのモットーで概括し、次回は近代史の動員史観的解釈の見取り図を提供する。その上で、最終節と次章において、この動員体制に拮抗し得る二一世紀の人間をどう再生できるのかを考えていくことにしたい。

　錦を飾るという言葉があるが、最近たとえばパチンコ・パーラーと病院とスナックしかない不況の函館のようなところへ帰ると、友人は全館暖房かつ吹き抜け玄関の、東京なら邸宅といっていい家に住んでいて、逆に錦を飾られるということが多い（しまった！）。広い居間に案内されて、何畳あるか尋ねても、ウーンと唸って返答はない。もう北海道では、敷地は坪単位で数えても、部屋を畳の数で評価することはやめたらしい。アメリカ的な郊外型生活がすっかり定着した故郷に帰るたび、錦の御旗は青い鳥であったことを思い知るのである。

戦後日本の集合住宅を規定した2DKという基準がある。団地サイズの基準として定着した2DKは間取りの指標である以上に、成功の里程標となっていた。会社の役職名でしかない課長が、社会関係を確認する一つの基準であるように（東南アジアでは日本人はすべて社長さん、部長さんのようである）。そして2DKから2LDK、2LDKから3LDK……さらに一戸建てへと続くこのバロメーターにしたがって、世界は隅々まで整序されるかのようである。一戸建ては遠い未来かもしれないが、そのような一元的な将来展望は安心感を与えてくれるものでもあった。だからこの基準が眼中にない幼なじみに、帰郷した《元よい子》はグラッとくるのである。

いうまでもなく2DK的思考は首都圏の現実を反映したものに過ぎない。それは全国的というより東京ローカルな現象であり、地域限定的なものである。とはいえ住居の一般的な基準となっていることは、たとえば地方新聞のチラシにも《豪華3LDK、72平米永住型マンション》といったコピーが見られることからも分かる。ところが普通の四人世帯で暮らしてみると、日本中どこでもこれでは豪華どころか窮屈であり、個室どころかプライバシーすらないことに気づく。この欺瞞はどこから来るのか。

日本の住宅事情を物語る逸話は多い。アメリカから視察に来た役人が独身者用ワンルームマンションを見て、これはアメリカでもスラム対策に使えると感心した笑えぬ話。また、日本人は金持ちだと思っている外国人バイヤーと商売をするコツは、担当者の窮屈な自宅に呼んで一晩歓待することだという笑い話。天井が低すぎて眠れないらしいが、翌日には神妙な顔をして値引き交渉に応じるらしい。

《大国日本》の居住環境は働きや経済力、想像上の自画像に比して実に貧弱である。なのにそれほどそういうことが問題にされないのは、結局現実とはこういうものだと慣らされてきたからだろう。圧倒的な現実が文字通りわれわれを圧倒し、現状以外のあり方を認識させせない。満たされぬ美意識は、時たまの、それ自身美意識に反する慌ただしい短期の外国旅行や、大型グラビア雑誌で癒し、産業立国日本はこういうものだと考えてしまう。そういう慣わしこそが圧倒的な現実をつくりあげるとも知らずに。そしてこの循環によって鉄壁の現実が眼前にそびえることになるにもかかわらず。

2　テニスコートの下の動員――昔陸軍、今自動車教習所

しかしそもそも2DKというのは、一家族が最低限生活できる機能的居住空間を設計するという戦時体制の産物である。

それを戦後、国（建設省）が国民住宅建設のモデルとして援用して全国に広まった[53]（ダイニングキチンを採用した初のケースは一九五一年の公団住宅51C型）。戦後の経済復興と高度成長は人を《企業戦士》にしたが、この企業戦士たちの住んでいたところもまた軍隊的合理主義の産物だったのである[54]（ちなみに団地の《小国民》、お子様のランドセルも軍隊のハイノウからきている）。

確かに2DKの団地は一時（昭和三〇年代）は、解放の最先端だった。田舎のしがらみに倦んだ者には楽園に見えたことだろう。相互監視のない安堵、核家族の幸せ。しかしウェーバーが、近代はいったんは人々を解放し（《脱魔術化》）、ついでその過剰が人々を縛る（《鉄の檻》）といったのに似て、いまや2DK的基準は家族において、空間的・感情的に鬱陶しい以外の何ものでもなくなった[55]（中国人留学生は日本にきてはじめて読書による肩こりを経験するというのも建物の物理的制約に関連しているだろう）。ここでもブルセラや不登校同様、動員体制からの解除が求められている。もっと豊かでゆとりある空間が欲しい。そのためには住居思想や設計・建築だけを問題にしても始まらない。それはある見えざる体制を反映しているからである。根本的な解決に必要なのは、社会全般を覆う前のめりの姿勢、思考、生活の、根幹からの徹底的な見直しでなくてはならない。すなわち動員体制からの解除である。

この文脈で戦後復興のシンボルである自動車をとりあげてみよう。自動車が動員とどうかかわるのか怪訝に思われるかもしれないが、自動車免許取得の複雑さや困難はいまや通過儀礼といってよく、現代日本を生き抜くのに必要な愛嬌と要領と運動神経の鍛練の場となっている。アメリカで免許をとってきた不器用者（私のような）には、自動車教習所は若者たちへの規律装置のように見える。私はこれを《昔陸軍、今自動車教習所》と称している。大半の人々が免許をとるいまの日本で、自動車教習所ほど国民皆兵制の原理を体現できるところはない。自動車教習とは快適なオートライフを送るための準備であるどころか、人生修業の場なのである。これは、便利だから車に乗るというアメリカ的合理主義からの最大の逸脱である。車の運転や駐車に処世術や芸術的才能を要する近代社会とは、言葉の矛盾ではなかろうか。自動車免許取得の難しさが直接、戦時体制の産物かどうかは知らないが、それが現在、動員体制に親和的な機能を営んでいることは否定しようもないだろう[56]（ただ現今の学生を見ると、自動車学校の隠れたカリキュラムとしての修行や規律は必要だと考えられる方もいらっしゃるだろうが、それは措く）。

勿論、食管法や借地借家法など、典型的な戦時立法だったものの影響については経済学者や法学者の指摘がある。いわれるまでもなく借地借家法の借り主優遇策が、バブル期の再開発で地上げ屋を生んだ悲劇を知らない者はない。しかし微妙で一見無関係と思われる領域にまで、戦時動員思考の魔の手が伸びていた事実を、２ＤＫほど明らかにするものはない。国民住宅の貧困は、戦時体制の特殊な発想が戦後にそのまま持ち越されてきたことのツケを示す代表的な例といってよく、戦争合目的的な戦時立法が日本文化の美徳のごとく称揚されてきたのが戦後なのである。

シンボルとしての２ＤＫは、テニスだ、アウトドアだ、オペラだ、演劇だと享楽に走るわれわれの思考と生活の深層を、実は動員体制なるものが支配している、という思いがけない事情を暴露する。

さて固定した日常崇拝を異化し、深層の論理（動員のメカニズムとその歴史的背景）を明らかにしようとするのが世界史の社会学である。動員史観は典型的な世界史の社会学であり、以下その実践を内容的に動員の歴史社会学と呼んで、その特徴を四点にわたってラフ・スケッチする（以下、各見出しをご覧ください）。

３　特権的な一九世紀から例外としての一九世紀へ
——特徴１

動員の歴史社会学としての動員史観——動員史観とは、近代を《見えざる手としての国家》という観点から全体として鳥瞰する一つのパースペクティヴである。近代を全体として鳥瞰するとは、事象の固有性に配慮しながら物事の総体を（できるだけ）整合的に俯瞰するということのほかに、時間軸にそった連続的な理解を可能にするということ、端的には一八世紀と二〇世紀を架橋するということをも意味する。この架橋ということのポイントをいえば、一九世紀に対する特権視の相対化である。動員史観では、これまでの社会科学は、知らず知らずのうちに、一九世紀を理論的起点に過去に遡及し、未来を展望してきた、と考える。その意味で《特権的な一九世紀》、またこの世紀を支配した《特権的なイギリス》という視点が、社会科学の隠れた前提であった。しかしそれでは近代の立ち上げについての正確な理解を欠くし、そもそも近代理解の基本を見失うことにもなる。一九世紀とは近代のまったき成立であるとともに、その隠蔽だともいえるからである。

確かに近代は、それまでの何世紀かにわたる流れを加速して、一九世紀において、政治、経済、軍事、道徳、家族、衛生、宗教、教育、美術、音楽、文学、体育、精神、肉体など多方面に《国民》というスタンプ（鋳型）を最終的に押すことで形式を整えた。この世紀において近代システムは人々の否定すべからざる現実を構成することになり、この現実こそが、マルクス、デュルケーム、ウェーバー、ジンメルなど社会科学の巨匠をその営為（端的には近代批判の学としての社会科学）に駆り立てることになった。

しかし一九世紀は他方でそのもっとも重大な特徴を人々の

目から遠ざけもしたのである。それは一九世紀全体が共謀した無意識の抑圧、まさに典型的なフロイト的父殺しであった。ところがこの父なるものは想像において殺されたに過ぎず、居候のような顔をしてちゃっかり家庭を支配していたのである。あからさまに見えているのに見えざるものとなったその父――それが不可視の王国、近代国家である。見えざる手と呼ぶ所以である（以下国家や近代国家とは主権国家のこと。詳しくは後に出てくる）。

4　政治理論としての国家論から社会理論としての国家論へ――特徴2

従来の社会科学で、国家を解明する試みがなされなかったわけではない。それどころか政治学や法学といった近代主義の王道を行く学問の基本対象は、国家であった。それは、国家に視野を限定して他から切り離し、そのメカニズムを解明しようとする専門的で実証的、基本的に内向きな研究であり、《政治理論としての国家論》と呼ばれよう。しかし国家の最大の問題は、国家という新しい仕組が歴史をどうつくってきたか、いいかえると他の社会領域や個人の生活にいかに大きな影響を与えるものとして、とくに近代において立ち現れてきたかの解明である（これを前提にしてはじめて、国家という《メカ》の作動状態や設計図を考える作業、政治理論としての国家論が始まるのである）。

ただしこの言い方では、まだまだ不十分である。動員史観のもっともコアな主張によれば、主権国家こそ近代を立ち上げたのである。近代において国家が特別な強さで立ち現れたのではなく、近代とは基本的に国家、および国家的競合の産物なのである。《歴史形成力としての国家》をマクロに探究するのが、《社会理論としての国家論》なのである[57]。

大雑把にいえば、自由主義もマルクス主義も、そうした近代特有の国家の歴史的な役割への視点を欠く。既成の一九世紀型社会理論という舞台は、いかに国家を脇役に置くかを考える試みであったとすらいえよう。そこで主役を張ったのがブルジョワ産業資本主義であり、この点を捉えて一八世紀国家絶対主義＝重商主義への反動形成と呼ぶことができる。この種の社会理論に依拠する限り、国家のもっとも根底的な作用は視界から消え去る。国家をミクロに探れば探るほど、《歴史における国家》（歴史社会学者ジョン・A・ホール）の役割の探究からは遠ざかってしまう。それはフロイトのいう《置換作用》のようなもので、森を見ないために木々を一本一本調べ上げるのに似ている。

しかしズバリ、この政治理論としての国家論にはどこか現実認識の貧困がある。そしてその貧困は一九世紀型社会科学そのものの限界を映し出している。歴史現象としての近代国家について真に重要なのは、社会理論という平面でこれを他の主要因といかに連結させるか、歴史においてそれがいかなる役割を演じたかをめぐる問いである。これを要するに、国家論が社会理論であるような国家論の再生。それが動員史観のめざすところである。

5　一八世紀から二〇世紀へ――特徴3

前項で、社会科学の出発点を一九世紀にするか、しないかという観点から、一九世紀にすれば政治理論としての国家論になり、しなければ社会理論としての国家論になるのではないかと示唆した。そして一九世紀を起点とする歴史の理解には無理があるとも論じた。では一八世紀と二〇世紀をつなぐ線とは何か（ここで一八世紀とは、一九世紀以前の近代、あるいは近世を示すシンボリックな表現である）。

これに真面目に答えようとすると結構難しいのだが、啓蒙専制国家と現代福祉国家の比較から接近してみよう。以前、公共サーヴィス機関の第一線職員（教員や医師、警官や福祉職員など）の活動を比較していたとき[58]、国家による人々へのサーヴィス提供という理路の点で一八世紀の絶対主義国家と二〇世紀の自由民主体制との間にいわれるほどの質的な差はないように感じた。正確には、もちろん量的にも、二つは圧倒的に違っている。違い過ぎているからこそ逆にそうじゃないといってみたい、というほどに違っている。とはいえ、ある種の連続性、通底するものがあることも事実である。

実をいえば両者の違いについて意を尽くして述べた研究は社会科学、とくに理論政治学のレベルでは多くはなく、あったとしても多分に概説的だったため、私は当時どう考えればよいか、よく分からなかった。体制そのものの根本的な違い（専制国家対立憲国家、警察国家対自由国家）や、そこから来るサーヴィスの位置づけの相違（臣民への恩恵的サーヴィスと国民の権利としてのサーヴィス）など、誰もが常識としているところにしたがって違うものは違う、といえば誰もそれ以上追求しないのだからそれで済むはずなのだが[59]、気持ちの上でしっくりこなかったのである。たとえば社会保障が恩恵か権利かは福祉国家いかんの最大のポイントだが、当時の貧困水準を前提に人々の日々の生活の必要という支配的現実を与件に考えると、恩恵的に与えられるものと権利として与えられるものとの差というのはそれほど決定的な違いを生んでいただろうか。現在でも第一線でサーヴィス提供が裁量的、恩恵的になされるケースは例外ではなく、中産階級の予想に反して、頻繁にこれと接する階層にとってのサーヴィス提供の実態は教科書的公式からはほど遠い[60]。

結局ここでは、一九世紀が自由放任の時代であり、消極国家の時代であり、市場主導の時代であって、経済に対する国家的関与の極小化が図られた時代である、という社会科学の支配的な認識がネックになっていたのである。しかしそのことに気づいたのは後年である。すなわち、一九世紀はようやくブルジョワ企業家が国家の拘束から自由になって、自らの市場の論理に乗っとって産業資本主義の全世界的な展開を認めさせた時代である。自律的市場経済のこの輝かしき自立こそ近代の十全な出発を告げるものだ、という認識が社会科学の基本にある。ために絶対主義の時代はそのさまざまな萌芽にもかかわらず、否定的参照点以外の何者でもない。なぜなら一九世紀以前においては、システムとしての近代の成立は、まさに絶対主義国家という余計者が立ちふさがっていたために妨げられ、あるいは不完全であったとなるからである。絶対主義国家とは封建制から近代への（自然な歴史の流れの）完遂を妨げる制度的障害であり、王政に巣食う特権貴族たちが特定の大商人資本と結託して自由な市場の動きを阻止する階級的均衡の過渡的産物であった。だから啓蒙専制的（つまり恩恵的）に提供されたさまざまな施策も、近代の成立を引きのばす封建諸勢力の延命策に過ぎない。最終的には歴史の法則通りに、この階級均衡国家の過度な干渉力が振り切られたからこそ、近代はその十全な姿を現した。模範的な近代とは、国家の社会経済的関与を極力控え、治安・外交・一部公共事業など基礎的な部分にその活動を限定するものである。そう、これこそ『富国論』（一七七六年）におけるアダム・スミスの主張であり、彼の経済学が一九世紀型社会科学の模範たり得た所以なのである。

しかしこれに対しては、ただちに浮かぶ疑問がいくつかある。第一に、啓蒙専制主義において国王はその国家を構成する人々への配慮をはじめて明確に強めたのであって、形は異なれ人々への国策としての利益供与という点で福祉国家との相似が認められる。国家の社会的動員の最初の形態は、絶対主義においてすでに明確に見られるのである。第二に、一九世紀イギリスにおいてすら多数の社会立法が常時行われており、レトリックとリアリティの間には乖離がある。当時のイギリスを消極国家ということには実は無理がある[61]。第三に、国家が経済においても関与を控えるのは当時のイギリスでも穀物法廃止（一八四六年。制定は一八一五年。地主的利害の要請を受けて）や航海法廃止（一八四九年。制定は一六五一年。オランダの仲介貿易締め出しのため。翌六二年第一次英蘭戦争勃発）から帝国主義の登場するわずか二、三〇年のことに過ぎない。自由放任政策が現実にも妥当し得たのは一八世紀干渉国家としての絶対主義、二〇世紀干渉国家としての福祉国家の狭間のごく限られた時期なのである。いいかえると自由主義の教説は、歴史の例外を一般化したところに成立する。

6　社会経済史から軍事史へも――特徴4

こうして一八世紀を二〇世紀へとつなぐものが浮かび上がる。それは、場合によっては隠れていたが、明白に世界の構成を変化させた。残念ながら、この隠された国家的関与の一貫性とその強化という現象は、社会経済体制の自律性を重視する一九世紀の主流の思想の作法からは否定的なものとしか評価されず、国家の役割を強調すればいつも《保守主義》あるいは《国家主義》、《軍国主義》あるいは《反動》と呼ばれ、正当な扱いを受けなかった。

つまり伝統的な社会科学は徹底した社会経済史観であって、自由主義とマルクス主義はともに、歴史形成の原動力を社会経済史（＋技術史）的に考えがちである。他方、動員史観は、上部構造（マルクス主義）か、せいぜい必要悪（自由主義）でしかないはずの国家なるものを基軸に歴史の基軸的な流れを捉えようとする。そこから歴史世界を眺めるとき現れてくる一本の線が動員なのである。

動員が本来軍事用語であるように、動員史観は社会経済史に対する軍事史的アプローチの相補的有効性を示唆する。東アジア史のラディカルで異端的な再解釈者・歴史家岡田英弘の一連の研究によれば、中国の正史では歴史記述者が科挙に合格した文官であったため、政治における軍事的・暴力的な要素が軽視されたという[62]。同様に、ヨーロッパ近代史の解釈においても《中世軍事社会から近代産業社会へ》という有名な創成期社会科学のテーゼの下、軍事的視点はずっと軽んじられてきた。社会科学の基本的な視座に軍事史的アプローチを組み込もうとして賛同を得た例はほとんどない[63]。いまでも警察や軍隊など暴力的強制装置類は、文人社会科学者の視野に入らないだけでなく、何となくマニアックな領域とされてもいる。軍事関連分野が性風俗と同様のいかがわしさで眺められてきたことは、書店の本の並べ方一つを見ても分かる。書籍配列は一九世紀型社会科学の具体的実践である。

とはいえ、近代を考えるとき、国家と国際関係というヨーロッパ近代の大特徴を忘れることはできない。西欧だけが今日見るような近代を生んだ。この冷厳たる近代史の現実においてそのもつ意味は大きく、この観点から経済や教育、日常生活などを見てみると、なるほど国家的動員に収斂していく潜在的・顕在的な強迫が、蜘蛛の巣のように、社会や心の、隅から隅まで張りめぐらされていることに気づく。軍事へむけての、つまりはあり得べき戦争に備えこれに勝つための、綿密で方法的な動員が、近代のすべての時代すべての領域を特徴づけているのである（もとより程度に違いはありその違いのもつ意味も大きいのだが）。

国家的動員はもともとこの戦争勝利という一点へむけての動員であり、それ以外の目的は大局的にはその手段でしかない。この本来の国家による動員を《外なる動員》と呼ぼう。外なる動員を強めていく過程で、あるいは結果として、仮に身分制の撤廃（たとえば日本の四民平等や戸籍法など）、市民権の付与と拡大、刑罰の人道化（ギロチンを含めて）など近代主義的歴史解釈（進歩史観）に適合的な幾多の事態が生じたとしても、それらが近代において一時的・一過性的な現象ではなく、基本的な要素として生き残ってくるのは、おそらく、国家的動員に最終的に機能的だったからであるように思われる。でなければ国家的抑圧のさまざまな装置が働いて、短期に、あるいはいつしか、消えていったのではなかろうか。この意味でも戦争は近代の光の部分を促進しもしたのである[64]。

近代の影の部分と見做され、あるいは国家への英雄的な抵抗であるかのような扱いを受けてきたもののなかにも、現在から見ると深いところで国家につながっていたような例がある。既に通俗化した発見であるが、明治の国民文学、とくに反権力な恋愛小説の成立が近代国家の確立を促進したと論じたのは評論家柄谷行人である[65]。また社会学者澤野雅樹は明治の文明開化における癩病が「(近代)国家化の相関項として要請された」《政治》過程を分析している[66]。

実はそれと同じように、資本主義的市場経済についても、どうやら、それが現在まで存続してこれたのは、国家が市場経済や資本階級の召使のような存在であったからでなく、まして は歴史の必然的な道筋だったからなのではなく、逆に、国家がそれを抑圧し去らなかったからだと考えることもできるし、そう考えるのがまた妥当のように見える。というのも、抑圧し切らないのは、できないからではなく、すれば国家そのものが弱体化し、他の国家によって打倒され、場合によっては分割され、消えてしまうからであって、国家には選択の余地があったからである(一時のポーランドのような消滅という選択肢)。しかしヨーロッパの歴史的経験は、国家は、資本主義との共存を図る場合のみ、維持され強化されたことを教えている。だから大勢としてどの国家も資本主義の奨励を図るのであって、何か超越的な法則が働いて経済が国家の優位に立ってこれを自由に使役したというわけではない(この場合そう考えない人々が忘れているのは国家とともにある国際関係のインパクトであるだろう。この絶対的なモダンの条件を抜きに国家や経済をナショナルなレベルで論じることはできない)。

国家という戦争機械が近代の原父として、居ながらも隠れるかのように保護してきた母子家庭——それが近代社会であった。近代社会は守られるべき対象でありながら、それ自身が守り手であり働き手である。つまり銃後であり、かつ銃そのものであった。つまり西欧近代社会は動員体制としての高い潜在可能性をもつ独特の社会であり、それは国家と国際関係という徹底的に軍事化されたシステムにふさわしく編制された近代の発明品であった。だからそれ自身、はじめから軍隊式の機能性や効率などを兼ね備えていた。近代社会が、年代ものの育ちのよさを誇り、深窓の令嬢を気取るのは欺瞞である。もともとそれはきわめて軍事的なメカニズムによって国家が立ち上げたものだからである。したがってさらにいえば、近代では国家(官)が悪くて、社会(民)がいいという硬直した対立思考も成り立たない。国家と社会には時々に対立があるとしても、それをしのぐ大きな共犯関係があるからである。この共犯関係の全体が近代なのである。

7 内外の動員との格闘

現在ではユーゴ内紛やイラク戦争のような局所的な限定戦争はあっても、大国同士の世界的な戦争の危機は大きく感じられない（民主国家同士は戦争しないとカントに依拠して論じる《デモクラティック・ピース論》はなるほど冷戦後鮮やかに復活した[67]）。戦争可能性の動員史観による理論的評価については第五章で本格的に論じるが、もし戦争の危険がそれほどないとするなら《外からの動員》たる国家的動員は弱まるはずだが、その慣性と利点によって動員体制や動員思考は実は継続している。のみならず、すっかり生活に定着したわれわれの内部に巣くう《内なる動員》のメカニズムは、さらに強化されていると見える[68]。後述するが、内なる動員とは、明らかに外からやってくる動員モメントとは異なる、ある種の自発的な促し、あるいは功利的な配慮によって、目立った強制なしに、半自発的に進められる動員のことである。そうした動員メカニズムが駆動される人間をさしあたり、よい子と呼んだわけだが、前節に触れたように、現在は、よい子以外の生き方は、落ちこぼれと称されて否定される時代でもある。そう呼ばれたくないなら、われわれはどんなにあがいてもよい子となるしかない。さらには近代を特徴づけた競争という大前提自身が、国民経済における動員解除（規制緩和など）によって一層激化しつつあり、効率機械としてのよい子の出番は、増えこそすれ減ることはない。つまり外なる動員は今度は市場を媒介に強化されるということである。内によって補強された外なる動員は、こうして二一世紀の今日も依然、基本的な特徴であり続ける[69]。

かくてこの内外からの動員にいかに抵抗すべきかが、切羽詰まった問題となる。この闘いに勝ち抜くために必要な認識観点の一新や抵抗の語彙、手段や方法をいかに案出するか――動員史観が最終的にめざすのはこれである。

第四節　動員の歴史社会学(2)

1 全般的鬱陶しさの経験[70]

この世には動員語というのがあって、幼稚園児から受験生、営業マンからパックツアー旅行者まで、「早く、急げ、ガンバレ、負けるな」と煽られ続けている[71]。子供をせかす親を見れば分かるように、どれも時間と効用にかかわる要請であり、その通りにすれば何か得があるという反復行為を繰返すことによって、いつしか外からの要請が習い性となり内面化されていく。こうしてよい子が生まれる。よい子においては、経験則からさらに一段亢進した倫理基準が自らを効率的に管理しており、そのことの人格に及ぼす問題性が家庭や精神医学、心理学で自覚されはじめたのは最近のことである。

しかし既に十数年も前にルポライター鎌田慧の傑作参与観察『自動車絶望工場』の英訳本に、イギリスの日本研究の第一人者ロナルド・ドーアが付した序文において、工場労働者の感じる抑圧感は「組織が彼らに課したノルマや目標に忠実であろうと努めることから生じる内部的強制による抑圧感である」との指摘がある。よい子化の危険が、社会の最前線の問題として、もっとも苛烈な効率組織としての工場において、もっとも先鋭に浮上していたことが分かる。生産現場と国外からは、そのことが明瞭に見えていたのである。抑圧に耐え期待に応える生き方が望ましい時代においては、よい子の駆り立てられるような焦燥感は、明日へのよきドライヴであれ、問題にされるようなものではなかった。高度成長期のような、焦燥感が上昇志向として翻訳され得るような体制では、焦燥感こそ体制を支える心理的かつ現実的な基盤だったと想像される。《やる気》は、そうした焦燥社会の基軸貨幣であったろう。

ところが、その一方で、われわれの感じる全般的な鬱陶しさは日増しに拡大していった。そしてある臨界点を過ぎることによって、われわれは時代全体に対して大きな疑問を感じるようになっていく。この素朴な実感が近代という時代とシステムへの批判の目を生むきっかけとなる。こうして二一世紀への転換点において、動員史観の登場となる。動員史観は日々の生活のなかから生まれたある素直な《感じ》を社会理論へと飛躍させ、理解しようとする試みである。前回のラフな特色の指摘に続いて、この節では動員史観が歴史を国家的動員の視点からどう捉えるか、概要をお示しする。

2　戦争が生んだ近代——近代理解の基本線

何節か述べてきたところから、動員史観が近代理解の基本を大きく変えるものだということがお分かりになったかもしれないが、それには早速注釈がつく。第一に、大きく変えることがむしろ、われわれの日常経験に近づく態のものだということ——社会科学の一九世紀的バイアスと既に呼んだものは、われわれの日常感覚に浸透する国家の魔の手の正当な理解を妨げるものであった。この、いってみれば社会科学的抑圧から日々の生活の真実を取り戻すということのためには、あえて動員史観といった知的大空に出なければならない。第二に、にもかかわらず、動員史観はオリジナルな見方というより、孤島のごとく独立した試みを集約したものであり、その提唱は多数の点を結ぶ定期航空路を開くようなものとなる。連絡なきがためにうめき声としか映らない無数のつぶやき＝研究の深い含意は、一個の照明（社会理論）を得ることによって、はじめて明確になる。

さて動員史観は、経済的要因や技術的要因に対して政治的要因を強調する、と前に述べた。政治的要因といっても幅広い含意をもつが、ここでは端的に《統治形態》（forms of government）のことを指し、そのある特殊なあり方が近代の登場にとって決定的な役割を果たしたと考える。その特殊な形態とは近代的な《主権＝領域＝国民》国家のことであり、そうした近代国家の特徴をなす《国家関連事項》（国家、国家体系＝国際システム、戦争、戦争準備）の、歴史形成におけるインパクトを重視する立場である。動員史観はそれらの解明を通じて、近代理解の新たな道筋を提示しようとする。極力単純化していえば、国際関係とその要である戦争＝国家が近代を生んだ、という観点を中軸にする近代理解といってよい。

３　歴史における統治形態のインパクト(1)
——動員の歴史的源泉

草創期の世界的な比較政治社会学者S・N・アイゼンシュタットは《伝統国家》として都市国家、封建制、家産制的諸帝国、遊牧国家（征服帝国）、集権的歴史的・官僚制国家をあげた[72]。伝統国家には、①明確な国境（ボーダー）がなく、辺境（フロンティア）しかない。②いわゆる支配（ルール）はするが、統治（ガバン）するだけの力はなく、被統治者に対する日常的な情報収集・監視能力をもたない。③徴税制度が発展せず、収奪や朝貢による資金調達が多い、などの特徴があり、これと対比される《近代国家》を特色づける主権、独占的暴力・権威、国民、インパーソナルな権力、領域性などは欠く。いまでは国家と不離不即と考えられているこれらの属性は、比較的新しい歴史（近代国家）の産物なのである（なお伝統国家から近代国家への移行は、現代の代表的な政治学者の一人ディヴィッド・ヘルドの図のように、ローマ帝国、封建制、等族国家、絶対主義、近代国家へという発展軸で考えるのが一般的だろう[73]）。

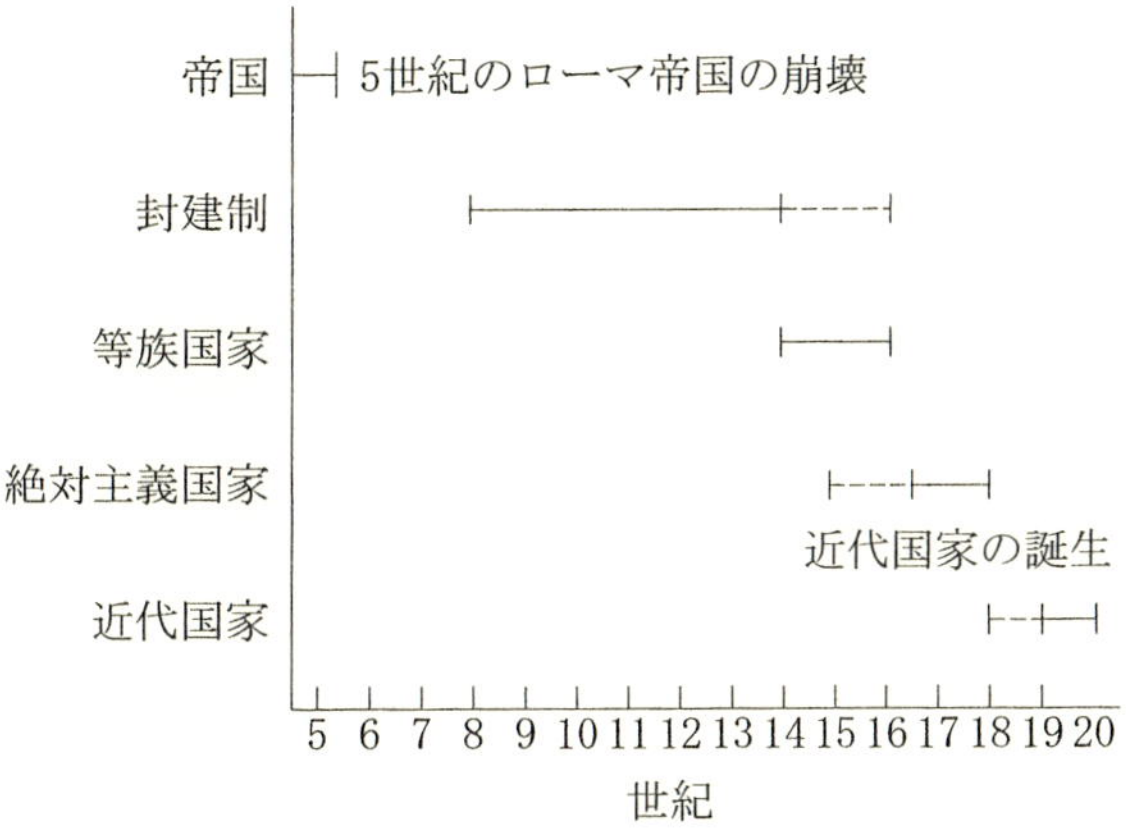

要は、一口に国家（統治形態あるいは統治機構）といっても

そのあり方は多様で、近代国家はヨーロッパにおいても最近の現象、その一つのあり方に過ぎない。動員史観は、歴史の長期の展開のなかで近代国家のもつ意味を考える。その際もっとも重要なのはローマ帝国の崩壊である。その後のヨーロッパ地域がこれにどう対応していったのか、それを秩序崩壊と建て直しの体系的連鎖として追うことができる[74]（1〜15）。

1　ローマ帝国崩壊当時、遅れたゲルマン諸民族にはヨーロッパ一円の支配がかなわず、帝国の建設は最初から不可能、想定外だった[75]。そのためヨーロッパは、帝国に代わる《次善的》な統治形態をとらざるを得なくなる。それが封建制である。封建制は秩序といえば秩序だが、当初は混乱の暫定的収拾でしかない。封建制はしかしその条件のなかで暫時、平和共存社会を可能にしていく。膠着状態の別称にしか過ぎないような封建制がかくして、民族大移動後のヨーロッパに《原初的・萌芽的な国際関係》を構成していくことになる[76]。

2　完成した統治形態としての封建制は中心の曖昧な、多元的で分権的な政治体制であったが、文化的・宗教的にはヨーロッパ地域は、キリスト教とカトリック教会によりある程度統合されていた。こうして《文化的統合のなかでの政治的分裂》という特殊な状況が醸成され、ヨーロッパ世界という固有の《歴史的個体》が形成された（だからその後のヨーロッパには、政治的側面と、これとは別の枠組で捉えられる文化的側面の二つが存在することになる。前者からは戦争国家論の端緒が、後者からは《市民社会論》（civil society）の系譜が生れると整理できるかもしれない[77]。ちなみにこう整理すると、文化的解釈の優位が社会経済史的な一九世紀型社会科学的アプローチの特徴であるといえるかもしれない）。

3　ユーラシア大陸最西北部（つまりいまの西欧）を典型に、比較的狭い地域が政治的に拮抗する無数の権力主体によって割拠された結果（封建制）、平和な社会が実現していても、その背後には常に相互に侵略や戦闘（平たくいえば戦争）への潜在的脅威が存在した。だからこれに備えて各権力主体は、差配する領域・人・物からできるだけ何らかの資源を得るよう努力しなければならないと想定される。しかし封建制的ネットワークが安定的に機能していた比較的長期間においてはそうした課題はそれほど大問題とはならず、闘いも近代戦とはくらべものにならぬ規模と技術レベルであり、それゆえ安上がりで済み（ただし当時としてはそれ相応の経済的な重荷ではあったが）、加えてそもそも宗教的規制（教会の戒め）や文化的成熟（騎士道）などによって激化を抑制されてもいたから、戦費等をひねり出すための特別な統治技術を案出する必要性は乏しかった。かくして戦争遂行可能な権力主体は多数あり得たし、現にいたのである。これは、財源を決定的引き金として、戦争遂行可能な唯一の主体として国家が残っていく近代と対照的である。

4　そのことに変化が生じるのは、《封建制の危機》によって領域内外で安定した秩序が崩れる時期（一四〜五世紀）である。加えてやや遅れて、東方世界との交易が背景となって《軍事革命》（一五世紀〜一七世紀）が生じ、大砲、小銃、隊形など《戦争技術》が圧倒的に革新されていくことになる[78]。戦争技術の革命は軍隊や戦争そのものだけでなく、あるいは攻撃形態だけではなく、築城や補給をはじめとする防衛面にも大きな費用がかかることを意味したが、さらには戦時のみならず、平時においても戦争にむけて大がかりな社会的・地理的変化をもたらすことになった（たとえば《首都》を国境からできるだけ遠ざけるといったような）。同様に、統治する側とされる側の全面的な関係の見直しも懸案となっていく。つまり戦争は一部貴族層や傭兵だけの問題では済まされないようになっていく。これが軍事史的文脈におけるフーコー的な《生—権力》への始動である。

5　近代戦のコストが莫大なものになるにつれ、それまで戦争を行い得た多数多様な権力主体の限られた能力ではこれを賄うことが難しくなる。こうして戦争を継続的に遂行できる主体は厳選されてくる。大規模な戦闘を行い得る《絶対的な主体[79]》が時代の要請となったのである。その代表的な主体が王権＝国王であった。国王は《軍隊組織》の整備に努める一方、軍隊を維持する資金的基盤を確立するための《徴税組織》の確立を急ぐことになった[80]。この両面からいわゆる官僚制化＝集権的権力機構の整備が進行していく。絶対王政は基本的に家産制的体制でしかなかったが、戦争や組織の技術の発展においては決定的なテイクオフの時代であったといってよい。それは実質上、伝統からの飛躍だったのである。「ヨーロッパにおける近代国家の形成は、現実にはこの等族国家の組み替えとして、しかし理論的には以上のような伝統との断絶として果たされて行った」[81]と政治思想史家福田歓一は述べている。

6　他方で絶対主義時代の国王は、ドイツの歴史家E・H・カントーロヴィッチによれば、（それ以前に既に）キリストの身体としてのキリスト教会というメタファーを世俗的な国家へと駆り出し、《神秘体》としての超越性を国家に与えることに成功していた。神聖な国家という幻想の近代的な始まり、「神秘性を基盤としながら合理的に行為する絶対君主国[82]」の成立である。それは一三世紀頃に顕現し、王権を絶対化し永続化する装置として機能した《祖国》という観念が成立するのも一二、三世紀である[83]。世俗国家のこの超越性は叙任権闘争（カノッサの屈辱は一〇七七年）以前には、国家と教会の役割分担が不分明であったため、王は王にして祭司としてキリストの代理者のイメージで語られていた。以後は国家と教会の分離がはっきりしてきて、教会の凋落を背景に世俗国家が発展を遂げる結果、独自の超越性を主張するようになっていく。その保障を支えた観念が《法中心主義的王権》や《政体中心主義的王権》の観念であった。

ともあれ封建諸力に対して絶対主義的国王大権への権力的統合が進んでも、絶対王政は、日本のパイオニア的社会史家二宮宏之の有名な研究が示すように、いまだ、ギルドや官職保有者（フランスのオフィシエ）、また州や都市などの行政の地方単位のような、中世的諸特権を前提にした社団的（corps）なもの、コーポラティズムに過ぎなかった[84]（したがって絶対王政を支える行政装置も物理的強制力も、実は弱体であった）。とはいえ、国王への集権化が進まず封建領主の末裔としての貴族の力が強かった地域、たとえば一八世紀の《貴族の共和国》ポーランドでは国が簡単に滅びた。また、今日でいう独仏の中間にあって、南北に長く延びたブルゴーニュ公国という国がかつて存在した。一時はフランス王国すらその支配下に置くのではないかと恐れられた大国である。その豪華で典雅な宮廷作法は全ヨーロッパの模範であり、それを二〇世紀最大の歴史家の一人と称されるベルギーのヨハン・ホイジンガは『中世の秋[85]』として活写したのは有名である。しかしブルゴーニュ公国は誕生してわずか四代で滅亡する。すなわち一四世紀に、カール大帝の長男が継承して消滅したかつてのロタンギリアの地にブルゴーニュ公国は生れるが、その最盛期の一五世紀には、相次ぐ戦いをうまく戦えず、公爵自身が戦死する結果、ロタンギリア王国の再興どころか、最終的に分割と吸収の憂き目にあって、消え去ってしまったのである。

このような事実を勘案すると、結局、国王＝王家のような強力な権力主体へと相互間での選別が進み、そこである規模での一円的な領域統治を行い得る基盤が整わなければ、近代への生き残りそのものが困難になったのではないかと推測される。実際、ルネサンス・イタリアの都市国家の歴史的敗北はその例である。一六世紀の大領域国家の登場以後、近代のイタリアはかつての隆盛は遠い記憶となって、一貫して後進地域のまま、二〇世紀を迎えることになった。大きな領土的基盤をもつ絶対主義の歴史的意義はここにある。戦争の勝者となり得る必要条件として集権的国家統治の確立こそが、どの統治体にとっても、近代において死命を制す最大の緊急要件だったのである。集権国家の形成は、したがって、ヨーロッパ国家の伝統と現実との絶妙なミクスチャーとして成っていくのである[86]（この文脈で改めて、重商主義政策の展開も、自由放任型市場経済の育成も、そのときどきにおいて、集権国家の必要条件を満たすものだったといえるとすれば、両者の政治的等価性を議論できるだろう）。

7　さて戦争の勝利は当時において決定的に戦闘の主体としての軍隊力に依存したが、多額の軍事費を賄う徴税組織の整備も、既に指摘したように、必須の要件であった。とはいえ、豊かな財源を可能にするためには、その前提として（重商主義であれ産業主義であれ）多くの生産者や生産組織が存在し、それらが活発に経済活動を行っていることが条件である。

したがって自国内で生産者の育成に努めることが重要な課題になる。そうしないまでも、少なくとも、宗教上の理由や苛烈な税の取り立てなどによって、大切な生産者や資本を自国領土から追い払ってしまうようなことをしてはならない。そうした愚を控える、国家指導者の賢明さ＝自己規制がこうして要請される。

これは専制的な国家のなし得ないものであった。そのことは、逆の例、たとえばイベリア半島におけるイスラム勢力駆逐＝グラナダ陥落と同じ年に行われたユダヤ人追放によって生じた資本ともどものスペイン（および後にはポルトガル）からの逃亡、また、フランスのルイ一四世がナントの勅令を廃止（一六八五年）したために生じたユグノーの亡命などが与えた多大な経済的打撃の事実によって、ヨーロッパでは他山の石的な歴史の教訓となって強烈な印象を残した。スペインから追放されたユダヤ人は総計一五万人以上にも及ぶが、その後各地に散って当該国家の富致に貢献する。一部は、オスマン帝国の手に渡ったイスタンブールに逃れさえした。迫害された二〇万にのぼるユグノーたちのある部分は、プロイセンの大選帝侯フリードリッヒ＝ヴィルヘルム一世のポツダム布告（一六八四年）に魅せられて、ベルリンに移住し、プロイセン帝国の基礎を築くことになる。

8　絶対主義の代表的な経済政策といえば重商主義（mercantilism）だが、これは国家保護による管理貿易であり、一七世紀後半ルイ一四世下のコルベール主義に代表されるような国家と結びついた特権的大商人の独占経済であった[87]。しかしそれは事の一面に過ぎず[88]、より重要な一面で重商主義は、国内的な殖産興業政策＝重工主義でもあり、国家の保護は産業の育成に及ぶものであった[89]（のみならず文化や芸術の振興、軍事力の増強など国力全般の増強であった）。かくして経済活動の領域が世界的に拡大し、自国内で産業資本家が育成されてくるにつれ、重農主義の唱導もあって、徐々に資本主義市場の自律化や自由貿易を要求する声が拡がっていく。この点ではいち早く立憲国家に変貌したイギリスの役割は大きい[90]。

9　ところで資本主義は決して頑丈な自律的機構ではない。腕白少年というよりは、《むき出しのか細い神経》をもつ、《投げ出された白い腕》の少女というべきである。きわめてデリケートで壊れやすく、つねに何らかの保護を必要とする。その保護は強制力を背景にした法的・制度的な整備を要するから、やはり国家以外には提供できなかったろう。国家は生産活動の順調な継続を支えるようその全能力を擁して市場を《大枠》的に保護するとともに、他方では自己規制によってその強力な力に歯止めをかけ、多少自らに都合が悪くても市場の自律的な運営に過度に介入しないよう自己抑制しなければならなかった。ヨーロッパの覚醒した諸王、絶対君主たちに等しく要求されたのは、この絶妙のバランス感覚であった。

そしてこの《妥協の統治術》こそは、行政的に無能な帝国とは違って、国家の力をフルに働かせることのできるものであった。そうした独自の統治形態がヨーロッパをして世界支配を可能にしたという意味では、この統治の自己抑制という仕組は、世界史的逆転を生んだ史上最大の逆説の一つであった。

4　歴史における統治形態のインパクト
――有機体国家の登場(2)

10　この独特の国家の役割は世界的に見て異例であり、例外的な統治形態であった。たとえば中国南宋のように、資本主義一歩寸前の活発な経済活動も国家安寧への危険と見做されればただちに抑圧され、近代を生むダイナミズムはそこで終息した[91]。それが世界史の通例だったのである。なぜならそれが帝国というものだからである。こうした、経済を抑圧する力（《専制権力》）はあるが、社会に浸透してこれを大きく左右するほどの力はもたない国家を歴史社会学では《冠石国家》（capstone state）と呼ぶ。これは《帝国型支配》（多くは大陸国家で、前近代では大国であった国々に多い。中国、ロシア、イスラム諸帝国など）に特徴的な国家統治のあり方である。対して、西ヨーロッパ（封建制以降）に見られる統治形態が《有機体国家》（organic state）である。有機体国家としての主権国家こそが、近代を生んだ地域固有の統治形態である（また資本主義を生んだ地域の統治形態でもあった）。このタイプの国家は専横・恣意的な介入はしないが、情報収集・監視能力、社会的浸透力、インフラ整備などの点で抜群の能力（《インフラ権力》）をもつ[92]。

11　有機体国家は、（そう思い立てば、時々の技術的制約の限りにおいて）国内の人・物・情報・組織などあらゆる資源を最大限に動員することのできる体制である。この種の議論の先駆者であるジョン・A・ホールやマイケル・マンの議論にはしかしやや混乱があり、注意を要する。つまり有機体国家であることが即、近代ないし近代国家への道を約束するものではない。もともとある統治体が有機体国家になっていくのは、外部的緊急事態に対応するためである。有機体国家だから近代開拓の能力をもつのではなく、否応なしに状況がヨーロッパの統治体を有機体国家にし、ある結果をもたらすのである。そして、その状況こそ戦争であった。

12　動員体制ということは、あげて戦争という対外的生存競争に備えてのことである。平時においても戦争の可能性が消えないという意味で、動員は常に生きている。この時点でもはや近代は眠りを失ったのである（後に西川長夫の不眠症として語られる近代の動態である[93]）。ただ寝ずの番をしてこの動員を現実に可能にしていくためのハードルは高い。統治する側の能力・技術、統治される側の条件や意欲などが総体としてかかわってくる。だから近代成立期の《初期動員体制》はその意味でどうしても実効性が低くならざるを得ない。しかしだからといって、最終的に二〇世紀に実現する高度動員システムとしての《総動員体制》と、それが異質だというわけではない。程度や障害が異なるのであって、モチーフは（近代から現代まで）共通している。いずれにしてもここから戦争のモメントを考慮に入れない近代論は不毛であり、戦争遂行の主体が国家以外にないという現実が、絶対主義以降の国際関係の絶対の鉄則であることを銘記すべきである。

13　しかしながら戦争を国家にとってどうしても避けられない客観的な環境要因と見るばかりでは、事の真実を歪めてしまう。（フランス・ルイ一四世、プロイセン・フリードリッヒ大王など）絶対主義国王たちは絶えず戦争、主に王位継承戦争に従事していたが、それは彼らが否応なしに戦争に直面したからばかりでなく、常に戦争状態にあることで彼らの王政に加えられた国法その他からする伝統的な諸制限（その中核はいわゆる《制限王政論》）を打破しようとする明白な政治的意図があったと思われる。戦争は非常事態であるから、伝統の制限を回避する有効な口実足り得たのである。絶対主義の過渡的性格がそうした傾向を生んだといえるが、この主体的要素の強調はこれまでのホールやダンデカーその他の歴史社会学の理論にはおおむね欠けている。そのため歴史の決定論的な解釈にやや足をすくわれる格好になると思われる。むしろ強調すべきは、意図せざる効果としての近代、しかしそうなることは全体状況からすれば宿命的でもあり得る近代化の逆説である。

14　近代を特徴づける全社会的ダイナミズム（革新）が資本主義的市場経済によって継続的に惹起されることは事実であり、その意味で経済的動態を近代とほぼ同一視する一九世紀（とくにマルクス）以来の便法には、十分な意味がある。しかし経済の動きが華々しいのは、あるいは、ヨーロッパの資本主義経済の動向が世界を切り開いていけたのは、あくまで、それを下支えする国家の《見えざる手》があったからである。経済＝資本主義の背後のこの通常透明化された政治＝国家の役割への注視が、戦争（したがってヨーロッパ的国際関係）の意義に気づかせ、動員体制としての近代社会というニーチェや後期ウェーバー、晩年のフーコー、最近のギデンズらに意図せずして共通のテーマをもたらしていくのである。

15　絶対主義以降においては政治と経済は、次のような形で現代へとつながる。政治については、ともに近代的概念である支配機構としての《ステート》概念が人的団体としての《ネーション》概念により補完されることによって、主権国家は、フランス革命を経て最終的な近代国家としての《国民国家》となって完成する。絶対主義は、したがって（完成された）ネーションなしの主権＝領域国家であった。経済については、イギリスが、当時の先進国であったスペインとオランダとの争いに勝利していち早く（一七世紀革命の後）立憲国家に変貌してから、一九世紀には明確な自由放任・自由貿易体制を主張し最先進国のリードを保つ。その結果、望ましいものとしての自律的産業資本主義市場の理念が定着することで資本主義の自立、その社会科学における王者の地位が確立した。これら国民国家と産業資本主義は相互に補強し合うが、一九世紀型社会科学のオペラ舞台において主役を張ったのは華やかで大衆的なプリマドンナ産業資本主義であり、これが人々の視線を集める一方、裏方にまわってこれを陰で支えた《インプレサリオ》(興業主)が存在した。その黒子の役に徹したのが国家であった。人々はプリマドンナのコロラトゥーラに酔いしれて、当地に一座を呼び込んだインプレサリオの役割を無視しがちだった。

しかし、それは違う、とたとえば明治の政治指導者なら見抜いていたろう。両者の関係は次のような実際の軍事的帰結をもつことで、後進近代化国への最大の脅威を構成したからである。すなわち、《産業革命→軍事技術の革新・更新→産業社会の世界史的な軍事勝利という近代の帰結》。ヨーロッパの世界支配は、経済と国家のこの軍事的結合によって可能になった。一三〇年前の明治人が憧れたのはこの結合であって、断じて西欧のそのものとしての文化的香りや思想的装いではなかった。そして彼らが怖れたのも、この複合的・結果的な軍事的脅威であった。なぜなら近代の世界的波及のプリマコーズ(第一原因)は、軍事的な脅威以外の何者でもなかったからである(軍事=近代化論)。

5　《戦争国家論》としての動員史観

以上は、潜在的・顕在的な戦争および戦争準備という観点から、戦争の主体としての国家と、戦争の環境としての国際関係という枠組によって、近代の成立を、主に一九世紀ハイ・モダニティの時代(動員史観にいう初期動員体制)まで、一貫した流れとして描き出したものである。このような流れの整理で特段差支えないとすれば、近代——現在の歴史学では近世 early modern と呼ばれるのかもしれないが、動員史観としては内容的に今日まである種の連続性を想定できるもの——の成立に際し、またその後の展開において、主権的戦争(すなわち近代戦争)が決定的な触媒であったことを否定するのは困難である。いいかえれば、崩壊した中世的普遍秩序のヨーロッパ的回復をめぐる集合的な、しばしば同じ方向をむいた努力において、結果的にどうしても戦争がある種の手段となり、また、努力の目標ともなるという逆説的な状況がやってきたということである。この秩序構築のパターン=パラドクスは、現在にいたるまで基本的に改善(?)されていない。まさにこの点に着目して、言葉尻からくる多くの誤解の可能性を怖れつつも、内容的にいって《戦争国家論》といってよいものがここに提起される必要がある、と主張したい。ここでいう限りにおいての戦争国家論は、注意深い読者にはお分かりのように、たんなる軍事の優位を説く考え方ではないし、また、狭い意味での国家発展についてのモデル（政治理論としての国家論）でもない。あくまで近代の理解への一つのアプローチ、社会理論の試みである。モットー風に紹介した前節に続いて、戦争国家論としての動員史観をもっと鮮明にするために、三点ほどの補強を行いたい。

第一は、社会経済中心史観の脱構築（国家的動員史観）ということである。これは何度も触れてはきたが、具体的には以下のようなことである。動員史観の解明の中心は、いま整理したように、典型的には富国強兵という形をとって現れる、国家主義と産業主義とを調和するような統治形態の仕組（最終的には国民国家）がなぜ歴史的に成立してきたか、またそのインパクトはどこに、どこまで、どう及んだかということにある。この限り資本主義と国家との関係という古くて新しい問題を扱っている。しかしその解釈において社会経済中心史観に異義申立てを行い、経済体制以前に秩序全体や政治体制、政治的緊急事態の問題が、近代ではより重要であると主張する。これは言うは易いとはいえ、繰返すようにリベラルな陣営や左翼からの反撃が予想される、内心の恐怖に満ちた主張ではある。とはいえ実は同じ趣旨の発言はこれまで結構な数の人々によってなされてきたようにも思われる。しかし指摘が散発的で、動員史観のように体系的な表現をとり得なかった。ために反発も少ないかわり、理論上の突破口を開くこともできなかったと思われる。

第二は、一国史観に対する、いってみれば《関係史観》の強調ということである。関係とはここで、国境で仕切られた両世界の内外を一望できるということを意味しており、具体的には次のような認識を基礎としている。①主権国家は国際システムと対になって生まれ、両者は切り離せない関係にある（因果関係でなく、同時的に与えられる布置状況＝コンフィギュレーションの関係だということ）。②そこには最初から戦争の潜在脅威がビルトインされており、それが統治者を複眼的にし行動を制約した。③戦争へむけて国家は戦時平時を問わず、規模の大小を別にすれば、人・物・関係などをさまざまに動員していく機構である（軍備、貿易管理、国民皆兵、教育などすべての面で）。関係史観という点で、《歴史的社会科学者》イマニュエル・ウォーラーステインなどとの類縁を指摘できる（ただし制度化された歴史社会学の一般的傾向とは、おそらくまったく一致しない[94]）。動員史観そのものはその動きとは無関係に生まれたものだが、社会科学全体の組み直しを求めるという点では共振している[95]。

第三は、現代と近代との、あるいは近世―近代―現代の連続を前提にし、近世を近代と何か異質なシステムであるとか、現代を近代の堕落形態とか頽廃とかは捉えないということである。ウェーバーは《脱魔術化》としての近代はその論理の線故に、ある臨界点を過ぎると《鉄の檻》に転じると想定していたが、その際ポイントとなる合理化自体のモメントのなかに既に現代の全般的抑圧状況は含まれていたとウェーバーは主張し（と山之内靖は解釈し）、動員史観もそう理解するが、ウェーバーのこの合理化論に重ねて、近代には最初から、つまり中世崩壊という事態の発生によってそもそもの始まりから、一つの《運命》（ウェーバーの使った意味とは内容を異にするが[96]）があったと動員史観は考える。その運命こそが近代と呼ばれるものなのである。そしてその運命に関する動員史観の説明は、まずは、次のような単純な命題として与えられるだろう。すなわち《動員は戦争のために社会全体の合理化を促す》と。つまり近代とは戦争と合理化と動員を基本要素とするものなのである。戦争と合理化と動員は近代そのものの同時的布置状況をなすといってもよい。

具体的には軍隊の官僚制化や企業的資本主義化など（大きくこれらを競争＝戦争と置き換えてみてもよい）は、《近代組織》（大きくこれを動員組織と置き換えてみよう）なるものの成立を媒介に、社会の合理化――フーコーなら規格化と呼び、啓蒙主義者なら企画化とでも呼ぶような人と社会の再編。ここでは動員という言葉で考える――を推進した。なるほど人と社会と自然の全面的な再編は、二〇世紀の総動員体制のなかではじめて可能になる。たとえばナチズムにおいて顕著な合理化の施策は、自然保護や優性保護などに見る通り、身体を含めた資源の有効利用の戦後の一つの原型『健康帝国ナチス[97]』となる。社会主義体制もニューディール体制も、その意味での《合理化＝動員》の範型なのである（山之内靖）。だからこの文脈では、第二次大戦の勝利は、より効率的に合理化＝動員し得たこの二つの体制のファシズム体制への勝利を意味し、冷戦終結は残ったこの二つの陣営の争いにおいて、福祉国家型ニューディール体制の動員力の勝利を記すものと解釈できる。

しかしここで、総動員体制論の先駆者山之内靖とは立場を異にすることになり、総動員体制が近代市民社会を根本的に変えたとは考えず、《初期動員体制》という言葉をあてて私の考える長期の動員体制が近代を貫いて存在した事実を表現したい、そして合理化の二一世紀的末路をも一個の視野に収めようとする。動員史観は、現代の鬱陶しさの源を近代のロジックそのものに見出そうとする。だから近代人よい子の現在は、長い動員のおそらくは最後の局面なのである。その未来は動員体制の転換なしには考えられない。

第五節　孤独でデリケートな美学的抵抗

1　絶対主義から援助交際まで

国家的動員という観点を設定すると、絶対主義から、いってみれば《援助交際》までのちょうど五〇〇年の近代が一つの時代であった。数字を記すことを求められれば、こういっておこう。教科書的歴史としてはコロンブスのアメリカ発見（一四九二年）すなわち《大航海時代》の始まり、戦争史の文脈ではフランスのシャルル八世のイタリア侵入、いわゆる《イタリア戦争[98]》（一四九四〜一五五九年）の勃発、あるいはウェーバー風に一五一七年の宗教改革、またマルクス経済学の一六世紀、あるいはウォーラーステイン＝ブローデル風に言えば《長い一六世紀》（一四五〇年以降）――つまり実質的には一六世紀から、先端近代わが日本における宮台真司的援交のシンボリックな発見（社会的な反響としては一九九三年九月という日時）という二〇世紀末までの時代だと。それがいま長いサイクルを終わろうとしている[99]（のか?）。動員解除されつつあるわれわれ《復員兵》に、いまどんな生活指針、いうならば生活美学が残されているかを、この章の締めくくりに、また次章への架橋として考えてみたい[100]。

勿論、簡単に近代の動員体制が終焉を迎えるなどということとはあろうはずがないし、動員なしといった状況が可能なのか、可能としてもユートピアなのかディストピア（逆ユートピア）なのかはまったく分からない。少なくともモダンの反対状況を極限的に想定して機械的にモダンの次を論じても始まらない。しかしポストモダンなしのモダンという現実しかないとしたら、それはまた一層絶望的であろう。問題はこの不透明な現実において、ある種の移行的な連続性を前提に、デリケートな《ずらし》の可能性をどう考えるかということにあるだろう。ずらしの戦略は、よい子の対極としてかつての《不良》（死語）を考えれば済むといった時代ではない今日、対抗でなく抵抗の戦略として重要である。現実への正面攻撃でも徹底抗戦でも、はたまた現状べったりでもない、笑いやアイロニーを駆使しながらの意識的な遊撃策として、どういった方略があり得るだろうか。なお、仮にそうした遊撃隊メンバーには《どうでもよい子》という命名を行って、その行方を見守る印としておこう[101]。

この問題に関する真正面からの一つの提言は次章で行われる。それはまさに、学校から復員したばかりのこれからの人間による実況中継的な報告書、そうあれかしと願う人間像の呈示である。その際は少々の理論的逸脱もご勘弁願いたい。この節では、動員兵であり志願兵でもあるいまのわれわれの生活をもう一度戯画的に振り返って、ずらしのポイントを確認する作業を行ってみたい[102]。

2　モダンとしてのカニ――上海の中華レストランにて

やはり思った通りだった。最近の学生はカニ、エビ、カイ、いわゆる甲殻類を食べない。このこと自体は何年も前の合宿で分かっていたことだった。そのときの軽いショックはなかなか忘れられない。ゼミ生たちが好んで食べたのは貧相なハムカツであったり、ブロイラーの唐揚げであり、断じて宿舎の売り物であったカニの大盛りではなかった。自分のゼミだけかと弱々しくあたりを見ると、よそのゼミでも大皿のカニは放置されたままである。こうしてカニやエビ、カイといった鮨だねとしては高級品が、われわれやわれわれの両親の世代にとってもっていた圧倒的な輝きはもうそこにはない。カタカナで書く所以である。結局、憧れのカニという観念自体が歴史的産物だったのである。いまもカニ、エビ神話が生きているとすれば、後世には貴重なドキュメントとなるはずの、テレビ東京の経費節減的、国体的諸国漫遊番組のおかげかもしれない。ビフテキやシャブシャブ、トロなども同じ運命をたどるのだろう。少なくともビフテキは死語となり、そのもつハイカラな響きはもうない（シャブシャブは一時スキャンダラスな形で復活することとなったが）。要は、旨さの感覚つまりは味覚という人間にとって根本的なセンスも、ある歴史の中で形成された集合的現実の一環であり、そのなかで学習されたものだったのである。近代的共同幻想のバリアを失い、言い訳がましくカニを食べ続けている私は、パブロフの犬の気分であった。

それまで文芸評論か建築用語だと思って敬遠していた《軽薄》なポストモダンという言葉を本格的に意識するようになったのはそのときであったが、一九九七年晩夏、上海という中華の本場、しかも海産料理で名高いかの地のレストランで、ゼミ研修旅行に行った学生たちが示したのも同じ反応であった。注文するものといえば、麺、チャーハン、ホイコーロー、餃子、肉まんといった日本でも食べられるものが圧倒的で（ホイコーローやチンジャオロースはメニューそのものになかった）、それは知識がないといったレベルを越えて冒険というものがないのである。でも彼らは食べたいものを食べて満足なのである。だから《監視》を怠ると彼らは、昼食にケンタッキーフライドチキン（洋風唐揚げ？）やモスバーガー（日本のハンバーガー・チェーン）になだれ込む。お口にあっているからなのだ。脱近代への突破にも、また監視が必要なのか。暗然たる気持ちでいると、救いは日中のファーストフード比較という知的関心が彼らにあったことである。中国上海のレモンティはまずくて飲めない、と。いずれにしてもしまいに教師は研修の建前と親心でチャーハンを禁止してしまった。お節介な禁忌戦略（パターナリズム）だったが、さて冒険しない学生の言い分はこうであった。カニは旨いが食べるのが面倒、エビも皮がどうも、カイは見たことないのが多くて嫌。ヘビはごめんだし、カエルも遠慮したい[103]。

こうなるとその適応力のなさこそが、むしろ人間的であるかのような印象さえ受ける。モダンの抜群の環境適応力は、考えてみれば人間に過剰や無理を強いていたのかもしれない。やはり《変身爛漫[104]》（宮原浩二郎）とはいかないようなのである。かつて都会（モダン）の人間を田舎者（プレモダン）から区別する指標であったはずの実際性、柔軟性、受容力の役割は逆転しているのかもしれない。いまや許容量の大きさが点取り虫的に見えてダサく映るのか。できないものはできないし、やりたくないものはしない。とはいえ、たとえつくられたものであるにしろ、内容（旨さ）が形式や手続き（食べやすさや清潔感）に優先した時代が確かについ最近まであった。ということはしかしこの種の価値序列とは異なる、スタイルを重んじた感性が登場することもあり得るということなのである。

そういう私自身、レストランでは学生の持参した除菌ペーパーにはお世話になったし、さすがに彼らの持参したマイカップは貸してくれとはいえなかったが、日本のコンビニで買った割り箸はみんなで共有しようと明るく提案した。このことは一定の年齢以上の中国通には受けいれがたいに違いない。だから学生に違和感を覚える私自身がそういう人々から見れば、許しがたく異質なのである。事実、私は《一人鍋》という形容矛盾としか思えぬここ一、二年の現象が、本来の日本的な文化や美意識への回帰なのではないかという卒論を当時指導してもいたのである。鍋をつっつくと他人の箸や唾が入るので嫌だ、というのが私がこの卒論テーマを思いついた動機だった。したがって学生時代の遠い過去にさかのぼる。体育会的鍋、忘年会的鍋へのルサンチマン？鍋ってほんとにおいしいの？結局これは確証されたようだ。江戸時代までは一人鍋が普通であり、明治以降の近代化が多人数の鍋、同じ釜の飯的鍋をはやらせたのである。これに対して伝統的な日本の食習慣は、《食具の人格化》（自分の茶碗や箸があるという文化。西欧にマイ・フォークという発想はない）に代表されるようにかなり異質だ。そのもつ個別主義的傾向と近代的鍋は折り合いが悪い[105]。

食に対するこのような感受性の変化はたんに世代の交代というだけの問題ではない。大きな歴史的な変動を示すものと受けとるべきであるように思う。人々の意識は確実に変化している。しかし現実世界はその変化に追いつけず、かくて過渡期特有の混乱はかなりの期間続くだろう。だが、既にここまできたこの愛すべき学生たちの今後の人生はどうなるのだろう。《栄養ドリンク》的にバイタリティだのファイトだのと煽りたてられるよい子の息詰まった社会との根本的な齟齬は解消されるのか（既にバイタリティは韓国、中国へと去ってしまった感もあるが、しかしさまざまな韓流ブームとなって揺り戻しがある二一世紀初頭でもある）。

こうして私は、もう一〇年近く前、上海の丸テーブルにつきながら、味覚の歴史性にとどまらず、《頑張る精神》の歴史性とその廃棄といった、場違いな社会科学的夢想（ＳＳＦ）に想いを馳せていたのであった。

3　かくも長き動員[106]——よい子の一生

何節か動員史観について書いてきたが、いまこの文章をお読みの方というのはいうまでもなく、もしくは否応なくよい子に違いない。そうでなければこんな本は手にとらない。

さて人々をよい子へと鋳造するさまざまな装置が動員体制のいたるところに存在しているわけだが、端的には二つの制度があってきちんと機能していれば十分だともいえる。長期の教育制度と残りのさらに長期の会社員生活である。たとえそれを回避できた人があったとしても、よい子以外の生き方は高いコストとストレスが要求されるから、どうせ窮屈ならよい子の方がましだと究極の選択を行った人もいるに違いない。この選択はごく合理的である。このような重苦しい人生の将来予想を宮台真司は《終わりなき日常》と呼んだ。終わりなき日常は八〇年代末の女子高生の戦略だった。そして汗と涙と努力の少年ジャンプに親しんだ男子学生はオウム的終末観を選択し、終末戦争による廃墟の後からの再建という甘美で幻想的な最終ヴィジョンに身をゆだねた。結局オウム以後に生き残った戦略は女子高生のものであったが、それは憂鬱で絶望的な選択に見える。しかしそこには、少年雑誌的な動員基調とは異なるもう一つの人生展望が、過渡期の混乱を示しつつ開かれる裂け目を垣間見ることができる。少女が意識せず指し示した復員への燭光（宮台的なオウム真理教対ブルセラ女子高生の理念型的ダイコトミーは、私の場合、体育会系対ブルセラ女子高生ということになる）。

話をそこにもっていく前に、よい子の一生をモデルケースで考えてみよう。それは終わりなき日常を生きる少女の対極にあるものを、モデルケースで提示するということである。

まず、基本は、《よい子（家庭）→好青年（学校）→企業戦士（会社）》という《普通》のキャリアである（なおキャリア志向ということ自体が近代的だとも言えるが、いまは触れない[107]）。各組織体において組織構成員として期待される役割をこなすことで、相応のよい子が演じられる。より細かくいえば、**可愛い赤ちゃん**（可愛くない赤ちゃんというのは社会的には存在しない）→**子供は風の子**（幼稚園小学校。腕白坊主とお転婆娘の世界。ただし塾通いで実態は変化しているのに期待の地平はそう変わっていない）→**真面目な優等生**（中高。ガールフレンドはいなくていいし、勉学に差支えるのでいない方がいい）→**《好青年》**（大学。一転して**ガールフレンド**の一人もいないのかと問われる。社会が体育会系的に組織されているのではと漠然と恐れをなす時代）→**会社人間**（別名企業戦士。この言葉は既に死語だが。この段階では女の一人もいないのかと、名称変更が生じながら一人前であれとの圧力がかかる。やはり多くの人には社会＝会社は体育会系的爽やかさの演技が必要であることが痛感される。のみならず、親や社会の期待のあまりのオポチュニスティックな変転にたじろぐ[108]）。

通常よい子の人生が鼓舞されるとき、国民皆結婚状態が常識だった時代では、次の結婚（少なくない率において職場結婚→核家族）以後までイメージは続いていたであろう。すなわち出産↓昇進・出世↓退職↓幸福な老後（年金生活）といった線である。しかし今日ハイ・モダニティが顕現させたその後の人生航路は、実際はもっと違ったものになった。おそらくこの自覚がうっすらでも可能になったことが、モダンの次ということへの、人々の遅まきながらの集団的覚醒を招く要因となったと思われる。さて会社人間を岐路にして、今日考えられるケースは次のようになる。

①**一生独身**。上司などの結婚紹介はほとんどない。世話焼きオバサンは過去の遺物である。現在いれば異物である。勿論一生独身であることが否定的・悲観的な選択だというのではない。ただ当然に社会的地位には女がくっついてくると思っていた人のいい男子よい子学生・サラリーマンには辛い現実になる場合がある、ということである。実人生におけるさまざまな技法の必要性に気づくが、決定的に遅いのかもしれない。②**四〇歳代リストラ**。優雅な趣味生活への転身のチャンスだが、多くは独立（脱サラ）か、系列企業等へのより低い待遇での再就職＝企業戦士の継続。③**過労死**もしくは**過労自殺**。妻は会社との法廷闘争で余生を消費させられる。さもなくば④**軽い心身症**もしくは**ノイローゼ**。あるいはより一般的なケースとして⑤**家庭をもち子供をもち家をもつ普通の人**。かつての秀才も、核家族の選ばれてあることの恍惚と不安をかかえ、その半面ではローンに苦しむが、人並みであることの安心感に深く安堵もする。

さて次のステージは、これも選択肢になるが、①息子娘を無難に育て上げ、無事つつがなく退職した後に**熟年離婚**。濡れ落ち葉化が原因。②**金属バット殺人事件**。息子を殺すか、殺されるかは状況次第[109]。③ただの**独居死**。独身の場合ストレスから心臓病を患っていることが少なくない。④癌等で植物人間になるか長期の入院後、**病院死**。尊厳死の可能性は低い。――右の《人生ゲーム》はお笑いと思って読み流していただきたい。ただし⑥「もちろんすべてが勝者となり得るはずのない能力主義競争[110]」を勝ち抜いて、勝利する方々も少なからずいることはいうまでもない。それにしても、弱き赤ん坊は弱き老人となって最後を終わることに変わりはない。以上、社会学でいう《第一種日本人》（大卒男子学生）を例に考えてみた。

4　変化への始動

しかし日本という国がどのような形であれ成熟していくにつれ、基本的に《マイナス・ワン》（欠落したものの存在が自身に欲望を、対象に超越的価値を生み出し、その落差が原動力となる[111]）――あるいは専門用語では欠乏動機というのであろうか――として構想された《欲望解放＝欲望介抱体制としての近代社会[112]》は、過去のロジックの延長線上を歩んでいるように見えて、徐々に変質していくことになる。その徴候は既に見たように各所に現れている。もう近代社会の論理では社会を支える人間に事態の重みを支えるだけの力はない。あるいはそれほどに事態の重圧は高まっている（しかし既にウェーバーの時点、世紀転換点あたりでそのことは明確だったはずだが）。近代的手づるで事を考え、対処しようとするのでは事態の悪化以上のことはできず、はっきりと新たなものの考え方を取り入れ、技法を革新して臨むべきなのである。

カラーシャツで出勤するおしゃれな新人サラリーマン。彼らにとって現在、生活するとは、かつてのように生活基本線ぎりぎりのところで明日を考えるということではない。せっつかれながら、しかし自分の身の回りを観察する余裕をもち、今日の自分らしさというもの、と自分探しゲームでいうような目標をできればゆっくり追求することである。世間的には《スローライフ》への動きとして、また政治学では古くから《脱物質主義的価値観》（イングルハート）への指向として、哲学や社会学では《生活形式の文法》（ハバーマス）の革新として、また経済学的には《ネットワーキング社会》への期待などとして、ほのめかされてきた来るべき事態の特徴は、動員もしくは動員合理化によって引き起こされてきた個人の心理的・精神的・肉体的、および社会の政治的・経済的・軍事的・文化的な、つまりは全般的な変化の帰結に対する、否定の言語で綴られるものであるだろう。

浜辺で棒振る剣道青年の猪突猛進という勇ましい戦略。それはいつも明治以来のヒーロー《坊ちゃん》のように、軽い現実逃避か神経症であったが、それをここではすべて忘れ、回りくどく慎重にさまざまな戸締りを解いていくことにしよう。そうするといずれの鍵穴にもほぼ同じ型が見られることが分かる。いうまでもなくそれこそ、動員史観がもっているキー、動員解除＝復員というキーが差し入れられるべき鍵穴なのである。

これへの解答、つまりいかに近代社会の特徴を捉え、その解体＝脱構築を行うかは、動員史観の本書全体を通して問う課題である。そのことを最後に確認して、次章に入りたい。

第二章　「動員後」へのスルーパス――一九九七年ジョホールバルからの展望

竹内瑞穂・執筆

編者（畠山）から一言

新しいワインは新しい革袋に入れた方がいい、というヨーロッパの諺がある。組織や制度など上物だけの変革では、事態の更新は困難である。自分自身を変えていくという契機と決意がどうしても必要だということである。存在するのは生きた人間だけだからである。しかしそのためにモデルをつくって、一律倣うというのは学校やモダンの発想であり、衣装の流行のように、個性喪失を招きかねない。

とはいえ、モデルにはモデルなりの利点はある。とくに人格的インテグリティに支えられた生きたモデルがあるというのは、格別の喜びである。つまりは、共感を求める孤独な視線が彷徨いむかうところに、たまたま形が与えられ、それがしかも生きた一人の人間としてあり得たことの発見――そのことの喜びは言葉にならないほど大きい。ウィリアム・ワイラーの映画『おしゃれ泥棒』（一九六六年）でピーター・オトゥールが軽快にスポーツカーに戻るその軽やかな足捌きが美しい。外科医のわが子に貼るただのサビオが、曰くいいがたく美しい。高田修一が高校時代の英語の参考書に引いた鉛筆の下線が、えもいわれず美しい。さすが俳優、さすが医者、さすが美術家。細部であるだけに、気づく人が少ないだけに、そのことの発見は、お望みならば一生の光ともなり得る。

なるほどそうした感動は長くは続かないかもしれない。が、波のように繰返し、忘れた頃に思い出されるものでもあって、経済学者高橋洋児のいう《ドライヴィークル》(drivehicle) はそのようなものに違いない。ドライヴィークルとは、ドライヴ (drive) と表現手段 (vehecle) を合成した彼の造語であって、人に充実感と手応えを与えてくれるようなもの・こと・言葉・行為のことである。高橋の刺激的な言い方をあえて引用すれば、「女にとっては、パンティ一枚でもドライヴィークルたり得る。朝出がけに、時間をかけて迷った末に『きょうはこれ』と決めたら、その日一日は、時折パンティと対話することで何とかシャキッとした気持ちで過ごせる」[113]。少女にとってのぬいぐるみ、物書きにとっての万年筆、ブランド女にとってのダイヤの指輪、板書した後の教師がチョークで黒板をチョンとたたく仕種などが、ドライヴィークルたり得る[114]。モデルということをここではそういう意味に解したい。

本章はそういうモデル＝人間類型の試みを行った例である。人は動員以後においてどう処すことができるか。あるいは、そう処すことが動員解除をいかに促進するか（この場合は動員以後へむけての働きかけとなる）。そういう、形をまだなさなかった何年間を踏まえてこの問題に、動員史観がほんの小さなきっかけを与えて当時学生であった青年が、自分で解答した結果である。卒論であるから未熟は承知の上であり、発表に備えてことさらの技巧的洗練は行わなかった（むしろ文献註はほとんど削った[115]）。既に指摘したように、近代的な人間像とは異なる人間像やライフスタイルの探究という点では、一般にはまだ、まとまったイメージはない。その意味では専門の社会科学以外のところから光がさしてくる可能性がある。あるいは来るべき人間のイメージは、来るべきという言葉の積極的なニュアンスからは遠そうなところからくるのかもしれない[116]。

なお、最後に、竹内君が執筆していた時期には動員史観の概念枠組（本書第五章）はまだ発表されていなかった。また、中田とメディアの関係も悪く、冷淡に扱われていた（竹内論文については序章6でも触れた）。

序　書くにあたって

一九九七年もまた、さまざまな事件があった。神戸連続児童殺傷事件、ペルー日本大使公邸人質テロ事件、拓銀や山一證券など大手金融機関の相次ぐ倒産、その他中堅金融機関の経営悪化、一向に改革できない政治。日本経済の安全神話はあっけなく崩壊し、未曽有の不安が日本全体を覆った。絶望感はつのるが、一一月一六日深夜、金融機関破綻の記事が連日新聞の一面を飾っていたその折、この年最も明るいと思われるニュースが飛び込んできた。いや日本の多くの人がそのニュースの瞬間を目撃し、体験した。「ドリブルだ！まだ持っている、中田！左足！どうか！ボールがこぼれている！岡野！ゴールやった！岡野！最後は岡野！日本勝った！日本勝った！日本、ワールドカップ‼」。

そう、この瞬間である。マレーシアのジョホールバルで、サッカー日本代表がワールドカップ本大会（フランス）への切符を手にしたこの瞬間こそ、九七年日本で一番明るいニュースだったのではなかったか。思えばアメリカ・ワールドカップへの出場を目前にしながら、ロスタイムの失点で逃した、あの「ドーハの悲劇」から四年。日本がワールドカップを初めて目指した時から実に四三年。本当に待ちに待ったこの瞬間であった。テレビの視聴率は深夜であったにもかかわらず、平均で四七・九％を記録し、翌日のスポーツ新聞はもちろんのこと、その後一週間にわたってサッカー関連記事を一面においたスポーツ紙もあった。サッカー関連の月刊誌、スポーツ専門の週刊誌などは軒並み売り上げを伸ばし、いわゆるオピニオン誌や女性週刊誌までもが、サッカーの記事やインタビューを競って掲載した。中には岡田監督が家族にお土産を買っている写真を使い家族愛を伝えるものや、選手の親のインタビューから教育方法を説くようなものまで、ありとあらゆる情報が飛び交った。それだけに収まらず、ワールドカップ出場のニュースは翌日のテレビのニュース関連番組ではほぼすべての番組でトップ項目として採り上げられ、一般紙でも一面に写真入りで掲載されていた。少々加熱気味とも思われる程の勢いでこのニュースは扱われたのである。

現在、テレビのニュース関連番組は余程放送時間が短いもの（三分や五分番組）を除けば、必ずといっていいほど独立したスポーツのコーナーを持っている。一般紙でも独立したスポーツ欄のない新聞はまずない。スポーツがニュースのトップ項目になることはなにも今回のサッカーに限ったことではなく、毎年数回はあり得る出来事なのである。例えば、オリンピックの期間中に選手がメダルを獲得した時や、プロ野球の日本シリーズでの優勝が決まった時、スキーや柔道の世界大会で日本人選手が優勝した時などは報道において常に同程度の扱いを受けている。これは何を意味しているのだろうか。私たちは普段、スポーツはたんなる娯楽でありストレス解消のための一つの手段でしかないかのように考えがちである。人との会話に詰まった時、政治的・社会的にほとんど意味を持たない天気の話をするのと同様に、スポーツの話題も同じように使われていることが多い。さらに、スポーツにまつわる言説の特殊性から、例えば一九九六年のプロ野球界で盛んに使われ、その年の流行語大賞にもなった「メイクミラクル」や、東京オリンピックにおける日本女子バレーボールチームを「東洋の魔女」などと表現することにより、スポーツがなにやら日常空間（＝社会）とは別の次元に存在するような感覚に陥ることが少なくないように思う。

　しかし、こうした感覚は断じて間違っている。常にニュースのトップ項目になる可能性を持ち、実際にこれほどの社会的なフィーバーをもたらしているスポーツが、社会から独立して存在しているわけがない。むしろ、逆説的ではあるが、スポーツはあまりに社会の隅々に入り込んでいるために、余計に社会との関係性が見えづらくなっているのである。今回のサッカーワールドカップ出場決定のニュースとそれに伴うフィーバーぶりは、スポーツがスポーツとしてだけ独立して存在しているわけではなく、社会と密接に関わって存在する社会現象であるということを再度確認できるものであった。このことが確認できてはじめてスポーツを通して社会を見ることも可能になるだろう。

「スポーツは社会と無関係ではない」。このことに気づき、スポーツを最初に歴史社会学研究の対象に引き上げたのがドイツの有名な社会学者ノルベルト・エリアスである。近代スポーツが成立のその時から社会にいかに大きく関わっていたかということは、エリアスのスポーツの歴史社会学的研究を見ればよく分かる。ただエリアスの理論がスポーツの歴史社会学的研究の第一歩になったのは間違いないのだが、その後、彼の理論では捉え切れなくなるほど、近代スポーツは発展していく。だからそれに伴って次々とスポーツの新しい社会学的解釈が試みられ、現在にいたっては「スポーツ社会学」という分野が完全に確立している[117]。今回の論文は、社会的現象の一つであるスポーツを見ることが、なかなか捉えられない社会全体を見えやすくし、分析するのに非常に有効な手段であるという「スポーツ社会学」の基本的ラインをはずさないつもりである。そして先述したとおり、今年日本で最も明るいニュースであったと思われる、サッカーワールドカップ出場決定を題材にし、そこにいたるまでのアジア最終予選での日本代表の戦い方、またそれにまつわる様々な現象、言説などを詳しく観察していこうと考えている。今日の日本社会の歴史社会学的位相を示すことで近代以後の世界への生きるヒントを導くことが目的である。

第一節　スポーツ社会学の起点とその広がり

1　ノルベルト・エリアスの議論

歴史社会学者ノルベルト・エリアスといえば、最も有名な著作として『文明化の過程[118]』が挙げられる。簡単にその趣旨とスポーツとの関連だけをまとめておくとこうなるだろう。エリアスはその著書の中で、中世以来の西欧社会を研究することによって、人間の感情や行動の標準が一八世紀以降明確に新しいものに変わったことをつきとめた。特に、人々が生活の中にある快、不快の基準を新たに見出し、それにのっとった礼儀作法やマナー、振る舞い方を身につけていった過程を明らかにすることを通じて、そうした「文明的」な基準による心性の成立が最終的に近代国家の形成に大きな役割を果たした、という歴史モデルを提示することになった。すなわちエリアスは、一八世紀イギリスでは政治的支配層であったジェントルマンたちが政治から余暇にいたる広い社会領域を非暴力的なゲームにする段階にさしかかっていたという。これは社会全体の雰囲気が野蛮なもの、血なまぐさいものに対して敏感に反応し、不快感を覚えるようになったということであり、こうした人々のそうした何気ない感覚こそが近代国家形成を後押しする力となったということである。

エリアスはこの歴史モデルが有効であることを示すために、このモデルにぴったり当てはまる実例として、議会とスポーツの近代的な発展過程を取り上げている。そして、このふたつの発展が同時代的・同質的になされたものであったことを必然であると捉えることにより、この理論の正当性を強調するのである。具体的に言えば、それまで直接的な暴力の行使によってしかなされなかった権力の移譲が、一部の層に限ってであったにしろ、暴力なしで行われるシステムが出来ていた。つまり一八世紀には近代的な機能を有する議会が存在したということである。スポーツに関しては、それまで文書化されたルールが存在せず、またその必要性も問われることがなかった古代スポーツというものがあり、その競技の中では直接的な暴力が行使されることも多かった。ケガ人や時には死者さえ出た。「文明化の過程」以前の人々は、そうした暴力を含めて、古代スポーツをそういうものとして違和感なく受けとめていたのである。

しかし、野蛮で血なまぐさい古代スポーツは暴力を回避しようとする傾向の中で次第に敬遠されるようになる。こうして「身体の闘争であるにもかかわらずそこから暴力的な要素を除き、身体の振る舞いに対してある規則を課す[119]」近代スポーツが、古代スポーツとの断絶の上で誕生したことをエリアスは発見したのである。

エリアスは近代スポーツがまさに近代社会が「文明化の過

程」の中で生み出されたものであることを示し、スポーツという現象を歴史社会学の研究対象に引き上げることに成功した。これこそがスポーツに関する分野での彼の最も大きな功績であった。

2　エリアスの限界

近代スポーツがいかに成立したか、その誕生の背景を理解するためにはエリアスは非常に有効な議論である。しかし、彼の議論にはある重要な概念が抜け落ちており、そのためその後に発展していった近代スポーツを捉えることができない。つまりエリアスは一定の時代の一定の国の内部にある暴力だけに注視し議論を進め、国家間の暴力である戦争という概念を置き去りにしている。しかし戦争は近代を語る上で不可欠の概念であり、それを欠くと近代スポーツの発展は十分には理解しにくいのである。いってみれば近代スポーツはエリアスの手を離れ、その誕生の際から必然的に有しているもっと大きな近代という文脈の中で発展していく。この近代スポーツ発展の第二段階＝アメリカナイゼーション、いわゆる大衆化という現実にさらされると、近代スポーツはエリアスが考えた枠組をはみ出し、現在私たちが目にするような特有な問題を内包したスポーツとなるのである。すなわちナショナリズム、資金の巨大化、テクノロジーの進歩、ドーピング、性差の解消、虚飾など社会文化現象としてのスポーツである。

スポーツと社会は無関係でなくむしろ密接に関係している。だとしたらスポーツにこれほどの問題をもたらした近代とは何かということを確認する必要がある。戦争という概念なしに語ることのできない近代とは何なのか。

3　近代的文脈を知るために

近代を読み解く仮設的な視点としてここでは動員史観を導きの糸としてみたい。私の理解した動員史観は以下のようなものである。すなわち動員史観とは近代の登場にとって統治形態のインパクトが決定的な役割を示したとするものであり、単純化して言うと「国際関係とその要である戦争＝国家が近代を生んだ、という観点を中軸にする近代理解」（畠山弘文）のことである。具体的なイメージをつかむために歴史的経緯を追って説明する。

ローマ帝国崩壊後、ヨーロッパは帝国に代わる統治形態として封建制をとる。封建制は多元的で分権的な政治体制であったが、その結果狭いヨーロッパの中が多数の権力主体によって割拠され、戦争への潜在的脅威が常に存在することになった。ただ当時の戦争の頻度や形態はとくに問題となるものではなかった。しかし一四、五世紀の封建制の危機、また近世のヨーロッパ軍事革命により戦争の仕方やその費用が増大するとともに、戦争を遂行できる主体が減っていく。軍隊自身の増強のみならず、こうした戦費捻出のための行政組織、とくに徴税組織の整備が急がれた。つまり強力な集権的権力機構の確立こそが近代を生き抜く重大な手段になるのである。徴税能力が戦争の勝敗を大きく左右するようになると、より豊かな財源を確保するために生産への配慮が始まる。その最初の試みである重商主義は、端的には重工主義であった。殖産興業の最初期の政策体系である。また市場経済の自律化や自由貿易の要求が高まると、国家はこれを保護するとともに、不介入を守るというバランス感覚を身につけていくことの必要を学んだ。

このバランス感覚を持った国家こそいわゆる有機体国家であった。このタイプの国家は恣意的な介入をせず、情報収集、監視能力、社会的浸透力などの「インフラ権力」を持っており、その力をもって国内の人、もの、組織など、あらゆる資源を最大限に動員する。有機体国家は外圧、つまり戦争の脅威によってなるものであり、平時においても戦争の可能性は消えないという意味で、国家的動員は常に効いている。ここで重要なのは、はじめは潜在的な戦争脅威から社会の合理化を促していくのだが、次第に社会に対しての配慮をするようになるということである。有機体国家は、自由な雰囲気を演出しつつそのインフラ権力を社会の隅々に行き渡らせる。大規模でやむことのない動員はこうして強制であるとともに自発的なものになっている。これがこの項でいう近代の文脈なのである。

第二節　動員史観で捉えるアジア最終予選

1　ワールドカップ出場まで

近代スポーツがその誕生の当初から社会と深い関わりをもち、スポーツを見ることによって社会が分かるというエリアス的スポーツ社会学の有効性と限界、また近代というシステムがいかなるものであるのかを知るのに有効な動員史観について説明してきた。ここで今回私が注目した、サッカー・フランスワールドカップ出場をかけたアジア最終予選という具体的な事象（一九九七年）を取り上げ、そこに現れた出来事を動員史観の視点から分析を加えていくことにする。そして、動員体制が社会の隅々にまで浸透した、つまり最も効率的な動員体制を敷いている現代日本の中で起こったこの社会的な出来事が、一体どんな社会を可視化させてくれたのかに迫ってみたいと思う。

まずは、事実確認のために今回サッカーの日本代表がフランスワールドカップの出場権を手にするまでの経緯をもう一度振り返ってみることにする。日本サッカーにとって決して忘れることの出来ない、そしてこの先も語り継がれるであろう「ドーハの悲劇」。ワールドカップ出場を目前にしながらそれを逃したこの悲劇の責任者として、日本代表初の外国人監督であったハンス・オフトは解任される。そして選手としても指導者としてもより経験のある人物をという要請により、代わって招聘されたのがブラジル人ファルカン監督であった。しかし日本サッカー協会とそりが合わず、何度もいざこざを起こし、成果のないままわずか半年ほどで解任される。その後、経験豊かで意志疎通も容易な人物として協会が選出したのが、加茂周監督であった。彼は現在のサッカー界で先端とされる戦術、プレッシング・サッカー、いわゆる「ゾーンプレス」を日本代表の一貫した戦術として取り入れ、それを軸にワールドカップ出場を目指すことになった。この「ゾーンプレス」については後でより詳しく述べるつもりである。

新しい戦術を徹底することに時間を費やした加茂ジャパンはまずまずの滑り出しをする。ところがワールドカップアジア第一次予選が近づくにつれ、アジアカップ、キングスカップの不甲斐ない戦いぶりから、メディアにおいて日本代表不安説が噴き出す。日本代表はなんら解決策を出すことなく一次予選に望むことになったが、かろうじて最終予選へとコマを進めることになった。

最終予選は、一次予選を通過した一〇チームを五チームずつのふたつのグループに分け、ホーム・アンド・アウェイ方式によるリーグ戦を行い、各グループでトップの勝ち点を挙げたチームがそのまま本戦出場権を手にするというものであった。そして各グループの二位となったチーム同士がアジア第三代表決定戦として一戦のみ戦い、勝ったチームがアジア第三代表として本戦出場権を得る。さらに、第三代表決定戦に敗れたチームはオセアニア地区代表として決定していたオーストラリアとホーム・アンド・アウェイ方式により戦い、勝ち点を多く挙げた方が本戦への出場権を手にするということになっていた。日本は韓国、ＵＡＥ、カザフスタン、ウズベキスタンと同じＢ組に入った。組み分けが決まった時、メディアは、日本が苦手とする中東勢が少ないこと、相手国がＦＩＦＡにおける世界ランキング[120]でそれほどでもないことから、宿敵韓国さえ倒せば道が開けるのではないかという楽観的な見方をするようになった。こうして予選突破がほぼ間違いないかのような雰囲気が広がりはじめていく。

そして迎えた緒戦。九月七日、ホーム国立競技場で行なわれた対ウズベキスタン戦。超満員のサポーターの声援を受けた日本代表は前半だけで四得点、なおも後半二得点を奪い合計六得点。中でもＦＷ三浦知良（通称カズ）は前後半で四得点を挙げ、決定力不足と言われ続けた不安を一気に解消したかのようであった。しかし、次のアブダビで行なわれたアウェイの対ＵＡＥ戦は、四〇度近い猛暑の中、日本代表の動きは精彩を欠き両チーム得点なしの引き分けに終わった。メディアはこの状況下での引き分けは予定通りということでまだ楽観論が主流を占めていた。ただ、内容的には押していた試合だっただけに、勝てた試合を引き分けにしてしまったという意見も、少ないながら見られた。

　問題は次の韓国戦だった。ここまで韓国は二勝。日本は一勝一分け。グループを一位で突破するには、B組最大の敵韓国をホームに迎えてのこの一戦は日本にとって絶対に負けられない試合であった。メディアもこの日ですべてが決まるといったような報道を繰り返し、決戦ムードを作り上げた。試合は、後半二二分、MF山口の芸術的なループシュートが決まり日本が先制。日本がこのまま逃げ切れるかと思われた。しかし、この直後、加茂監督による歴史に残る采配ミス、選手交代が行なわれるのである。この選手交代によりシステムに混乱をきたした日本は、その隙を突かれ、後半も残り一〇分の間に二ゴールを奪われ、よもやの敗戦を喫してしまう。この敗戦のショックは大きく、選手はもちろんファンのほとんどがワールドカップ出場に黄色信号が灯ったと感じるようになった。

　無能な指揮官への不信は爆発寸前であった。しかし時間的余裕がなく、チーム建て直しのきっかけをつかめぬままアウェイのカザフスタン戦に望んだ日本代表は前半一点を先制し折り返したが、後半のロスタイムにゴールを決められるという四年前のあの悲劇を再演してしまう。結局この試合の後、日本サッカー協会は予選の真っ最中であるにもかかわらず異例の監督更迭を発表する。こうして後任に、岡田武史ヘッドコーチが昇格することになる。それまでまったく監督経験を持たない岡田の抜擢は、協会の行き当たりばったりの姿勢を露呈させ、大きな批判を受けることになる。

　一方遠征先で突如監督とされ、基本的に前監督のやり方を踏襲するしかない岡田がすぐさま有効な手段を講じ得るわけもなく、続いて行なわれたアウェイのウズベキスタン戦も、どうにか引き分けに持ち込んだという内容の乏しい試合であった。日本代表はプレーの方向性を見失ったまま、格下相手にリードを奪われ、終了間際に相手のミスによりようやく一点を返すのが精一杯だったのである。

　そこで残り三試合をすべて勝たなくてはならなくなってしまった新生岡田ジャパンは、加茂体制からの脱却を図り、徐々にではあるが岡田色を出していこうとする。それまで呪文のように唱えられた「ゾーンプレス」という言葉はメディアからほとんど消え、ゲームにおけるシステムも従来の四バック[121]に戻された。チーム建て直しのための「岡田イズム」の徹底は多岐にわたり、練習中の私語の禁止、練習終了は全員で、そして合宿所での食事は全員で摂るというものまであり、選手への直接的管理が強化された。そして、ホームでの対UAE戦では、本田、北澤など気持ちを前面に出してプレーする選手、つまり技術や戦術よりも精神面を重視して選手を起用した。しかし岡田的変革にもかかわらず、試合は、先制したもののすぐに追いつかれ、あとはそのままという従来通りのものであった（一―一で引き分け）。

この結果、勝ち点の差により韓国のB組一位が決定し、アジア地区で最初にフランスワールドカップへの切符を手にしたのである。この試合の後、日本代表のあまりの不甲斐なさに怒った一部のサポーターが選手の移動用バスや車を取り囲み、立ち往生させ、罵声を浴びせたり生卵などを投げつける騒動が起こった。サポーターの怒りの矛先は緒戦以来得点を挙げられないカズに集中した。それに対しカズも怒りをあらわにし応戦しようとする姿がテレビに映し出された。普段冷静なカズにしては珍しい光景であった。

遂に、日本にとって本当に本当の崖っぷちとなり迎えたアウェイでの対韓国戦。第三代表決定戦出場のために、もう後のない日本は非常にナーバスな状況であった。一方の韓国は既に本戦への出場を決めており、モチベーションの低下は否めず、主力選手にケガ人が出たことなどで、日本での対戦時とはまるで別のチームかのように動きは鈍かった。日本はこの試合に二―〇で勝利を収め、B組二位を争っていたUAEに対して初めて勝ち点で上回り、優位に立った。そして、ホームでの対カザフスタン戦は、それまでの最終予選の中で最もよい試合内容で勝ち、第三代表決定戦出場の権利を得るのである。

そして一一月一六日、マレーシアのジョホールバルで行なわれたアジア第三代表決定戦は、日本とイランの間で争われ、ご存知の通りの結果となった。この試合の全得点に絡んだMF中田の活躍により、日本は劇的な勝利を収め、念願のワールドカップ本戦出場への切符を初めて手にする。がたがただったチームを途中から率い、建て直し、夢を現実のものとした監督として、岡田監督には「岡ちゃん」の愛称とともに絶賛の拍手が送られた。決勝のゴールを決めた「野人」ことFW岡野選手も一躍有名になりメディアのひっぱりだこにあうのである。その後は、序章でも触れたとおり、日本サッカーが今までに経験したことのない大フィーバーが起こったのである。

少々長くなってしまったが、おおよそこのような流れであったと思う。最終予選が行なわれていた約二カ月間にこれほどまでの紆余曲折があったことを思い返すと、スポーツのドラマ性を改めて感じざるを得ない。さて、ここで本題に話を戻すと、この一連の流れの中で起きた出来事、それにまつわる言説などに「動員」というキーワードで分析できそうなものがいくつかあったのではないだろうか。私の気が付いた範囲でいくつかの事象に説明を加えたいと思う。

2 「動員史観」で捉える「ゾーンプレス」

まず、戦術としての「ゾーンプレス」を取り上げてみたい。そもそも「ゾーンプレス」とは何か。私もサッカーの専門家ではないので調べた限りの知識で少し説明する。

「ゾーンプレス」とは、九七年当時ヨーロッパのチームが多く取り入れていた「プレッシング・サッカー」という戦術のうちの一つのバリエーションであり、基本的な考え方はそれと同じである。相手陣内深くでボールを奪い、相手の守備陣形が整う前に攻め立てるということを基本的なコンセプトとしている。そのため自軍のディフェンスラインを高く押し上げ、自軍の戦形を常にコンパクトに保つことによって、相手のパスコースを狭く限定し、その上でプレス、つまりボールを持った相手を追い回し圧力をかけることにより、高い位置でボールを奪うという戦術である[122]。サッカーにあまり詳しくない方にとってこの説明ではイメージがつかみきれないだろうが、ここではそういうものとして軽く流していただいて結構である。大事なのは別なところにあるからである。

今回のアジア最終予選の途中まで、加茂監督が率いていた日本代表チームは、日本代表といえば「ゾーンプレス」、「ゾーンプレス」といえば日本代表というぐらいこの戦術を前面に押出していた。メディアにおいて頻繁に登場し、戦術としての「ゾーンプレス」が機能しさえすれば、レベルアップ著しい日本代表のワールドカップ出場はほぼ間違いないかのような見方が大勢を占めるほど、その新しさと有効性は盛んに宣伝されたのである。ここで問題だと思われるのは、かつてサッカーのピッチにおける戦術がこれほどまで大きく取り上げられたことがあったかということである。なぜ、加茂監督はそれほどまで戦術を前面に押出していこうとしたのか。私はここに「動員」の文脈を感じるのである。

サッカーが競技でありチーム同士の競争である以上、動員史観的な文脈でいえば、より効率的な「動員」をした方が有利であることは間違いない。では、今まで日本代表はいかに「動員」をかけていたのか。あのドーハまで日本代表は最も効率的な「動員」をするための軸として、結局は「大和魂」というものを使っていたのではないだろうか。思い出していただきたい。九三年のワールドカップ予選で、最も選手達やサポーターを奮い立たせ、「動員」にかりたてたのは何だったろうか。オフト監督の手腕だったろうか。戦術だったろうか。いや、それは鬼のような形相で、髪を振り乱し、こぶしで胸を強く叩きながら、独特な声の調子で「ヤ・マ・ト・ダ・マ・シ・イ！」と叫んでいたラモスの姿だったのではないだろうか。日本は結局この「大和魂」にすべてをかけたのである。しかし、結果はあの悲劇で幕を閉じたのである。

「大和魂」を「動員」の軸にする手法はサッカーに限ったことではなく、「体育」という言葉が象徴するように国家の戦力をつくる手段としてスポーツを考えてきた日本のスポーツ界において、特にかつて「日本のお家芸」と言われた種目においてはよく使われてきた手法である。柔道やバレーボールなどはその例であり、国際大会での成績が振るわなくなる度に、まるで伝家の宝刀のように「大和魂」の復権は声高に叫ばれてきた。確かに「大和魂」は日本人にとってイメージしやすく、それこそ戦時（この場合は試合中）、平時を問わない有効な「動員」の手法だったのである。しかしながら、「大和魂」だけで再び強くなったスポーツは皆無であったし、今回サッカーの日本代表の中心メンバーとして選ばれた七〇年代以降に生まれた世代にとって、それがどれほど「動員」の圧力として効力を持つかは疑問である。社会の風潮としても、精神主義を嫌う傾向は明らかだろう。そこまでは加茂監督もわかっていたのである。もう「大和魂」だけで有効な「動員」はできない。

監督として唯一の役割である、チームをより効率よく「動員」するために新しい手法が必要になる。そこで彼が考えたのが「ゾーンプレス」という戦術を前面に出すことだったのではないだろうか。実は、この際「ゾーンプレス」かどうかはどうでもいいことなのである。戦術を前面に出すことこそが重要なのである。戦術を前面に出すことにより、日本代表入りを目指すJリーガー以下の多くの選手たちが、その戦術の理解こそが代表入りの近道であることを強く意識する。監督のイメージするサッカーに適応できる選手と認められれば、当然代表入りの可能性も高まるわけで、選手は普段の練習の時までも常にその戦術を意識しながらプレーを行なうようになる。平時の「動員」がここで可能になるのである。こうなってくれば、各クラブチームからの寄せ集めである代表のチームでも、戦術に対する共通理解が存在することになり、試合においてもより効率的な「動員」が達成されることになるのである。加茂監督は「大和魂」に代わるもっとも有効な「動員」の手法として戦術を前面に出したのだと、私は考えるのである。

皮肉になるが、加茂監督はヨーロッパから取り入れた「ゾーンプレス」を基本とするサッカーを「モダンなサッカー」と評していた。社会のあらゆる領域で、近代の行き詰まりが問題になっているこの時に、「モダンさ」を売り物にしたサッカーがうまく機能しなかったのは、今となっては当然のことに思えてくるのである。

3「動員史観」で捉えるメディア

現代社会においてメディアの力というのは強大であり、今後の社会においてもますます力を持つであろう権力である。あらゆる社会の領域がそうであるように、現在スポーツの領域もメディアとの関係を抜きには語ることができなくなっている。実際スポーツとメディアの関係は、「元々は社会が近代スポーツを生みだしたことは否定できないが、この関係は反転した。現在のスポーツはメディアを介して観客を含む社会的出来事そのものとして生みだされている[123]」のである。だとしたら、メディアは今回の最終予選をいかに扱い、どんな社会的出来事を生みだしたのだろうか。ここで登場するのが、やはり「動員」というキーワードなのである。最終予選を扱ったメディアの言説はすべて「動員」のためのものであった。なぜそういえるのか。

皆さんはメディアにおいてよくこのような言説を見聞きしたのではないだろうか。「ワールドカップは国の威信をかけた戦争なのです‼」。メディアはサッカーのワールドカップを戦争と同義のものとして捉えたのである。これはたんなるメタファーではないと思われる。つまりメディアは今回のワールドカップを「動員史観」で見る近代の文脈の中で捉えることを明確に表わしたのであり、同時に、「動員」というキーワードですべてが理解できるような社会的出来事を生みだすことを宣言した、ということであるように思われる。そう考えていくと、前項で説明した戦術を前面に出すことによって「動員」を促したことも、加茂監督の意図というよりはメディアの意図であったというべきかもしれないし、その他様々な出来事が直接的に「動員」を促したメディア権力によって生みだされたことがわかってくる。

メディアは、二〇〇二年のワールドカップの開催国特権として本戦出場権を既に確保してしまっている日本にとって、初出場を実力で勝ち取るには今回が最後のチャンスであること、ワールドカップの歴史の中で本戦出場をしたことのない国が開催国となったことは過去になく、出場権を金で買ったという他国からの冷笑を避けるためには、今回何がなんでも出場しなくてはならないと盛んに喧伝するのである。国際社会において国家として恥をかくことは許されないとし、ナショナリズムをかき立てるような「動員」を促していくのである。さらに、テレビやラジオの中継においては実況が、「ラジオの前の皆さんも、どうぞ心を一つにして日本代表を応援してください！」や「ピッチの上で戦っている彼ら、いや彼らではありません、彼ら選手たちは私たち自身なのです！」などと絶叫した。これほどまでむき出しのナショナリズムをもっての「動員」は、メディアにおいて最近ほとんど見られなかった現象であったが、今回の最終予選に限ってはこの「動員」が驚くほど機能したのである。

メディアが生みだした若者中心のサポーターたちは、試合会場で大きな日の丸の旗を振り、胸に手を当て君が代を大声で唄い、「ニッポン！ニッポン！」と試合の数時間も前から繰り返し叫び続けた。まさに、メディアによって「動員」の最も分かりやすい形であるナショナリズム、「大和魂」がいとも簡単に再生産されたのであった。つまり、現状の日本社会はいまだナショナリズムで「動員」がかけられる領域を多く残しているのであり、今回のワールドカップにまつわるあらゆる事を言ってみれば「動員史観」の文脈で捉えると宣言したメディアによって作られた出来事を、容易に受け入れる極めて近代的な社会だということができるのである。

4　「動員史観」で捉えるよい子カズ[124]

これまでアジア最終予選の中で起こった事象を「動員」というキーワードで説明してきたが、もう一つ忘れてはいけない重要な事象がある。それはカズの存在である。最終予選が始まる前までは押しも押されぬ日本代表のエースストライカーであり、まさに代表の中の代表であった彼も、実は「動員史観」で見る近代の文脈の中で充分に捉え得る存在だったのである。特に彼はエースとして最も強い「動員」圧力を常に受け続けたことにより、結果として「動員」の行き着く先である『よい子』の問題を自覚するにいたるのである。彼は最終予選を通じて、それまで自らに与えられていた「キング・カズ」という称号が、メディアによって虚飾されたものであったことを知り、自分が『よい子』であり『よい子』でしかなかったことをはじめて知るのである。

ここでいう『よい子』とは、「動員体制の要請に忠実な人びとの総称というかモデルである。動員に適した人間として自己形成され、自己形成しようともした人間のこと」（畠山とされている。つまり外からの「動員」の要請に従い、さらにはその「動員」を内面化していくという、まさに「動員史観」の申し子であり行き着く先なのである。カズはこのモデルにぴったり当てはまる存在である。

高校中退後一五歳で単身ブラジルにわたったカズは、ブラジルのクラブチームでプロとして活躍するという夢を実現させ、一九九〇年に帰国する。帰国後は読売サッカークラブ（ヴェルディ川崎）に所属し、彼の第二の夢であった日本代表としてワールドカップへの出場を目指した。Jリーグが発足すると彼はブラジル仕込みのサッカーセンスとテクニックを遺憾なく発揮し、得点王になるなど輝かしい活躍をみせ、サッカーの人気の上昇とともに一躍時代の寵児となっていく。メディアが彼を放っておくはずはなく、彼に「キング・カズ」という称号を与え、様々な形でメディア媒体にのせ、露出させることにより「動員」の体制の中に取り込んでいった。カズは近代の文脈の中でヒーローとして作り上げられていったのである。ヒーローとしての強い「動員」の圧力を常に感じさせられることにより、彼が自らの置かれている立場を自覚しはじめた時、カズの『よい子』化は加速していった。

彼は「キング・カズ」に日本サッカーの命運がかかっているとするメディアによる強力な「動員」圧力を感じると同時に、日本代表として戦いたいという自らの欲求を満足させようとする。そこで彼は、外からの「動員」要請に応えるために、その「動員」を内面化し、常に頑張り続けることを決意する。ここでカズは完全に『よい子』になるのである。『よい子』になったカズは次第に頑張ることでしか自分を保つことが出来ないようになっていく。実際に彼は、記者のコンディションに対する質問にはいつも「どこも悪い所はないし、調子もいい」と笑顔で答え、どんなに内容が悪い試合の後も常に誠実にインタビューに応じるのである。今回の最終予選の最中も、本戦出場の可能性が消えかけた試合の後、憮然とした表情で記者団の前を素通りする選手が多い中、冷静な口調で「絶対に諦めない」と最後まで言い続けた。内なる「動員」による配慮を常に欠かさないカズは、監督やチームメートへの批判でさえも非常にデリケートな言いまわしを使う。こうして『よい子』カズはアジア最終予選のその時まで、近代の文脈の中のヒーロー「キング・カズ」の地位に君臨したのであった。

しかし、最終予選が進むにつれその状況に変化がおとずれる。カズは緒戦こそ得点を挙げたもののその後は沈黙。それに伴いチームも下降線をたどると、メディアはその原因を得点力不足に求めるようになり、FWカズにはその全責任があるかのようなそれまでにない厳しい批判をぶつけるようになる。年齢的な衰えが明らかであるとして引退を勧告する報道まで出はじめ、当然のことながらサポーターの間にも「カズ、やめろ」の声が次第に高まっていった。こういった状況下でホームでの対UAE戦後の暴動騒ぎも起こったわけだが、なぜこれほどまで「キング・カズ」の価値が一変してしまったのかを考えると、さらに「動員」『よい子』というキーワードがはっきりと浮かび上がってくる。

「動員」という近代の文脈においてカズを捉え「キング・カズ」を作り上げたメディアにとって、活躍しないカズは何の価値も持たない。メディアにとってカズは得点を挙げ、活躍し、派手なパフォーマンスをし、それによって「動員」を可能にするからこそ「キング・カズ」なのであり、役に立たなくなったカズはただのカズ、カスなのである。「キング」という称号もより効率のよい「動員」のために作り上げられただけで、それ以上の意味は持たない。緒戦以来最後まで得点を挙げることが出来なかったカズは、最終予選終了後もメディアから批判を受け続け、本大会での代表選出は微妙とまで報じられることになる。

カズの方も自分を取り巻く状況の変化からあることに気がつく。そう、彼はメディアから批判されることにより自分が『よい子』であったことにここでようやく気づくのである。彼はあるテレビ番組の中で岡田監督から他人のゴールをアシストするような動きを指示されていたことを明かし、その指示を忠実に守ったがために得点を挙げられなかった、と漏らしていた。自分としてはその指示を守ることでチームに貢献していると考えているにもかかわらず、得点を挙げることしか評価しようとしないメディア。その得点にしか興味のないメディアによって作り上げられた虚飾としての「キング・カズ」であった自分。そして、その外的要請を内的「動員」に替え、常に「キング・カズ」としての振る舞いをすることを自分に課し、その強い内的「動員」が為に監督の指示を忠実に守った。しかし、そのために得点を挙げられなくなり、メディアから手のひらを返したように厳しい批判を受けることになってしまったカズ。これが『よい子』の悲劇なのである。つまりメディアによる外的要請であった「動員」を次第に内面化し、『よい子』として頑張り続けたために生じた結果である。頑張り続けた自分がいかに『よい子』であったかに気づいたカズは、「自分を殺さなければワールドカップはなかった…」とうめいたそうだが、これは彼が『よい子』として完全に消費されてしまった後のことであった。

自分が『よい子』であったことを確実に理解したカズは、こうつぶやいたのである。「現役やめても名前出てくんのは山口百恵と長嶋茂雄だけだね」。山口百恵も長嶋茂雄も近代の文脈の中でヒーローとして扱われたにもかかわらず、彼らの言動は時としてその文脈を超えるものをもっていた。人気絶頂のアイドルが結婚を機に引退し、家庭に入るということは当時としては考えられないことであったし、長嶋の言動に理解しがたい面があるのはよく知られていることであろう[125]。しかし、だからこそ彼らは語られ続けるのである。カズは自分も彼らと同様に近代の文脈の中でヒーローではあったが、彼らのようにその文脈を超えることのない自分は『よい子』であり、『よい子』でしかなかったことを知り、そのために消費されてしまったということを理解するのである。

第三節　「動員後」にあるもの

1　ある違和感

アジア最終予選の中で起こった出来事は、特にメディアによって作り上げられた出来事ではあるが、「動員史観」の文脈で説明できる部分が非常に多かったことは理解していただけたと思う。日本のワールドカップ出場にある程度の「動員」の力が働いたのは否定できないだろう。しかし、本当にそれだけですべてを理解することができただろうか。もう一つ、『よい子』カズの凋落に対比され、常にある違和感を持って扱われ、「動員史観」とはまったく異なる文脈をもった事象があったのである。「動員」が強化される中、ひときわ異彩を放ち、「動員」体制の中に積極的に取り込まれていった多くの『よい子』たちにショックを与えたこの違和感。この違和感を説明するのにちょうどいい題材があったのでここに紹介する。それは、日本代表がワールドカップ出場を決めた日から一週間後の一一月二三日、朝日新聞の朝刊に掲載された、いしいひさいちの四コマ漫画「ののちゃん」である[126]。

まず一コマめ。ワールドカップ出場のフィーバーが続く中、子供たちはすぐにそれを遊びに取り入れている。サッカーボールを持って「野人ゲーム」をするといい、それを聞いたおばあさんもすぐに「ああサッカーの岡野センシュやな」と答える。子どもからお年寄りまでが一サッカー選手のニックネームを知っている所にフィーバーぶりがうかがえる。おばあさんが「野人」を知ったのはフィーバーがあったからこそだろう。それまでは知らなかったはずである。

二コマ目で、主役であろう「岡野」役が決まる。三コマ目、メディアによって作られたフィーバーの中ではじめて「オカノ」を知ったおばあさんは、「オカノ」こそがヒーローだと思っており、当然「オカノ選手がシュートする」と思っているのだが、シュートをしたのはののちゃんで、「オカノ」役の子はコマの外に消えてしまう。

怪訝な表情を浮かべるおばあさんに四コマ目でののちゃんがゲームの説明をしてあげる。「ボールがオカノにぶつかって入るんだよ。」それを聞いたおばあさんは左隅でずっこけてしまう。「オカノ選手」こそがヒーローだと思っているおばあさんと、「オカノ」は「ぶつかった」だけと思っている子供たちとのギャップがこの漫画の面白味であり、注目すべきポイントなのである。

非常に強い「動員」圧力のかかったメディアからの情報をそのまま受け取ったおばあさんと、メディアからの情報を受けつつも実際にピッチの上で何が起こったのかを冷静に見る目を持ち、何もしなかったものとして「オカノ」を考えている子供たち。子供たちがした「野人ゲーム」は何もしない「オカノ」が主役なのではなく、シュートをする子にとって面白味のあるゲームなのであり、シュートをする子がヒーローになれるゲームなのである。子供たちはメディアによって語られるヒーローだけが本当のヒーローでないことを知っていたのである。メディアの中のヒーローと本当のヒーロー、これが先程の違和感なのである。

これまでにない、メディアによって語られないヒーローの存在こそがあの違和感を感じさせたのである。メディアによって語られないヒーロー、つまり「動員」の文脈で説明できないヒーローが出現したということである。では、実際のピッチにおいて「野人ゲーム」のシュートを行なったのは誰であったか。それがMF中田英寿選手であった。彼の言動、そして彼を取り巻く言説を分析すれば、なぜ彼がメディアによって語られないのか、なぜ「動員」で説明できないのかが分かってくる。さらに、あの違和感は、彼が「動員後」にあるものを、明確に示し、体現していたからだということも分かる。彼が示した「動員後」とは何だったのか。

2「動員」を拒否する中田英寿

U—一七[127]世界大会、U—二〇として世界ユース大会、アトランタオリンピック代表、そして日本代表入りと、年齢に応じたそれぞれのカテゴリーで常に世界の舞台を踏んできた二〇歳の中田英寿は、今回の代表メンバーの中では最年少であるにもかかわらず、最も世界と戦った経験を持つ選手であった。世界ユース大会ではベスト八入りを果たし、オリンピックではブラジル戦に勝利し、今回のワールドカップ予選でも、特に本戦出場を決めたイラン戦では全得点に絡む活躍を見せるなど、常に結果を出してきた中田がメディアによって語られないのはなぜか。答は簡単、メディアに対して中田が何も語らないからである。ごく一部の親しいジャーナリストや自分の言葉が編集されずに流れる生放送以外には、彼はほとんどすべての質問に対して「別に」としか答えない。なぜ彼は語らないのか。

あるインタビューによると[128]、彼もJリーグ・ベルマーレ平塚入団当初はメディアに対してそれなりの対応をしていた。しかし、自分のコメントがその意図とはまるで違う形で引用され、騒動が起きてしまった件を期に、メディアへの不信感を募らせ、メディア嫌いを公言し、それ以来彼は語らなくなるのである。ただ、ピッチの上で活躍し続ける中田への注目度は次第に上がっていった。どうしても彼のコメントが欲しいメディアと、語りたくない中田との間に軋轢が生じ、その関係は時を追って悪くなっていく。それでもしつこく彼にコメントを求めてくるメディアに対して中田は、「ああいうインタビュアーの人たちって、僕のコメントが欲しいっていうよりは、僕に何かを言わせたがってるケースがほとんどでしょ。だから、絶対にそういう期待にはこたえない」と、語らない理由をこう説明したのである。

「何かを言わせたがってる」メディア。中田はこの時既にメディアが「動員」の文脈で自分を捉え、消費しようとしていることを感じ取っていたのである。中田は、カズを含め今までのヒーローがそうであったように、日本代表の中心選手となった自分にメディアが『よい子』化を迫っていることを明確に意識していた。

中田はなぜ語らないのか。それは「動員」の文脈しか持ち得ないメディアによって自分が捉えられることを拒否するからである。それでもなお「日の丸のついたユニフォームを着ることについてどう思う？」や「ワールドカップへ向けての抱負は？」と問い続けるメディアに対し、その「動員」圧力を振り払うべく決定的な一言をはく。それは「日本のためにサッカーをしているんじゃない」というものであった。さらに、「国歌、ダサイですね。気分が落ちていくでしょ。戦う前に歌う歌じゃない」[129]と「君が代」の斉唱を否定し、「ワールドカップ？ただの世界大会じゃないですか」などと発言する。彼はワールドカップにまつわる一切の「動員」を積極的に、徹底的に拒否する姿勢を明確化する。

一切の「動員」を拒否する中田を、「動員」の文脈しか持たないメディアが捉えられるはずがない。事実この時期のメディアは、中田を評する際に必ず「Coolな」という形容詞をつけることでしか彼を表現できていない。こういったモダンとモダンに回収されない感性という対抗関係の中で、中田は語らない、そして語られることのないヒーローとして誕生したのである。

3　中田の視線の先にあるもの

「動員」が隅々まで行き渡り「一億総よい子化社会」（畠山）になっている日本において、「動員」を拒否し近代の文脈から離れた所に立つことにより、その存在感を示した中田であったが、では彼の文脈とは一体何なのであろうか。なぜ、何のために、何を求めて彼はプレーするのだろうか。

「動員」という近代の文脈を拒否した後に中田の目に映っているもの、それこそが彼に素晴らしいプレーをさせる力になっているのであり、それが同時に誰もがそのほころびを感じはじめている『よい子』化社会の次にくるものであるように思われる。つまり、中田は「動員後」、言い換えれば「ポストモダン」のイメージを我々に提供しているのである。数少ない彼のインタビュー記事の中で実は、自らの口からそのものが何であるかについて語っている[130]。

ワールドカップ出場が決まった後で、中田はあるジャーナリストのインタビューに答えている。それはアジア最終予選を通して彼がピッチの上で何を考え、いかにプレーしたかに迫るインタビューであったが、話がイラン戦におよんだ際に、彼はこう告白したのであった。「ただね、あの試合に関しては、途中からサッカーがすごく楽しくなってたっていうのはある。イメージ通りのサッカーができるようになって、感情が高ぶってきたってのはね」といい、さらにチャンスを潰し続けた岡野に対してその気持ちを聞かれた際にも、「腹は立たなかったなあ。面白いと思うぐらいの余裕がありましたもん。あの試合は九試合の中で一番楽しかったです」と言うのである。

つまり、第三代表決定戦、メディアは今まで以上の絶叫放送を繰り返し、日本中の多くの『よい子』たちが「ニッポン！ニッポン！」と声をからして応援し、瞬間的には最終予選を通して最大の「動員」圧力が日本代表に加わっていたあの時、中田はただひたすらに自分のイメージするサッカーができる喜びに浸っていたのである。あの試合を決めたのは間違いなく中田である。ただ「ぶつかった」だけの岡野ではない。終始試合の流れを掌握していたのは中田である。言ってみれば日本中の多くの『よい子』たちの夢であったワールドカップ出場は、彼によって実現された。しかし、彼は決して『よい子』たちの期待や要請に応えるべくプレーをしたのではない。高いレベルの中で持てる力を最大限に発揮し、イメージ通りの最高のプレーができる自らの身体への喜び、感動、サッカーをどこまで楽しめるか、これらのことを追い求めただけなのである。これこそが中田が示した「動員後」にあるものの姿を示しているように思われる。このことを理解した上で再び彼の言動をたどれば「動員後」がなんであるかが、よりはっきりと浮かび上がってくるだろう。

ワールドカップへの出場を決めた直後にピッチの上で行なわれた生中継の中田のインタビューを見た方は多いのではないだろうか。案の定インタビュアーに「Coolな中田さん」と紹介された彼は、「出場を決めた今の気持ちは」との質問に対し、「あとは落ち目と言われるJリーグを、皆さんの力で盛り上げてください」と答えた。そして、サッカー界がワールドカップ一色になる中、彼はその後もことある毎にJリーグの重要性を主張するのである。

これはJリーグに、彼による「動員後」の文脈とぴったり合致する重要な概念があるからだと思われる。それを表現する言葉としてここではさしあたって「公共性」という概念をあてて考えてみたい。日本ではじめてプロのサッカーリーグとして発足したJリーグはその理念として大きくふたつの「公共性」を有している。一つはフランチャイズ制を強化し、地域として球団を所有するという意味での「公共性」。事実上はある母体となる企業体が球団経営を行なっているわけだが、チームの呼称から企業名を削除するなどの努力により、たんなる広告媒体ではない地域住民のための球団であるという意味での「公共性」の概念[131]。もう一つは、世界各国に存在するサッカーのプロリーグの内の一つとしてのJリーグであるという「公共性」。どういうことかといえば、ＦＩＦＡ（国際サッカー連盟）の傘下にある各国のリーグは、理念上ネットワークに組織され同一平面上に存在すると考えられており、この理念においては、世界中どこの国のリーグも、その中のどのクラブチームも、そしてどのクラブチームの選手も、サッカーという共通言語をもつ一員であるという公共性。誰が、どの国でプレーしようとサッカー選手であるかぎり原則として自由であるという考え方。中田にとってはこうした公共性の概念こそが重要なのである。

プレーを通して自らの身体により深い喜びや感動を与えるために、高いレベルでイメージ通りのサッカーをすることだけを求めている中田にとっては、「動員」の圧力が高まる国の代表としてプレーするよりも、その高い「公共性」の中で、世界の名だたるリーグ、クラブチーム、プレイヤーによる素晴らしいサッカーを共有している感覚を持ちながらプレーできるJリーグにこそ価値がある。それでもなお、彼が代表としてプレーするのはなぜかといえば、より高いレベルでより楽しいサッカーを経験できる、ただそれだけのためなのである。二〇歳のサッカー選手、中田英寿が「動員後」にあるものとして示したのは、一切の「動員」を拒否した上で、自らをより「公共性」の高い場に存在するものとして認識し、その中で本来個人的であるはずの身体や生に対する喜びなど、「日々の生活の真実を取り戻す」ことの重要性なのだと思われる。

最後に「動員」解除への方向性

1　もう一つの流れ

以上、中田的な「動員後」の文脈を検討した。実をいえば日本のスポーツ界において同じ文脈で理解できる事象は少し前から出始めてはいた。野茂英雄投手のメジャー行きはその一つである。一九九五年当時、彼は名実ともに日本球界のエースピッチャーであったが、その地位も高額な年俸も捨ててメジャーリーグへの挑戦を決めた。メディアはその挑戦を無謀だと書き立てたが、彼の決意は揺るぐことなく渡米。彼にこれほどまで堅い決意をさせたのは唯一「自分のストレート、フォークがどこまで通用するのか勝負したい」という、自らの身体への欲求のみだった。他には、アトランタオリンピック水泳女子自由形の日本代表であった千葉すず選手が、メダルが取れなかったことに対して「残念でしたね」と切り出した記者に対して、「自分は楽しく、納得する泳ぎができたと思ってるのに、なぜ残念なんですか」と抗議のコメントをしたことなどもあった。このように日本のスポーツ界では中田的な流れが少ないながら見受けられるのだが、話を世界のスポーツ界に転じるとこれとはまた異なった新しい流れが起こっているのである。

バート・フェルトカンプ（二九歳）。アルベールビル、リレハンメルの両オリンピックに出場し、スケートの男子一万メートルでそれぞれ金、銅メダルを獲得した男子長距離界の第一人者である。彼は、一九九五年「チームフェルトカンプ」を結成。スポンサーのロゴ入りのユニフォームを着ることにより、自らを走る広告塔として売り込み、資金を集め、プロのスケーターとして生計を立てている。彼は元々オランダ人でオランダ代表として数々の世界大会で活躍したのだが、オランダのスケート界において若手が台頭することにより、その代表の座が危うくなってくる。広告塔として生計を立てている彼にとって、メディアの注目度が高まる世界大会に出場できなくなることは、収入減に直結し、死活問題なのである。そこで彼は世界大会への出場を可能にし、収入を守るためにオランダを捨て、スケート後進国であるベルギーに国籍を移してしまう。彼の力を持ってすればベルギー代表の座は確実であった。彼はオランダを離れる際、「金メダルを取ったとき、オランダの国中が僕にひざまづいた。しかし一年後、他の若い選手に期待は移った。国にとっては、いい成績を出すオランダ人なら誰だっていいのだ。僕は国に頼らないことにした」[132]。国からの「動員」に対して決別を宣言したのである。

2　「動員後」の過ごし方

中田とフェルトカンプ。スポーツ界の先端で活躍するいわゆるトップアスリートである二人が、それぞれの視線の先にあるものは違えど、「動員」を拒否するといった意味では完全に一致する。この流れは何も二人に限ったことではなく、スポーツ界では既に大きな流れとして存在している。スポーツ界にあるものが社会に存在しないはずはなく、「動員史観」にとって最も重要な概念である国家的動員の価値も相対化され、揺らぎはじめているだろう。こういったことを踏まえた上で、多木浩二氏はその著書の中で、ネーションの枠を超えどのようにでも流動するスポーツを言い表す適切なアナロジーは資本制システムではないかとしている[133]。現実の資本の動きとスポーツ選手の動きに相似形を見出しているのである。この議論自体はスポーツと社会の密接な関連を示すのに有効だと思われるが、ただこれだけでは中田的な「動員後」のイメージは説明できない。

やはり中田を理解するには新しい解釈が必要である。繰り返すように彼を「動員」や「近代」という文脈で捉えることはできない。彼が「動員後」として示した、一切の「動員」を拒否した上で、「公共性」の高い場で、自らの身体への喜びを求め生きる、これこそが「ポストモダン」ではないかと私は考える。一億総よい子化社会である日本においても、というよりそんな日本であるからこそ、彼が示したものの衝撃は大きかった。実際、中田を中田的文脈でそのまま理解しようとする動きが起こりはじめているのも事実である。エリアスが社会の雰囲気から「文明化の過程」を読み取ったのと同様に、中田的文脈の広がりから「ポストモダンへの始動」を感じることもできる。彼がピッチの上で見せる絶妙のスルーパスは、近代の価値を置き去りにし、ポストモダンをイメージさせる、まさに「動員後」へのスルーパスなのである。

第1部・注

1　一九世紀以来の本流音楽学のドイツ的偏向ないし進歩史観を批判する大崎滋生が《聡明な理論家》とそうでない理論家を区別したときに（調ごとに独特の性格があるとするヨーロッパ伝統の調性格論が現在の音律、つまり平均律では成立しないのに依然成立するかのように勘違いしている、自分の耳で聞くことをしない理論家を批判する文脈で）、想定されているであろうきちんとした認識への姿勢はまさにここでいう実践そのものだといってよい。大崎が音楽学でやろうとしていることが動員史観の社会科学でやろうとしていることにパラレルだと考え、あえて引用を行った。大崎『音楽演奏の社会史――よみがえる過去の音楽』（東京書籍、一九九三年）。また同『音楽史の形成とメディア』（平凡社、二〇〇二年）参照。

2　内田隆三が歴史社会学や文化研究への批判をこめて《歴史の現在への問い》といったものにこの関心は近いというかほぼ同じであって心強い。見果てぬ夢なのではなく、真っ当な研究姿勢とでもいうか。本書の用語系では動員史観の《第二の顔》（終章）、あるいはフーコー的な《現在の歴史》という概念がそのことを表現する。内田『社会学を学ぶ』（ちくま新書、二〇〇五年）二〇頁。

3　阿部謹也『「世間」論序説――西洋中世の愛と人格』（朝日新聞社、一九九九年）三七頁。

4　M・フーコー（渡辺・佐々木訳）『言葉と物』（新潮社、一九七四年）、同（中村雄二朗訳）『知の考古学』（河出書房新社、一九八一年）、同（田村淑訳）『監獄の誕生』（新潮社、一九七七年）を参照。解説としては主体形成におけるポリスの重要性を指摘するパトリック・H・ハットン「フーコー、フロイト、自己のテクノロジー」ミシェル・フーコー［ほか］（田村・雲訳）『自己のテクノロジー』（岩波書店、一九九〇年）など多数。

5　このような市民への言及は初出の雑誌である『マスコミ市民』を意識してのものである。できればこの市民ということばを使わないで議論を組み立てたいというのが書き手の願いである。市民の脱構築。なぜかといえば市民対国家という対立軸そのものが近代政治哲学の産物に過ぎず、そのことに安易に乗っかっていることの不毛性はフーコー晩年の最大の関心事であったからである。この文脈で来栖聡「権力」白鳥・佐藤編『現代の政治思想』（東海大学出版会、一九九三年）参照。

6　桜井哲夫『「近代」の意味――制度としての学校・工場』（日本放送出版協会、一九八四年）、三浦雅士『身体の零度――何が近代を成立させたか』（講談社、一九九四年）参照。

7　コリン・デクスター（大庭忠男訳）『オックスフォード運河の殺人』（早川書房、一九九一年）。デクスター物はその後、NHKなどで放送され、よく知られるようになった。

8　実は初出のときは記憶で書いたためジョアナをのっぽのジョアナとして、このエピソード全体について大間違いをした。オードリー・ヘップバーンの『尼僧物語』（一九五九年）でも彼女のもらう最初の修道女の服の番号を私の愛着のある一七番だと思っていたが、先日見直すと一〇七二番だった。改めて記憶力の不確かさを思うとともに、訂正しておわびしておきたい。

9　ノルベルト・ボルツ（村上淳一訳）『意味に飢える社会』（東京大学出版会、一九九八年）序論の言葉。

10　しかし一九世紀には以下に述べる第三の社会理論に近いものがあった。保守主義や国家主義といわれたり、学問的にはウェーバー的とされているものである。

11　ウェーバーの近代誕生の《ヨーロッパにおいて、ただ一度だけ》テーゼのことである。

12　カール・ポランニー（吉沢他訳）『大転換——市場社会の形成と崩壊』（東洋経済新報社、一九七五年）。

13　Reinhard Bendix, *Kings or People: Power and Mandate to Rule* (University of California Press, 1978).

14　斎藤学『アダルト・チルドレンと家族——心のなかの子どもを癒す』（学陽書房、一九九六年）一三九頁。

15　安丸良夫『日本の近代化と民衆思想』（青木書店、一九七四年）。通俗道徳とは、「近代日本社会における広汎な人々のもつ生活規範」（四頁）であり、勤勉、倹約、謙譲、孝行、正直、献身、敬虔、早起き、粗食、和合、服従などが特徴である。この「通念の網」（五頁）が物事を処理するもっとも重要なメカニズムであった。たとえば貧乏なのは勤勉でないからだという風に。大半の日本人にとってこの網の目から逃れることは困難であり、「強大な規制力」をもっていたとされる。

16　山崎正和『鷗外——闘う家長』（新潮文庫、一九八〇年）

17　アリス・ミラー（山下公子訳）『魂の殺人者』（新曜社、一九八三年）。ただしヒトラーの人格特性についてはこれ以外にさまざまな解釈がある。

18　もとより絶対主義国家が社団的な構成の上に成り立った、文字通りの強い国家でない事情は別のところで触れた。

19　いくつか研究会で発表したのを除くと、一九九五年と九六年の日本社会学会大会で二度にわたって報告を行った。九六年度は部会を借りて共同報告の形をとり、四名が報告した。畠山「ネオ・マキアヴェリ主義社会理論の可能性」、坂本正光「ポストモダンのフェミニスト法学」、吉川杉生「教師の『相互監視』に規定される学校の現実的構成の検討」、山田富秋「批判的エスノメソドロジーのポリシー」である。九五年度の報告はこれを敷衍して拙論「見えざる手としての国家」『法学研究』（明治学院論叢）六一号（一九九六年）とし、本書の付論として短縮修正の上所収した。

20　ロジェ・カイヨワ（秋枝茂夫訳）『戦争論——われわれの内にひそむ女神ベローナ』（法政大学出版局、一九八二年）。副題に注意。

21　もとより国家の外交努力の意義をここで評価していないというのではない。

22　アンリ・ピレンヌ（中村・佐々木訳）『ヨーロッパの誕生——マホメットとシャルルマーニュ』（創文社、一九六〇年）、H・ピレンヌ（佐々木克己編訳）『古代から中世へ——ピレンヌ学説とその検討』（創文社、一九七五年）。

23　本書第四章第四節3参照。

24　本書第五章第四節3参照。

25　この言葉はランドール・コリンズがウェーバーの仕事を称したものに依拠している。R・コリンズ（寺田・中西訳）『マックス・ウェーバーを解く——A Skelton Key』（新泉社、一九八八年）。

26　動員はたんなる奴隷労働への強制ではない。それは人生のチャンスと前に呼んだもの、《誘惑》と関係しているからこそ、主体的な《出動》を誘う。この標題はいうまでもなくイタリア映画『誘惑されて棄てられて』（一九六三年）の本歌取りである。

27　多くの辞書の定義によれば、動員とは軍隊を戦時の編成にし、軍人を呼び集めること、また、戦時に資源・工場を政府の管理の下に移すこととあり、順番としては最後に、ある目的のため人や物を多く集め、動かすこととある。

28　第一勧銀については読売新聞社会部編『会長はなぜ自殺したか——金融腐敗=呪縛の検証』（新潮社、一九九九年）、野村證券の体質については既にたとえばアル・アレツウハザー（佐高信監訳）『ザ・ハウス・オブ・ノムラ』（新潮社、一九九一年）などを参照。山一證券の倒産についても同様な組織的病理が指摘できる。読売新聞社会部『会社がなぜ消滅したか——山一證券役員たちの背信』（新潮社、一九九九年）、石井茂『決断なき経営——山一はなぜ変われなかったのか』（日本経済評論社、一九九八年）参照。

29　一三階段の意味も現在の学生には不明だったようで、絞首刑への階段がキリスト教的に縁起の悪い一三段であったという故事（事実？）による、とあえて記す。

30　ただしかつての四大証券会社には高卒の取締役は決して少なくなかった。他の大企業と違うところである。

31　中井久夫『分裂病と人類』（東京大学出版会、一九八二年）第二章。

32　中井久夫『記憶の肖像』（みすず書房、一九九二年）六二頁。動員史観は、同じく戦後のサラリーマンに対しては《特攻》の経験も大きいと考えている。

33　サラリーマンという新しい人間類型を印象的に描いた代表的な研究はワイマール共和国のジークフリート・クラカウアー（神崎巌訳）『サラリーマン——ワイマール共和国の黄昏』（法政大学出版会、一九七九年）であろうが、言葉自体についていえば日本では昭和のはじめ、前田一の『サラリーマン物語』（一九二八年）というベストセラーによって定着していた。

34　R・N・ベラー他（島薗・中村訳）『心の習慣——アメリカ個人主義のゆくえ』（みすず書房、一九九一年）

35　最近の学生の合理性は、高い授業料を払う大学では午後のゼミさえ遅れてくるのに、企業に入ったとたんどんな時間でも起きて出社するというものである。これは逆でもおかしくないはずである。その意味でも伝統主義的態度からは遠いものといえるかもしれない。ちなみにパンクチュアルな時間意識も近代の産物であることは、橋本・栗山編著『遅刻の誕生——近代日本における時間意識の形成』（三元社、二〇〇一年）。あるいは、そこにもっと測り知れない意図があるとしたら、ステント（渡辺格他訳）『進歩の終焉——来るべき黄金時代』（みすず書房、一九七二年）参照。

36　D・ベル（林雄二郎訳）『資本主義の文化的矛盾』（講談社、一九七七年）。

37　J・シュムペーター（中山・東畑訳）『資本主義・社会主義・民主主義』（東洋経済新報社、一九六二年）。

38　フリーターやニートなども一面でそうした文化的矛盾の顕現といえる。日本の場合は教育制度などもっと複合的な要因がかかわるだろうが。というより都市景観や居住のあり方すらそれに密接に関係していくだろう。家庭といいながら庭のない、狭いが片づいた世田谷の住居すら、既に原因なのではないか。専門化した個別的ディシプリンの限界を感じざるを得ない。

39　とすると個室化という現象がヨーロッパでいつ起きてくるかという問題が浮上してくる。静物画（stil life）を含め家屋のインティメートな室内化は、おそらく近世オランダに典型的な現象と思われるのだが。

40　神島二郎『日本人の発想』（講談社新書、一九七五年）。

41　大村英昭『死ねない時代――いま、なぜ宗教か』（有斐閣、一九九〇年）は、近代主義的な煽りの文化によって魂を病んだ若者が新・新宗教ブームの背景にあり、宗教界自身が煽ることをやめ、鎮めの文化（魂の救済）の担い手として再生せよという。不登校問題は典型的に学校という集団と勤勉さからの解除への呻きであるともいえよう。

42　ちなみに心理学や精神医療の分野ではここ数年よい子という言葉が散見されるようになっている。動員史観のよい子はそれらとは別の起源をもつ。

43　森毅『あたまをおしゃれに』（ちくま文庫、一九九四年）三五頁。

44　朝日新聞・一九九七・七・五（夕刊）。

45　あらかじめいうと、体育会系とは、自我の複合性というか自分をもう一つ別の視点や位相から眺め直す契機の弱い人間類型であるといえる。現実の権力的構成に従順な近代的自我である。

46　いつか週刊誌『アエラ』で特集されたように体育会系女というのも存在する。体育会系とは、男女の別なく妥当する人間類型だからである。同特集「職場で弾ける体育会系オンナ――『体力』『根性』が力を発揮する時代」一九九九・四・一九号参照。

47　ベネディクト・アンダーソン（白石・白石訳）『想像の共同体――ナショナリズムの起源と流行』増補版（ＮＴＴ出版、一九九七年）。

48　ミシェル・フーコー（渡辺守章訳）『性の歴史Ｉ――知への意志』（新潮社、一九八六年）。

49　ディヴィッド・リースマン（加藤秀俊訳）『何のための豊さ――現代論集』（みすず書房、一九八四年）。

50　したがって丸山真男が非難した軍国日本の指導者たち、あの組織人間こそが、近代の変則なのではなく、正則な人間類型だったというべきなのである。動員史観にとって体育会系はその今日的一例である。

51　なおこのフランス革命解釈は代表的なフランス史家河野建二『フランス革命200年』（朝日新聞社、一九八七年）のものでもある。

52　山口昌男『スクリーンの中の文化英雄たち』（潮出版社、一九八六年）四二〇頁。

53　なお当時の建築学者の住宅観については平山嵩『標準住宅論』（相模書房、一九五〇年）、西山卯三『戦争と住宅――生活空間の探求』下（勁草書房、一九八三年）など参照。

54　添谷育志『現代保守思想の振幅』（新評論、一九九五年）第五章参照。

55　しかし前に引いた小林恭二の小説とも伝記ともつかない最近作『父』（新潮社、一九九九年）に描かれる父は近代的よい子の系譜学を考える一つの興味深い参考になるが（「父にとっての自分は、そこにそれとしてある、在るがままの自分ではなく、そこにいまだ姿を現していない可能性の集合体としての自分だった」二二三頁他）、昭和三〇年代的な公団の幸せは、建物のまわりの環境を含んだ総合的な住環境・住思想にあったようである。狭さという致命的な問題は二の次だったと見える（一二二―一二四頁）。

56　一九九八年度の私のゼミの卒業論文として中澤順一「規律組織としての自動車教習所」があり、参与観察調査にもとづく自動車学校の規律化の仕組が鳥瞰されている。テレビドラマ「教習所物語」（後に武田鉄矢［原案］『教習所物語』ＫＫベストセラーズ、二〇〇〇年としてノベライズされた）は、《金八先生》武田が四七歳を過ぎて免許をとった実体験にもとづいているが、長じて免許をとった人間には教習所は強烈に独特なのである。それはともあれ、そもそも旧軍隊の組織構造がどうなっていたかの研究自体はそれほど活発ではない。社会学者では、作田啓一の《原組織》という概念を用いて間人主義も視野に置いて検討している高橋三郎の一連の研究がある。「旧日本軍の組織原理」濱口・公文編『日本的集団主義』（有斐閣、一九八二年）、「日本の組織的規律行動のメリットとデメリット」濱口恵俊編著『日本型モデルとは何か』（新曜社、一九九三年）、高橋編『共同研究　戦友会』（田畑書店、一九八三年）。この問題は動員史観の精緻化を図る本書以後の段階で検討する。むしろここで想定されているのは、社会のハイアラーキカルな構造が、軍隊のそれの移植によって可能になるといったような事態の恐ろしさである。石部雅亮『啓蒙的絶対主義の法構造――プロイセン一般ラント法の成立』（有斐閣、一九六九年）によると、たとえばドイツでは兵役改革（一八八七、八八年）によって市民も予備将校となれるようになると、その光輪が軍隊精神の市民的浸透を助長したという。上山安敏『ウェーバーとその時代――知識社会と権力』（ミネルヴァ書房、一九七八年）第一章、同『ドイツ官僚制成立論――主としてプロイセン絶対制国家を中心として』（有斐閣、一九六四年）も参照。

57　誤解を招くと困るので一言しておくと、国家が近代をつくったと見做せば、一体近代の歴史やシステムにおいて何が見えてくるのかということがここでのポイントである。だから現実をそのような実体として規定するというのではなく、ある視点を仮に打ち出してみよう、そうすると何がこれまでわれわれの視野から隠されてきたのかが分かるということである。

58　拙著『官僚制支配の日常構造――善意による支配とは何か』（三一書房、一九八九年）。

59　たとえば伊藤周平『社会保障史　恩恵から権利へ――イギリスと日本の比較研究』（青木書店、一九九四年）参照。

60　拙著、前掲『官僚制支配の日常構造』にいう《善意による支配》はこの点を突くものである。権利が恩恵的に実現されるメカニズムをそう呼んでいる。

61　イギリスの一八三〇～五〇年代は一八三二年に選挙法改正、四六年に穀物法の、四九年に航海法のそれぞれ廃止があり、自由主義的改革の時代であるが（その完成は五五～六五年の自由党パーマストンの時代である）、労働者の生活・労働条件の改善へむけて救貧法改正（一八三四年）、鉱山保安法（一八四二年）、公衆衛生法（一八四八年）、一連の工場法（一八〇二、一九、二五、三一、三三、四七年）が立法された時代でもある。

62　岡田英弘の近代的認識批判に連なる一連の中国史再解釈の試みを参照。『世界史の誕生――モンゴルの発展と伝統』（筑摩書房、一九九二年）とくに第七章、同『皇帝たちの中国』（原書房、一九九八年）、同『歴史とはなにか』（文春新書、二〇〇一年）、岡田・樺山・川田・山内編『歴史のある文明・歴史のない文明』（筑摩書房、一九九二年）の岡田「中国文明における歴史」報告など参照。

63　第一次大戦後に成立する《国際関係論》はその例外的な試みだったといえるかもしれないが、今日までのところ所期の目的を達したとは思えない。社会科学の既成ディシプリンとの共存を図ることがその学問的射程を縮めたと動員史観は考えている。

64　前節で触れたように《動員する／される》という動員と出動

の弁証法的関係は、動員を安価で効率的なものにするからである。

65　柄谷行人『日本近代文学の起源』（講談社、一九八〇年）。

66　澤野雅樹『癩者の生――文明開化の条件としての』（青弓社、一九九四年）二六六頁。なお澤野の政治というものの捉え方には国家を越えた興味深いものがある。

67　ブルース・ラセット（鴨武彦訳）『パクス・デモクラティア――冷戦後世界への原理』（東京大学出版会、一九九六年）。

68　この言い方は勿論、内なる天皇制という言い方を意識している。

69　内なる動員と外からの動員の詳細な議論は本書第五章第四節。

70　この全般的鬱陶しさを西洋史家阿部謹也は《世間》論として展開した。前掲『「世間」とはなにか』。日本という文化風土の決定的な萎縮性を指摘して憂鬱である。また現代日本を安楽さのファシズムとして捉えた政治学者藤田省三『全体主義の時代経験』（みすず書房、一九九四年）のやや分かりにくい議論もその一例である。

71　動員用語の原型としては戦時国策スローガンや広告にとどめをさす。たとえば森川方達編著『帝国ニッポン標語集』（現代書館、一九九五年）や難波功『「撃ちてし止まむ」――太平洋戦争と広告の技術者』（講談社、一九九八年）参照。

72　S.N.Eisenstadt, *The Political Systems of Empires* (Free Press, 1963)

73　D. Held, "The Development of the Modern State", In S. Hall and B. Gieben, eds., *Formations of Modernity* (Polity, 1992) p.78.

74　イスラム圏などヨーロッパの外部からの影響はここでは除外して考える。

75　帝国成立のためには、少なくとも中央集権的な官僚制度、発達した交通網・手段、広範な貨幣経済、整った文書的知識や規律など文明度の高い制度が必要だが、いずれもゲルマン世界には欠けていた。

76　木村雅昭『国家と文明システム』（ミネルヴァ書房、一九九三年）第一～三章。

77　ちなみに歴史社会学者ジョン・A・ホールは動員史観に近い議論から市民社会論へと最近論調を移している。John A. Hall, ed., *Civil Society* (Polity Press, 1995). 同様の視点は、詳論できないがウェーバー自身にも見られる。

78　ジェフリー・パーカー（大久保桂子訳）『長篠合戦の世界史――ヨーロッパ軍事革命の衝撃 1500年～1800年』（同文舘、一九九五年）。しかし革命の中心的時代の確定をめぐり争いがある。Cf. Jeremy Black, *A Military Revolution?: Military Change and European Society, 1550-1800* (Macmillan, 1991). ブラックは一五六〇～一六六〇年という通説に対してちょうど一〇〇年遅れた一六六〇から一七六〇年を対置する。

79　猪口邦子『戦争と平和』（東京大学出版会、一九八九年）三六頁。

80　しかし注意を要するのは、やはり強大な常備軍や官僚制組織は英仏のような先進絶対主義国家（？）の特徴というよりは、後発国家のものだということである。ロシアやプロイセンはその例である。イギリスでは名望家治安判事による地方行政と、海軍力を除くと弱体な軍隊、フランスでは国王から官職を買い取った官職保有者主体の行政とスイスなど外国の傭兵頼みの軍隊という構図である。

81　福田歓一『国家・民族・権力』(岩波書店、一九八八年)六九頁。

82　E・H・カントーロヴィッチ(甚野尚志訳)『祖国のために死ぬこと』(みすず書房、一九九三年)三一頁。また、同(小林公訳)『王の二つの身体——中世政治神学研究』(平凡社、一九九二年)も参照。

83　国家=フィクション説が政治学者の間では有力だが、それにしてもこれほど古い起源をもつ国家の観念を一概に擬制として見るだけでは、やはりその解体は容易ではないだろう。

84　二宮宏之「フランス絶対王政の統治構造」『全体を見る眼と歴史家たち』(木鐸社、一九八六年)が古典。

85　J・ホイジンガ(堀越孝一訳)『中世の秋』上下(中央公論社、一九七六年)。

86　この文脈では古典、アレクシス・ド・トクヴィル(小山勉訳)『旧体制と革命』(筑摩書房、一九九八年)を全般に参照。

87　ただし重商主義概念は一九世紀に発案されたものである。ピエール・ディヨン(神戸大学・西洋経済史研究室訳)『重商主義とは何か』(晃洋書房、一九七五年)参照。

88　自国内の産業育成を考えない経済政策は重商主義ではなく、《重金主義》(bullionism)と呼ばれる。貨幣や貴金属をめざした蓄積はしかしスペインの例でも分かるように成功しない。スペインは国内産業の強化に関心を寄せなかった。スペインが重商主義を明確に実践するのは一八世紀はじめのスペイン継承戦争以後であり、フランスをモデルにしたものであった。一方中継貿易国家オランダは世界最初のヘゲモニー国家として重商主義ではなく、一九世紀のヘゲモニー国家イギリスのように、自由貿易主義をとった。

89　とはいえ、コルベール主義では輸出用高級品の生産保護が重視され、内需向け農村工業の発展は阻害された。基本的に問屋制手工業が支配的となり、産業資本家の育成も自立性も弱いままにとどまった。

90　ただしイギリスではテューダー朝絶対王政時代よりも一七世紀の二度の革命を経た以後の制限王政=立憲王政において重商主義は、製品の販売や原材料供給のための植民地経営ともかかわってむしろ本格的に行われた(いわゆる議会的重商主義)。

91　John A. Hall, *Powers and Liberties: The Causes and Consequences of the Rise of the West* (Peuguin, 1986)

92　John A. Hall and G. John Ikenberry, *The State.* (*Open University Press, 1989*).

93　本書第四章第一節の西川長夫論を参照。

94　本書終章第三節参照。

95　I・ウォーラーステイン(本多・高橋監訳)『脱=社会科学——一九世紀パラダイムの限界』(藤原書店、一九九三年)。

96　ウェーバーのいう運命はご承知のように第一義には近代資本主義の到来のことである。

97　ロバート・N・プロクター(宮崎尊訳)『健康帝国ナチス』(草思社、二〇〇三年)。

98　勿論、シャルル八世のイタリア侵攻は、後のカール五世(やその息子フェリペ二世も)に見られる野望と同様、中世的な帝国建設の理念による。戦闘自体も古風な中世的な戦争であった。しかしその意図や現実にもかかわらず、結果は近代を開くことになった。その意味で、ウェーバーお好みの歴史のパラドクスのこれまた好例である。

99　ここでのサイクルは、始まりは近代戦争の成立、終わりは戦争を支えてきた人的動員力の衰弱である。近代の幻想は近代人の幻滅によって崩壊する。

100　近代という多義的な概念の整理も次の本で行いたいが、ちなみに近代資本主義の起点を一六世紀に置くのはマルクス『資本論』第一巻以降、社会科学のごく常套的な発想である。フランクの従属理論やブローデルの長期の一六世紀、ウォーラーステインの世界システム論など一連のマルクス系の議論はその今日的な代表例。

101　どうでもよい子以外には、たとえば《列外》（軍隊用語）、《局外》、《戦略的よい子》などもあり得る。

102　しかしこの原文が書かれた時点から大分たった二〇〇六年現在の展望はやや悲観的である。むしろ動員状況自体は、もっと劇的に悪化した可能性すらある。経済状況の《正負》の要因がいずれも反撃を開始したような印象を受ける。

103　しかし翌年、一九九八年のシンガポール研修旅行で学生が示した反応はこれとは違っていたが、若い大男が深夜にマンゴプリンなどに真剣に取り組む姿はやはり一時代前の学生の姿ではない。

104　宮原浩二郎「変身爛漫の人」宮原・荻野編『変身の社会学』（世界思想社、一九九七年）。ただし宮原の議論はポストモダンの変身礼賛言説を批判的に整理したものである。彼のいう変身爛漫の人とは《奇跡としての変身》を深い喜びをもって無限に反復するニーチェ的な舞踏者の変身爛漫さをもつ人である（二四二―三頁）。

105　堀田正宗「近代と一人鍋――動員史観的アプローチ」（一九九九年度明治学院大学法学部政治学科提出の卒論）参照。食具の人格性などをめぐる議論はいつか検討したいと思うが、関連する文献にはたとえば、石毛直道監修『講座食の文化』（味の素食の文化センター、一九九九年）、同『食卓文明論――チャブ台はどこへ消えた？』（中央公論新社、二〇〇五年）。

106　これもまた、アリダ・ヴァリ主演のフランス映画『かくも長き不在』（一九六〇年）の本歌取りであることは断るまでもない。

107　本筋からズレるが、亡き社会思想家生松敬三は二〇年も前に、《生きがい論》の欺瞞性を批判していた。「『生きがい』というのは達成主義、あるいは人生における目的論化である。ほんらい、『人生というのは〝ある〟のであって、目的も何もあったものじゃない』はずなのに、さまざまな『生きがい論』は生きがいの大量生産と配給といった事態をもたらすおそれがある」『転形期としての現代』（人文書院、一九八三年）一六四頁。しかし私がこれをいまも後生大事に記憶しているのは時代の進展についていけないからなのか。さらに生松は、老荘流に役に立つことをいかに拒否していくかとか、「ドロップ・アウトの倫理」を考えたらどうかと提唱した。学者は今日、キャリアという言葉の嫌らしさをもっと批判してよいのではなかろうか。なお生松の原型はモンテーニュであろう。『エセー』に、何を成し遂げたか考えてくよくよしているよりも、ただ生きているだけで十分ではないかという一節があったはずである。

108　ちなみに田尾雅夫『会社人間はどこへいく――逆風下の日本的経営のなかで』（中公新書、一九九八年）ではすべての会社員が会社人間ではないし（会社人間は三層に分かれる）、企業戦士に続いて会社人間という言葉が登場したとある。なお田尾の本と本書には、書き手の世代のギャップが濃厚に見られると思う。

109　川崎の金属バット事件では息子が父親を殺害したが、浦和高校教師夫妻息子殺害事件では息子を教育者夫婦が殺した。ここでは触れないが、近代化の長いプロセスを考えると、親と子のみならず、その祖父母やそれ以前の数世代の生き方の問題もかかわってくるはずである。浦和事件の関連では同様の指摘は教育評論家芹沢俊介『子ども問題』（春秋社、一九九五年）一〇七頁参照。

110　ポール・ウィリス（熊沢・山田訳）『ハマータウンの野郎ども——学校への反抗、労働への順応』（ちくま学芸文庫、一九九六年）訳者解説、四五九頁。

111　これを上野千鶴子ならば《慢性的な現状不満型社会》というだろう。産業社会がその例である。『増補《私》探しゲーム』（ちくま学芸文庫、一九九二年）六八頁。

112　このような整理は、佐伯啓思『欲望と資本主義——終わりなき拡張の論理』（講談社新書、一九九三年）に依拠している。

113　高橋洋児『浮遊する群衆——管理社会から「動員」社会へ』（有斐閣、一九九一年）一三一—四頁。

114　この列挙は彼のあげたものにしたがっている。なお、高橋も動員という言葉を使用しているが、組織対動員という形でこれを説明するように、動員史観の動員観とはかなり違う。現在の人間状況の悪化についても資本制システムによると考える典型的な経済学的発想を行っており、共産圏での社会主義経済は資本主義が初期的段階にあるので人間疎外も比較的軽度だという、刊行当時としても大胆な議論を展開している。

115　序章で触れたように、この卒論着手段階では中田に対する関心は高くなかった。その後はご承知のように、クラシック音楽界におけるグレン・グールドのようにもっとも著名で《金のとれる》人間となった。中田本、中田雑誌特集は枚挙に暇がない。目についた限りでの基本的な資料として中田英寿『中田語録』（文芸春秋、一九九八年）、中田英寿責任編集『アッカ！』（新潮45、一九九八年九月号別冊）、増島みどり『６月の軌跡——‘98フランスW杯日本代表39人全証言』（文芸春秋、一九九八年）、小松成美『中田英寿鼓動』（幻冬社、一九九九年）によって以下の議論の事実関係その他の検証を行った。

116　ここで念頭にあるのは、たとえばシンクタンクの経済研究者である森永卓郎の経済の規制緩和と恋愛の規制緩和の平行性や非婚化の指摘などが興味深く語られる森永「恋愛資本主義」河合・上野共同編集『現代日本文化論［８］欲望と消費』（岩波書店、一九九七年）、同『〈非婚〉のすすめ』（講談社、一九九七年）や、人生を半分降りるという戦略を積極的に打ち出している哲学者中島義道『孤独について』（文春新書、一九九八年）その他の著作、また大半の人々には空想の対象でしかなかったとしても伝統的な日本の文化形式であった《漂白》や《出家》の意義の確認などである。なお、これとの関連で、動員史観が《第二の人生》論と呼ぶ生き方、たとえば老人力（赤瀬川原平）やセミリタイア（大橋巨泉）、不良中年（嵐山光三郎）などについては別稿で検討を加える予定である。

117　ちなみにわが国では日本スポーツ社会学会（一九九一年発足）が年一度の機関誌『スポーツ社会学研究』を一九九三年から発刊している。

118　ノルベルト・エリアス（赤井・中村・吉田訳）『文明化の過程——ヨーロッパ上流階層の風俗の変遷』上下（法政大学出版局、一九七七、七八年）。

119　多木浩二『スポーツを考える——身体・資本・ナショナリズ

ム』（ちくま新書、一九九五年）一六頁。

120　ＦＩＦＡ（国際サッカー連盟）がＡ代表の国際試合における戦績などから独自に出す国のレベルを表わすランキングのこと。ちなみに一九九七年九月一一日発売の雑誌『ナンバー』によると、日本一八位、韓国三四位、ＵＡＥ六六位、カザフスタン一二二位、ウズベキスタン八三位であった。このランキングは国際試合の数が多いほど順位が上がる傾向があり、必ずしも実力を反映したものではないという批判もある。

121　ＤＦを四人にするシステムのこと。プレッシングサッカーでは基本とされる形態であるが、加茂監督はＤＦを三人にする三バックを採用。これによってシステムが機能しなかったのではないかとの指摘もある。

122　雑誌『スポーツ・グラフィックナンバー』四二〇号（一九九七年）「日本代表はこう攻略しろ！」六二頁。

123　多木、前掲『スポーツを考える』一〇六頁。

124　この節は一二月二一日（一九九七年）放送のＮＨＫテレビ「Ｗ杯へ・試練の七一日間――カズが語るアジア最終予選」という番組を参考にした。

125　沢野雅樹『ロックする哲学』（洋泉社、一九九四年）「３・思考のスタジアム」参照。

126　一九九九七年一一月二三日付朝日新聞朝刊「ののちゃん」二二九。

127　Ｕ（Under）のことで一七歳以下の選手だけで行なわれることを表わしている。

128　『スポーツ・グラフィックナンバー』四二四号（一九九七年）

129　「One Shot interview」八一頁。
一九九八年一月四日朝日新聞朝刊「現代奇人伝③」。

130　『スポーツ・グラフィックナンバー』四三四号（一九九七年）「中田英寿『楽しかったあの夜』」二六頁。

131　松原隆一郎『さまよえる理想主義』（四谷ラウンド、一九九七年）

132　一九九七年一〇月三〇日付朝日新聞朝刊「歪む五輪①ボーダレス」。

133　多木、前掲『スポーツを考える』一八四頁。

第2部　一九世紀型社会科学からネオ・マキアヴェリ主義的冒険へ

第1部を通じて、動員史観の意図するところがラフにご理解願えたのではないかと思う。第2部では、二つのことを行う。第一は、第三の社会理論という観点がこれまでの支配的な社会理論もしくは端的に一九世紀型社会科学をどう考え評価するかである。この作業は、動員史観の主張を裏から映し出す影絵のようなものになる（第三章）。第二に、一九世紀型社会科学からの飛翔のあり方を具体的に跡づけることである。本書では、動員史観をその支流に含む大河をネオ・マキアヴェリ主義社会理論と呼び、それが第三の社会理論の一つの可能性を示すものと考えるが、ネオ・マキアヴェリ主義を投光器として、点在する先行研究を発掘し、そのもつ多様な可能性に迫ってみたい（第四章）。

要するに第2部は学史的批判（第三章）と精神史的冒険（第四章）である。これを背景に動員史観の理論的な展望や骨太のスケッチを提示することが第3部の課題であってみれば、第2部は建物の見えざる土台、基礎工事となる部分である。十分な掘り下げは紙幅からも困難だが、動員史観の前触れとして受け取っていただきたい。

第三章　社会科学の古典モデル

第一節　一九世紀型社会科学

1　一九世紀型社会科学という発想

順序として、この小さな試みのなかで一九世紀型社会科学と呼ぶものについて、相応に略説しておきたい。できあがった動員史観そのものから事後的に帰納するようにその性格づけを行うものであって、逆光から見た二一世紀型社会科学像とでもお考えいただければよい。したがってその姿は単純化され、戯画化されている。何よりもこれまでの多様な社会科学的諸実践の深層にあるものを探るという意味で、単数としての社会科学に視点は制限されている[1]。

手始めに、社会科学には歴史があり、歴史を超越するものではなく、その一部をなすということの確認から始めたい。社会科学を時々の時代の客観的真理の体系、その最前線と考えるやり方のことを本書では《裸の社会科学[2]》観と呼ぶが、それとは正反対の見方をするということである（すなわち社会科学の《歴史化》）。

さて社会科学を一つの歴史的個体と見た場合、祖型としての社会科学とは、ヨーロッパで生まれ、一九世紀（後半）に現在のような組織形態を整えた社会科学――端的には（大なり小なり）西欧啓蒙思想[3]の制度化としての職業的・専門的な社会科学のことであった。時代的背景や制約に応じてこれを《一九世紀型社会科学》と呼ぶが、《一九世紀型》というのはそもそも蛇足である。最近まで社会科学とは一九世紀型社会科学以外の何物でもなかったからである。社会科学の一九世紀的性格は自明過ぎて隠れており、問われる余地すらなかったのである。とはいえ、やがてその時代依存性・培地依存性への覚醒が始まると、社会科学の見えざる姿がシルエットとして徐々に浮き上がっていくことになる。一九世紀型社会科学という、裸の社会科学に距離を置いた歴史化の意識が生まれるようになったのは、知と力のヨーロッパ中心主義への懐疑と否定の下においてであった。

この距離の意識はいったん芽生えると多分に苛烈なものになりがちであった（オリエンタリズム、ポスト・コロニアリズム、エコロジー運動、フェミニズム理論などを想起）。つまり、社会科学は近代の伴走者であったのかという弱い懐疑がまずあり、その中心には社会科学的営為が近代という時代の特殊な拘束から自由ではなかったという反省があったが、その反省がさらに危惧を呼んで、社会科学は近代のメカニズムを解明するよりはその隠れたバイアスを積極的に強化し、ある決定的な側面を実はわれわれの目からそらしてしまうように働いてきたのではないかという、より強い否定の念（イデオロギーとしての社会科学）が生じてきたということである。これはいいかえると、〈普遍的たらんと欲する〉認識装置たる社会科学と（普遍的と自称する）認識対象たる近代社会との双方に隠蔽があることに気づきだし、それが本格的な問いとして立ち現れるということである。悪夢のように押し寄せるこの種の懐疑と危惧こそ、《一九世紀型社会科学》という発想を立ち上げる背景になったものだといってよい[4]。

だから一九世紀型社会科学という言葉には、最初から批判的含意がある。そしてそれを通じて社会科学の再生、ひいてはわれわれの歴史認識や生活意識における行き詰まり／息詰まりを打開しようとする願いがある。この企図を一口にいってしまえば《近代知の乗り越え》という、もうかなり手垢のついた、ごく一般的なキャッチフレーズのようなものに回収されかねないおそれがあるが、そうしないためには、ただ掛け声をかけるだけではなく、具体的な模索が必要である。つまり、近代的諸現象を分析するためのツール（つまり社会科学）そのものに自省のメスを加え、それにもし特殊近代的といえるような限界があるなら、どのようにしてその限界を越えていったらいいかを、おのおの設定したレベルに応じて、可能な限り詳細に検証していくことである。それはラディカルな解体作業であるとともに、近代理解＝批判の学としての本来の、という言い方が許されるとして、社会科学の再構築の自助努力を行うことである。一九世紀型社会科学という発想は、そうした問題提起のための戦略拠点なのである。

日本でもこの種の、個々の学説の真偽や賛否を越えた、社会科学という学問的営為の時代的被制約性をトータルに問う試みがなかったわけではない。ただしそれは社会科学批判というよりは、《社会科学の日本的特質》の指摘と批判というローカルな形に落ち着きがちであった。このことは、よくご承知の通り、《近代主義》と名指された社会科学や歴史学に対する攻撃の歴史を見れば明らかである。

近代主義的な社会科学者や歴史家のグループであった《市民社会派》社会科学や《戦後歴史学》は、敗戦後、講座派マルクス主義[5]の強い影響下に形成されたが、これは《悔恨共同体》（ご存知のない方はいらっしゃらないと思うが丸山真男の言葉）としての日本社会科学を、ほぼ一九七〇年頃まで支配していた[6]。おそらく学者サークルの知的雰囲気としてはもっと長く残響していたに違いない。亡霊ならいまでも闊歩している。だから既存の社会科学に対し批判的な動きが出てきたとき、それがこの戦後日本社会科学の近代主義的側面を標的にしたとしても不思議はなく、むしろそうなって当然であった。そのような批判において浮上させられた、一語でいえば《近代主義的偏向》なるものは、たとえば丸山思想史学をして「規範的近代（欧米）を理想化した日本的欠如論だ」という言い方に典型を見るような、西欧純正近代を基準点として特殊日本的後進性を（文化と歴史の両面から）強調していく思想傾向のことであった。このような日本的特殊性に的を絞る社会科学批判は、否定肯定を問わず、枚挙に暇がない[7]。

確かに市民社会派たちには、はっきりと、敗戦日本の再建にあわせた一種の戦略的見取り図として、普遍的近代を物神化し、偏重するきらいがあった。明治以来の知的エリートたちとは違って留学経験がないということもときに指摘されるが、それもあってか、そこには欧米の現実の近代なるものの組成や成り立ちにまで返ってその功罪を考察する、という精神（史）的余裕は感じられない。その余裕のなさは時代的限界や敗戦の痛手というより、当時の日本の知的限界であったことは間違いない。日本の学問風土は、ハイデガーやベンヤミン、ホルクハイマーやレーヴィットなど同時代（あるいはそれ以前から）の西欧であり得た、より長期的な観点から近代を根本的に見直す、という懐疑の姿勢を決定的に欠くものだったからである。そのような（相対的な）意味からしても、戦後社会科学が《近代的偏愛》を基調としていたことには落ち度がある、とされてもやはり致し方ないのではなかろうか。

ところが、日本では、批判する側にも、果たして《近代という偏向》に対して、心底からの理解や展望があったかというと、そうともいえないように思われる。少なくとも、日本という文脈を越えてその批判的検討を発展させ、本書にいう一九世紀型社会科学批判＝二一世紀型社会科学構築へと具体的にいたる構想を呈示しようとする試みは、少数の粘り強い孤独な営為を除いては、戦後六〇年、まったく例外だったといわなければならない[8]。

しかも注意したいのは、近代主義批判者のなかのある部分（いわば専門実証派）は、一九世紀型社会科学をむしろ強化した、という事実である。彼らは正統教義となった《日本近代主義》社会科学の論壇的傾向を嫌って、ますます厳密に実証的な研究に専心していき、結果的には一九世紀型社会科学のもつある種の近代的偏向を共有するにいたったといえるからである[9]。日本の《歪》で《跛行的》な近代を、ごく《一般的》な近代で置き換え、その観点から《普遍的》日本を分析し、それで事足りるといったような研究には、その種の偏向が濃厚にうかがわれる[10]。カミナリ親父に反抗する息子がガミガミ親父になるのに似て、ここには抵抗の逆説ともいうべきパラドクスを指摘できるだろう[11]（つまり日本は越えていったが、海のむこうでまた、同じような陥穽に嵌まったということである）。

最後に、今度は、八〇年代のニューアカ（ニューアカデミズム）・ブーム。彼らもなるほど一時期、市民社会派の、大江建三郎的な生真面目さ、真摯さ、また人格的一貫性と一体化した理論的窮屈さなどに対し、モハメッド・アリ風の軽やかなフットワークで、斜めから（？）の中和剤＝《悦ばしき知》となり得た。ところが、その後の展開を見ると、本人たちの意図はいま一つ不確かであるが、水面に映る角度によっては、（個の確立など）近代主義への逆行もしくは《転向》とも見做されかねない発言が、とくに九〇年代に入って目立つようになっていく、という現状である[12]。

ここは詳細な近代主義批判の系譜を追う場ではないので、以上例示にとどめて次に進みたいが、であっても忘れず触れておかなくてはならないのは、歴史学、とくに西洋史学のある部分の動きである。歴史学の外から見ていてもその脱近代主義的旗幟は鮮明であって、いろいろと教えられるところが多い。理由を考えてみると、近代主義の全盛当時から近代主義歴史学に対してはある批判的な拠点があって、そこで一定の歴史学者グループ[13]が抵抗を続けていたということは別にしても、なるほど近代主義の牙城であった歴史学（大塚史学）だからこそ、その後継世代にあたる人々（のある者たち）がもっとも先鋭な意識をもたざるを得なかったということなのかもしれない[14]。はからずも、歴史認識におけるいわゆる《再検討》派は、一九世紀型社会科学批判の狙うところをいち早く示唆するものになっている[15]。しかも、たとえば東大のヨーロッパ中世史学者高山博が一般読者向けの雑誌のなかで述べているように、「現在、近代歴史学を大きく規定してきた枠組そのものが揺らいでいる」と国民国家的枠組の再編に注意を促している[16]。近代主義との決別は政治のあり方にとくにむかっているように見える。これと同じ指摘は、日本西洋史学会がヨーロッパ再考をめざして行った一九九二年の学会シンポジウムの記録を見ても、若手の指導的研究者の幾人かに共通している[17]。

彼ら西洋研究者はいうまでもなく近代という概念の日本的偏向にも敏感であるが、同様に日本歴史学でも同じような傾向、《第三の波》（ニューウェーブ）が指摘できるという。それは次のようなものである。この引用は第三の波に属す代表的な若手日本史家の発言による。近代主義に距離をとろうとする傾向はどうも歴史学の全般に及ぶもののようである。

①第一と第二のウェーブ【第一は戦後歴史学、第二は色川大吉や鹿野政直らの民衆史・民衆思想史研究のこと[18]】の

歴史学が日本の近代を、「特殊な」「遅れた」近代（しばしば用いられた用語でいえば「半封建的」）として描くのに対し、第三のウェーブは日本の近代を「近代」の共時性という文脈で把握します。それは別言すれば、②日本が抱えている矛盾は、近代の精神や制度の不十分、不徹底ではなく、近代そのものに要因があるという認識。したがって、③近代を一つの時代として把握します。つまり、これまでの歴史学では、歴史の概念や叙述の方法が近代に制約されており、近代を対象化できないといい、第一・第二のウェーブとは、さまざまに見解を異にしています[19]（【】以外の括弧内は原文による。また①②③の数字も原文通り。なお以下本書では【】内は引用者畠山による註記に限る）。

このような近代批判および近代学問批判へむけてさまざまな歴史学的努力がなされていることを知ると、社会科学の文脈においてただちに思い起こされるのは、アメリカの社会学者イマニュエル・ウォーラーステインの《歴史的社会科学》であろう。ウォーラーステインはご承知のように、世界的社会科学者と語らって、既存の社会科学を内容・制度ともどもに、《解釈学的》な歴史的社会科学へと組み替えることを提唱しており[20]、歴史的社会科学の構想は、現在、世界的にもっとも広く知られた社会科学批判の一つである。ほぼすべての著作が日本語で読めるが、彼は本書にいう一九世紀型社会科学とよく似た内容の批判を社会科学の《一九世紀パラダイム》という言い方で批判の俎上にのせる[21]（なおこの方面でのウォーラーステインの足どりは、アフリカ研究者というそもそもの学問的出自が端的に示すように、六〇年代アメリカの学園紛争の時代から続く彼の個人的体験、《ローカルな抵抗ウォーラーステイン版》に根ざしている[22]）。

そうした壮大な構想とは別に、一昔前、フーコーがまだ一部教養人の秘教的なファッションであった頃、公害、大気汚染、環境破壊、リブやフェミニズム、南北格差、第三世界の貧困、マッドサイエンスとしての近代科学・技術批判、西洋文明の行き詰まりなどの文脈が無媒介に交錯し、十分な検証もなく、近代＝悪玉と置く見方が横行した結果、近代主義学問批判がキャンパス内での先鋭な学生の日常の挨拶でもあるような時代があった。その反動で近代擁護の論陣もある種の破天荒さを示すようにもなるが、そのような躁的な雰囲気のなかで、これに反発するしないにかかわらず、一人深夜ドイツの哲学者エルンスト・カッシーラーやカントの代表的な啓蒙論（いってみれば真の？近代論）の読み直しを敢行された方も少なくなかろう[23]。

こうして大小とりまぜて、さまざまな模索があったということである。だから、世界システム論や歴史学、哲学や思想史などとは完全に切れて、実証的な社会科学において根本的な見直しの機運がまったくなかったといったらウソになる。

むしろかなり早い時期から一部には見られたといってよい。本書のリファーする分野では一九七〇年代後半からの《国家論復権》(Bringing the state back in!) がそうである。これはアメリカでは左翼ということになる（歴史）社会学者たちの運動であって、それがとくに日本でどう受けとめられたか、いまもってどう受けとめられているかについては、一定の疑問を抱かざるを得ないが、少なくとも国家論の復権は近代社会科学批判・政治学版と考えてよいインパクトをもつはずである。

この文脈でいえば、社会学では、近代総体の批判とは異なる形で（むしろハイモダニティ擁護であるが）、国民国家の役割を再評価するよう早くから訴えてきた研究者もあった。その一人は当初ポスト・マルクス主義の希望の一人と見られていたアンソニー・ギデンズである。ギデンズは世界的に著名な社会学者となったが（ロンドン大学LSE校の学長も経験した）、国家論に関しては、再帰性の構造としての近代組織として、また権力磁場としての《権力コンテナ》のもっとも顕著な例として国家（および軍事）を捉え、これがマルクス主義その他の伝統的な社会科学で不当に無視されている現状を痛烈に批判する論陣を張った。確かに国家論は存在するが、社会理論的な含意と切れて研究されている（たとえば国際関係論の場合）、それは社会科学そのものの偏向に原因がある、というのがギデンズの考えであった[24]。以下に頻出するイギリス系の歴史社会学者マイケル・マンやジョン・A・ホールなどへつながる社会学の有力な視点転換の座が、そこに定位されている[25]。

以上、近代理解・批判の制度であり、言説ツールでもある社会科学の再帰的な検討もしくは自己反省が問題になっていること、そしてそれは従来の《日本的》近代主義批判よりは踏み込んだ形で敢行されるべきこと――これらのことが右の整理からご理解願えればよい。社会科学の再構築、すなわち近代の罠に陥る危険に慎重に配慮しながら、これまでの社会科学的言語の語彙と文法の限界を知り、その新たな可能性を開発しようというのが、一九世紀型社会科学（批判）という発想の由来であり目的なのである。

2　啓蒙の産物としての社会科学

大雑把であれ一九世紀型社会科学の特徴を捉えるためには、これを長期的スパンの下に置いて見直す必要がある。つまりは、どうしても啓蒙主義の問題には最小限触れざるを得ないということである[26]。

ところで興味深いことに最近、分野は違うが、同じような必要から同じような試みが行われていることに気づく。若い経済学者荒川章義の近代経済学の《精神分析》（学問の知識社会学的脱構築）がそれである。彼は近代経済学を学び始めたとき、《限界》概念のようなこの学問特有の考え方の多くに

「面食らった」という[27]。そこからこの特異な知の体系を精神分析しなければと思い立つ。彼の分析からは近代経済学の三つの特徴——方法論的個人主義（ノミナリズム）、功利主義、合理主義（自然法思想）が浮上する。そして、いずれもが一八世紀啓蒙思想の直接の産物だったことに、彼は思いいたるという次第である[28]。荒川がそうした指摘の析出に成功するのは、おそらく、学問体系のはっきりした経済学一個に限定して解剖を行っているからである。だからあらかじめ、以下で行うような、経済学でも政治学でもない、社会科学一般の、その印象的な言い方にしたがうと、精神分析からは、彼にできたような明確な特徴を取り出すことは困難なのではないかといっておきたい。本書では社会科学への啓蒙主義の影響と思われるものの痕跡に軽く一瞥を与えるにとどまるだろう（それにしても意味のあることだとは思うが[29]）。

啓蒙主義は、ご存知のように、一七世紀末以降、典型的には一八世紀の、ヨーロッパを風靡した反因習・反伝統・反宗教（反キリスト教会）的な一大革新運動であった[30]。専門分化の進んだ現在では、大半の職業的社会科学者にとって、啓蒙主義とは、せいぜいカントの有名な『啓蒙とは何か』を読んだとか、総勢一三〇名を越える《百科全書》派（一七五一—六四年）を漠然と思い浮かべ、ディドロやダランベールなど代表的なフィロゾーフの名を、京大人文研譲りの幾冊かの本を頼りに口ずさんでみるというだけで終わりがちな過去の思想でしかないが、この運動の根幹にあった新しい知的態度を復習しておくことは無駄ではない。

啓蒙主義とは、その知的態度が「基本的に人間の理性が創り出す変化は望ましいと信じた文明…西欧主導の近代文明」[31]を思想的に完成させることになる知的運動であったが、きわめて大掴みでありながらまさにそういわざるを得ないような包括的で抽象的な言い方をするなら、その態度とは、理性をもとに社会現象全般について批判的な検証を施すということであった。「認識すること。観察して説明し、理解すること。あるいは、疑い、発見すること…およそすべてのこと、ないしほとんどすべてのことが語られた[32]」。したがって中世スコラ学の権威主義や学問的不毛性への方法的反逆としての、科学史にいう《ベーコン主義》もそうした知的刷新の遠い例なのであり、それが近代科学のはじまりを画するものとなる。

ここで重要なのは、思考の対象が人間の知覚が及ぶあらゆる領域にわたるということである。そしてその普遍的真理を求める革新的方法態度のなかから、社会に関する知的検討の成果が、一九世紀に明確に制度として成立することで、われわれがいま考える社会科学が誕生する。それまで世界のいかなる地点、いかなる時点においても、現在知るような、体制へのトータルな批判を含む知の体系としての社会科学という現象は存在したことがない。啓蒙主義と社会科学（そして当然ながら近代自然科学）は、西欧文明独自の知的産物であるとともに、それを支える認識的刷新でもあったわけで、その意味でも両者は歴史上特筆されるべき個性的な存在であった[33]（詩人ポール・ヴァレリーのいう《方法の制覇》を想起）。

しかしそれは、決して輝かしい未来への万全の道を約束するものだったのではない。啓蒙的知の時代がまた《学問的無神論》の時代――「世界に生起するできごとの『意味』はわれわれが『自身で創造することができなければならないのだ』と認識してしまったというのがその運命であるような文化期[34]」（強調原文）の到来でもあったことは、既に二〇世紀前半、ハイデガーの弟子、哲学者カール・レーヴィットがウェーバーを論じつつ痛切に認めていたことであった。さかのぼれば一九世紀後半、巨人ニーチェが繰返し警告していたことでもあったろう。だから、なるほど社会科学の啓蒙主義起源という事実は、二一世紀のいまになってことさらに強調さるべき事柄ではないかもしれない。ただ少なくとも、社会科学が、中世的な、神の造りたもうたこの宿命的な世界への微調整という些少のレベルを越えて、あらゆる事柄の全般的改造が可能であると考えるようになる時代、すなわち近代という全能の人間の時代の産物であり、その機動力の一つであったことだけは、ここで押さえておく必要がある[35]。

この間の歴史的な事情について、ウォーラーステインは次のような見取り図を示している。まずヨーロッパ中世ではキリスト教的神学の知の体系が支配していた。そこから近世においてまず哲学が分離していく。これとは別に、天体力学や物理学に範をとった自然に関する知識が自然科学として成立してくる。これが正しい知のあり方として定着する一方、その対極にある人間に関する不確かな知識は文芸（arts, lettres）や人文学（humanities）として名指されるようになる。そしてこれら二つの知識の中間に、人間の集団や社会に関する第三の知、後年の社会科学が成立することになったというのである[36]（だからこの両極へと第三の知はつねに引き裂かれるとも彼はいう）。

その際、社会科学の発展を考える場合に大切な大学の役割についてはこう述べられる。大学は一六世紀末以来、教会と癒着してすっかり衰退していたが、一八世紀末から一九世紀初頭にかけて復活し、社会科学の保護と制度化の牙城になるというのである[37]。その知識が社会的・技術的に環流しやすい自然科学よりは、人文科学や社会科学が大学という保護施設を求める傾向があったというのは、いわれてみればなるほどその通りであろう（工学部や薬学部が世界で最初に大学に設けられるのは明治時代の東大であるのを想起）。後に見る市場機構と同様、本来脆弱な社会科学は何らかの保護者を必要としたのである。しかしこの過程でもっとも重要なのは、当時勃興しつつあった（とくにプロイセン・ドイツ）国家の要請が社会科学および大学の誕生と普及、その加速に大きな役割を果たしたということである[38]（国家が自分たちの求める知識を大学に求めたのである）。

啓蒙の時代は絶対主義の時代でもあった。そして反教会の一点で啓蒙主義者と国家は結集し得た。たとえばヴォルテールはロシア宮廷やプロイセンのフリードリヒ大王のサンスーシー宮殿に滞在して教授を行った。ただし貴族の国際語だったフランス語には堪能なフリードリヒ大王が、ドイツ語は怪しいのに失望しながらではあったが。要するに、社会科学の萌芽は一面で、官房学のように、絶対王政の国家統治のための実践的・政策的知識を提供するべく期待されて発育したともいえる。この点、つまり近代的知の一形態としての社会科学と近代国家との密接な関係は、動員史観が縷々説明するように、近代全体を考える上での最重要ポイントである国家の、通常は隠された機能を浮き彫りにするものである。同時に、そうした初期近代＝近世的パターンの一つのバリエーションであるとも考えられる。

ガリレオやニュートン、ライプニッツなどの例が示すように、《一七世紀科学革命》を思えば、同じ近代的知の体系といっても、誰しも自然科学の方がかなり早く立ち上がったはずだと考えるだろう。ところが、科学史家村上陽一郎は、《科学者》（scientist）という、当時の言語感覚から見て到底承伏しがたい《醜い》造語が一九世紀初頭にようやく成立していくことを印象的に示しながら、自然科学の制度化もまた一九世紀の半ば近くに起こったのだと説く[39]。このように、近代的知の成立は、社会科学も含めて、実は大体その程度の歴史的に若い制度であり、新しい思考の習慣に過ぎないのである。

しかも現代社会科学の源流と見做される人々が実際に活躍した時代は、もっと後になる。マルクス（一八一八年生）を除くと、一九世紀前半（およびそれ以前の）生まれで社会科学の必読書を書いた人間はいない。コント（一七九八年生）やハーバート・スペンサー（一八二〇年生）の古典を大学生の教材にあげるような教師はいないのであって[40]、リーディング・リストの冒頭を飾る巨人はもっぱら、アメリカの思想史家スチュアート・ヒューズの古典的な命名になる《一八九〇年世代》の人々に限られる。一八九〇年世代とは大体一八五六年（フロイト）から一八七七年（ヘルマン・ヘッセ）の間に生まれ、一九世紀最後の一〇年間に人格形成期を迎えることになった人々をさす[41]。社会科学者だけでなく哲学者から文学者や詩人、精神医学者から政治家まで広く含むが、彼らを《不安の世代》と呼ぶのは、世紀末に顕在化する近代的思考の末路や近代生活の退廃に対し不安を共有した世代だからである[42]。これはちょうど、日本の市民社会派社会科学者たちの出発点を「第二次大戦が必須のものとして要請した総動員体制のなかで青年期を過ごした[43]」ことに見る山之内靖の卓見にも通じるものがある[44]。

改めてウェーバー、テンニエス、ジンメル、パレート、デュルケームなど今日の社会科学の代表者である巨人たちは不安の世代、一名《ヨーロッパにおける社会学第二世代[45]》に属している。その意味では世紀末の経験が今日の社会科学をつくったといってもよく、彼らの研究は、広い意味での法制度や経済制度、政治制度などを含んだ近代的な生活様式が、大きくヨーロッパの伝統的生活を揺さぶり、塗り替え、規定してしまった時代——啓蒙のこの到達点を呆然と眼前にして、まさに近代的現実としてのこの社会的大変動（カール・ポランニー風には《大転換》）の性質を見極め、それをさまざまな形で克服しようとしたものであったと考えられるのである[46]。

たとえば一例——フランスで最初に大学に社会学の講座を開いたエミール・デュルケーム。彼は厳密に実証主義的潮流（統計的方法）を代表し、思想的な格闘の跡に乏しい学者だと思われがちである[47]。その彼ですら《変化する近代》という文脈において近代を危機の時代と捉えていた。その問いを問う過程で、訓練において哲学者でしかなかったデュルケームは最初の社会学者の一人になっていく[48]（その問いが以後、戦後社会学のグランメートル、ハーバード大学のタルコット・パーソンズによって社会科学の中心問題とされた社会秩序の可能性の問題、《ホッブズ的秩序問題》である[49]）。

デュルケーム自身はユダヤ教のラビの息子であった。その限り少数者の利益を守るものとして、つまりJ・S・ミル的《多数派の専制》への防御壁として、彼が近代と近代国家について比較的肯定的だったことには理由があるが[50]、逆にもう一つの社会科学（了解的方法）の創始者マックス・ウェーバーが、近代主義パラダイム、たとえば大塚久雄ら市民社会派が想定したような近代の擁護者ではなく、マルクス以上に、合理化のパラドクスをはらむ近代社会へのトータルな批判者であったことが近年指摘されている[51]。脱魔術の世界が新たな魔術の世界に陥る危険（前近代の非合理から近代的非合理へ）に警鐘を鳴らし続けたウェーバーは法学と歴史学（商法やローマ法）から出発し、国民経済学を経て、その行程の最後の局面にいたって、哲学者ジンメルがそうでもあったように、ドイツ最初の社会学者の一人となる。その意味でもウェーバーは、特定の専門家というより、ただの社会科学者と呼ばざるを得ない。デュルケーム同様、長期の制度化された方法の修練と成果の積み上げという、今日の研究者的なキャリア至上主義とは異質な過程と人間像がそこにはうかがえる。

さて立場や方法のいかんはどうであれ、彼らが社会科学の今日を築くことになるが、ここから次のことが明確になる。第一に、社会科学とは、《近代の自己理解》として成立した。ヘーゲル的な肯定（《歴史の終焉》論）であれ、将来的な悲観予測（たとえばウェーバー的な《鉄の檻》論やフランクフルト学派的な『啓蒙の弁証法』）であれ、近代という新時代の諸相をトータルに理解したいという欲求がその原動力をなしたということである。つまり彼らは大きな社会変動、端的には歴史の変わり目（の一つの明確な到来）を認識するなかで問いを立ててきた。マルクスの《経済学批判》としての資本主義論しかり、ウェーバーの近代誕生の比較世界宗教研究しかり（ただし何を近代の指標と見るかで学問の展開にタイムラグが生じる[52]）。

コント、マルクス、トクヴィル、デュルケーム、ジンメル、テンニース、ヴェーバーといった社会学の創始者たちはいずれも、伝統社会と近代社会の質的な差異は何か、また前者から後者への社会秩序の転換はいかなる原因によって起こりいかなる帰結をもたらすのか、といったテーマに本質的な関心を抱いていた[53]。

このような近代理解としての社会科学という性格規定は、最近では後期フーコーが、晩期ウェーバーの研究をなぞるかのような研究軌跡を描いて（最後は刺激的にいえば行政学者として）消えていったことからも傍証されるように思われる[54]。一八九〇世代に共通する雄大な世界観と高度な教養こそ、そうした時代の変化を感知させたものであったし、それを理解しようという知的欲求を形成し支えた基盤であったが[55]、日本でも市民社会派の業績は、その歴史的評価は別にして、近代理解への執拗な問いと広い知識欲によって、後続の研究とは異質な魅力を放つように見えることは否定しがたい[56]（また後述するが、市民社会派とは時代を異にするが、社会経済学者村上泰亮の最後の著作群が示すのも、そうした方向だと見える）。

ところがというか、そしてというべきか、第二に、その欲求をより精密に実現するために、社会科学が大学の個別学部にと専門分化し、《科》学（＝ディシプリン）として安定してくるのは、これらの人々が指導的な研究者となる二〇世紀の現象である[57]。ヒューズのいう《ミクロな社会調査屋》の時代である。それは、それまでは大学の外にいた知識人も、大挙、大学に押しかけ群居する大専門家時代の始まりでもあった。国家に対する社会科学的軽視の一つの理由は、こうした社会科学の専門分化にも原因があったといえるのだが[58]、それはともあれ、近代の自己理解としての社会科学が、大学という制度的な場において、今日的な方法と理論の両面で本格的に確立するのは、ようやく今世紀、それも第二次大戦を経た後半のことであったということになる[59]。つまり一九世紀型社会科学とはすぐれて二〇世紀的な現象、二〇世紀的な社会科学なのである。誤解のないよう注意いただきたい。

第二節　一九世紀型社会科学のバイアス
——《社会中心的な一国史的アプローチ》

しかしそこで依拠されていた思考の母体、その大枠は、一九世紀に発達し定式化されたものであった。このため二〇世紀型社会科学とはいわず、逆に二〇世紀を一九世紀の傘下に置いて考えるのが適当なのである。

この大きな思考の枠組を、個別専門の社会科学的成果と対比して《社会理論》という広い意味合いをもった言葉で呼ぶとすると、社会理論には極端な話、あろうことか、自由主義とマルクス主義の二つしかなかったといえるだろう[60]。確かに保守主義とか国家主義、場合によってはリアリズムと称されるような、第三の思考の枠組も、漠然とではあるが、存在したことは存在した[61]。このような考え方はドイツでは、第二帝政期の二〇世紀への転換点あたりで明確になってくるもので、そのために、第三の社会理論の最大の知的源泉ともいうべきウェーバーなど[62]は、長いこと、後進性の強い、上からの近代化としての国家主義、学問的視点というよりは、軍国主義的・奇形的な実践的戦略（国家発展のための政策手段）と見做されがちだったのである。とくに第二次大戦に勝利したオーセンティックな英米流の社会科学のなかでは異質であり、異端だった。だから欧米ではウェーバーの復活と再評価が、第三の社会理論への始動の第一歩を記すことにもなるのである（しかし日本ではウェーバー受容に偏りがあり相当早くから受容されたにもかかわらず、その近代主義的解釈は最近になるまで挑戦されなかった[63]）。

さて自由主義とマルクス主義――この二大陣営間の争いは一九世紀この方、つい最近まで、最大の学問的・イデオロギー的ハイライトを浴びてきた。にもかかわらず、ここに第三の視点を架設すると、そこにはいがみあう他人ではなく、似たもの夫婦の姿が浮上してくる。同じ屋根の下で暮らしてきたこの《おかしな二人》（odd couple）には消しがたい無意識の共通性、相補性が存在する。そこに《一九世紀家族》としての既成社会科学の社会理論上のバイアスが露呈している。

では、その二人の挙措のどこがどう似ているのか。いくつかあるうち、来るべき社会科学あるいは回復さるべき原・社会科学のイメージを掴むためには、二つの共通性だけにしぼって見ていく方がよいだろう。一つは社会中心的な視点、もう一つは一国史的な視点の優位である[64]。この二点によって二つの外部（大文字の他者）が消失し、それとともに、この二つの外部が交差するところに成立する、近代という戦慄すべき破局的状況の論理（戦争）とそのもつ意味が見えなくなる。あらかじめいっておけば、その解明から成り立つ二一世紀型社会科学は、国家と国際関係を正当に理論のレベルに反映させようとする知的構えを特徴とするのである。

1　イギリスというヘゲモニー――外部世界の消失

歴史形成力として、①一国内部のダイナミズムに着目し、②なかでもとくに社会経済構造からの説明を重視するアプローチを、ひとまず一九世紀型社会科学と呼ぶことができる。それほどこの二つの特徴は決定的である。

一九世紀型社会科学の二大母体、自由主義とマルクス主義のいずれにおいても、これら《一国史的アプローチ》と《社会経済的アプローチ》の優位は、共通して確認される。そのことは断片的にはさまざまに言及されており、以下の章でも関説するのであえて詳述しない[65]。ただ、そこにはおそらく、一九世紀イギリスの世界的なヘゲモニー状況が反映しているという点に照明をあてて議論してみたい。一九世紀型社会科学には、消しがたく、先進大国としてのイギリスの、世界支配の構図が透けて見えるということばかりでなく、その問題点をもっとも体系的に照らしだす視点がそこにはあるからである（この意味では一九世紀型社会科学の学問的な典型はスミス以来の古典派経済学であり、これが他の後進社会諸科学に対する経済学帝国主義といわれるものである。事実、最近重商主義の再検討に乗り出した不均衡動学の岩井克人も、その「従来の経済学における資本主義像は、イギリスの産業資本主義を一般モデルとした自己完結的なシステムであった」と指摘し、「イギリス語の資本主義物語」を批判する[66]）。

改めて、一九世紀型社会科学は、一種の《イギリス・モデル》であった。これは二つの部分からなる（仏独など大陸側での社会科学の成果を無視する誇張だとの謗りを甘んじて受けるとして。ただし追々、主張の本筋が見えてくればある程度納得していただけよう）。

第一は現実の政策にかかわるモデルの面である。すなわち、イギリスのヘゲモニーというレアルポリティークを踏まえて、ヘゲモニー国家にとって絶対有利な自由（貿易）主義の対外原則が唱えられ規範化されるということである（国境線をはさんだ落差の利益がそこでは享受される[67]）。第二は知的なモデルとしてである。ごく単純なことで、この国際的優位に対応して、知的世界では万事、自由主義的なものの見方が支配的な地位を占める。ただしこのヘゲモニックで自由主義的な思潮は対外的な面だけでなく、国内のさまざまな問題への基本的処方としても機能する。しかし何より指摘されるべきは、実は知的モデルの側面が政策的側面を隠微するという作用である。むしろこの隠蔽作用こそが、イギリス・モデルの本質的な特徴であったのではないかと本書では考えている。

ともあれ、この二つが相俟って、国策とこれを知的に支えるイギリス・モデルとしての一九世紀型社会科学は、全世界に、一つの地平、遠い理想として波及した。実際に自由貿易が追求されるかどうかは国の事情による（後発国では歴史学派経済学者フリードリヒ・リスト的な国民経済保護政策が合理的な策であった）。しかし知的目標として、このヴィクトリア朝イギリスの《進歩の教説》は、一九世紀全体の公式のホールマークとなっていくであろう。それはいまもなお続いているといって過言ではない。この文脈において、対立するかのごときマルクス主義は、歴史的にはそのアンチとして、自由主義の合わせ鏡のような存在であった[68]。

このウィッグ史観的（＝自由の運動）、もしくはマルクス主義的（＝資本の運動）な一国史観においては、ナショナルなもの（社会経済構造）の発展が、市場優位の経済主義（自由放任主義経済）と必要悪としての国家（最小国家論）の組み合せによって進むと見ており、そこに歴史の原動力を認めることになる（ここには明らかに当時有力だった社会ダーウィニズムの影響がある）。と同時に、国を越え、国を支える《外部》については、これを無視しがちであった（外部はエドワード・サイードのオリエンタリズム論が示すような憧憬と蔑視の同時的対象であって、人類学の対象であっても、正統な歴史学や社会科学の本来の対象ではない）。

こうしてもっとも進んだ経済と政治と社会と思想をもつ覇権国家イギリスが、人類史の海を自力で航海してきたかのごとき偏頗な歴史感覚・認識が、イギリス・モデルとしての社会科学では拡大表示されることになる。国家干渉を排する自由主義的な歴史観は、最先進国の支配者たちがその力と自信において提示した、一九世紀を紀元元年とする新種のカレンダーであったと思えばよい。つまり社会科学は《イギリス暦》を採用しているのである。

繰返すように「マルクス主義はもともと大英博物館で生み出されたものである。…マルクス主義ほど完全にイギリス的な理論体系はない[69]」。自由主義とマルクス主義に出生の違いはない。ともにイギリス生れの家族であり、イギリス的ヘゲモニーの学問的投影、その二つの形であったといえそうである。かくてイギリス暦とはこうである。

ヨーロッパの辺境でしかなかった小国イギリス。この小国イギリスは社会科学的には紀元前として括られる。時代的には少なくとも大体一七七六年以前ということになる。この年にスミスは、学問としての経済学誕生を記す『国富論』を発表する。『国富論』こそは社会科学的万物の始まりである。したがってそれ以前、すなわち、一六世紀のスペイン・ハプスブルク帝国（無敵艦隊の派遣と壊滅）、一七世紀のオランダ共和国（三次の英蘭戦争）、一八世紀のフランス・ブルボン朝（植民地戦争）など先進諸国との抗争は、またそれを勝ち抜くためにいかなる国家的方策（端的には重商主義政策）をイギリスが遂行したかは、一九世紀のイギリス的ヘゲモニーにたどり着く前史であって、いわば神話となる。しかもその神話でさえ、世界支配へむけての予定調和的な、漸次的な内発的発展の過程として描かれる。「結局これこそが『近代』ということの思想的な要点である。つまり『進歩』という観念に対する暗黙裡の信頼である[70]」。ウィッグ的な進歩の理念が、大国イギリスに帰着するもう一つのヘーゲル的歴史として提供されるのである。

こうして本格的な歴史＝神話は一九世紀に始まることになる。一九世紀とはさきほど触れたように、一七七六年以降のことである。ここには繰返すように、一六、七世紀における スペイン・ミニ帝国や最初のヘゲモニー国家オランダ共和国の後塵を拝した《後発国イギリス》という観点は存在しないか、独特に弁証されてしまっている。しかしエリザベス女王は当時、臆病者と呼ばれていた。それは彼女がスペインのフェリペ二世との戦争をできる限り回避していたからである。それは、イギリスが勝つはずはないと彼女が踏んでいたからであった。しかるに、バークレーの社会学者ベンディクスのいう《デモンストレーション効果》や《知的動員》のような、それまでの国家競争（国際関係）の歴史的影響は、イギリス暦においてはまったく看過されているのである[71]（経済学部に置かれた社会思想の講義テキストは、ほぼすべて一七七六年から書き起こされている。スミスはキリストである）。

「一九世紀は異常な世紀であった。そして我々の生きている二〇世紀は、この一九世紀の生んだ諸制度によって支配され、異常が正常と化した世紀である[72]」（桜井哲夫）。その一九世紀を紀元元年とするイギリス暦――これが不条理な歴史解釈であることは、現在ではあえて論じるまでもないことのように思われる。しかし歴史学でも社会科学でも、それが最近まで力をもってきた見方であったことは否定できない。そうした戦後歴史学への代表的な批判者で、ウォーラーステイン・世界システム論の紹介者・翻訳者でもあるイギリス史家川北稔は、かつて、まさにこのヨーロッパ中心的歴史観の開拓者的批判者、イギリスで教育を受けたラテン世界の黒人歴史学者エリック・ウィリアムズ（《ウィリアムズ・テーゼ[73]》の提唱者）の業績に触れながら、「…イギリス資本主義の発展をもっぱら国内要因によって説明し、対外進出、植民地支配は国力充実の結果であってその逆でありえないとする固定観念[74]」の強さに嘆息したことがあった。イギリス・モデルはカリブ海から日本海まで、洋の東西を問わず、人々の眼差を支配してきたのである[75]。

この項の議論は、イギリス的反省の証として、ある著名なイギリスの政治学者の文章をもって締めくくることにしたい。彼はＬＳＥでアンソニー・ギデンズの若き朋友であった。

近代国家システムの性格と形態が、《国家間的》かつ《国家的》な諸条件と諸過程の交差するところで結晶化したということはこれまで滅多に触れられなかった。…実際には、国家の《形》、すなわちその規模、対外的形態、組織構造、民族的構成、物質的インフラ等々が大体決まったのはこの交差する点においてである。そうした諸過程の中心には、その権力基盤を獲得強化し、そのことによってそのかかえる諸問題を国内的・国外的に秩序づけようとする国家の能力があった。要するに、問題となっていたのは、強制力（陸軍、海軍、その他の軍事力の諸形態）の手段を組織し、必要なときにそれを用いる国家の能力なのであった[76]（括弧内原文)。

2　一八世紀への反動形成——もう一つの外部世界の消失

改めてこの《イギリス人の偏見[77]》は日本人の偏見でもあり、社会科学の偏見でもあったが、この偏見＝公式の社会科学的言説においては、南北アメリカ、アフリカ、アジア、東ヨーロッパなど、周縁地域や半周縁地域がその視野から消える。同時に、これら地域への大航海時代以来の植民地主義政策や帝国主義的侵略も、その視線の先から消去されていく。それと平行して、実はこの言説のなかからは、国内的な外部としての国家の姿も消えていくという不思議な現象が生じる。

したがってヨーロッパ内外の被略奪地域を《第一の外部》と呼べば、国家はもう一つの外部、《第二の外部》と呼んでしかるべきものといえた。ちょうど冷戦期のアメリカ政治学が国家という現象を見失うのと同じように、一九世紀は国家を見失う[78](ふりをする)。しかしこの消失あるいは喪失は、イギリスの一九世紀的ヘゲモニーという、それ自体は単純な事実からは十分説明できない。イギリスという最強の国家が世界のヘゲモニーを握った瞬間、国家が視野から消え失せていくとは一体どういうことなのか。なぜなのか。

国家がその社会科学の視野から消えていったのは(一部の人々には)意図的であったかもしれないが、それが(集合的)無意識による書き換えであってもかまわない。どちらかは不明だが、早晩国家がその視野から消え去る運命にあったことは否定しにくい。というのも、イギリス・モデルとしての一九世紀型社会科学が成立する背後には、次のような《根源的選択》(サルトル)があったからだと思われる。すなわち、最終的には、名誉革命以来の長い歴史をもつ《市民社会》(civil society)という、国家から自律したもう一つの組織体とその正当性(そのメカニズムを支える一大歯車が産業資本主義の市場経済である)を、前代(つまり一七、八世紀)と当時のライバルたち(つまりヨーロッパ大陸の絶対主義的専制国家)に対して、優越的に主張しようとする計らいである。

対立を強調していえば、①大陸の②一八世紀の強固な絶対王政＝警察国家に対し、①成熟したブリテン島の②イギリス制限王政＝市民社会を対置することで、将来にわたる、豊かで平和な近代的進歩という教説の先導者として自らを位置づけたい、というイギリス的願望がその計らいには反映されている。法学者ヘンリー・メインの《身分から契約へ》、社会学者フェルディナント・テンニエスの《ゲマインシャフトからゲゼルシャフトへ》といった近代把握のテーゼをここで想起しよう。このように第二の外部としての国家の消失には、現実のヘゲモニー状況(＝空間的抹消のバイアス)と並んで、過去の記憶の消去、すなわち一八世紀絶対王政への反動形成のモメント(＝時間的抹消のバイアス)が大きくかかわっていたと想像される。

改めて一七、八世紀の啓蒙絶対主義＝ポリツァイ国家的家父長制支配に対して、一九世紀の自由主義の経済学＝スミス的古典派経済学＝市民的自由主義（プラス啓蒙時代を共有するカントやフンボルトの自由主義的政治哲学）を置くという選択――ポリツァイ国家は個人の幸福の増大を半ば真剣、半ばイデオロギーに積極的な国家介入を行うが、自由主義哲学はそれを許さない。自由主義国家の任務は個人の幸福を直接増大させることではなく、その自由を保証することに限定される。スコットランド啓蒙主義とくにスミス以来の《市場》という名の市民社会の論理が、国家の介入を拒否する理論的根拠となり、実践的にも有用視され支持されるにいたる[79]。

このような自由主義的《反動》の影響が、一九世紀後半から制度化されていく社会科学のあり方に強く反映し作用していったと考えられる。つまり市民社会優位の一九世紀型社会科学は、時代のイデオロギー的果実なのである。繰返すまでもなく、その中核には当時の知的大スターの系譜――《スミス国富論＝リカード労働価値説＝J・S・ミル古典派経済学の完成（そしてマンチェスター派の自由放任主義）》が存在した（さきほども触れた社会思想の講義はこの系譜を学ぶことから始まる）。

古典派経済学は、重商主義の思想と政策をトータルに否定し、主権国家の役割を最小化し、市場の論理の自己展開を許す空間を維持すること（これが市民社会である）、これらがより大きな社会経済的な発展を約束すると明言した。正統派の経済学も、マルクスの《「市民社会の解剖学」としての経済学[80]》もまた、まさに重商主義への反対と抑圧によって成立したということすらできる[81]。そう考えれば、一九世紀フランスに登場する《社会学》も、古典派経済学同様、社会という野に咲く共同体的論理や自生的原理の探究を課題とするものであった。デュルケームの《社会学主義》はその典型である。社会に自律性があることを強調したデュルケームは生涯、フランス注釈法学派（＝国家が社会をつくるとする《法律中心主義》）と争わなければならなかった。経済学と社会学、この二つの学問は、市民社会の成熟に信頼を置く一九世紀型社会科学の代表選手であったろう。

こう見てくると、少なくとも、一九世紀型社会科学という本書の指摘が、決して的外れではない事情がご理解いただけよう。ちなみにここでいう《一八世紀》とは一九世紀以前の趨勢を代表する略語であり、端的には絶対主義と重商主義、つまり強大な財政的・軍事的官僚国家とその保護的干渉主義政策の体系だとお考えいただきたい。重商主義はスミス以降、否定の代名詞となっていく（イギリス自身は一八世紀には既に立憲国家＝制限王政であったにもかかわらず、典型的な重商主義国家であった。これこそまさに一九世紀型社会科学の記憶の抹消の一例なのであるが）。

さてこの一八世紀的記憶の抹消は、多くの反動形成がそうであるように、均衡を逸した事実の単純化を招き、重大な欠陥を露呈させることになる。たとえばその最大の欠陥は《国家の廃絶》という考え方に見られる。歴史上、国家の廃絶という《幻想》が真剣に登場したのは、一九世紀型社会科学をもって嚆矢とする。政治学的思考の母国古代ギリシアでは世界とはポリス的世界、人間とは都市国家的人間（アリストテレスのゾーン・ポリティコン）であったから、国家廃絶は到底想像できない事柄だった。

国家の廃絶といえば、資本主義の一般法則によるマルクス主義の《国家死滅説》を思い出される方も多かろうが、これがもともとハーバート・スペンサーの自由主義的夢想であったことを思い起こしたい。《戦争型社会から商業型社会へ》という彼のテーゼはその夢を正当化するものであった[82]。貴族＝騎士＝軍人の支配する中世から、商業＝相互依存＝平和の支配する近代へ。政治と権力の支配する世界から政治を越えた、権力のなくなる世界へ。このテーゼに見られる質の思考と願望こそが、自由主義とマルクス主義に共通し、一九世紀型社会科学という客観的知識体系の近代的偏向を説明する。社会科学は、後代の有利な立場でいえば、国家の力を削ぐという大きな歴史的使命を担って登場したある認識の制度であった。

この非政治的もしくは反政治的な知的制度が、圧倒的な政治的・歴史的バイアスの産物であることは、いまや疑いない。改めて、そのバイアスは、一面でヘゲモニー支配の現実を隠蔽し、他面で過去の事実を歪曲する。イギリス自身、保護主義の政策体系としての重商主義を実質上一九世紀にいたるまで成功裡に展開してきたにもかかわらず、また一九世紀的夜警国家の理念と実際の《夜景》が違っていたにもかかわらず、そのことを社会科学はあえて忘却する[83]（なお夜警国家との関連では大きな政府、小さな政府といった二分法自体が、いまでも使われるとはいえその使用は事の真実をゆがめるイデオロギーなのではなかろうかと思われる）。

一九世紀は、だから成熟しつつある市場機構と市民社会の反抗の時代であり、アンチ国家的反動が趨勢となった時代である。一九世紀型社会科学は、この反抗、反動、忘却の上に成り立った歴史的構築物としてまったく超歴史的な主張を打ち出し、またそれが結果的には（帝国主義的）世界支配の用具ともなった。この決定的な一面の真理は簡単には否定できない。以上を一言でいえば、「絶対主義に挑戦するのに充分な実力をすでにもつブルジョワジーには、新しい様式の政府を設置する必要があった、ということである[84]」。

こうして、閉じた自律的システムとしてのナショナルなもの、まさに語感としては日本語の国に相当するもの、しかし一つのシステムとしては主役の市民社会とそれを陰で支える端役の最小国家というセット――そういうものの見方が成り立つようになる。そしてその上に社会科学も／が、成立する。すなわち、「賢明な批評家が何度も指摘してきたように、すべの近代社会科学、とくに社会学は、初発から、欧州の資本主義的商業化あるいは工業化の源泉および前例なき帰結を扱おうとする試みであった」[85]。社会という役者だけが脚光をあび、舞台監督たる国家は見えざるものとなって、舞台裏に消える。しかし実際には、伝統的共同体の解体と資本主義的矛盾の深化によって、国家による社会保障機能は拡大せざるを得ず、最盛期の自由放任時代においてすらレトリックとリアリティの明らかな齟齬が指摘されることになるだろう[86]（ちなみにこれらのことを理解する上でイギリスが歴史上、国としてのまとまりの意識をもった最初の国の一つであったことを思い出すのは重要だろう）。

以上、二つの外部の消失は相互に緊密に結びついて、生成期の社会科学を特徴づけたと考えられる。そのことを改めて社会科学の通常の語彙で整理すれば、空間的（地理的）な外部の忘却は国際関係（国家システム）の来歴を、時間的（記憶）な外部のそれは国家というものの役割を、社会科学の外へと放逐することになった、と表現できよう。

国家と国家システムの結節点にあるのは戦争である。ここから、なぜ戦争という赤裸々な武力行使が、どのような社会科学的営為においても理論的に等閑視されてきたか、という一九世紀型社会科学最大の謎、そのもっとも深い意味に立ちいたることになる。なぜ戦争は、社会科学における究極の透明人間なのか。

次にこれまで裸の社会科学にとって最大の弱点であったと思われる戦争の意味について歴史的観点と理論的観点の両方から考えてみることにしよう。そうすることで一九世紀型社会科学についての長い議論を終えることにしたい。

3　近代における常態としての戦争可能性
——国家と国際関係の連結

国際関係の交点としての戦争——その第一義の意味は、何よりもまず、われわれが考えるような国際関係、すなわち原則平等な主権国家間の競合関係が存在したのは西ヨーロッパを措いてない、という事実を見落としては語れない。マルクスも気づいていたようだが[87]、ウェーバーやその影響を受けた同時代の法制史家オットー・ヒンツェが一層はっきり自覚していたように、帝国と封建制という《統治形態》（forms of government）の間には根本的な違いがある。この違いは、比較政治学者木村雅昭の的確な整理に見るように[88]、帝国的遺産のある地帯からは概して社会主義しか生まれず、資本主義は封建制を経験した地域に根づくという形で、その後の歴史的コースを規定し得た。事実、中華帝国を基軸とする朝貢関係としての東アジアには、形式的に対等かつ弱肉強食相争う国際関係（近代国際関係）は存在しない。そこでは国境も不明確であった。帝国は全宇宙であり、宇宙には国境がない。実際にはだらだらと境界領域が続いていくが、原理的に主権的紛争は帝国にはなく、あるのは内紛や内乱でしかない[89]。かくて東アジアに近代成立の可能性がまったくなかったわけではないが（たとえば南宋）、歴史が証明するように、近代の自生的な立ち上げは阻まれた（なお元寇を排した日本がこの中国的冊封体制に組み込まれるのは、一五世紀初頭、明の永楽帝の時代であった。室町将軍足利義満が一四〇四年にこの体制に参入する）。

だから一般の想定に反して、戦争なるものがどの世界どの時代にも普通に見られると考えるのは、禁物なのである。とくにわれわれが前提する領域国家間の紛争解決策としての戦争は、見事に（近代）ヨーロッパ的なものといわざるを得ない。この一点からしても、戦争が近代ヨーロッパ世界の特徴として、独自の歴史形成力をもったのではないか、と考えるべき理由があるはずである[90]。

国際政治学者原田至郎の統計的な研究によれば、一四九四年から一九八九年まで、四九五年間の五分の四以上の年で、何らかの戦争があった。一四九四年はフランス・ヴァロア朝のシャルル八世[91]がルネサンス・イタリアに進攻した年で、戦争研究にとっては近代史開始の年である。また一九八九年はご承知のようにベルリンの壁が崩壊した年である。この間、平均でみると、毎年、大国間戦争は〇・九、大国対非大国戦争は〇・六、非大国間戦争は〇・四五、大国関与戦争は一・五、そして国家間戦争は一・九五の頻度で発生した。これを要するに近代においては戦争が常態で平和が稀なのであって、戦争がなかったのはわずか八九年間（四九五年の一八％）でしかない[92]。その結果――

現在、マルクス主義者であると否とを問わず、ほとんどすべての歴史家は経済決定論からする説明に満足しないであろう。このような説明は、今世紀の変わり目にすでに広まり、そして両大戦間までにほとんど通説となっていた[93]。

にもかかわらず、述べたように、主権国家による戦争が社会理論や歴史学のなかで正当な扱いを受けたことは、その頃から始って依然ほとんどない。勿論、戦争についての印象的な指摘や書物は無数にあり、国際政治学など制度化された戦争研究の専門分野もある。大盛況だといってよい。ところが、事態は一向に改善の兆しを見せない。戦争を社会科学のなかで適切に位置づけ、歴史の形成にどうかかわったかを明快に説き明かそうとしたものは、圧倒的に少数派なのである。それが主流の社会科学に組み込まれたことはついぞ一度もなかったといい切れるほどに、一般には警察や軍隊など物理的強制力の体系は、一九世紀型社会科学には馴染みにくい機構であり、近代の現実だったのである[94]。

しかしながら、戦争が世界の実相を形づくる要因、決定的ではないにしても圧倒的に大きな要因であることを無視するのは無謀である。そう改まって指摘されれば、誰にもそのことを一笑に付すことが困難なのは明白だろう。たとえば、戦後直後にキス・シーンの登場する日本で最初の映画がつくられるが、そういう場面が映画で可能になったのも敗戦があったればこそである。敗戦がなければ、その種の映画がつくられるのはもっと後になったはずである（イタリアでもキス・シーンが切除されていた事情は名作『ニュー・シネマ・パラダイス』〔一九八九年〕にうかがえる）。

ところが繰返すように、戦争という国際関係とその背後にある国家的現実は、従来的枠組（イギリス・モデル）に整合しないために、軽んじられる。社会科学の原則に忠実であればあるほど、社会科学者にはないものと扱われる。ちょうど「男が身だしなみについて語ること自体が恥のような風潮がいまだ残っている[95]」ように。一般に暴力（軍隊、警察、戦争）のみならず、性と風俗（衣食住）はこれまでシリアスな社会科学の鬼門であった[96]。だからウェーバーが国家に着目し、それを物理強制力の体系という点から捉えたことは、その意味でも秀逸な着眼だった。しかし当然といえば当然な議論でもあって、事実、ウェーバーと同時代人、友人にして論敵（資本主義勃興に関してウェーバー的禁欲説に対する欲望解放説、『恋愛とぜいたくと資本主義』の提唱者）であった経済学者ヴェルナー・ゾンバルトは、資本主義と戦争との密接な連関を追及する興味深い研究『戦争と資本主義』を著している[97]。

では戦争を社会科学上の説明に《動員》するとは、どういうことを意味するのか。いいかえると、歴史形成力として戦争を社会科学上の主要な要素と見做す場合、その説明はどのようなものとなるのか。社会科学的説明要因としての戦争の特徴を四点、簡単に見てみたい。

(1)　まず戦争は、相対的に（＝市場機構に比して）、構造的であるよりは、《状況依存的》である。状況依存的とは偶然の作用する割合が大きいということであり、勝負の後で勝因敗因をもっともらしく分析することはできるが、勝敗の事前予測は難しい。第二次大戦についてすらそういえる。たとえばヒトラーのやり方次第では、一時スイスやスウェーデンなどを除いて大陸全体を支配下に置いたドイツの統治は、ある程度持続したのではなかろうか。戦争全体の帰趨ではなく、もっと規模の小さい戦局の勝敗では予測はさらに困難となる。たとえば一五八八年のスペイン無敵艦隊のイギリス侵攻は惨憺たる失敗に終わるが、一六世紀後半、依然威信と武力を誇ったスペインが新興弱小国家イギリスに敗れるというのは一種のハプニングであった。やむを得ず起ったエリザベス女王自身、フェリペ二世に勝てるとは思ってもいなかった。イギリスの勝利は歴史的・構造的に決定されてはいないのである[98]。そもそも、負けることが分かっているなら、（大日本帝国のような）狂信的な国でもない限り、戦争はしないはずである（ただし日本の場合は動員史観では別様に説明できる）。戦争の帰趨においてありそうな要因は多様に指摘できるが、あくまで後知恵に過ぎない。

それではこの状況依存性という戦争の特徴から社会科学的説明はどうなるのか。(全面的にではないとしても基本的に)偶然の体系としての戦争という要因によって社会や世界の事態の推移を説明することは、予定調和的な推測力において、より構造的な社会経済的要因に劣ることは明白である。つまり戦争はその残虐性においてのみならず、この推測合理性という意味でも平和な近代進歩史観、その実践としての一九世紀型社会科学には馴染みにくいことが分かる。だから戦争が社会科学の説明要因として排除されがちなことは当然ともいえる。また説明対象となる場合には、予定調和な進歩の信念は、戦争を一種の決定論として扱いがちだと推測されよう。たとえば自由を求めるアメリカと独裁的な日独伊では当然に自由陣営が勝つ(同様に社会主義陣営との争いでも勝つ)と。しかしさきほども触れたように、戦争の帰趨は事後的解釈の典型的な例である。戦争を決定論の範囲で理解するのは難しい。第二次大戦の例で、少なくとも、アメリカ側が歴史的に勝利するのが決定的だと主張するなら、いま以上のもっと精密な社会科学的論議が可能にならなければならないだろう。

(2)　しかし一九世紀型社会科学はそのような精緻な議論は必要ないのだというかもしれない。それは、「戦争を、経済構造に還元して理解できる」と考える場合に生じよう。果たしてそのことは、どう見るべきなのだろうか。歴史的には経済的還元論を支持する例も少なくない。たとえば近世ヨーロッパでは戦争コストが加速度的に増大した結果、「金は戦争の鍵」なるラテン語の常用句が流布するようになったという例[99]。この傾向はとどまることを知らず、以後、一九世紀の《戦争の産業化》に伴って、「近代戦は文字通り、軍事生産力と軍事技術による戦いであった[100]」という状態にいたる。このように総力戦が登場する二〇世紀以前において、既に、戦争や国家の強さが、国家の経済総力に決定的に依存するようになっていたことは事実であろう。

しかしながら、それ以外の意味で戦争を経済に還元できるとは思われない。経済が豊かでも国家の徴税能力に劣る結果、戦争に負けるということがあり得るだろう。たとえば司法自治の整備されたイギリスに対し一貫して敗北する旧体制のフランスは、その例である。十分に徴税効率をあげ得なかったことがフランスの軍事力、ひいては国力の限界となったのである。それにそもそも財政は、国民経済と相関があるとはいえ、基本的に国家の問題である。戦争は財政とは深く関連するが、経済という市民社会の内在的論理と直接は関係しないのである。その意味でも戦争という存在は、一九世紀型社会科学の《礼儀作法》を破るものだといってよいだろう。

(3)　その点からさらに進んで、戦争が経済に還元できないのは、「近代戦の主体たる国家が経済に還元できない」からでもある。この点を第三に指摘したい。国家は、公式マルクス主義の想定とは裏腹に（ただしマルクス自身はこの点では揺れている[101]）、支配階級の経済発展のためにだけ存在する、ブルジョワジーの役員会議のようなものではない。近代の国家にはニッコロ・マキアヴェリが先鞭をつけたような、国家独自の存在理由がある。近代とは、このルネサンス・イタリアの原則がヨーロッパに浸透する過程でもある。イギリスの戦争史家マイケル・ハワードはこう述べている。

国家の「完成」、すなわち、自分より上位の権威から独立し、しかも自分の領土全体に命令書を施工する力をもつ主権君主の出現は、長くイタリアで行われていた政治原則を、ヨーロッパ中にいき渡らせたのである[102]。

国家は、歴史的には、いってみれば戦争に勝つために強化され続ける戦争機械であるというのがオックスフォード大学チチリ戦史講座教授ハワードの主張の核心であり、「実際に、国家すなわちプロイセン国家は、プロイセン軍についての王の必要を供するためにつくられたものであった[103]」。このヨーロッパ的な碩学の軍事史的観点では不十分だと思われる方、また軍事史的観点がもともとお嫌な方には、社会学者ギデンズの指摘を添付しておこう。彼は社会学における国家論議の画期をなした『国民国家と暴力』のなかで、近代の国家と社会は学問的ジャーゴンの違いでしかない、つまり政治学者が国家というものを社会学者は社会というのだと仄めかしつつ、次のように語る。国民国家と結びついた社会統合の特殊な形態として、はっきりした国境をもつ行政単位としての近代社会が出来上がったのであって、何らかの社会結合（association）の本質的な作用によって社会はなったのではないと[104]。

(4)　戦争の存在は自由主義的ブルジョワジーの絶えざる悩みの種であったばかりでない。社会主義的労働者の国際連帯の理想を常に裏切るものでもあった。第一、第二インターのいずれもが、戦争（普仏戦争と第一次大戦）によって実質的に解消した。典型的な近代理論である社会主義論は、とうとう戦争とナショナリズムを理論的に消化できなかったといってもよい。戦争とナショナリズムは互いに経済的合理性には還元できず、かつ両者の相乗プロセスが国民国家的対立を強化し、社会主義的連帯を崩壊に導いたのである[105]。

自由主義と社会主義は一九世紀型社会科学の両輪であった。そのいずれもが戦争を取り込むことに失敗した。理論的な位置づけを怠り、現実政治の予測を誤ることにもなった。逆にいうと、あくまで体系的な枠組を前提にして（動員史観という視角からであるが）、戦争という視点から近代全体を見直すと近代の性格はどういう様相を呈することになるのだろうか。われわれには未踏の世界が開けるかもしれない。

いずれにしても、わずか四点（主として戦争の構造的と経済的との両面的な非還元性）に即して見てきただけでも、近代史において戦争という国家的・国家間的現実が、いかにわれわれの世界に影響を与えてきたかということが分かる。そのために社会科学の次元においてもっと真剣な取り組みが求められているということ、その最小限の理路が明確になれば幸いである。

一八一五年以来の長い平和によって、第一次大戦直前のヨーロッパでは、自由主義者も社会主義者も、つまり《一九世紀型社会科学家族たち》は、真の危険は遠のきつつあると見ていた。この教訓の意味は大きい。未来は予測できないという常識が重要なのではない。戦争が、国家と国際関係の消失点に成立する一九世紀型社会科学の最大のアポリアであった、という事実、またそこから近代を再検討していくべき所以が幾分でも明らかになってきたということが大切なのである[106]（なお国際関係論の新旧の《現実主義》はこの節の議論に深くかかわるが、現段階ではとりたてて論及しない[107]）。

第三節　近代の新たな自己理解
——二一世紀型社会科学へむけて

今日、国際経済はボーダレスになったとされ、国際政治もこれに従うかのような議論がある。そして、現在の国家および国家間の枠組が変われば、あたかも近代とは異なる世界、生活が待っているかのように、多くはバラ色基調の（と思われる）指摘がなされることが少なくない。それが暗い予想であってもかまわない。将来予測は社会科学の仕事ではないので、その当否を占うことは慎みたい。バラ色か暗黒かは未知数だし、社会が相当程度において変化するだろうと見ることも、実は確定済ではない。しかし以上のような議論が、一九世紀型社会科学的な発想を土台としていることは、もうお分かりだろう。

したがって、本書ではこの段階で改めて、それらの議論については、当の近代という時代が一体、国家によってどれほど影響を受けてきたのかを正確に知らなければ、実は何事もいえないのではないかと問題提起してみたい。国家についての論議——本書のいう社会理論としての国家論は、現在までのところ、ほとんどなされていない。一九世紀型社会科学的には国家は歴史の付随物か抑制物としか見做されていない。そうである以上、過去を知るにも、将来を予測するにも、まずは、近代のなかに国家をいかに位置づけるかを真剣に考えるべき時がやってきたと主張したいのである。

国家のあり方を消極的に考える現在の状況について、動員史観はさしあたりこう考える。

第一に、（多分に疑わしいが国際経済がボーダレス化していることは認めるとしても）世界政治は依然ボーダフルであり、ボーダー（国境）を画定した国民国家と国民国家体系（国際システム）、この近代の《統治形態》に替わる新たな統治形態は、確実なものとしては、現在までのところ提起されていない。そうであるならば、近代世界成り立ちの基本構成には大きな変化はないと考えるべきではないか。[108] もしそうならば、今日でも国際的生存のための国家の見えざる手が、直接に関知できる範囲だけでなく、これを越えて広汎に拡がっているはずであろう。もし個々のエピソード的事象の目まぐるしい変転にもかかわらず、そういわざるを得ないとすると、そのような近代的な磁場――《国家的磁場》のなかで、いまもわれわれの日々の生活が営まれていると考えるべきではないか。

第二に、他方で百歩譲って、仮に、国家自体の力は過去と比べると弱まり、あるいは質に及ぶような形で変化しつつあるとしよう。動員史観はその意味では現在の現実を説明する力を失う。しかしそのこと自体は、後に見るように、近代の展開を考える場合、既に問題ではないとする議論もあり得る。なぜなら、国家が植えつけ、市場や学校が媒介し、最終的に各所・各人に内面化されてしまったような近代のあるメカニズムが存在していれば、それがわれわれのなかで自動的に作動することによって、変容していく国家にもかかわらず、相変わらず、近代のさまざまな帰結を生み出すことになるかもしれないからである。つまりわれわれ自身が一個の生きた小国家、小国家群となっているという問題である。そのメカニズムを生んだ基本的大状況がたとえ終了しても（この大状況が弱まるからこそ国家の役割も縮小するのである）、いったん根づいた以上は、国家的なるもののメカニズムは、代替小国家（群）を通じて、簡単には消え去ることはないだろうということである。

現在の状況についてはもういいだろう。見解はどうであれ、少なくとも、現在にいたる状況と未来にわたる展望に診断的な判断を下すためには、どうしても国家の問題、社会理論としての国家の問題に返らざるを得ない。そのことだけは確認しておこう。歴史のなかの国家という問題は依然、社会科学上の最重要問題なのである。スコチポルらのいう《国家論の復権》（bringing the state back in）とは要はこのような国家への気づきに気づくことである。動員史観はこの気づきへの最初のショックであり、そのための感受性の技法＝療法である。その点は前言しておいたが。

この章では、これまでの近代的な社会科学をあえて単純化して一九世紀型社会科学と名づけ、そのことの解体作業を行った。動員史観への接続という観点に限定されたとはいえ、いくつかのバイアスが指摘され、そのようなバイアスの裏返された焦点に国家と国際関係が宙づりになる機制が明らかにされた。さらに、この二つの焦点の結びあう究極の焦点として戦争があることも指摘された。もし二一世紀型社会科学というものがあり得るなら、そしてポストモダンなしのモダンという《歴史の終わり》的絶望からの展望があり得るとするなら、その一つの方向は、国家の果たした陰ながらの決定的役割を明るみに出し、そのことによって近代理解の新しい視点を確立することでなくてはならない。これが本書の出発点なのである[109]（最後に一九世紀型と二一世紀型社会科学を簡便に対比した表を示して参考に供したい）。

表　一九世紀型社会科学と二一世紀型社会科学

	一九世紀型社会科学	二一世紀型社会科学
依拠する社会理論	二大社会理論（第一の社会理論＝自由主義、第二の社会理論＝マルクス主義）	第三の社会理論（本書ではネオ・マキアヴェリ主義社会理論）。他にドイツ・リアリズム、場合により保守主義、国家主義とも称され得る。
歴史形成力	市場経済競争（近代資本主義）。すなわち、社会経済学的に理解された歴史形成力（経済領域の自立化＝市場の論理の拡大と発展）。	国際関係下の国家間競合（戦争）。すなわち、基本的に政治学的に理解された歴史形成力（動員の一貫した展開。近代のビックバンたる原動員→国家的動員［初期動員＋高度動員］→非国家的動員［組織的＋心的動員体制］）。
基本的視座	一国史的視点＋社会経済的構造の優位（＝非軍事的・非国家的な視点）。	国家間関係の視点＋軍事的視点の強調（社会経済的要因を排除しない）。
一九世紀の捉え方	社会科学紀元元年としての一九世紀。特権的な一九世紀、例外としての一九世紀。	例外としての一九世紀。あるいは、隠れた歴史連続としての一九世紀（一六世紀から現代までの一貫した連続と拡大）
代表的学問	（市場メカニズム重視の）経済学（古典派経済学）。（階級闘争重視の）経済学批判（マルクス主義経済学）。総体としては《裸の社会科学》。	ウォーラーステインの歴史的社会科学（国際関係の経済学的決定論）、動員史観など。
系譜	アダム・スミス、マルクス、スペンサー	ウェーバー、フーコー、ホール、マン
理想社会	モダンの実現（「未完の近代」論など）。	ポストモダンな原理の可能性の探求。

第四章　日本におけるネオ・マキアヴェリ主義的精神の躍動
——動員史観前史の試み

二一世紀型社会科学の一つの試みとしての動員史観は、しかしというべきか、勿論というべきか、孤立した試みではない。少し目を凝らせば、同じ星座をさして進み、同じような航跡を描くさまざまな航海者を、暗い夜空の下に見出すことができる。これらの試みをまとめて《ネオ・マキアヴェリ主義》と総称する。興味深いことに、これは（やや畑違いだと感じる方もいらっしゃるかもしれないが）『経営者革命[110]』の著者ジェームズ・バーナムの『新しいマキアヴェリアン』という本の題名をヒントに、イギリスの軍事社会学者クリストファー・ダンデカーが第三の社会理論の総称として転用したものである[111]。のみならず、最初に国際関係を論じた思想家はマキアヴェリである、というオックスフォードの政治哲学者アイザイア・バーリンの指摘もここでは想起されている[112]。

ネオ・マキアヴェリ主義社会理論とはラフな包括概念であり、国家や国際関係など本書が《国家関連事項》と呼んでいる事柄を歴史や諸現象の主たる説明要因として組み立て、その疎んじられてきた意義を回復しようとする試みである。ネオ・マキアヴェリ主義社会理論は、何度もいってきたように、一九世紀型社会科学を背後で支える二つの社会理論（自由主義とマルクス主義）に対する正面からのアンチテーゼである[113]。ダンデカーによれば、国家関連事項重視の第三の社会理論（ネオ・マキアヴェリ主義）と対比した場合、第一の社会理論（自由主義）は《技術中心主義》、第二の社会理論（マルクス主義）は《経済中心主義》に特徴がある。

動員史観は、便宜上ネオ・マキアヴェリ主義と名指した認識的《大躍進》の一環をなすものである。したがって当然に国家関連事項の理論的浮上と解明を志すが、その準備を兼ねて、ユダヤの民のごとく離散したパルティザンたち（ネオ・マキアヴェアンたち）を、本来の部隊＝舞台から離隊させたり一時休暇させたりしながら、この旗印の下に《招集》してみたい。豊かな可能性を秘めた近代理解の新しい道筋がそこかしこに示されている様をご覧いただきたいからである。

実のところネオ・マキアヴェリ主義が灯台となって照らし出すべき研究は少なくない。ただしネオ・マキアヴェリアンたちは、大海の孤島か独行船のように漂うばかりで、多くは連絡もなく、補給も十分ではない。なかには、同時代人の理解を拒絶されたことによって晩年の構造言語学者フェルディナン・ド・ソシュールがそうであったように、《酔どれ船》と化した船もあるだろう。専門という要塞の壁は厚く高い。この現代の《ナバロンの要塞》にあっては、侵入も逃走も同じように難しい。孤島を架橋し、船籍の異なる船を結ぶ新たな定期航路——ネオ・マキアヴェリ主義が開設さるべき所以である。

定期便ネオ・マキアヴェリ主義は各種の試みに対して一つのファサードや拠点を提供する。いってみれば知的ボヘミアンのための《洗濯船》である。同じ光源を浴びることで、共通する思考のスタイルが整序され、そのもつ理論的含意が鮮明に提示されよう。「乱反射する光を一点に集めて像を結ばせ、その像に明確な言語表現を与えること[114]」。それが二一世紀型社会科学へむけてのネオ・マキアヴェリ主義社会理論の役目である。だから逆にいえば、そのなかで動員史観の提唱にオリジナリティがあるとすれば、序章でも述べたように、それは、ネオ・マキアヴェリアンとの共通性であるよりは裂け目であり、ある一面を強調することによって生じる距離によって測られることになるだろう。要するに動員史観は円満な理論的営為を目指さない。

さて定期航路開設だからといってその努力は、体系的な学説史という形をとるとは限らない。むしろいまは避けるのが賢明だろう。それが早すぎるというだけでなく、本書冒頭部分で示しもしたように、権威ある職業専門人が公認された所定の手続きにしたがって研究を段取りするという《知》の《学》への従属、ルーティン化、あるいは惰性化など（後の《修道院化》に対しての、（気分としては）紳士的な異議申立てが、胎生したばかりのネオ・マキアヴェリ主義の、第三の社会理論としての特徴だからである。断絶の意志とその連続が、ネオ・マキアヴェリ主義の系譜を形づくるであろう。

この章はしたがって、同時代現象として隆起した群島をある観点から結びつけたポートレート——いかようにもポーズをとらせ、いかようにも描き得る、そのような絵柄の一つを提示しようとするものとなる（はたまた美術家森村泰昌的セルフポートレート[115]というべきか）。つまりは一種の精神史の試みである。選ばれるべきが選ばれず、論じられたことに意外の念をもたれる方もあるだろう。すべては、この辺境の最初の一灯でしかない本書の、強固な要塞に対する意図半分、無知半分による照明だということを再度ご了解願って、結果として島々をめぐる豊かな《巡礼の旅二〇〇六年》になっていればそれで満足し、また満足していただきたいと思う。

第一節　《怪物としての国民》の自覚――西川長夫

以下では、ネオ・マキアヴェリ主義的実践がどういう精神の軌跡によって可能になるかについて、一つの理解の試みを行う。そのためにライティングを工夫し、一個の肖像画、それも歴史画としての一面も有するレンブラント的集団肖像画を描いてみたい。

ここでは、われわれにとってもっとも分かりやすいはずの日本の学問環境を例に、ネオ・マキアヴェリ主義的精神の躍動がどういう背景、希求、抵抗において姿を現すにいたるのかを見てみよう。断言はできないが、日本の例はおそらく例外ではない。およそネオ・マキアヴェリ主義が胚胎するについては、ある種の断絶が必要である。よい子の屈託のない笑顔がつくる共犯意識（それを後に出てくるように国民としての原罪といいかえてもよい）を軽くいなし、あるいは苦しまぎれの大笑い（ニーチェ的ラッヒェン[116]）で助走をつけながら、精神が飛躍するその瞬間、そのきっかけが断絶をつくり出す。思想の継続ではなく切断が、視角の延長ではなく刷新が、連帯の喜びよりは生の苦悩が、この精神史の基調となるのはそのためである。戦う《単独者》のそうした経験を端的に示すと思われる航海者たちをとりあげ、それをモデルに立体派的モンタージュに挑戦してみよう。デフォルメと省略はこのモンタージュの必須の解釈学的技法である。

最初のネオ・マキアヴェリアンは西川長夫である。もともと西川長夫といえば、（本書の著者には）フランス文学を専攻し、近代小説の代表者スタンダールの専門家であった。文学研究者として出発した（はずの）西川はその後、（知らず知らずのうちに）フランス革命・ボナパルティズムについても一書をなすようになり、ついには国民国家や民族の問題についても独自の考察を披露するようになっていた。年のはなれた門外漢から見ると諸学横断的な不思議な人物である。こういう印象が見当外れでしかないことを承知の上で、ありのまま述べるとそういうことになる[117]。

さてその西川が国家研究の成果をある時点でまとめたのが『国民国家論の射程[118]』である。小さい論考、エセー、書評、講演を集めた論文集だが、ネオ・マキアヴェリ主義的精神に溢れており、彼の年来の《国民国家論》の、まさに射程がどういうものかについて、納得のいく説明を与えている。いくつかの主題や関心が繰返し変奏されるなか、「国民化と時間病」という論文から、彼の国民国家論の輪郭をもっともコンパクトにうかがうことができる。これを中心に見ていくが、彼はまず次のような的確な観察から始める（以下括弧内の頁数はこの本の主にこの論考の頁）。

「自分たちが『宿命』としてとらわれていたものが何であったか、ようやく見えはじめたという解放感と喜び」（三二頁）から、「最近、政治学者よりもむしろ近代史や近代文学の研究者のあいだに、あるいは人類学者のあいだにも、自分たちのそれぞれの問題を、国民国家という歴史的な磁場のなかで生起した問題として、あらためて考えなおそうという傾向が目立って」きた（三一頁。傍点引用者）。

国民国家という宿命を受け入れるか、拒否するかは、保守と革新、革命と反動の軸が死語となった現在では、「それに代る最も本質的な生き方の差異を表す重要な政治的境界線でありえよう[119]」（三三頁）。このような認識に立って、自らの主張をこう提示する。

私の考える国民国家論は、世界に対する新しい見方と感じ方、自分たちの生き方の問題である。もちろん国家の崩壊が間近に迫っているとも、国家が崩壊すればすべての難問が解決するとも思わない。国家はしぶとく生きのびてゆくだろう。だが世界が変化し国家が変質しつつあることも事実だ。国民国家論は、その変質しつつある国家を見る視座と方法を提供するはずである。…いま私にとって国民国家論のもっとも重要な意味は、それが鏡となって私たち国民の自画像を映しだすところにある。被害者であると同時に加害者である国民、それはボードレールの言葉を借りるなら「犠牲者であり同時に死刑執行人」とでもいおうか（三三―三四頁）。

引用したこの短い文章には直接に動員史観に通じる指摘が、少なくとも三点ある。第一は、国家を問題にするということが感じ方の革新、生き方の問題にかかわるということ。第二は、近代史解釈の要点にもかかわるもので、国民国家がおいそれとは消えないだろうという見通し。第三は、国民が括弧にくくられた被害者でなく、国家との共犯者であるという自己反省の契機である。

とくに第一、第三の指摘が重要である。第一点はこの節で行う精神史的整理の要といえるもので、感じ方の革新として国家論を構想していくという視点は、実証的な国家論とは異質な世界を引き寄せるに違いない。第三点は第一点目とも密接にかかわる決定的な論点であり、この節の最後の部分で触れたい。

この論考で、西川は三つのタイプの国民国家論を想定している。いずれも彼が囚われていた常識を覆すような発想を与えてくれたものである。第一は、地球全体が国民国家のシステムによって完全に覆われてしまった現象をどう解釈するかという点にかかわり、ウォーラーステインの世界システム論が重要な手懸かりだとしている（ただし西川は、ウォーラーステインがアナール学派のフェルナン・ブローデルの時間論を受け継ぎながら、時間よりは空間論的強調に流れると苦言を呈する）。

第二は、個々の国民国家の仕組という伝統的な国民国家論である。彼は国民統合を大きく経済統合、国家統合、国民統合、文化統合の四つに分ける。彼の国民国家の定義は、この四つの統合としての国民統合の図式なのである（表1参照）。そこで目を引くのは、彼が国民国家の相互模倣性を強調していることである。国家は他の国家との差異（ナショナリズム）を一方で装いつつ、他方では異様なほどの共通性をもつ（西川の言葉では《差異を強制する普遍性》）。たとえば鉄道や貨幣、警察や家族制度、国旗や国家などはどれも違っているが、どの国家にもある制度だし神話だというのである。相互模倣性はウォーラーステイン的な国家間システムの要請によるものであるが、国民国家自身が、西川のいう《モジュール性》、互換性をもっているために可能になったものだという。こうして西川においては、国民国家というもののインターナショナルな性格が強く意識されている。

第三は、国民化という現象である。国民化で問題となるのは身体の国民国家化、もしくは国民国家の身体化である。国民化は空間の国民化、時間の国民化、習俗の国民化、身体の国民化の四つからなるが、彼の主張の核心は、「人間はある歴史的時代のなかで国民化され国民という存在になるのだということである」（四四頁）。フーコー的な身体を貫く権力が問題になっていると考えていいだろう（表2参照）。

勿論このような概括では、西川の国民国家論の《射程》を十分伝えたことにはならない。ポイントは、彼の国民国家論の類型ではなく、むしろ彼がいかにして彼本来の専門（と見えたもの）から（は場違いの）国民国家論というものを問題にせざるを得なくなっていくかにある。そこには、彼の肉体＝深層の意識にまで降りてくるある強迫観念が関係していたという。その間の事情を説明する議論は決して分かりやすくはないが、こういうものである。

西川は、中学一年の夏、突然不眠症になった。この論文も「窓のむこうの空が白みはじめた」（四五頁）朝方に書いているというところをみると、六〇歳を過ぎてなお彼は不眠の病から解放されていない。その彼がいう。「自分の不眠の原因を考えていて、私は国民国家論にゆきついたのである。…私の身体はとっくに国民化され『けだものの眠り』を眠ることはできない。社会の時間からも、自然の時間からも疎外された私には、不眠の時間しか残されていないのだ」（四五頁）と。つまり彼の身体を貫く権力からの解放を模索していて彼は国民国家というもの、そこに生きる、彼のいう《怪物》としての国民の発見に、最終的に逢着したのである。だから「あとがき」で彼はこういうのである。

表１　国民統合の前提と諸要素

①　交通〔コミュニケーション〕網／土地制度／租税／貨幣—度量衡の統一／市場……植民地	←	経済統合
②　憲法／国民議会／〔集権的〕政府—地方自治体（県）／裁判所／警察・刑務所／軍隊（国民軍、徴兵制）／病院	←	国家統合
③　戸籍—家族／学校・教会（寺社）／博物館／劇場／政党／新聞〔ジャーナリズム〕	←	国民統合
④　国民的なさまざまなシンボル／モットー／製約／国旗／国歌／暦／国語／文学／芸術／建築／修史／地誌編纂	←	文化統合
⑤　市民（国民）宗教—祭典（新しい宗教の創出、伝統の創出）		

表２　国民化（文明化）

①	空間の国民化	均質化、平準化された明るく清潔な空間／国境中央（都市）—地方（農村）—海外（植民地）／中心と周縁、風景
②	時間の国民化	暦（時間の再編）、労働・生活のリズム／神話／歴史
③	習俗の国民化	服装、挨拶、儀式（権威）—服従／新しい伝統
④	身体の国民化	五感（味覚、音感、……）、起居、歩行／学校—工場・軍隊等々での生活に適応できる身体と感覚／家庭
（⑤	言語と思考の国民化	国語／愛国心）

⇩

ナショナリズム
国民の蘇生

※いずれも西川による。ただし表２は一部修正した。

国民国家論が強い光源になりうるのは、国民国家が乗り越えるべきものとしてそこにあり、しかもなおそれがわれわれの身体と精神を雁字搦めに支配しているからであろう（二八八頁）。

このことは、まさに本書のいう社会理論としての国家論の特徴をよく示している。彼がめざす国家論は政治理論としての国家論ではなく、明らかに社会理論としての国家論である。西川の国民国家論は社会理論としての国家論の一つのパラフレーズ、したがってまたネオ・マキアヴェリ主義的アプローチの一つの実践なのである。西川的国民国家論が本書の意図する議論と同心円的に重なる関係にあるということを念頭において、彼の結論に耳を傾けることにしよう。重複を無視して全文引用しておく。

私が意図し理解する限りでの国民国家論は、単に国民国家の仕組みや機能を明らかにしてその歴史的変化をたどるだけでなく【政治理論としての国家論】、それをいかに乗り越えるかという問いを含むものである。国民国家はその構造と本質からして、その中に生きる住民（国民）には全貌が見えにくく、その本質はつねに隠微されている。国民国家を論じることは、そのような国家を相対化し対象化しうる視点を求める作業を伴う。またそのためには、すでにつねに国民化されている自分自身を相対化し、国民としての自己を解体＝再構築するための作業を必要とする。この点で私の言う国民国家論は、既成の社会科学の中に位置づけられた国家論【政治理論としての国家論】とは異なっており、社会科学に対する批判の観点を含むことになるだろう（二八八頁。括弧内原文通り）。

国民としての自己の相対化（解体と再構築）を伴わぬ国民国家論はない。ここには改めて二点のインスパイアリングな示唆がある。

第一に、このような捉え方は、観察者の位置を不問に付す実証主義、またそのような国家論の通常の伝統とは明確に切断されている。感性の問題としてさきに彼自身が指摘したところの自己反省の契機が、ここに明瞭である。第二に、その射程に、既成の、本書なら一九世紀型社会科学と呼ぶところのものへの批判的視点がはっきりと打ち出されている。これら自己批判と学問批判の二点において、西川の営みは、ネオ・マキアヴェリ主義的精神の一つの見事な例証になっているとみて間違いない。

最後に、生き方の問題という文脈で自己批判がどういうことを意味しているかを、西川の国民国家論の真髄を示すものとしてもう少し敷衍して終えたい（さきの第三点目の問題である）。

西川の自己批判というのは国民の捉え方にかかわるものである。西川にとって、国民としての自己批判が必要になってくるのは、国民が国家と対峙し犠牲ともなる《近代主義》的に考えられた国民、すなわち無垢で無実な国民などではないからである。近代において国民とは、「学校や軍隊や工場や宗教や文学や、その他あらゆる制度や国家装置を通じて、究極的には国家の原理を体現した国民という改造人間」（一五頁）でしかない。そのような国民であることを、既に国民化したわれわれは気づかない。だから、たとえばいまのわれわれは、登校拒否が異常であって、登校するのは当たり前だと感じているが、同じ年頃の子供たちが同じ場所、同じ服装で同じことを習い、同じように振舞うことの異様さというものがあるのではないか。そう西川は問い返す。小学校の門をくぐって他の何百人もの生徒たちと校庭に立たされたときの違和感と恐怖心を自分は忘れないと。

なるほど戦後、帝国主義や軍国主義、ファシズム、政治家や軍人の蛮行は批判された。しかし西川によれば、唯一裁きをまぬがれたものがある。それが「そうした不見識や蛮行の根源をなしていた国民国家そのものであり国民という存在」（二六四頁）であった。そういう怪物であり改造人間である国民というものの自己解体を併行せずに、国民国家にアプローチすることはできない。西川の国民国家論は、国民と国家がセットとなった国民国家という現実のなかで、国民であることの原罪を意識化しようという根底からの近代批判の企てなのである[120]。

第二節　ネオ・マキアヴェリ主義的精神の《心の旅路》――山之内靖

西川の議論は必ずしも体系的な国民国家論の提示ではない。にもかかわらずスペースをとって紹介したのは、彼の人間的、というより直接に身体的な苦悩を通じてその国民国家論が構築されてきたリアリティをお伝えしたかったからである。彼の経験が示唆するのは、そのような形でしか、つまり自分の内なる近代（国民国家、国民化）と対決しこれを掘り下げていくことでしか社会理論としての国家論といったものを最初に立ち上げることはできないのではないか、という痛切な感覚である。実証主義という専門の殻（再び後述の修道院科学）で保護された研究者には及びもつかないような精神的・肉体的な危機の経験、《心の旅路》があるということである。

この文脈をさらに強化する例として、次に代表的な歴史社会学者山之内靖[121]をとりあげたい。山之内の営為は日本で有数の、ほとんど最高峰のネオ・マキアヴェリ主義的実践である。そればかりでなく、そこにたどりつく精神の軌跡がその生成の秘密――典型というものがあるならこれこそ典型だといえそうな道筋を示して圧巻である。少し長いが、その後彼の書物には再録されていないようなので、朝日新聞の「自分と出会う」欄に山之内が書いた自伝的文章を全文引用してみたい。

私が大学に進学したのは敗戦後の復興がようやく始まろうとする一九五二年のことであった。この時代の社会科学をリードしていたのはマルクスの方法をマックス・ヴェーバーと結びつける日本に独特の潮流であった。大塚久雄、丸山真男、川島武宜、大河内一男といった人々に魅力を感じた私は、大学院に進んでからも、ひたすらこの潮流にそくして研究を進めていた。この学派の特徴は、一般にはまるで水と油のように馴染まないと考えられていた唯物論と観念論を、それぞれの代表者であるマルクスとヴェーバーのテキストに内在して連携させようと試みるところにあった。

だが、戦後復興を経て高度経済成長を経験してみると、この学派の思考では及ばない課題が浮かび上がってきたように思われて、私は落ちつかない日々を送るようになる。確かにこの学派は、唯物論と観念論の総合という点ですぐれた指針を与えてくれた。しかし、この学派は、ヨーロッパで産出された近代の学問それ自体について疑いをもつという必要性には、十分な配慮をしてこなかったのではなかろうか。この私の焦燥感に追い打ちを掛けるように、大学紛争が学園を捉えた。一九六〇年代の末に大学の教壇に立っていた者ならば、あの時代の狂熱に否応なしに巻き込まれた経験をもっている。当時、まだ若手だった私も例外ではなかった。

狂熱はまもなく醒めていったが、その嵐のあとの静寂が、かえって私を追い詰める結果となった。そして私は気づくようになる。他ならぬヨーロッパにおいて、すでに一九三〇年代には、近代の所産を根本から懐疑する思想のうねりが現れていたのだということを。そのことを私に教えてくれたのはカール・レーヴィットの名著『ヴェーバーとマルクス』（一九三二年）であった。レーヴィットは、日本の学派と同じ対象に取り組みながらも、しかし、それとは明らかに異なった角度から両者に迫っていった。この違いは、レーヴィットが背後にあの異端の思想家ニーチェを踏まえていること、ここに集約されている。日本の学派は、はやくからレーヴィットに接し、レーヴィットのすぐれた翻訳を手にしていたのに、どうして近代への深刻な懐疑を彼と共有することがなかったのであろうか。レーヴィットの『ニーチェの哲学』（一九三五年）を『ヴェーバーとマルクス』と合わせて読む作業は、なぜ怠られたのであろうか。

日本には私の悩みに応えてくれる同時代人が余りに少なかった。私は敢えて孤独を選び、マルクスとヴェーバーのテキストを自分一人で読みなおす道を選択した。やがて、初期マルクスのなかにはフォイエルバッハを介して人間を精神病理学的存在とみなすフロイト的志向が伝授されていたこと、ヴェーバーは近代思想の賛美者などではなく、むしろそれへの根源的懐疑の持ち主であったこと、これらのことが、次第に諒解されるようになってきた。

イタリアの社会学者アルベルト・メルッチは『現在に生きる遊牧民』（拙訳、岩波書店）のなかで「新しい社会運動」について語っている。メルッチのこの論点に私が共感するのも、現代社会に生きる者の生活意識には近代への懐疑が広く定着しつつあるという点で、彼の分析が説得的だからであった。メルッチが明らかにしているように、近代社会とは異なり、現代社会では、ストレートに経済的・政治的な運動というよりも、新しい美的感覚を共有しようとする呼びかけの方が、真に意味ある社会運動となってきている。私の心の旅路は、そのことを納得するための道のりだったと思えてくる[122]。

非常に多くのことがいわれ、整理され、間然するところがない。これは短いが含蓄の深い学問的個人史である。要点を一言でいうなら、西川の陥った不眠症が、山之内が選んだ孤独と共鳴するその闇に、ネオ・マキアヴェリ主義は胎生したということである[123]。

しかも彼の個人史は、講座派的な市民社会派社会科学の近代観およびその近代アプローチの方法への対決という点で、戦後日本におけるネオ・マキアヴェリ主義誕生の、歴史的にはほとんど正統としか思われない道筋を描き出している。この世代のネオ・マキアヴェリ主義のパイオニアにとって、これ以外の道筋、これ以外の突破口がそういくつもあったとは想像できない。ここからは、近代という現象およびこれに迫る近代主義的アプローチの二点に対する懐疑（近代批判と近代社会科学批判）がどういう経緯——端的には精神的・身体的な苦しみのなかで形をなしてきたか、またそれが学問的な形をなしてくるにあたって何が導きの糸となってきたのか（すなわち怪物としての国民、怪物としての国家）が、鮮やかに浮かび上がってくるだろう[124]。

ともあれ山之内を西川と重ね合わせることによって、ネオ・マキアヴェリ主義的精神の精髄が輪郭を現す。手短に再現すれば、それはまず理由不明の身体的苦悩、ただちには究明しがたい精神的苦悶として現れる。その苦しみは個人的なものに見えて、実は個人的経験の最深の淵に個人を越えたある広がりをもつ。このことに気づくことで、自己の、怪物としての国民としての覚醒が生じる。それがさらに自分を苦しめる。しかし改めて、その苦しみは自分だけの狭い苦しみではない。自分の苦しみであるとともに自分の苦しみを越えたもの。自分の苦しみが国民としての原罪（受苦性）であることを悟ることによって、自己の成り立ちの歴史的あるいは近代的組成の探究が、こうして、主題として設定される（ここでウェーバーにおける《創造の病》としての神経症の意味を想起してもよいだろう）。

この主題を検討するには、二つの下位主題が問われる必要がある。第一に、近代とは何であるか。対象としての近代についての自覚と批判――この文脈で近代とは自己をつくる容器、かつ自己が投げ込まれた容器である。第二は、近代社会科学という営為の特質と歴史的限界の意識化と批判である。ここで近代社会科学とは、近代という対象を見る自己の視線であり批判の言語である（これを要するに《近代の自己理解としての社会科学》）。自己と社会との認識を形成する公認された作法であるにもかかわらず、そこに固有の限界があるとしたらどうなるだろう。近代理解のあり方はゆがみ、見当違いの方向に批判の矢が飛ぶことになる。それが結局は近代を温存したり強化するのかもしれない。この二点に留意することは、近代理解と批判の当然の手続きといってよい。

こうして自己認識・救済の試みが、同時に近代批判と近代社会科学批判に符号するところに、自らが自らの近代的経験をリフレクシヴに対象化するネオ・マキアヴェリ主義的精神の特徴がある。近代の経験とはそうした自己言及的経験なのである。したがってネオ・マキアヴェリ主義的精神とは、近代人が自らと近代とを理解する際に必要な自己解体＝再生の一つの方途なのであり、ここに認知の様式自体をも反省する意識の志向性＝批判の二重性が成立していく。

第三節　二一世紀型社会科学への遺言
――村上泰亮

ネオ・マキアヴェリ主義的精神とはこのように、自由の運動――いまあるところのものを抜け出ようとする精神の批判運動である。これをデカルトやサルトル、加藤周一たちは人間的自由の定義としていたはずである。この意味でもネオ・マキアヴェリ主義社会理論は、ますます精緻化し断片化する社会科学において、精神の自由を確認しようとする伝統的な知的態度の一つのあり方だということができるだろう（ここでもウェーバーのいう《魂の分割》への抵抗を想起）。

要は、制度化されたシステムのなかで、さしたる批判意識もなしに営まれる《通常科学》的な展開とはほど遠いところに、ネオ・マキアヴェリ主義的精神は住まう（ようなのである）。ようやくここで例の言葉に定義を与えよう。この社会科学において批判精神なき通常科学的営為を、学問の《修道院化》あるいは《修道院科学》と呼ぶということである。すなわち、世俗化のただなかにありながら、世界と隔絶し観賞的な態度で行われる社会解剖[125]。

なるほど修道院科学は知的営為に不可欠の距離感と安全性をもたらすが、問題はその距離なり安全の感覚がえてして安堵の感情を生み、現実との実践的な乖離を助長しがちだというところにある。スマートでエレガントな修道院科学においては、探究者の個々の問題意識を含む人間的要素（ニーチェのいうプラクシスあるいは主体的《関心[126]》）は厄介ものになり、いったん成立した学問体系のなかで顧みられることは少ない。また、そうすることは泥臭くもある。成功が失敗の一因となるこのダイナミズムは、ニーチェが当時の前衛作曲家ワグナーを評して述べたように、《細部の巨匠》にいきつくデカダンスの道でもある。対して《現時点における》ネオ・マキアヴェリ主義的精神はその対極に立つものである。その展開はスマートさを欠くにしても、社会や歴史また人間との接点を常に尊重し、それに応じて学問の前提を問い直そうとする意欲をもつのである[127]（ウェーバーが社会科学方法論でいったような対象選択における《価値関係》的態度を想起）。

社会経済学者村上泰亮は、生前から《日本のウェーバー》（猪口孝）と称された人物である。東大教授村上は戦後ずっと日本の社会科学のメインストリームに位置した。もともと専攻も数理経済学や社会的選択理論という自然科学的な理論化をめざすものであり、一九世紀型社会科学の模範となるようなものであった。その彼がかなり早い時期から現行の社会科学に対して批判的な視点を維持し、その修道院化を明確に意識し、これを拒否しようと努めてきたのである。そのことはある意味予想外であったが、深い喜びの源でもあるだろう。

修道院化の圧倒的傾向に対して、村上は、追って見るように、社会科学の実践における人間的要素あるいは批判精神・意識を《思想》という言葉で把握し、対峙させる。そして精神の批判運動を《思想の自由主義》という形で原理的に擁護していくことになる。反省能力の根幹には思想の自由主義がなくてはならない、というのが彼の一貫した立場であった。その観点から彼は、これまでの自由論議は行動の自由主義をめぐるものでしかなく、行動の自由主義は思想の自由主義のコロラリーに過ぎないと主張する。思想の自由は《反省する動物》としての人間の根本特性であり、反省するものならエーリアンでも人間と呼んでよい、といったのが村上である。

村上が期していた《反古典》の社会科学像をネオ・マキアヴェリ主義という範疇で捉え得るのかどうかは、西川や山之内の場合と同様、その仕事の全体像に専門的な評価の糸口をもたない者には判断しかねるが、『産業社会の病理』（一九七五年）、『新中間大衆の時代』（一九八四年）、（公文俊平・佐藤誠三郎との共著）『文明としてのイエ社会』（一九七九年）、（死後既発表論文から編纂された）『文明の多系史観』（一九九八年）など彼の業績をたどっていけばその豊かで汲み尽くしがたい泉が、ネオ・マキアヴェリ主義という《線上のアリア》に収まり切るわけがないことは分かる[128]。

がそうはいっても、彼のとくに晩年の軌跡はネオ・マキアヴェリ主義の精神にシャープに重なり、テーマも相当程度に共鳴していることはまず疑いない。村上とネオ・マキアヴェリ主義とは幾つもの糸で結ばれている。ただ、いま、精神史的な点描を西川、山之内と続けてきた文脈からいえば、村上についても、その仕事の全体を整理することではなく、ネオ・マキアヴェリ主義との直接の関連という点から、いかにして彼が近代批判の根源的な問いを問うにいたったのか、という問題を中心に押えておくのがよいだろう[129]（個々の論点については、村上に限らず、この精神史的素描でとりあげられた人々の影響は、動員史観の構築において大きい。それが多く彼らを事後的に発見したとしても、また、たとえ註に付された無味乾燥な形をとったにしてもである）。

その意味で彼の遺著に焦点をあててみたい。話題作・問題作を続々と提示して日本の社会科学と論壇をリードしてきた村上泰亮は、最後に白鳥の歌『反古典の政治経済学』（正確には『反古典の政治経済学要綱』が遺著）を書き上げる[130]。村上の歴史と社会科学に関する知識と技能を集成したこの書はしかし《フーガの技法》というよりは、未踏の領域をめざすバッハ最晩年の謎の音楽《音楽の捧げもの》と見る方が妥当である。そこで提示されようとした、一貫した近現代理解のための枠組は、当然に近現代批判となり、現代社会科学批判となる。確信犯による領域侵犯という手法上の特徴も含めて、代表的なネオ・マキアヴェリアンの精神史的考察を締めくくるには格好の作品である（以下括弧内頁はこの本の上巻の頁）。

さきほど少し触れたが、彼の人間や思想についての見方はこうである。「インテグリティの不足を感じとり、一貫した筋道を追求するのが人間の最も基本的な本性である。…思想とはつまり、物事をできるだけ筋を通して考える、という誰にもできる平凡なことである」（四頁）。しかし思想をもつことは現実には困難を伴う。言行不一致は不可避だからである。だから、それを前提にして、これにどう構え、どう反省するかが真の思想をつくり出すのだと村上はいう。思想とは、「現実の生のさまざまな可能性に相対したとき、個々の人間がとる『構え』であり、その構えの不断の立て直しである」（四―五頁）。

以上を踏まえて村上の出発点は、旧来の思想はその命脈が尽きた、これに代わる思想をつくりあげなければならないというところにある。旧来の思想とは、進歩と保守の対立の歴史が典型を示すような近代の思想のことである。彼は二〇世紀末というこの「思想の解体する時」（『反古典の政治経済学』上・第1章標題）を見据えて、二一世紀にむけて「海図なき思想の航海」（四七頁）に乗り出そうとする。この新しい思想の模索の努力が『反古典の社会経済学』全体の基調である[131]。

それは彼なりの一九世紀型社会科学批判となっている。村上のあげる今後の思想にとって重要な三つの軸とは、産業主義、ナショナリズム、経済的自由と経済的平等であるが、これらの軸に沿って彼は近代と近代社会科学批判を行おうとする。何度も見てきたように、こうした複合戦略こそネオ・マキアヴェリ主義的精神の端的な表現といえようが、さらに、本書と同じような社会科学のイギリス・モデルの批判を行っている点も興味深い。遺著上巻第6章「イギリスという古典例の再解剖」は、近代化論議の原点としてのイギリスという通説を、近代化の四つの基本概念、資本主義、産業化、ナショナリズム、民主化のそれぞれを軸に論駁し尽くしており、世界システム論者による大塚史学批判のように挑戦的な魅力に溢れている。しかし個々の点はとくにこれ以上深くは扱わない（なお本書のイギリス・モデル批判は彼とは無関係に着想されている）。

村上の二一世紀社会科学へむけた態度の背後には、山之内たちと同じく、彼の個人的な学問史がある。その学問史はネオ・マキアヴェリアンの面目躍如たる部分であるが、彼は戦後、長い間、マルクス主義的社会科学（一般的には進歩主義的歴史観）の優位に違和感を覚えてきたという。そのために彼は近代経済学あるいは新古典派経済学に関心をもってきたわけである。しかし——

近代経済学もしょせん一つの専門科学であって、その視角は狭く自足的であり、それだけでは到底対抗思想になりえるようなものではなかった。近代経済学ないし新古典派経済学を下敷きとして何らかの思想を考えれば、それは近代の伝統に忠実になり、古典的に近代的になるのであって、すべてを先進的か後進的か、歪みや遅れがあるかないか、といったような単線的な歴史把握しかそこからえられない。したがって、結局、マルクス主義的分析にせよ、近代経済学・近代政治学にせよ、「進歩」の思想の現れでしかない。そのことに対する不満が、私の発想の基調になり、その度合いは次第に強まってきた（ⅱ頁）。

このような不満は、いうまでもなく、アカデミックな関心だけから生まれたのではない。彼は、戦後否定しがたい成果をあげた日本だからこそ、新しい思想的貢献をなし得ると考える。ただし「そのような貢献をなしうるための条件は、『近代』のもっていた約束事を、一度はすべて疑う気力をもつことであろう。それは容易なことではないが、それを期待する気持ちは私の心の中でまだ失せてはない」（ⅲ頁）。こうして日本という近代の、動員史観的には悲しき優等生が、近代の論理やシステムを懐疑するなかから、二一世紀型社会科学の展望を切り開くべきことが示唆される。

そうした村上の努力は、その死によって、整理された社会理論としては提示されなかった。方向の指示というレベルでとどまった。勿論そこから発展させることはできる。未完の人ウェーバーに対するときと同様である。また、動員史観という立場からは、頼りない言い方だが、彼の議論全体が知識の深さや近年の政策問題への関心に拘束され過ぎていて経済学的枠組を抜け切っていないように見えることは否定しにくい。もう少し大雑把な括り方で近代五〇〇年を捉える線を追及してもらいたかったように思う。

年齢の問題もあって、若い人々の最近の精神傾向や感情のあり方への感受性も、やはりどうしても弱い。現代の生活や精神の魂の苦悩が実は、共感や同感による他者への理解（の弱さ）といった（アダム・スミス的[132]）問題をはるかに越えた、人間的能力自体の自己抑圧、衰退、悦びの貧困化のようなものになっているのではないかという事情を捉え損なっている。強引を承知でいえば、現代の問題の核心は、旧来の社会科学がどうにか個々の専門的範囲で扱い得るような問題であるばかりでなく、それ以上に、端的には象徴としてのエンコー（援助交際）娘や買う側のエンコー・オヤジという現象ではないかということである。そこにはしなくも露呈する現代人の心の苦悩や、苦悩する能力自体の衰退というある種極限状況は、近代的な正統な処方では癒しがたいある段階にまで達しており、それは社会そのものの、病理ではなく生理の反映（結果としては病理だが）として考えるべき事柄なのではないか。すなわち先端は先端でも、誰もが楽しめない日本社会のなかに近代の行く末を見ることの絶望（端的にはニーチェやウェーバーの《最後の人》論を想起[133]）。

この問題はひとまず措くとしても、この絶望を絶望と見る素直な心性のなかに、逆説的かもしれないが、学問においても実践においても、現状を否定したり打破していく契機やエネルギーがあるのではないかと問い返すことはできる。事実、不眠症や《心の旅路》という精神の苦闘を経て、西川や山之内靖はある覚醒にたどりつく。村上の場合、まことに合理的に設計された近代というシステムの限界を正当に問題化していくその手際の見事さが、そうしたシステムから落ちこぼれていく人々――そうした人々こそまさにそのシステムの根幹にあるのだが――の心の迷いや絶望を理解しようとする糸口とはあまり結びついていきそうにもない。彼の議論はある種の観点によって利用されていくことで、より豊穣な認識の地平へと抜け出ることができるのではなかろうか。

とはいえ、改めて彼の仕事を読み返してみると、実は早くも『産業社会の病理』（一九七五年）の段階で、動員史観的な発想があったことが分かる。これは動員史観が特別オリジナルな観点を打ち出したと主張しているわけでもない以上、とくに異とするにあたらないが、たとえばその第9章「日本近代化の構造」で村上は、前産業段階で日本は西欧と異質な文化や価値観をもっているにもかかわらず、「資本主義型の発展が、ある意味では欧米の場合以上に逞しいものであった」（同書一九七頁）と指摘する。そして日本と欧米の産業社会の相違を次のようにスケッチする。まず産業社会の誕生と存続のためには《手段的能動主義》というべき価値観が必要条件となる。この価値観を生んだのは西欧社会だが、分業・投資・科学技術を特徴とする産業社会の一般的構造がこれを要求するから、日本がそうであるように、今後登場すべき非西欧的な産業社会でもこれが基本的な価値観として要求されるだろうと。

実はこの手段的能動主義とは「無限遠の目標への情熱の下で、しかも細心に手段を選ぶということにほかならない。そのような価値観は、人間に対して、大きな緊張と忍耐とを要求するはずである」(一九八頁)。だからこれを動員という言葉で置き換えてもそれほど的外れではない。つまり強い(無限遠の目標!)動員がかかっている産業社会という発想がそこにはある(目標が無限に遠くないと手段的能動主義が最高価値とならないのである)。しかし手段的能動主義(場合によっては手段的合理主義と能動主義と表記される)はそれ自体としては自己充足的でなく不安定である。そこで村上は、これと組み合わされてこれを支持するような価値観は何か、という方向へ関心を向ける。この価値観複合体の全体的構造が各産業社会の特徴を明らかにする。

結局村上は、西欧は手段的能動主義に個人主義を組み合わせたタイプ、日本は、同じ軸上で個人主義の対極をなす集団主義を組み合わせたタイプだと考えた。いいかえると産業のための価値観複合体には二つの方式がある。前者は、神と個人を隔絶しつつ直接にも対面させるプロテスタンティズム型宗教を介して、個人主義によって手段的能動主義を励起する方式である。つまり西欧ではプロテスタンティズムが神意という形でそのような無限遠の目標を与えるのである。後者は、国家が遠大な政治目標を設定してこれにむけて社会の構成員の同感と献身をとりつける。つまり政治システムの集団主義的な力による惹起の方式である。

勿論双方ともに問題を含むし(たとえば後者においては集団主義の前に合理主義や世俗内禁欲主義、修養や教育への関心などの予備的な価値観が準備されていなくてはならない)、集団主義といってもさまざまなタイプ(同族型、支配型、契約型。日本は同族型集団主義とされる)がある。それらのことを説明していく彼の議論はもう追わない。ただ、ここでは、彼が産業化の動員的モメントを十分理解していた点に注意を喚起したい。彼の言葉遣いがそもそも動員史観的である。彼の無限遠的目標とは動員史観のいう無限に後退する地平線としての自己動員という表現のいいかえになっている。彼が日欧の違いを、この遠い目標としての動員に対する二つの方式として類型化した点も実に興味深い。村上にはそこかしこに、動員の近代という見方が溢れているのである[134]。

第四節　ネオ・マキアヴェリ主義的精神の横溢
——多島海への船出

以上三名は年齢的にも定年を迎え（村上は既に亡くなった）、ネオ・マキアヴェリ主義の先行者と見做すべき人々である。彼らの努力は広く受け入れられたとはいえないのかもしれないが、西川は多数の共同編著を著し、山之内は東京外語大学でグループ形成を行って確実に次世代へと問題意識の継承を図っている。起爆剤としての決定的な役割は担い得たことは事実だろう[135]。

そこで次世代以降への浸透状況を見るために三例をとりあげ、ネオ・マキアヴェリ主義的精神の躍動へむけた精神史の締めくくりとしたい。いずれも二一世紀型社会科学への可能性に満ちた代表的な方向を示唆していると思われる。

1　川勝平太——文明の海洋史観

第一は、ネオ・マキアヴェリ主義的精神が（国民国家発の）社会科学の限界を、もっと広義の観点によって打開しようとするものである。帝国的統治の再評価という見方もこの文脈で指摘されようが[136]、社会科学の片隅で、社会科学の一般的な作法にしたがわず、ひっそりと存在してきた文明論的研究をとりあげる[137]。その最近のもっとも刺激的な例は見事にネオ・マキアヴェリ主義的方向に照準をあわせている。それが経済史家川勝平太の『文明の海洋史観』[138]である。

川勝の海洋史観はおそらく、期せずして生じたネオ・マキアヴェリ主義的企図である。海洋史観は二つの陸地史観、唯物史観と生態史観を睨みながら構想された。詳しく触れる機会は別にあろうが、手短にいうと、典型的な一九世紀学問であるマルクスの唯物史観に反対し、今西（錦司）学派の生態史観の影響を受けつつ、その雄大な海洋版を提起したのが海洋史観である。「唯物史観は生産力、生態史観が暴力を社会変容の主因とみるのに対して、海洋史観は海外から押し寄せてくる外圧を社会変容の主因とみる」（同書、一六八頁）。そのねらいは、一九世紀型社会科学的な近代理解への批判であり、近代史総体の世界史的再解釈である。そこでは国々の近代的境界は存在しない。かわって海と島々、それをつなぐネットワークや交通、非農業・牧畜民などがクローズアップされてくる（この点で川勝はウォーラーステインの世界システム論に共感を寄せるが、東アジアの現実はそれでは説明し切れないとする[139]）。

海洋史観は専門的な歴史学者が生んだ大局的な歴史把握の一つの極みである。その最大の着眼点は大胆な比較にある。すなわち西欧の新大陸（アフリカとアメリカ）との三角貿易も、（西欧に対しユーラシア大陸のちょうど反対側に位置した）日本の鎖国化も、実は同じ東南アジアの進んだ文化的物産複合への憧れから生じた輸入超過、いわゆる《入超》に対する機能的に等価な反応だったという主張である。つまりヨーロッパでは新大陸から産出される貴金属を用いて対アジア支払いを行い、また輸入代替産業の国際的育成という方向を選択していった。これが結果的に大西洋をはさんだ海洋自給体制を生み、ついには近代世界システムの形成を促すことになる。他方、日本では、渡航・金銀流出禁止と輸入代替産業の国内的育成という鎖国戦略が選択され、最終的には国産的自給自足体制を生むことになる。この二つの対応は、いずれも一六世紀はじめに経済社会の到来となって結実したという点でもよく似ている。

以上を要するに、ユーラシア大陸という前近代の先進世界において辺境にあった二つの文明（西欧と日本）は、アジアという高度な文明からおのおのが脱出しようとした二つの形態だというのである。近代は、かくして、アジアの圧倒的な文明に対する強いられた発明・選択の結果＝《脱亜》として把握される。近代以前の文明がいずれも大陸文明であるのに対して、近代文明は大陸の中心からはずれ、文化の中心から遠い海洋国家で生まれた。大陸両端の辺境、西欧と日本において近代が定着したのはこのためなのである。

海洋史観が見せてくれるのは、近代以前から近代への長い時間的道のりと、アジアとヨーロッパという広い空間とを共に含んだ世界史の再解釈である。一九世紀型社会科学の国別的視線、アジアとヨーロッパとの差別的視点、近代の一方的称揚、ヨーロッパの内発的発展論などによっては解明されないクリアで壮大な世界史認識。その要点は、外圧と欲望の攻めぎあうそのただなかに、逆説的な世界史的革新が生じるということなのである[140]。

しかしここでも重要なのは、そうした議論の筋を追うところにはない。海洋史観もまた、専門と人生を分ける修道院科学への批判、彼のいう《脱西洋科学》（同書、二六六頁）から生まれた。そのことに注意を払う必要がある。その発言を最後に聞くことにしよう。細部の説明よりは、そのセンスを聞きとりたい。

海洋史観をたて格物論をもつことは歴史理解、特に日本理解にとって重要であるが、海洋史観・格物論それら自体は目的ではない。それは「いかに生きるべきか」「何をなすべきか」の指針である。生き方は、道学者流の説教に堕するのを忌避するのであれば、実践でなければならない。「ガーデン・アイランズ」の実践は生活実践でなければならない。それも自らの生活実践でなければならないであろう（二八三―四頁）。

2　木村雅昭――思想史的突破

これに対して第二の例、インド近代政治史研究から出発した木村雅昭はもっとオーセンティックな思想史的・政治史的検討からネオ・マキアヴェリ主義的精神を掴みとることのできた人である[141]。彼の論文集『国家と文明システム[142]』は日本でも最初期のネオ・マキアヴェリ主義的実践を代表するもので、表現の容易さに惑わされずによく見ると、簡潔、整然、高密度な研究であり、その起爆力は大きい。他の専門領域よりも専門の高い壁に固執しがちな最近の日本政治学界、その一員の作品だという点でも意味がある。

彼のネオ・マキアヴェリ主義的突破は、社会科学の誰でも知っている巨人たちの学説史的な読み込みのなかから出現した。やり方自体は山之内にもギデンズにも似た伝統的な思想史的解読であるが[143]、山之内の議論が具体的な社会運動や《政治の美学化》など現在の社会問題へのヴィヴィッドな社会学的関心や共感を常に感じさせるのに対して、もっとオーソドックスなアカデミシャンの趣がある。しかし成果は教科書としても抜群の洗練された文献注が各論文を飾り、教育的効果は高い。これを読むと、ごく素直に、ウェーバーたち社会科学の巨人たちが、ネオ・マキアヴェリ主義的精神を体現していたと頷けるから不思議である。来るべくして来たネオ・マキアヴェリ主義。しかしやはり、近代の黄昏としての今日的時代状況があってはじめて、巨匠たち自身にも汲み尽くせなかった直観や断片的想念を一つの思想の体系へとまとめあげることが、彼によって可能になったようにも思われる[144]。

もとより時間の経過だけではない。ドイツ・リアリズムの系譜にある学者たちは誰も、国家主義、保守主義などマイナスイメージでかすんだ存在である。その研究から塵を払い、正当な扱いをするというのは、近代市民派的言説の洪水のなかでは確かに一種の知的冒険である。太平の眠りを覚まし、逸脱の決意にあふれた文献の選択と解釈——この意味では現に提出された落ち着いたスタイルからは波瀾も破綻も見えないが、内面精神のドラマにおいて、ネオ・マキアヴェリ主義精神特有の領域侵犯的跳躍だといって差支えないように思える。ほとんど動員史観とみまがう細部を言及していけば切りがないし、主張の概略もとくに触れない。ただそれが、スコチポルの《ウェーバー＝ヒンツェ的パースペクティヴ[145]》を基調にした歴史社会学的近代解釈のエレガントな提示であり、本書の後に出てくる国家関連事項に比重を置いた、歴史の社会科学的読み直しを要求するものだということだけは述べておきたい。

木村の教訓は示唆的である。ネオ・マキアヴェリ主義という補助線と先行者があれば、通常の思想史的訓練が（何らかの契機を経てだが）ネオ・マキアヴェリ主義的突破口にいたり得る可能性を示しているからである。

ちなみに『国家と文明システム』からほぼ一〇年、木村はその集大成として大著『「大転換」の歴史社会学[146]』を著した。一部の歴史家（とくに世界システム論の）からは批判を受けたようだが、意表を突く従属理論重視の理論枠組によって近世以降の世界史、あるいは近代世界成立を説明し切ることになった。その評価は別に詳細に論じたいが、いままでのところネオ・マキアヴェリ主義的な近代史論としては日本で最大の業績の一つといってよい。

3　野口悠紀雄――一九四〇年体制論

第三の例は、文明史的な視点や思想史的な分析ではなく、より特定された日本の具体的な歴史について論じる形でネオ・マキアヴェリ主義的な試みを行おうとした例である。第1部でも触れた野口悠紀雄の『一九四〇年体制[147]』論は、日本の分析というだけでなく、ネオ・マキアヴェリ主義が強調する歴史的視線の復権を示すものとしても一里塚である。

もともとネオ・マキアヴェリ主義は、歴史的事象を扱うのではなく（歴史学なのではない）、現在を歴史の相の下に置いて眺めることの理論的勧誘である。つまり戦中、戦前、さらに遠く近代成立の秘密にまで返って、今日的様相の理解を行おうとする理論的視角をいうのである。これは本質的にフーコーの《現在の歴史》の試みであり、生成期にいったん放逐された歴史の視線が社会科学のなかに再導入されるということ、つまり歴史は対象なのではなく、方法なのである（歴史的視線のなかには、次に見るように世界戦争を近現代社会の分岐点として強調する総力戦論的な見方もあれば、世界戦争の分水嶺としての意義は否定しないがその前後での歴史の質的転換を重く見ない動員史観のような立場もある。ここで重要なのは世界戦争なのか近代戦争なのかといいかえてもいい。歴史の転換点をどこに置き、現在の歴史の探究においてどの時点を強調するかは人それぞれであり得る）。

だからネオ・マキアヴェリ主義が、日本社会科学という場において、その常套的な断絶軸であった第二次大戦による戦前戦後の壁（不連続性仮説）を軽々と飛びこえ、戦争終了以前に既に戦後の原型が成立していたとする視点を表明することになるのは時間の問題であったといえようが、その日本経済論的展開が野口悠紀雄の『一九四〇年体制』論である[148]。

野口の研究は、（第二次）大戦を境にした戦前戦後図式を廃棄するネオ・マキアヴェリ主義的な一実践である。彼は日本型経済システムが歴史的にも新しいもので、企画院などによって人為的につくり出された統制システムを原型とするものだと指摘し、《伝統の発明[149]》（E・ホブズボウム）的視点を強烈に打ち出した。これもネオ・マキアヴェリ主義的ショック療法の一例である。

さて戦時経済体制へむけての諸改革が四〇年前後に集中してなされたことから一九四〇年体制の名が由来するが、野口は、現在の政治経済システムの改革を、戦間期由来の半世紀にわたるシステムの変革と捉えることで、通常の改革論議の視野を大きく拡大することになった。経済学に近い政治学から見るとこれは逆の意味で興味深い。というのも、政治学では、戦後改革の成果にもかかわらず、連続仮説（戦前との連続を主張し、戦時下からの体制的延長として高度成長も含めた日本戦後史を通覧すること）を支持する近代主義的立場が戦後政治学として正統派を形成してきたが、八〇年以降は行政学者を中心に、《戦前戦後断続説》（村松岐夫）をとる現在の主流派、多元主義政治観が成立した。それ故、総動員によって現代史の戦前戦中への繰込みを図るネオ・マキアヴェリ主義的観点は、いまでは逆に、新鮮に映るのである。野口の四〇年体制論は経済分野に特化しているが、彼のあげる原型的な日本経済の仕組には当然に官僚体制も含まれているから、政治学的にも無視できない議論だといえる（他には日本型企業と間接金融、財政制度、土地制度などがある）。

　ところで野口の戦時や総力戦といった言葉の使い方は、現在の経済体制が戦時中のものと個々的に類似しているという意味ではなく、体制そのものは直接統制から間接統制へ、強制から自発へと変化してはきたのだが、「単一の目標――太平洋戦争と経済成長――のための国家総動員体制であるという点で、『戦時』的だとする」（一五頁。原文通り。ただしこれは榊原・野口の共著論文からの再引用）というところにポイントがある。体制の内容でなく、体制の統合力という観点が重視されているのである。この点は注意しておかなくてはならない。すなわち「四〇年体制の基本的理念」（第八章標題）である生産優先主義と競争否定主義、また体制を引っ張る目に見えぬメカニズムに即して、総力戦という概念が使われている。これらの理念は高度成長の過程でも強化され、ある種の価値観にまで高められたと彼はいう（しかしこの主張が野口に対する批判の一点ともなっているが[150]）。

　しかしながら、「われらが出生の秘密」（第一章標題）は分かっても、野口の議論は日本経済に対象が学問的に《誠実にも》限定されているため、他国では、ではどうなのかが分からず、日本的特殊性なのか、後発国一般の共通性なのか、それとも近代経済そのものの傾向なのかがはっきりしない。もし日本的特殊性なら日本なりの個別的対処ができるだろう。後発国的特徴なら早晩消えていくものだといえるだろう。しかし近代そのものの傾向なら、近代システム全体の問題へと議論は拡張せざるを得なくなる。この点では、より長期の視点や結構面倒な理論的前提を設定するネオ・マキアヴェリ主義の意義が、見直されるべきである。以上の諸点を明らかにするには、他の国々への時空的な広がりをもったアプローチが求められてくるからである。彼にはこれに直接対応する議論がない。彼の「未来にむけての選択」（第一〇章標題）が説得力を欠くのはそのためである。野口の議論はあくまで旧来型の実証主義的な枠組を堅持してこれを出ておらず、したがって彼に対する（実証主義的な）批判が出てきたのも、いわば予想通りの反応だったといえそうである。四〇年体制論には、近代という時代についてのもっとダイナミックな考察が、その分析枠組の一部として組み込まれていなければならなかった。実証主義的な枠をいったん越えた、ネオ・マキアヴェリ主義のように回り道に見える、長期かつ世界史的なパノラマの提示は、むしろ通常の実証的議論に対しても説得力をもつ、ということに注意すべきである。

ところで戦中戦前、あるいは遠く近世（江戸時代のような）に近代（戦後）の原型を見る発想は《ライシャワー・テーゼ》のように、戦後のアメリカ的近代化論ではありふれた傾向でもある。それとネオ・マキアヴェリ主義的な歴史観の違いは、戦争をどれほど決定的なものと見るかにある。近代において平和は延期された交戦状態、潜在的な戦争状態なのであり、平時においても戦争動員の強いモメントが働く。ネオ・マキアヴェリ主義は、この点の理論的自覚を表現するものであった（ここでは扱えなかったが、野口の議論を近代家族に拡張する山田昌弘の興味深い《家族の一九四〇年体制》論がある[151]）。

こうしてネオ・マキアヴェリ主義的精神の格闘が先行者だけでなく、さらに自覚的な一九世紀型社会科学批判の形となって結実していく動きを見出すことができるであろう。その意味でわずか三例ながら、これらは大きな一歩を記すものである。

＊　＊　＊

最後に、以上六名以外で、ネオ・マキアヴェリ主義的精神の躍動や萌芽を示すように思われる人々を、アンドレ・ブルトンが『シュールレアリスム宣言』で行ったアフォリスティックな言い方を真似ながら、本人の意向も分野も社会科学的可能性をもまったく無視して列挙し終わりにしたい。

…もう一歩のネオ・マキアヴェリ主義歴史家として柴田三千雄『近代世界と民衆運動[152]』

…講座派批判の歴史的アプローチとして河野健二『近代を問う』（全三巻）および河野・飯沼二郎共編『世界資本主義の歴史構造[153]』

…フーコー的視線のやや変形的な使用として成沢光『現代日本の社会秩序[154]』

…旧来型社会科学批判《交響楽的社会科学》の提唱者として森嶋通夫『なぜ日本は没落するか[155]』

…反面教師的な視角によって境屋太一『組織の盛衰[156]』

…法のポストモダンを主張する孤高の法学者村上淳一『近代の仮想[157]』

…専門の枠を越え人類史的スケールで時代と気質の相関（運命）を考える中井久夫『分裂病と人類[158]』

…モンゴル帝国からの世界史の可能性を訴え社会科学の歴史常識を塗り替える岡田英弘『世界史の誕生[159]』

…戦後歴史学を越える日本近代・中世の総体的検討として網野善彦『日本社会の歴史[160]』

第2部・注

1　ただし単数としての社会科学、つまりマルクス主義社会科学という意味で使っているのではない。

2　裸の社会科学とは、社会科学はあくまで科学であり、その時点までに明らかとされた普遍的な真理の体系であり、知識を歴史化するような形容は、特別の場合を除いて不用だとするような社会科学観である。

3　これはしかし近代科学革命の「一つの可能性のみを抽出・拡大した」という解釈の偏向ではあるだろう。村上陽一郎『動的世界像としての科学』（新曜社、一九八〇年）二六二頁。

4　たとえばバークレーの社会学者ベラーたちが《公共哲学（パブリック・フィロソフィ）としての社会科学》の復権を求めるのは、今日のアメリカの過度の個人主義化に社会科学からの影響があると考えてのことである。そこでいわれる社会科学は、アメリカという国から見た一九世紀型社会科学の姿といえる。R・N・ベラー他（島薗・中村訳）『心の習慣――アメリカ的個人主義のゆくえ』（みすず書房、一九九一年）。日本での検討の最近の例として山脇直司他『現代日本のパブリック・フィロソフィ』（新世社、一九九八年）。また、ごくストレートに欧米の社会科学の限界や挫折といった発想もまれではない。たとえば近年では駒井洋編『社会知のフロンティア――社会科学のパラダイム変換を求めて』（新曜社、一九九七年）の各論文、とくに駒井「欧米社会科学におけるニヒリズムの展開」、松崎昇『西洋発近代の論理――社会科学の方法と体系』（社会評論社、一九九八年）なども参照。

5　その前提となる日本資本主義発達史論争については小内弘健編『日本資本主義論争史』上下（青木書店、一九五三年）、守屋典郎『日本マルクス主義理論の形成と発展』（青木書店、一九六七年）参照。

6　代表的には大塚久雄（経済史）、丸山真男（政治思想史）、川島武宜（法社会学）、高島善哉（経済思想史）、内田義彦（経済学史）、仁井田陞（法制史）、社会学系統では高橋徹、見田宗介、作田啓一、また南博（社会心理学）などの名が思い浮かぶ。

7　枚挙に暇がないの言葉通りだが、杉山光信『戦後啓蒙と社会科学の思想――思想とその装置Ⅰ』（新曜社、一九八三年）、同「日本社会科学の世界認識」岩波講座『社会科学の方法［Ⅲ］日本社会科学の思想』（岩波書店、一九九三年）、佐伯啓思『現代日本のリベラリズム』（講談社、一九九六年）、大澤真幸『戦後の思想空間』（ちくま新書、一九九八年）などはそれぞれの立場からの参考文献。政治思想研究の文脈では米原謙『日本的「近代」への問い――思想史としての戦後政治』（新評論、一九九五年）がごく教科書的なまとめになっている。また近代日本の歴史社会学的研究に限定して、ただし近代主義政治学や近代主義社会学の比較的肯定的な学説史的整理を行っているものとしては筒井清忠編『「近代日本」の歴史社会学――心性と構造』（木鐸社、一九九〇年）第一章。同じく近代主義政治学（とくにその代表者丸山真男）の長短についての一つの理解として大嶽秀夫『戦後政治と政治学』（東京大学出版会、一九九四年）、また文献案内も兼ねて富田宏治「『近代主義』の射程」田口・中谷編『講座現代の政治学』第三巻（青木書店、一九九四年）参照。

8　そうした試みは、戦後もある程度たっている以上、近代の超克を唱えた京都学派への警戒と反発を差し引いても、決して不可能な試みだったとは思えない。

9　渡部純「戦後政治学と日本型多元主義論——何が引き継がれるべきか」『青森法政論叢』第二号（二〇〇一年）のいう《新しい政治学》の検証を参照。

10　そもそも実証派は自らの依拠する知識の全般的性質や社会理論の性質については、あまり考慮しないという前学問的レベルでのミスを犯すことが少なくない。安易に知の制度的常識に従うことは、やはり大勢としての一九世紀型社会科学的傾向を強化するものとなるだろう。

11　本書ではそうしたタイプの社会科学のあるものが《修道院科学》になると既に整理しているが、人文科学でも似たようなものだということは、宮崎芳三『太平洋戦争と英文学者』（研究社出版、一九九九年）参照。宮崎によれば本格的な英文学研究の日本の開祖、斎藤勇もどうもそうした例になるようである。ただし本文との続きでいえば多元主義以降の日本のある種の政治学を私はその例だと考えている。

12　浅田彰は対談集『「歴史の終わり」と世紀末の世界』（小学館、一九九四年）で自らへの近代主義返り批判を一笑に付してはいる。しかし現代日本の《常民》的感性や動向について、先端的な芸術には理解の深い浅田が、いってみればロシアのインテリゲンツァと同じような高踏的な誤りを犯していなかったとは断言できない。

13　たとえば越智武臣『近代英国の起源』（ミネルヴァ書房、一九六六年）、同『近代英国の発見——戦後史学の彼方』（ミネルヴァ書房、一九九〇年）参照。

14　この点では政治学における丸山政治学の最近の復活や継承宣言などとは様相を異にする。小林正弥『政治的恩顧主義論——日本政治研究序説』（東京大学出版会、二〇〇〇年）参照。

15　参考になったもののうち、いま手元にあるものだけざっと順不同にあげておきたい。柴田・松浦編『近代イギリス史の再検討』（御茶の水書房、一九七二年）、福井憲彦『「新しい歴史学」とは何か』（日本エディタースクール、一九八七年）、草光俊雄他責任編集『英国をみる——歴史と社会』（リブロポート、一九九一年）、近藤・福井編『歴史の重さ——ヨーロッパの政治文化を考える』（日本エディタースクール、一九九一年）、二宮宏之『歴史学再考——生活世界から権力秩序へ』（日本エディタースクール、一九九四年）、近藤和彦編『長い一八世紀のイギリス——その政治社会』（山川出版社、二〇〇二年）、二宮・阿河編『アンシアン・レジームの国家と社会——権力の社会史へ』（山川出版社、二〇〇三年）など参照。

16　高山博「ヨーロッパ中世研究と現代世界」『大航海』（第二二号、一九九八年）。彼のノルマン・シチリア王国の研究が興味深いのは、われわれが思い描く西欧中世世界のイメージに則って行われる英米仏中心の歴史学（の確認・補強）に対してはっきり距離をとることを主張している点にある。この王国をはじめから西欧世界の辺境として研究する態度は拒否されている。高山博『中世地中海世界とシチリア王国』（東京大学出版会、一九九三年）、同『神秘の中世王国』（東京大学出版会、一九九五年）も参照。

17　遅塚・近藤編『過ぎ去ろうとしない近代——ヨーロッパ再考』（山川出版社、一九九三年）における木村報告、和田報告などを参照。木村はコメントにおいて、「近代は国民国家をとおして実現してきたものであり、その両者を簡単に切り離せないのではないか、ということをやはり強調しておきたい」（一七二頁）と述べて興味深いが、具体的な内容になると、動員史観とはやや異なる見解をとる。

18　その特徴は、①世界史の広がりのなかで、②法則認識にもとづいて、③社会構成体の矛盾と移行に焦点を据えた歴史像を提供しようとする、④マルクス主義的影響の強い歴史学だという点にある。成田龍一「歴史の『語り方』がなぜ問題となるのか――三人の歴史家の議論から」『論座』（一九九八年六月号）一七七頁。全般的な検討としては金原左門『「日本近代化」論の歴史像』（中央大学出版部、一九六八年）参照。

19　成田、前掲「歴史の『語り方』がなぜ問題となるのか」一七八頁。成田を司会とする別の座談会でも、主にアメリカの日本研究の第三の波についてのものであるが、示唆的な討議がある。成田、タカシ・フジタニ、酒井直樹「アメリカの『日本』／アメリカからの声」『現代思想』（一九九五年九月号）。

20　平山朝治は史的社会科学は解釈学的であること、I・プリゴジン／I・スタンジェール（伏見他訳）『混沌からの秩序』（みすず書房、一九八七年）の影響を強く受けていることを指摘している。なお、平山的にいえば、一九世紀パラダイムは《古典科学パラダイム》あるいは《社会科学のあたりまえパラダイム》という言い方になる。平山「複雑性と言語ゲーム」駒井洋編『社会知のフロンティア』（新曜社、一九九七年）。

21　I・ウォーラーステイン（本多・高橋訳）『脱＝社会科学――一九世紀パラダイムの限界』（藤原書店、一九九三年）。彼は六八年の大学紛争と絡めて社会科学批判を行い、制度と知との総合システムを問題にしている。

22　川北稔編『ウォーラーステイン』（講談社、二〇〇一年）、永谷健「イマニュエル・ウォーラーステイン」筒井清忠編『歴史社会学のフロンティア』（人文書院、一九九七年）八五頁参照。

23　I・カント（篠田英雄訳）『啓蒙とは何か――他三篇』（岩波文庫、一九五〇年）、E・カッシーラー（中野好之訳）『啓蒙主義の哲学』（紀伊国屋書店、一九六二年）。

24　Anthony Giddens, *The Nation-State and Violence* (University of California Press, 1987). 邦訳（松尾・小幡訳）『国民国家と暴力』（而立書房、一九九九年）。社会理論にとっての国家と軍事の近代的意味やインパクトを考慮することの主張によってギデンズは社会科学の新しい地平を開いた。用意された枠組や書かれた内容自体はそれほど斬新ではないが（細部は伝統的な国家論に近い内容である）。とはいえ、社会学は社会の研究ではなく、近代の諸過程の研究として再構築されるべきだという主張は頷ける。

25　本書の段階では議論しないが、ホールとマンの間にも小さくない違いがあるように思われる。動員史観は、ウェーバーにもフーコーにも反対する世評高いマンには不徹底なところがあると感じている。試しにマイケル・マン「国家――古代と現代」マクファーソン他（内山・丸山訳）『国家はどこへゆくのか』（御茶の水書房、一九八四年）参照。近代以前の国家は別にして、近代国家の捉え方については賛同できない。

26　普通はこのように啓蒙主義の延長線上で社会科学の成立を考えるが、近代もしくは合理的資本主義の誕生に関する周知の論争のような、ルネサンスや啓蒙主義（反教会的な、欲望の解放説）に対してウェーバーがしたような禁欲説（つまりここではキリスト教の側）のようなものにもとづく反論はいまのところ有力ではないようである。

27　第２部第三章で見るように政治学についていうと、権力という言葉の定義に日本の初学者は面食らうように思う。権力を支配ではなく参加と捉えることに慣れないと学習は進まない。

28　荒川章義『思想史のなかの近代経済学――その思想・形式的基盤』（中公新書、一九九九年）第一章。

29　しかしコントなどの《社会学》という発想は明確に反方法論的個人主義であるが。

30　啓蒙主義関係の文献は汗牛充棟といってよいが、参考にしたのはウルリヒ・イム・ホーフ（成瀬治訳）『啓蒙のヨーロッパ』（平凡社、一九九八年）や Dorinda Outram, *The Enlightement* (Cambridge University Press, 1995). とくに後者は無意味に厚くはないし、参照文献や用語説明は重宝する。また近代ヨーロッパ思想全般に関しては世紀ごとの整理をしているフランクリン・L・バウマー（鳥越輝昭訳）『近現代ヨーロッパの思想――その全体像』（大修館書店、一九九二年）参照。

31　村上泰亮『反古典の政治経済学』上（中央公論社、一九九二年）二二頁。

32　ミシェル・ボー（筆宝・勝俣訳）『資本主義の世界史　一五〇〇―一九九五』（藤原書店、一九九六年）八六頁。

33　もとより啓蒙の問いとはたんなる批判ではなく、それを介しての制度の創出というところにある。たとえばルソーの、人間は自由なものとして生まれながらしかもいたるところで鎖につながれている、という有名な問題提起に対する解答として、社会契約、代議制度、民主主義（自らを拘束する決定に人はなぜ合意するのか）などが提起されるように。そしてそれらの成果が近代民主制の諸制度となっていく。

34　K・レーヴィット（上村・山之内訳）『学問とわれわれの時代の運命――ヴィーコからヴェーバーへ』（未来社、一九八九年）九九頁。

35　結局、啓蒙主義は、啓示宗教と形而上学が権威を失った時代、中世的秩序の崩壊の時代において道徳的規範と社会的紐帯の再生の問題に取り組むための運動であり、これに批判的理性を用いて対処せよとの解答を与えたものである。カントの用法に典型を見るように、この理性により成熟を果たすことが啓蒙と呼ばれる（後にハバーマスはその普遍的解決を信じ、フーコーは信じなかった）。だからたんに近代科学の誕生という限定された知的運動ではない。理論的秩序のみならず現実の社会秩序・実践のあり方を問題にしたものなのである。

36　ウォーラーステイン、グルベンキアン委員会（山田鋭夫訳）『社会科学をひらく』（藤原書店、一九九六年）。

37　ウォーラーステイン、前掲『社会科学をひらく』二四頁。その結果一九一四年までに社会科学に関する代表的な五つの分野、歴史学、経済学、社会学、政治学、人類学が成立することになると彼はいう。

38　ウォーラーステイン、前掲『社会科学をひらく』二六頁。なお前に触れたベラーのグループは社会科学のこの人文主義的知との分離を今日のアメリカ社会および社会科学の問題と見ており、彼らの提唱する公共哲学の復権を両者の統合を含むものと捉えている。ベラー他、前掲『心の習慣』参照。

39　村上陽一郎『科学者とは何か』（新潮社、一九九四年）第三章。同『新しい科学史の見方』（日本放送協会、一九九七年）参照。

40　勿論この言い方には誇張がある。代表的な例外はコントだが、エリアスなどは彼をマルクスと並べて重視しているが、サン＝シモンやスペンサーなどをそう評価する者はいないだろう。

41　以下代表的知識人の出生年。デュルケーム、モスカ（一八五八年）、ベルクソン（五九年）、マイネッケ（六二年）、ウェーバー（六四年）、トレルチ（六五年）、クローチェ（六六年）、ピランデルロ（六七年）、ジード（六九年）、プルースト（七一年）、ユング、トーマス・マン（七五年）、ミヘルス（七六年）。

42　スチュアート・ヒューズ（生松・荒川訳）『意識と社会――ヨーロッパ社会思想　1890–1930』（みすず書房、一九七〇年）第一章。不安の世代説はベンディクスもとっている。R. Bendix, *Force, Fate & Freedom in Historical Sociology* (University of California Press, 1984) p.42. 邦訳（森岡弘道訳）『歴史社会学の方法――自由と歴史的運命』増補版（木鐸社、一九八六年）。

43　山之内靖「戦時期の遺産とその両義性」岩波講座『社会科学の方法［Ⅲ］日本社会科学の思想』（岩波書店、一九九三年）一三六頁。山之内の場合、フランクフルト学派も同様の経験をしたにもかかわらず、市民社会派においてその後の近代理解がこの学派とまったく異なってくる理由は何かと問うわけだが。ちなみに山之内の市民社会派理解は二点。日本資本主義発達史論争を継承しつつ、スミスやウェーバーなど（つまりエートス、身分状況、官僚制論など）でこれを相対化し豊富化した点と、半封建制をより厳密に定義しようとした点である。それによりマルクスのもつ経済学的限界を越えようとしたと評価する。

44　なおフーコー、リオタール、ドゥルーズなどポストモダン論者が世代的には戦中育ちであることの意味はあまり注意されていないようである。

45　富永健一「戦後日本の社会科学におけるパラダイム相克とその終焉」岩波講座『社会科学の方法［Ⅰ］ゆらぎのなかの社会科学』（岩波書店、一九九三年）三三九頁。

46　実際は近代の特徴が同時代人に露になったのは一九世紀であって、前半も後半もその意味では変わらない。しかし前半のロマン主義や歴史主義の台頭が国民国家的遠心化と関連して、求心化的な普遍的真理探求としての啓蒙の期待を裏切る後半において、近代に対する評価が前半のそれからズレていったことが重要である。

47　少し古いが、杉山光信『現代フランス社会学の革新』（新曜社、一九七三年）「デュルケムの新研究」章参照。いまでもこうしたデュルケーム像は廃れていないであろう。

48　宮島喬『デュルケム「自殺論」を読む』（岩波書店、一九八九年）第八章「デュルケムの現代社会批判」参照。

49　その問題意識は依然今日的である。その最近の例は友枝敏雄『モダンの終焉と秩序形成』（有斐閣、一九九八年）。

50　他方、時代が下ると、同じユダヤ人であるエリック・ホブズボームは自由主義にではなく、社会主義に期待した。同（水田・安川・堀田訳）『素朴な反逆者――思想の社会史』（社会思想社、一九八九年）参照。

51　山之内靖『マックス・ヴェーバー入門』（岩波新書、一九九七年）。しかし依然ウェーバーをヨーロッパ近代の称揚者と見る見方も根強い。

52　近代の自己理解において当の近代のメルクマールに何をとるか、という点で早い遅いがあるのだと宮島喬はいう。だから資本主義そのものの発達に注意をむける経済学よりも、その結果生じた社会構造や変化に関心をもつ社会学は遅れて誕生したとする。宮島「社会学的思考の成立と展開」宮島編『社会学の歴史的展開』（サイエンス社、一九八六年）五頁。

53　筒井編、前掲『歴史社会学のフロンティア』序論、二頁。

54　フーコーとウェーバーの研究の進展を眺めるとそのかなりの同型性に驚くはずである。また、フーコーの後期の仕事が通常は古典古代の倫理の問題へと変化したという指摘に対して、いわゆる統治性の議論（これを本書では行政学的仕事ともいっているが）として続くことは一九七八年、七九年のコレージュ・ド・フランスでの講義などからいまでは広く認識されている。本格的には第３部第五章で見ることになるが、他に米谷園江「ミシェル・フーコーの統治性研究」『思想』一九九六年一二月号、松葉祥一「『ポリスの論理』と『政治の論理』」『現代思想』一九九九年五月号など参照。

55　富永、前掲「戦後日本の社会科学におけるパラダイム相克とその終焉」三三九頁。富永は彼らの社会科学は「基本テーマにおいて近代化論」であったという。

56　ただし市民社会派には、それを拡大再生産する第二世代は成立しなかった。

57　二〇世紀はじめには西欧ではたとえば政治学と経済学の教授となるような例はたくさんあった。日本で有名なところでは高田保馬は戦前有数の経済学者であるとともに社会学者であった。

58　一九世紀型社会科学が国家の歴史的役割を認識できていなかった理由については第３部第五章でも扱っているので重複することになるが、社会科学の分業化は一つの大きな原因と思われる。つまり後発学問としての《社会学の領分》の問題である。ここで領分とは領土という近代国家的概念の学問版であって、二つの側面がある。第一には科学化（実証主義）。一九世紀における社会進化論的な大掴みな議論に対抗して、《一八九〇年世代》の社会科学のグランメートルたちは、彼ら自身大変な教養人＝大知識人でありながら、その後の世代に対しては、個別領域に即した議論の必要を結果として強制した。その際、国家は天空のようにあまりに広大なために逆に見逃されたし、見えなかった。第二は専門化と組織化。科学化が大学という学問専門機関に特定化されていく段階で分業が進行する。科学は縦割行政とほぼ同じ経路を辿る。大学の分業は行政経営という近代組織的合理化の所産といってよい。《営利機械》（ウェーバー）としての活動という意味で、株式会社も行政機関もオーケストラも、官僚制という近代組織の範疇に入り、これと同じ論理が、大学という近代官僚制組織の科学活動についてもいえたのである。学問の分業も合理化のよい例なのである。

59　ウォーラーステイン、前掲『社会科学をひらく』の言い方だと、一九一四年までにであるが。

60　勿論戦後日本についても基本的に同様であるが、日本において自由主義思想は実は不在であったという興味深い指摘から、その間は主にマルクス主義と保守主義の相克であった、しかし最近はマルクス主義も崩壊したので保守主義の一元的世界になってしまった、というのが富永、前掲「戦後日本の社会科学におけるパラダイム相克とその終焉」の議論である。

61　ただし落合仁司『保守主義の社会理論――ハイエク・ハート・オースティン』（勁草書房、一九八七年）のようなタイプの系譜をここでは指しているのではない。本文以下参照。

62　後述するように、こうした見方をスコチポルはウェーバー＝ヒンツェ的パースペクティヴと呼ぶわけである。

63　だからこそ山之内、前掲「戦時期の遺産とその両義性」はウェーバーにおけるニーチェ的側面を強調する。偏りとされるのは、内田義彦、内田芳明、高島善哉などの《マルクスとウェーバー》という伝統的な問題設定の方である。

64　社会学者佐藤俊樹の近代論に関するレビュー論文では《古典的近代化モデル》（本書のいう一九世紀型社会科学にほぼ等しい）への方法的反省から、次の三点がその特徴だとされている。「…古典的近代化モデルは、(1)西欧近代社会のとりわけ19世紀以降のその制度区分だけを実質的に想定し、(2)変化のプロセスを単一の始点からの定方向的なものとしてとらえ、(3)国民国家単位の社会の存在を自明視している」。佐藤俊樹「近代を語る視線と文体」高坂・厚東編『講座社会学［1］理論と方法』（東京大学出版会、一九九八年）八三頁。

65　本書付論「見えざる手としての国家」、また拙論「日本におけるネオ・マキアヴェリ主義的精神の躍動」『法学研究』七〇号（明治学院論叢、二〇〇〇年）の本書に収録していない部分（五九―六三頁）参照。本書が示唆を受けたものとしては、代表的な講座企画として、岩波講座『社会科学の方法』全一二巻（岩波書店、一九九三―四年）のとくに第一巻から第四巻。および歴史学研究会編『講座世界史』全一二巻（東京大学出版会、一九九五―六年）。また、柴田三千雄『近代世界と民衆運動』（岩波書店、一九八三年）序論。社会史的な形では二宮宏之『全体を見る眼と歴史家たち』（木鐸社、一九八六年）、同『歴史学再考――生活世界から権力秩序へ』（日本エディタースクール出版部、一九九四年）、福井憲彦『「新しい歴史学」とは何か――アナール派から学ぶもの』（日本エディタースクール出版部、一九八七年）。簡明な放送テキストながら川北稔『ヨーロッパと近代世界』（放送大学教育振興会、一九九七年）。その他、H＝U・ヴェーラー（山口・坪郷・高橋訳）『近代化理論と歴史学』（未来社、一九七七年）、リン・ハント（松浦義弘訳）『フランス革命の政治文化』（平凡社、一九八九年）、近藤和彦『民のモラル――近世イギリスの文化と社会』（山川出版社、一九九三年）終章および史料・文献解題などを参照。政治学に限れば G. A. Almond, 'The International-National Connection,' in Almond, *A Discipline Divided* (Sage, 1990).

66　柄谷行人・岩井克人『終わりなき航海』（太田出版、一九九〇年）八二頁。

67　いわゆる自由貿易の帝国主義である。毛利健三『自由貿易帝国主義』（東京大学出版会、一九七八年）。対して後発国では同時代にリスト的な保護主義的国民経済政策が追求されていく。

68　森嶋通夫は、マルクスが『資本論』のなかで史的唯物論があてはまる典型的な歴史的コースをたどったのがただイギリスだけであるとし、他の国々については歴史の経済学的説明（史的唯物論）よりも、政治の変化（政治革命によるフランス）や思想の変化（哲学上の革命によるドイツ）による説明、つまり上部構造的理論の方が有効だと主張していることに注意を促している。同『思想としての近代経済学』（岩波新書、一九九四年）第八章。この点は、マルクスが史的唯物論やイギリス・モデルに盲従していない（森嶋の言い方では《謙虚な唯物史観》）という教訓としてよりも、本書にとっては、イギリスをモデルに社会科学を構築すれば、どういう現実認識が引き寄せられやすいか（同じく《傲慢な唯物史観》）を示唆して大変興味深い。

69　A・J・P・テイラー（古藤晃訳）『戦争はなぜ起こるか――目で見る歴史』（新評論、一九八二年）一九七頁。

70　佐伯啓思「近代化論とイデオロギーの終焉」岩波講座『社会科学の方法［II］20世紀社会科学のパラダイム』（岩波書店、一九九三年）二三二頁。佐伯は社会の次元における近代化と思想の次元での近代化に分けており、思想の次元における近代の本質をこの進歩の思想に見る。

71　デモンストレーションや知的動員が可能にしたものは近代世界、ナショナリズムと国民国家、国民主権、産業化とその帰結など多岐にわたるといわれるが、この整理は理論的とはいえない。総じてベンディクスの議論は叙述と理論分析の境目があまい。Reinhard Bendix, *Kings or People* (University of California Press, 1978). また、ベンディクス、前掲『歴史社会学の方法』一八三頁以下。すぐれた解説に大川清丈「ラインハルト・ベンディクス『国王か人民か』」筒井編、前掲『歴史社会学のフロンティア』、大川「ベンディクス比較近代化論の検討」『ソシオロジ』一一〇号（一九九一年）参照。

72　桜井哲夫『知識人の運命——主体の再生に向けて』（三一書房、一九八三年）七頁。この本は大量の著作をもつ桜井の処女作であり、比較的注目されていないように思われる。しかし一種の一九世紀型社会科学批判として興味深い指摘が多い。一九世紀の異常性として彼がカール・ポランニーやトクヴィルなどに触れつつこの文章の後に指摘するのは、「一九世紀における市場経済という人類史における異常なシステム」（八頁）であり、大平和の最中にもかかわらず進行する軍事的社会化である。そしてその背景には均質性や同一性への志向があるといい、それはまさに一八世紀の啓蒙主義によるものだと続く。桜井が動員史観に近い認識を二〇年も前にもっていたことが分かる（ただし一八世紀の思想が一九世紀に機能しはじめるという言い方をする桜井とすれば、一九世紀型社会科学でなく一八世紀型社会科学という言葉を選ぶのかもしれないが）。そうした例はしかし桜井に限られない。《体系的》な批判的網羅の必要を本書が強調するのはそうした事情も勘案している。

73　簡単にいうとイギリスの産業革命はカリブ海域の奴隷制砂糖プランテーションの産物だという主張。従属理論や世界システム論へ大きな影響を与えた。E・ウイリアムズ（中山毅訳）『資本主義と奴隷制——ニグロ史とイギリス経済史』（理論社、一九六八年）。解説としては川北稔「ウイリアムズ」尾形・樺山・木畑編『20世紀の歴史家たち［3］世界編』上（刀水書房、一九九九年）参照。

74　E・ウィリアムズ（川北稔訳）『コロンブスからカストロまで——カリブ海域史、1492-1969』Ⅱ（岩波書店、一九七八年）訳者解説、三〇八頁。川北『工業化の歴史的前提——帝国とジェントルマン』（岩波書店、一九八三年）の「訳者解説」参照。

75　川北稔の全般的な批判の要点は前掲『過ぎ去ろうとしない近代』所収の学会報告「イギリス近代史の内と外」、またその脱一国史的な実践として川北「太平洋奴隷貿易の展開とカリブ海域」歴史学研究会編『講座世界史［2］近代世界への未知』（東京大学出版会、一九九五年）参照。

76　D. Held, *Democracy and the Global Order: From the Modern State to Cosmopolitan* (Polity Press, 1995) pp.52-3.

77　ウィリアムズ、前掲『コロンブスからカストロまで』Ⅱ、三〇九頁。

78　戦後のアメリカ政治学における国家概念の排除については、John A. Hall and G. John Ikenberry, *The State* (Open University Press, 1989) ch.1.［J・A・ホール、G・J・アイケンベリー（星野・斎藤訳）『国家』（昭和堂、一九九六年）第一章］が触れているが、もっと長期的な視野での簡潔な整理として田口富久治「グローバル化時代の国家論序説」『政策科学』第四巻第一号（一九九六年）参照。

79　「権力に先立つ分業体制として国民を描き出した」スミスの『国富論』は、「経済学が政治生活の単位としての国家Ｎを認識の基本枠組みとする伝統」をつくった、と指摘するのは福田歓一である（国家Ｎ［nation］とは外枠としての国家Ｓ［state］に対するもので内容としての人的団体性を意味する）。『国家・民族・権力』（岩波書店、一九八八年）一一九頁。

80　ダリオ・メロッシ（竹谷俊一訳）『社会統制の国家』（彩流社、一九九二年）七八頁。

81　岩井克人・三浦雅士「貨幣――金融危機の根源にあるもの」『大航海』二七号（一九九九年）とくに五三頁参照。

82　スペンサーの後期の主著『社会学原理』（一八七六―九六年）において唱えられたテーゼで、コントの三段階の法則を二段階に縮小したものという。富永、前掲「戦後日本の社会科学におけるパラダイム相克とその終焉」三三八頁。

83　イギリス重商主義論といえば小林昇だが、本書では到底論じつくせない。別の形で論じたい。さしあたり小林昇『小林昇経済学史著作集――イギリス重商主義研究(1)、(2)』Ⅲ、Ⅳ巻（未来社、一九七七年）参照。

84　M・ボー、前掲『資本主義の世界史』五六頁。

85　シーダ・スコチポル「社会学の歴史的想像力」T・スコチポル編著（小田中直樹訳）『歴史社会学の構想と戦略』（木鐸社、一九九五年）一一頁。

86　たとえば古典的な赤木須留喜の研究「一八三四年の救貧法の改正（一）～（三・完）」『国家学会雑誌』第七一巻一、二、一二号（一九五七年）や金田耕一「福祉国家の思想」横島・中村編『人権を考える――宇都宮大学教育学部「人権教育」講義録』（随想舎、一九九七年）一一頁など参照。

87　マルクスは実はヨーロッパにおける国家的独立性の事実を認め、それを、封建制を経過してきたことの歴史的事情によって説明する。つまりアメリカは封建制の経験がなかったので国家は純粋に市民社会に従属したが、ヨーロッパではその逆に国家が社会から独立したと見る。つまり「マルクスの考えでは、国家の成立において鍵となる要因は、ごく狭く定義された封建制である」。B. Badie and P. Birnbaum, *The Sociology of the State* (The University of Chicago Press, 1983) p.5.

88　木村雅昭『国家と文明システム』（ミネルヴァ書房、一九九三年）とくに第二、三章参照。

89　しかし中華帝国が典型だが、帝国の内部には相対的自律性をもった準国家があるのが普通で、準国家はその内部に複数の民族を抱えることが少なくなく、帝国のミニアチュアである場合が多い。こうして帝国の内部構造は通常錯綜しており、主権的な争いに近いものはある。廣松渉『近代世界を剥ぐ』（平凡社、一九九三年）二四九頁以下参照。

90　矛盾するようだが、江戸時代の思想構築において兵学的発想が大きく影響を与えていたという主張が行われている。野口武彦『江戸の兵学思想』（中央公論社、一九九一年）。おそらくこれは日本という近代化親和的な国の何らかの特殊性と関係しているだろう。

91　シャルル八世は、最終的には一四九一年のブルターニュ公女との結婚によって、ブルゴーニュ公国、アンジューやプロヴァンスなどの君主国家を併合してなされてきたフランス王家による国土統一をほぼ完成させた人物である。王国統合と侵略戦争開始の符号は示唆的である。

92　原田至郎「近代世界システムにおける戦争とその統計的記述――1495年から1989年まで」山本吉宣・田中明彦編『戦争と国際システム』（東京大学出版会、一九九二年）。

93　マイケル・ハワード（奥村・奥村訳）『ヨーロッパ史と戦争』（学陽書房、一九八一年）八二頁。

94　戦争についての動員史観のまとまった考えは別に体系的に行う。

95　落合正勝『ファッションは政治である――モードに秘められた力の構造』（はまの出版、一九九九年）一五頁。

96　青土社という《ハイブラウ》な出版社から出た『悪趣味大全』（ユリイカ特集号、一九九五年）に永江朗「変態はどこへいった?」という性風俗を扱った論考がある。問いと解答のスタイルにおいてウェーバーの『プロテスタンティズムの倫理と資本主義の精神』を彷彿とさせる名エセーである。著者は社会科学とはまったく無関係の風俗ライターだが、問題を扱う手並みには抜群の社会科学的センスが見られる。知らず知らずの社会科学者なのである。そう考えて学生用の初歩的な教材に供したことがあるが、学生は軽蔑的な関心しか抱かなかったようである。学問に興味のない学生でも社会科学について専門家同様の固定観念（シリアスな社会科学とでもいおうか）に縛られている。関心がある方は是非一読をお勧めしたい。専門の研究でもないような見事な社会科学的分析と政策科学的応用の融合が体験できる。

97　ヴェルナー・ゾンバルト（金森誠也訳）『恋愛とぜいたくと資本主義』（至誠堂、一九六九年）、同（金森訳）『戦争と資本主義』（論創社、一九九六年）。

98　確かに軍事史の常識となっているように、地中海むきのガレー船（スペイン）では北の荒海で海戦するには帆船（イギリス）には劣るということはいえたにしても。というかこれこそ典型的な事後的解釈のように思われるが。むしろ天候の問題が一つの決定的要因のように思える。神風の吹かなかった元寇を想像してみれば分かるだろう。

99　ハワード、前掲『ヨーロッパ史と戦争』四七頁。

100　村瀬興雄「第一次世界大戦」『世界「戦史」総覧』（新人物往来社、一九九八年）一〇一頁。

101　マルクスには、通俗的で厳格なマルクス主義的解釈を許すような単純で機械論的な下部構造決定論的国家観がある一方で、ボナパルティズムのルポルタージュ『ルイ・ボナパルトのブリュメール一八日』で知られるような鋭利でデリケートな政治分析があり、フランスのみならずドイツなどのヨーロッパ諸国では、国家の社会からの独立性を事実として認める。正統派マルクス主義者はボナパルティズムの分析は例外だといいつのってきたが、マルクス自身は、国家の独立性はより一般的な過程、近代の全般的な分化過程の産物と理解していた。つまり歴史において国家のかかわる政治領域が分化してくるが、その領域内に高度な官僚制的な国家組織が成立したというのである。これは『ドイツ・イデオロギー』での議論である。マルクスはそこでは、ほとんどデュルケーム的な産業社会論のスタンスをとっているのである（マルクスの時代には国家装置の制度化はそれほど進んでおらず、彼にはそのデータもなかっただろうが）。

102　ハワード、前掲『ヨーロッパ史と戦争』四二頁。

103　ハワード、前掲『ヨーロッパ史と戦争』一〇一頁。

104　A.Giddens, *The Nation-States and Violence*, pp.1, 22-31.

105　たとえば河野健二『歴史を読む［2］現代史の展開』（岩波書店、一九九七年）第Ⅲ章「ファシズムと社会主義」参照。

106　勿論外交努力が近代ではいつも無に帰すといったようなことをいっているのではない。常態的な可能性として破滅的な主権戦争のあり得ることの理論的意味を強調しただけである。

107　さしあたり鈴木基史『国際関係』（東京大学出版会、二〇〇〇年）の結論部分を参照。

108　Hall and Ikenbery, *The State.* の基本的認識は、そこにあると思われる。そこから彼らは最後に第三次大戦の可能性を論じていく。

109　蛇足だが、一九世紀型社会科学の背後には貧困という社会状況の問題がある。その意味では今日の問題は豊かさである。前者（貧困）において経済学が範型的学問となるのはそれが一つの背景だと思われる。後者（豊かさ）では生活や生き方のスタイルや質、人間関係が重大な問題となり、《ある種の》政治学が範型たり得るはずである。この二分法は実はフーコーのものでもあり、彼は後者において質やスタイルを総括する用具として権力という言葉を用いた。

110　J・バーナム（長崎惣之助訳）『経営者革命』（東洋経済新報社、一九五一年）、J.Burnham, *The New Machiavellians* (Gateway Press, 1970).

111　Ch. Dandeker, *Surveillance, Power & Modernity* (Polity Press, 1990).

112　I・バーリン、R・ジャハンベグロー（河合秀和訳）『ある思想史家の回想――アイザイア・バーリンとの対話』（みすず書房、一九九三年）九四頁。

113　たとえばJ・バーナム（名東・垣見訳）『自由主義の終焉』（ダイヤモンド社、一九六七年）参照。

114　間宮陽介「日本における近代経済学」岩波講座『社会科学の方法［Ⅲ］日本社会科学の思想』（岩波書店、一九九三年）七九頁。

115　これについてはたとえば森村『踏みはずす美術史』（講談社新書、一九九八年）参照。

116　現実の位相を転換し運命を引き受けるニーチェ的洪笑（ラッヒェン）はよく知られた概念だが、他にもニーチェにはいろいろな笑いの技法があった。タルモ・クンナス（杉田弘子訳）『笑うニーチェ』（白水社、一九九八年）ご参考までに。

117　このような印象が誤っていることは重々承知だが、その認知にいたった経路を記すこともネオ・マキアヴェリ主義的実践にとっては大切なことだろう。西川についてはその師であったフランス経済史・社会思想の河野健二との関連からもこうした印象の根拠のなさが知れるのだが。そもそも本書において西川の再発見は、河野との関連で生じたものである。多数の書物や翻訳を刊行した西川だが、国民国家・文化関係で興味深い編著として『世紀転換期の国際秩序と国民文化の形成』（渡辺公三と共編、柏書房、一九九九年）、『アジアの多文化社会と国民国家』（山口・渡辺共編、人文書院、一九九八年）、『多文化主義・多言語主義の現在』（多数と共編、人文書院、一九九七年）、『ラテンアメリカからの問いかけ――ラス・カサス、植民地支配からグローバリゼーションまで』（原毅と共編、人文書院、二〇〇〇年）、『20世紀をいかに越えるか――多言語・多文化主義を手がかりに』（姜・西と共編、平凡社、二〇〇〇年）。

118　西川長夫『国民国家論の射程――あるいは「国民」という怪物について』（柏書房、一九九八年）。同趣旨でつくられた『国境の越え方――比較文化論序説』（筑摩書房、一九九二年）、『フランスの解体――もう一つの国民国家論』（人文書院、一九九九年）も同様に参照。

119　しかし政治的・イデオロギー的境界線というよりは、感覚的・感性的なそれだとも彼は指摘している。この点は後の議論と共鳴する。

120　今回、本書ではこれ以上言及しないが、科学的な体裁をもった実証的な国家論を《淡白な国家論》、個人のコミットメントを背景にした感じ方の革新としての国家論を《濃厚な国家論》と動員史観では呼ぶ。政治理論としての国家論と社会理論としての国家論の分類にラフに対応する（淡白＝政治理論、濃厚＝社会理論）。政治理論としての国家論が修道院科学化しやすい点を、また社会理論としての国家論がそうならないようにこの淡白／濃厚という分類は意識させようとしている。

121　彼は西川（一九三四年＝昭和九年）とほぼ同年生まれ（一九三三年）であり、東京外国語大名誉教授である。

122　朝日新聞一九九七・一二・一六（夕刊）。

123　山之内『日本の社会科学とヴェーバー体験』（筑摩書房、一九九九年）第一章「総力戦・グローバリゼーション・文化の政治学」も自伝的軌跡の理論的評価を行っていて必読である。

124　ジョン・A・ホールは市民社会（派でなく）復活への志向をもつ点で山之内の試みと好対照をなす。改めて市民社会という共同体的規範性を強調するのがホール的ないき方、むしろヨーロッパ的な傾向のように思われる。この点は各社会や学問の当該あり方に規定されるところの、現状認識の差による差異であり、興味深い論点である。日本の先端性という動員史観的発想を生かせば、そうしたヨーロッパの傾向をも相対化できるはずである。

125　修道院化は既に「社会科学の女王」経済学で著しいようで、修道院化した経済学を《砂場遊び》と茶化す内部告発者、アメリカの元男性経済学者ディアドラ・N・マクロフスキー（赤羽隆夫訳）『ノーベル賞経済学者の大罪』（筑摩書房、二〇〇二年）は非常に面白い。

126　三島憲一『ニーチェとその影』（未来社、一九九〇年）第一章参照。

127　たとえば山之内の著書を書かれた順に見ると、そこに彼の営為が紆余曲折を経ながらゆっくり、遅々としてしか進まない様子が、手にとるように分かる。しかしそこに知的な興奮がある。本書第3部第五章参照。

128　彼の業績は『村上泰亮著作集』全八巻（中央公論社、一九九七年）でたどることができる。

129　アメリカでは既に村上をめぐる研究が編まれている。Kozo Yamamura, ed., *A Vision of a New Liberalism?: Critical Essays on Murakami's Anticlassical Analysis* (Stanford University Press,1997).

130　村上泰亮『反古典の政治経済学』上下（中央公論社、一九九二年）、同『反古典の政治経済学要綱』（中央公論、一九九四年）。加えて『文明の多系史観』（中央公論社、一九九八年）がここでは主に参照されている。さらに、以下では『産業社会の病理』（中央公論社、一九七五年）からも引用する。

131　この文脈で彼は感性の時代というキャッチフレーズで行われた「思想もどき」などを批判しているが、直接本にあたっていただきたい。

132　井上和雄『資本主義と人間らしさ――アダム・スミスの場合』（日本経済評論社、一九八八年）参照。

133　ルネ・シェレールなら《歓待性》の喪失とでもいうべき事柄

か。同（杉村昌昭訳）『ノマドのユートピア』（松籟社、一九九八年）第一章参照。

134　彼は同族型集団主義を徳川期について検討するように、過去の文化的問題へと溯らせるが、動員史観はそうした試みではない。そうした文化的な在来の傾向も、国家的動員という近代的再規定を受けて定義し直されるという点を重視する。

135　山之内グループとしては「銃後の《戦時動員》は未だ継続中なり」との刺激的な帯をもつ山之内他編『総力戦と現代化』（柏書房、一九九五年）や、「柔和な仮面に隠された狡猾なシステム」なる惹語が踊る酒井直樹他編『ナショナリティの脱構築』（柏書房、一九九六年）、また中野敏男『大塚久雄と丸山真男――動員、主体、戦争責任』（青土社、二〇〇一年）など。また上野千鶴子すら、近著で総動員論を展開している。『ナショナリズムとジェンダー』（岩波書店、一九九八年）。

136　たとえば野田宣雄編『よみがえる帝国――ドイツ史とポスト国民国家』（ミネルヴァ書房、一九九八年）、蓮実・山内編『文明の衝突か、共存か』（東京大学出版会、一九九五年）やオスマン帝国やハプスブルク帝国への最近の関心を参照。

137　社会科学批判としての文明論の興隆という現象が指摘される。たとえば「かつての古典的衰亡論における精神史的アプローチとはちがった意味であるが、イデオロギーと工業革命の二十世紀が終わった今日、再びこうした『文明のエートス』が、重要な歴史要因として、復権すべきときが来ているように思われる」。中西輝政『大英帝国衰亡史』（ＰＨＰ研究所、一九九七年）三九頁。また湯浅赳男の一連の研究、さしあたり『文明の「血液」――貨幣から見た世界史』（新評論、一九八八年）、同『文明の歴史人類学――「アナール」・ブローデル・ウォーラーステイン』（新評論、一九八五年）なども参照。

138　川勝平太『文明の海洋史観』（中央公論、一九九七年）。既に何冊かの本で川勝は海洋史観を主張していた。『日本文明と近代西洋――「鎖国」再考』（ＮＨＫブックス、一九九一年）、同編著『海からみた歴史――ブローデル『地中海』を読む』（藤原書店、一九九六年）、川勝・佐伯啓思『静かなる革命』（リブロポート、一九九三年）なども参照。

139　近代世界システムに接した非ヨーロッパ圏がことごとくその支配下に置かれたのに対し、東アジア、とくに日本はその領域に組み込まれなかったというのがその理由である。川勝『文明の海へ』（ダイヤモンド社、一九九九年）とくに四七頁。

140　もとよりこれはサミュエル・ハンチントン（鈴木主税訳）『文明の衝突』（集英社、一九九八年）系統の議論とは意図を異にする。

141　もともとはインド政治研究から出発し、代表的な著作として『インド史の社会構造――カースト制度をめぐる歴史社会学』（創文社、一九八一年）、同『インド現代政治――その光と影』（世界思想社、一九九六年）。

142　木村雅昭『国家と文明システム』（ミネルヴァ書房、一九九三年）。動員史観からの『国家と文明システム』批判としては、章ごとや場合によっては節ごとに主張が明らかに異なり、一定しない点がある。これはしかしパイオニア研究の栄光だともいえる。ラディカルな帰結を自らも全面的には信じきれない著者の戸惑いや苦しみがよく分かる。

143　木村の思想史的な分析手法の例として『ユートピア以後の政治――二一世紀への政治を読む』（有斐閣、一九九三年）がある。

144　木村には一九九〇年前後の東欧革命やソ連の瓦解、つまり社会主義の崩壊という世界史的事実のインパクトが大きかったようである。『国家と文明システム』第一章参照。

145　P. B. Evans, D. Rueschemeyer, Th. Skocpol, *Bringing the State Back In* (Cambridge University Press, 1985).

146　木村雅昭『「大転換」の歴史社会学——経済・国家・文明システム』ミネルヴァ書房、二〇〇二年。

147　野口悠紀雄『一九四〇年体制——さらば「戦時経済」』(東洋経済新報社、一九九五年)。

148　ただし日本的経営論などは早くから連続仮説を打ち出していたといえるし、野口以外にも経済学では岡崎哲二や佐口和郎などによって戦時経済体制論はポピュラーだった。たとえば、岡崎『日本の工業化と鉄鋼産業——経済発展の比較制度分析』(東京大学出版会、一九九三年)、岡崎・奥野編『現代日本経済システムの源流』(日本経済新聞社、一九九三年)、佐口『日本における産業民主主義の前提——労使懇談制度から産業報国会へ』(東京大学出版会、一九九一年)。両氏はまた、山之内の総力戦の共同研究にも参加している。岡崎「日本の戦時経済と政府‐企業関係の発展」、佐口「産業報国会の歴史的位置——総力戦体制と日本の労使関係」、ともに山ノ内他編、前掲『総力戦と現代化』。

149　E・ボブズボウム、T・レンジャー編(前川・梶原他訳)『創られた伝統』(紀伊国屋書店、一九九二年)。

150　橋本寿朗「現代日本経済史研究の焦点」『社会科学研究』第四九巻一号(東京大学社会科学研究所、一九九七年)一二三頁。

151　山田昌弘「近代家族の東と西の果て——家族の感情の自由をめぐって」『海燕』一九九六年六月号。

152　柴田三千雄『近代世界と民衆運動』(岩波書店、一九八三年)。

153　河野健二『近代を問う』全三巻(岩波書店、一九九六年)、河野・飯沼編『世界資本主義の形成』(岩波書店、一九六七年)、河野・飯沼編『世界資本主義の歴史構造』(岩波書店、一九七〇年)。前者の解説として西川長夫「戦後社会思想の転換——河野健二著『近代を問う』を読む」『思想』(一九九六年六月号)参照。

154　成沢光『現代日本の社会秩序——歴史的起源を求めて』(岩波書店、一九九七年)。

155　森嶋道夫『なぜ日本は没落するか』(岩波書店、一九九九年)。

156　堺屋太一『組織の盛衰——何が企業の命運を決めるのか』(PHP文庫、一九九六年)。

157　村上淳一『仮想の近代——西洋的理性とポストモダン』(岩波書店、一九九二年)。

158　中井久夫『分裂病と人類』(東京大学出版会、一九八二年)。

159　岡田英弘『世界史の誕生——モンゴルの発展と伝統』(筑摩書房、一九九二年)。同様に『中国文明の歴史』(講談社、二〇〇四年)、『歴史の読み方——日本史と世界史を統一する』(弓立社、二〇〇一年)、『中国文明の歴史』(講談社新書、二〇〇四年)その他。残念ながら彼の議論を十分本文に組み込めなかった。

160　網野善彦『日本社会の歴史』上中下(岩波書店、一九九七年)、『無縁・公界・楽——日本中世の自由と平和』(平凡社、一九七八年)。

第3部　第三の社会理論の実践としての動員史観

第３部も二章構成である。動員史観の理論枠組を説明するのが第五章である。修正された総力戦論（第一節）を背景に基本概念の提示を中心に概説するが（第二節）、枠組の一部であるとともに、枠組全体を支えるメタレベルの理論として、動員史観はある国家論を予定している。既に何度か触れてはきたが、この章で詳細に説明を加える（第三節）。それは、近代全体を貫く国家の役割をはっきり打ち出すような国家論の再構築であり、動員史観の理論的根拠を闡明する作業である。そして最終節では、動員史観の社会理論としての意義を再確認する。近代の再解釈としての動員史観は、同時に、われわれの現在の行動をも説明できるとするところに（予想外の！）意義があるが（これを動員の考古学と呼ぶ）、そのことはいかにして可能なのかを問い（第四節１）、それを踏まえて動員の簡単なタイポロジーを提示する（第四節２）。

第六章は、直接第五章の終わりを受け、動員のタイポロジーをもとに、近代世界の現在の人間《よい子》現象のある傾向（これを過動員と呼んだ）について、動員史観なりの解釈を示してみたい。これは、動員史観の現時点での総整理となる終章において、動員史観の第二の顔として整理される問題視角を用いた一つの応用例であるが、あくまで問題設定に重点があり、よい子問題へのアプローチにおいて万全の解き方だと言うのではない。ポイントは解き方にはなく、問題の立て方にあると繰返したい。問いのカタログの更新をこそ主張したいのである。動員史観は何気なく見逃されてしまうようなところに幾層にもわたる歴史の凝集を見出していく。アイロニカルな感受能力が第六章によって少しでも感得されればと思う。

このように第五章は理論的な検討であり、第六章はその実践的なあくまで一つの応用に過ぎない。

第五章　動員史観の理論枠組

第2部ではネオ・マキアヴェリ主義的精神が、近代（および近代主義）との格闘のなかで生成してくる現場を一瞥した。この章では、最終的に動員史観の理論枠組となるものを提示したい。ネオ・マキアヴェリ主義的実践や視角がどういうものであるか、さらにガイドを加えながら、一つの枠組へと整備することを考える。一九世紀型社会科学とは異なる近代世界理解および展望にとって出発点となるのは、社会学者山之内靖の総力戦論である。

断りたいのは、動員史観は最初、小さな共同研究『近代と監視』として出発したが、山之内らのグループとは別個に構想され、その孵化や羽化の過程で交わりはないということである。ネオ・マキアヴェリ主義社会理論の文脈で書かれた最初の論文は、本書の最後に修正収録した拙論「見えざる手としての国家」（一九九六年）であるが、この段階では動員史観への結晶作用は十分でなかっただけではなく、その執筆過程の最後のあたりで、ようやくかすかに山之内および山之内グループとの問題関心の平行性に気づいたに過ぎない。それまではそもそも知らずにいたのであって、その状態はさしずめ、映画『ナバロンの要塞』（一九六一年）で要塞にたどりつけなかった攻略隊長、いまではその名前を覚えている方も少ないと思われるイギリスの名優アンソニー・クエールを想起していただければと思う。彼の無念さは映画において彼を自殺の衝動へといたらしめたが、それはそれとして山之内らの議論から始めるのは、彼らの議論が発想の原点となったからではなく、それを出発点として用いることが動員史観の説明に適当だという理由からである。それがまた彼らの仕事に対する賛辞となることを期待しつつそう言い添えたい[1]（なおアンソニー・クインというアメリカの有名な役者も映画には出ていて、クエールと間違えられるが、クエールはイギリスの地味な性格俳優である）。

第一節　総力戦体制という出発点

１　山之内靖の総力戦論

山之内靖その人にはとりたてて説明はいらないだろう。前章の山之内の部分を見てもらえばいいし、経歴と足跡についてもっと突っ込んだ資料もいまなら簡単に手に入る。大塚久雄の直接の指導の下、市民社会派から出発しその乗り越えを図った、今日の社会科学を代表する一人、それも日本社会科学がもった稀有な理論家であるといえば、さしあたり十分だろう。さて彼の総力戦論は二つの点で出発点にできる。

第一に、戦争や国家など、後に国家関連事項と呼ぶことになる事態の、社会科学における復権を行っていること――これがネオ・マキアヴェリ主義社会理論の中心となるポイントであることは贅言を要しない。第二に、現代社会批判の提示が、近代社会科学批判の観点も含めて、鮮明な形で呈示されていること――これがネオ・マキアヴェリ主義社会理論のもう一つのポイントであった。以上、国家関連事項の復権、近代社会批判の提示、近代社会科学批判の観点――これらが一体となっている点で、彼の総力戦論は典型的なネオ・マキアヴェリ主義的営為であり、二一世紀型社会科学の構築へむけてその最右翼に位置した研究といえる。

ところで、山之内自身もその魅力に惹かれた戦後市民社会派（あるいは場合によっては講座派）の力（＝影響）が翳るようになった時分に社会科学の学習と研究に入った、たとえば私のような人間――つまり大学の教養課程でたとえば内田義彦、市民社会派のスターの一人であった経済学史家の『経済学の生誕』（未来社増補版、一九六二年）のような書物を数冊読まされた記憶はあるが、感動したとか理解できたという覚えのない人間には、山之内の初期からの高度に専門的な研究を、流れとして概括的に追うことはできても、その内容を自力できちんと把握できるといえるほどの力（＝教育）はない。専攻分野も離れ、高度成長どころか《近代の帰結》（Ａ・ギデンズ）すら明瞭になったのではないかと感じられる時代に、社会科学に何気なく入り込んだ新参者にはその印象は拭えない。そのため個人的には長いこと、彼を伝統的な思想史の専門家だと誤解してもきたのである。[2]（ちなみに実証的政治学では講座派や戦前の社会科学の歴史を学習する制度的な機会はほぼないに等しい）。

と言い訳めいた科白をつぶやいた上で、二一世紀型社会科学への展望に直接結びつくのは、山之内のとくに後年の業績や共同研究であるといってみたい。もとより彼の講座派的羅針盤からネオ・マキアヴェリ主義的レーダーへといたる、大江健三郎の小説さながらの一進一退の努力――その軌跡そのものがもっともドラマチックにネオ・マキアヴェリ主義的精神の何たるかを示しており、その過程にこそ彼の最大の苦心がうかがわれるとしても、以下では山之内自身が新生面を切り開いたとする『現代社会の歴史的位相』（一九八二年）以後の作品に主な光をあてたい。すなわち、『社会科学の現在』（一九八六年）、『ニーチェとヴェーバー』（一九九二年）、『システム社会の現代的位相』（一九九六年）、『マックス・ヴェーバー入門』（一九九七年）、『日本の社会科学とヴェーバー体験』（二〇〇〇年）、国際的共同研究による総動員体制論『総力戦と現代化』（一九九五年）と『ナショナリティの脱構築』（一九九六年）を中心に、出来上がった体系に即して検討する[3]。

そうはいってもなお、山之内靖の豊穣な試みを一言で要約するには無理がある。第2部第四章でその道程はアルベルト・メルッチ的な《政治の美学化》への道だったという彼自身の述懐を引用した。であるならその方向で要約するのが一番すっきりしていようが、そこにいたる道筋を細かく論じるのは時間がかかる。ここでは山之内の全容の解明ではなく、そのネオ・マキアヴェリ主義的な主張の骨格だけを跡づけるようにしたい。「まさにいま学問的生産性の頂点にいる著述家の業績を検討することにはつねに何らかの無謀さがつきまとう[4]」（社会史家リン・ハント）からだけではない。本格的な山之内研究は彼の共同研究者たちによって行われるだろう[5]。

しかし再び、とはいうものの、山之内の航跡は実はきわめてクリアに見えることも確かであり、その透明性にもっとも配慮しているのが彼自身なのである。この自意識の人は幾度も立ち止まり、孤独な航海の定点観測を行う。その意味で社会科学の《K》になぞらえることもできるだろう。社会科学における自分の位置をつねに測り、眼前にありながら不断に遠ざかる『城』としての近代——その全体に迫ろうとする小説家フランツ・カフカの測量士K。違いはKが城の門前で立ちつくし村の一員になれないままなのに対して、山之内はどうやらその本丸にたどり着いたのではないかと思わせる点にある。したがって山之内を理解するには、この生れながらの理論の測量士が、その測量の軌跡をどう捉えているかを参考にするのがもっともてっとり早い。体系的な形で山之内の到達点を集約しているのは、主著『システム社会の現代的位相』（一九九六年）である。彼はその序論で、一四年前の『現代社会の歴史的位相』（一九八二年）を定点に、主著の意義と課題を、継続面と新生面の両面から探ろうとする。彼の要約に即しながら適宜検討を加えてみたい。以下括弧内の頁数はこの主著の頁である（今回改めて山之内を論じ直そうと考えたが、彼のそれ以後の展開、たとえば《ソフトな全体主義》の強調や《帝国》論、《グローバル化》論の深化などの現代社会論は直接動員史観の枠組の構築にとくに必要とも思えないので差控える[6]）。

まず継続面については、《マルクスとウェーバー》という

（市民社会派的）問題構成には問題がある、という『現代社会の歴史的位相』以来の視点が、『社会科学の現在』や『ニーチェとヴェーバー』を間にはさんで継承されている。マルクスについては、フォイエルバッハ的な《受苦的存在》としての人間という青年マルクスの視角、すなわち（これまで軽視されてきた）人間存在における身体論の重要性が強調される。マルクスは結局、山之内によれば「近代思想を超えた人ではない。マルクスは近代思想の最高の到達点としての地位を確立し、そこにとどまったのである」（三頁）。マルクスが初期のフォイエルバッハ的位置から経済学者としての後期マルクス（という名のヘーゲル主義）に後退したことは、山之内によれば、マルクスが「産業発展への素朴な信頼という一九世紀的な発展神学から抜け出てはいなかった」（六頁）ことの証となる[7]。

ウェーバーについては、課題は「従来のヴェーバー研究をニーチェ的モメントによって脱構築すること」（九頁）である。この点は主著の翌年出版された『マックス・ヴェーバー入門』でより深められることになるが、この入門とは名ばかりの刺激的な研究書で山之内は、若きウェーバーの神経症からの立ち直りと絡めながら、ウェーバー『古代農業事情』第三版（一九〇七年執筆）の意義を再確認し、そこにウェーバーによるヨーロッパ中心主義克服のモメント——従来の言い方だと《強い》ウェーバーが《弱い》ウェーバーに転化する根拠、まさにニーチェ的というべきモメントを読みとろうとする[8]。

こうしてみると、継承面は主に思想史的沈潜による解釈的刷新である。マルクスとウェーバーを切り離し、おのおのの意義を再検討し、その近代に対する姿勢において前者を近代の枠に囚われた者とし、後者をその枠組を意識的に乗り越えようとする者と判断する。この判断は、両者の接合を課題としてきたそれまでの研究動向（市民社会派）に対する明示的な拒否を意味する。戦後日本の社会科学、また広く戦後世界の社会科学にも共通する傾向総体に対しての批判的視線——このように山之内の作品には、ネオ・マキアヴェリアン西川や村上などと同様、またたとえばウォーラーステインのような学者の考える《歴史的社会科学[9]》とも共振して、近代社会科学批判の主題が常に通奏低音となって鳴り響いている。

山之内自身、いたるところでこのことに触れ、彼の言葉でいうところの《批判的社会科学の可能性》（Ⅵ頁）に言及している。この主題はさまざまに変奏され表現されている。たとえば「一九世紀に属するキリスト教神学系譜の社会主義」（七頁）とか、「近代世界はその内に自ずと調和ある秩序を生み出す能力を備えている、とする一九世紀的な社会理論」（一一頁）、「その性格において一九世紀的な特性と限界をしめしている」（Ⅴ頁）といったように。いうまでもなく新しい社会科学はニーチェ的ウェーバーを立脚点にすべきものとなる。

　では山之内の社会科学批判は従来の方法と解釈の誤りを指摘するだけのものなのか。勿論そうではない。彼は近代世界の現実自体が決定的に変化してしまったのに、社会科学がそれに対応しきれていない、という点をこそ問題にする。近代批判と社会科学批判との相即はネオ・マキアヴェリアンの特徴なのであり、山之内も例外ではない。近代社会科学は「一八世紀に始まり、一九世紀にその姿を整えることとなった近代」（五頁）に対応していた。しかし事態の変化によって、「社会科学が向き合っている課題は驚くほどに変わってしまっている」（四頁）。今日的課題は、一九世紀起源の社会科学には到底、理解も解決もできない課題なのである。日本の市民社会派がドイツのフランクフルト学派とは異なり、後続世代の理論的継承、山之内風にいえば《現代的》展開とでもいうべきところの前進を欠いたのは、事態の変化を掴もうにも、それにふさわしい認識装置の用意がなかったためであるとされる[10]。

　こうして山之内靖の仕事では、多くの自覚的ネオ・マキアヴェリアン同様、既成社会科学へのラディカルな批判という地下水脈が強く意識されているが、では、今日の社会は一九世紀的社会とどう異なるというのだろうか。そして、それに対応する新しい社会科学とはどういうものになるのだろうか。

　ここから彼の議論は主著の新生面へとむかい、それが『システム社会の現代的位相』の主なテーマとなる。テーマは二点。それぞれが主著の第一部（二章構成）と第二部（二章構成）に対応する[11]。

　第一部＝第一のテーマは総力戦体制の登場である。彼は《近代社会》と《現代社会》を分けて考える。あるいは近代社会の《現代化》という言い方で、近代社会の変質を捉えるが、その契機となったのが総力戦である。第一部「総力戦と現代化」は、総力戦時代の到来によって社会の編成替えが生じる、という点から歴史認識の革新を訴える。「我々は、現代史をファシズムとニューディールの対決として描きだすよりも以前に、総力戦体制による社会の編成替えという視点に立って吟味しなくてはならない」（三五頁）。

　山之内によれば、資本主義の一般的危機という時代の後、第一次と第二次の世界戦争によって戦争は史上初の総力戦となり、各国はこの戦時体制に備えるべく社会全体の大規模な再編を余儀なくされた。その結果、日独伊など後発近代化国にはファシズム型の、英米などの先進工業諸国にはニューディール型の総力戦体制が成立する。第二次大戦はこの二つのいずれも総力戦体制間の資源動員競争であり、より効率的に動員＝総力化に成功したニューディール型体制が勝利した、と山之内によって解釈される。

　ところがこの解釈は、大変な挑戦であった。なぜかというと、戦後歴史学と市民社会派社会科学は、非合理的で専制的なファシズム型の体制が合理的で民主的なニューディール型の体制に敗北した、故に敗戦日本は一転、歴史の正常なコースとしてニューディール型の自由民主主義体制に転向すべきだと論じてきたからである。つまり日本の歴史学と社会科学という、社会に関する知の正統派は、二つの根本的に異なる体制、つまり歴史のコースに正当に乗っている体制とその進歩のコースを逸脱した体制の間の戦いが、第二次大戦であったと考えてきた。だから戦後日本の学的解釈は、歴史の軌道からズレた体制が姿を消すのは当然であり、なるべくしてなった現実を歴史の理性と見做す、という立場を一貫してとってきたのであった。山之内の議論は、この支配的見解を真っ向から覆すものだったといえる。西川長夫もこの点を引いて山之内に賛成するとともに、それが大きな物議をかもしたと述べている[12]。学問的《戦後合意》への抵抗は、当然ながら、強い反発を招いたのである[13]。

学問的《戦後合意》への挑戦はこうして強い反発を引き起こしたわけだが、当の山之内にとっては、市民社会派のめざすニューディール型の自由民主体制は手放しの理想ではない。ニューディール型の自由民主体制下においても、いまやあらゆる領域で高度に集権的な巨大ハイラーキー組織への再編が進行中であり、彼の見るところ、民主主義のあり方という点で大きな問題をはらんでいる。「そこにもある種の全体主義と呼んでよい兆候が現れて」（三四頁）いるからである。アメリカ的大衆社会をもう一つの全体主義と見る発想は、ナチスの弾圧でアメリカへ逃げざるを得ず、そこでアメリカ社会のありさまを観察できたヨーロッパ系知識人によってかなり早くから提示されてもきた。たとえば社会学者マックス・ホルクハイマーと哲学者テオドール・W・アドルノによるフランクフルト学派第一世代の代表作『啓蒙の弁証法[14]』［一九四七年］。これは戦後の業績だが、同じフランクフルト学派の社会心理学者エーリッヒ・フロムの大衆社会論『自由からの逃走[15]』［一九四一年］（たとえば《微笑みの強制》）は、お気づきのように、時代的には既に大戦中の発想なのである。このような文脈において、ファシズムとニューディールは、山之内にとっては、総力戦体制もしくは西川的国民国家の二つの下位分類なのだということである（同様にウォーラーステインが、社会主義経済体制はもう一つの近代経済体制だと論じ、世界システムの一部に取り込んでいたことを想起。またフリードリヒ・ハイエク『隷従への道[16]』［一九四三年］の国有化批判、「戦時経済を口実に社会の国家管理化[17]」を進めることの懸念もこの種の初期のパイオニアであった）。

総力戦体制は、戦争遂行のため、経済的・技術的・自然的資源はいうに及ばず、思想と行動を含めて人的資源についても全面的な国家的動員を要求する[18]。ところが近代社会の内実は、当時において、第一級市民とそれ以外の市民とを区別する階層分化社会であった。ここに矛盾が生じる。労働者階級、エスニック・グループ、主婦・女性などが二級市民を構成するが、彼らは国家市民としての正当性を剥奪されており、正当な国家構成員ではないから、戦争遂行において主体的な契機（動員史観的には《出動意欲》ともいうべきもの）を欠く。にもかかわらず総力戦は、全国民の主体的動員を要する。戦争は、資源の全面動員をもって闘われるものだからである。

この矛盾を、（旧来の社会編成との時間をかけた調整でなく）戦争遂行に力点を置いて短時日に解決しようとすれば、ヒトラー・ナチズムの《強制的均質化》に典型を見るような政策が生じるに違いない。それをゲルマン民族の純化、ユダヤ人の排除という意味でなく、広く一般に「全人民を国民共同体の運命的一体性」（三七頁）の下に統合しようとする均質化政策だと捉えると、強制的均質化政策は、事実上、第二次大戦の主役となったすべての国々がとった方策だったことが分かる。実際、女性の職場進出は男手のなくなった銃後の、有無をいわせぬ選択の結果であったし、社会哲学者ポール・ヴィリリオなどが示すように、ドイツでの義足の活用を含めて、身体障害者の大量の機能的社会進出も、同じ強制的な国家的戦争動員の論理的延長なのである[19]。

以上を要するに、総力戦は、一層の国民統合のために、階層等の内部的障壁を排除するよう促す。二度の世界戦争、とくに第二次世界戦争は、体制の、従来は外にいた人や集団を積極的に体制内化して一定の役割を与え、人的資源の活性化・集約化を促進する決定的な契機となったのである。総力戦を契機に人々は、国家によって必要とされる存在（一個の国民）へと均質化されていく[20]。

山之内は続けて、この均質化は社会総体を、戦争遂行のための機能という一点にむけて全面的に《合理化》することになったという。すなわち、均質化政策は、戦争のための社会的機能を社会のすべての成員が担いうるよう、そしてもっとも効率的にそうできるよう、機能主義的観点からその障害となる制度や慣行を廃し、新しい制度に置き換えていく。これを要するに、短期的には戦争こそが合理化の最大の原動力だったのである。そして、その産物として戦後の高度産業＝福祉社会があるとすれば、やはり戦争国家（warfare state）と福祉国家（welfare state）は表裏一体だったということになるだろう。だから山之内において、戦後社会の捉え方は、おそらくはウェーバーを本歌取りにこう表現されることになるのである。

第二次大戦終了後、諸国民社会は平和な日常的体制に復帰したのであったが、しかし、この復帰は大戦前の状態の回復を意味しなかった。第二次大戦後の諸国民社会は、総力戦体制が促した社会の機能主義的再編成という新たな軌道については、それを採択し続けたのであり、この軌道の上に生活世界を復元したのである（三七頁）。

このように成立した社会を、山之内は、改めて、《近代社会》に対して《現代社会》と呼び、この変化を《階級社会からシステム社会への移行》と表現する。それはまた、《近代社会＝階級社会→近代社会科学の手法で分析有効》という近代社会科学の前提から、《現代社会＝システム社会→近代社会科学の手法では分析無効》という現代の現実への移行――すなわち《現代化》である[21]。

ではこの現代システム社会とはどういうものなのか。この点は主著第二部のテーマでもあるが、さしあたり、支配と権力の匿名化した社会――あらゆる社会的な媒介手段が権力的秩序を支える機能的な統制装置になって働いており、原理的にそこから逃れるすべのないような社会だと考えればよい。制度化された抵抗運動すら既に体制内部の機能的一環に組み込まれているような社会であって、それは近代社会の組成や特徴からは理解できない社会の到来を意味する[22]。そこで強調されるのは、

(1) 権利獲得運動ではもはや問題の根幹が捉え得ず、逆に本質的な問題が悪化してしまうようなシステム統合の逆説（これはナイーヴな市民運動家に対する警鐘となるだろう）

(2) 外から明白に抑圧されているのではなく、自らが自らを抑圧していくような逆説的な事態の発生（ある意味では今日誰でも感じてはいるが表現できないある種の傾向のこと。抑圧の主体がどこにもないままに自発的に自己抑圧してしまうような、あるいは出口の閉ざされたように感じられるような全般的な抑圧感などを想起）

(3) 反撃するべき対象の不可視性からくる抵抗の無力感（学生紛争的な善玉悪玉論の不毛性）、などである。

この山之内的な現代社会イメージを理解する手掛かりとしては、施設の物理的限界をもつフーコー型規律社会論（監視は施設の範囲に限定される。工場を一歩出た労働者を組織は十分監視できない）ではなく、ウェーバーやジル・ドゥルーズなどのより徹底した《管理社会論》を連想するのがよいだろう[23]。それはテリー・ギリアムの映画『未来世紀ブラジル』（一九八五年）のような圧倒的な組織が個人を翻弄する世界よりもさらに深刻な社会である。そこでは何よりも敵が、つまり対抗すべき組織そのものが特定できないという事態が生じている[24]。そうした世界の分析に、階級社会分析時に使われた、旧式の社会科学が用意した概念装置のままで臨むのは、あまりに無防備というものだろう。そう山之内は考える。そして事実、そうした事態の到来を動員史観も、一九世紀型社会科学という言葉に託して表現しているのであるが。

2　現代のノマドたちの社会運動論

ここで、すぐ動員史観の立場から総力戦論の評価に入る前

に、手短に、山之内の主著第二のテーマである総力戦体制打開の本来の試みについて触れておく方がいいだろう。同書第二部「マクロ社会理論の再構築」は社会運動の新旧を区別し、システム社会における事態打開のためにはどういうタイプの社会運動が可能かを探ろうとしたものである。

そのための山之内の議論は大変興味深いが、まず、彼は、現代システム社会においては、階級的基盤に立つ運動（階級闘争）や二級市民の権利獲得運動など、古いタイプの社会運動は、それらが近代社会においてもっていた創造的意味を失い、人的資源の機能主義的統合という戦時期的な軌道の上にあって、これを強化するものに過ぎなくなっていると見る。代表的な階級運動であった労働運動にしてからが、システムを維持する社会的機能へと転化してしまい、戦後五〇年を経ていま問題になっているのは、諸階層のシステム内統合が進展しないことではなく、それが大きく進展した結果として出現したものだ、と山之内は考えるのである。

社会的差別をエネルギーとして権利の平等化を要請し、その平等化を社会的に制度化する運動は、社会システムの問題性を解決する基本的道筋とは、もはやなりえない。…それらの限界的な社会層は社会システムの匿名的な権力機構に組み入れられ、匿名的な支配機能の一環を担うことになるのである（一六頁）。

こうして《新しい社会運動》の可能性が問われてくる。それは社会制度内に権利として定着させることを目的とせず、狭い意味での政治活動とは直接かかわらず、「匿名化した現代的権力の所在を目に見えるようにする意識覚醒運動」（二一頁）なのだと彼はいう。

現代の最先端においては、身体的ないし感覚的な分野を本来の場とする美的表現が、再び政治的意味を獲得するようになったのだ（二一頁）。

社会科学の根幹を揺るがすこのような一連の指摘には、ここ二、三〇年における先端的な知的革新の成果が結晶化されているだろう。後進としては、かくもラディカルな認識が、とうにウェーバーの年齢を過ぎた学問の巨人によって発せられていることの喜びを噛みしめたい。これを彼はイタリアの社会学者メルッチに寄せて、改めて《政治の美学化》と表現したのだった[25]。

山之内は、ともに現代社会科学の《ノマド》（遊牧民）といってよいメルッチの《複合システム社会[26]》論を下敷きに、美学的表現運動としての新しい社会運動を四つにまとめている。これが《複合社会の表層分析》である（三一一―三二頁）。第一に、新しい社会運動はストレートな政治的性格でなく、シンボル的な文化的表現をとる。第二に脱構造的性格。階層構造のようなものからの動機的・構造的な動員可能性が約束されていないということである。同じ企業の同じような地位や給与のホワイトカラー家庭であっても、妻の意識の違いによってエコロジー運動に参加するものとしないものとが分かれるといったことだろう。つまりライフスタイルが多様化するということは経済決定論の不備を示すものである。第三に、この運動は中立的な手続きのなかに埋め込まれた匿名の権力、特定しがたい権力や支配秩序を白日のもとにさらそうとする。第四に、システム社会の自己再帰性によって個人は抵抗の主体であるとともに社会的介入の対象でもあるという矛盾した、一筋縄ではいかない緊張状態に置かれている。これはフーコー的な主体化＝従属化のテーマに重なるが、この故に、複合システム社会の表層分析はその《深層分析》へとむかわざるを得なくなる。

深層分析についてはとりあえず、次の点だけを記しておきたい。それは、ポストモダンへの展望にかかわる身体論的抵抗というヴィジョンである。身体論は、山之内において、おそらくフォイエルバッハ的マルクスの発見、およびハバーマス批判の文脈でのメルッチの影響とによって、権力支配に対する抵抗運動の基礎として打ち出されている。彼はいう。社会秩序の構成における暴力性（見えない支配）に対して、その変革のために、身体を賭した抵抗が浮上してきているのだと。すなわち総力戦体制下で軌道設定された社会統合という《暴力》には、いまや、たとえば登校拒否や帰宅不能といった、身体領域における病理的・暴力的な反応という形での反旗が翻されている。それは、産業社会のリズムと情報社会のリズムが、身体に根拠をもつ人間の内的リズムとの間にもたらす葛藤の身体的表現なのである。身体が本能的に示す抵抗、そしてその形としての病体という発想！　第2部での西川長夫の不眠症を想起してもよい。そして山之内は、この心身症たり得る身体を根拠に、人はあくまで対抗的意志をもつことができるのだと考える[27]。

さらにいうまでもないことだが、ネオ・マキアヴェリ主義的観点から一言つけ加えれば、新しい社会運動は国民国家の枠を越えるべきものである。そうでなければたとえば先進諸国の高い生活水準を維持することが、その犠牲を第三世界の諸国へともちこしていく、という従来からの構造を変更できない。また、国連などの国際的政治権力からも距離をとることの意味も、山之内において強調されている。その、制度化された政治への／からのディタッチメントは、彼の場合、印象的なほど徹底している（すぐに国連中心主義などをもち出す国際政治学者たちのあまりに安易な制度論的思考への冷水となるだろう）。

3　動員史観による総力戦論の変容
——動員体制という観点

以上、『システム社会の現代的位相』の第一部（第一のテーマ）はいってみればモダン理解の提示、第二部（第二のテーマ）はポストモダン展望の試みである。山之内自身の重心は後者にあるといえるが、山之内グループの最初の総合研究『総力戦と現代化』、『ナショナリティの脱構築』の二冊[28]は総力戦そのものに関係した戦時期の歴史研究となっている。総力戦時代に社会統合がいかに形成されていったのかが扱われている。しかし総力戦にとどまらず、いま見たように、山之内靖の仕事のなかには国民国家論、世界戦争論、社会秩序という名の匿名的暴力論、美的活動の政治的回帰など、ネオ・マキアヴェリ主義的検討項目の多くが先取りされており、世界的にもこれほど包括的なものは少ない。山之内によって二一世紀型社会科学への確かな足場が定位されたということが分かる。目配りの広さや議論の鋭さには、問題関心の長期の持続や一貫性も含めて、改めて敬服せざるを得ない。戦後社会科学の方向転換を導く最大の業績の一つであることは、今後ますますはっきりしていくだろう[29]。

だからその上に動員史観が屋上屋を架する余地はないはずであるが、いくつか指向の異なる点があるのが、言葉は悪いが、救いといえば救いである。ここでは近代（史）解釈の試みとしての動員史観にもっとも関係の深い、山之内的には第一のテーマの方（総力戦と歴史の捉え方）だけをとりあげ、動員史観という新商品の差別化に努めたい。この点がおそらく最大の相違となるからである[30]。

それは山之内でいえば《近代—現代》図式（近現代峻別論）の有効性にかかわる問題である。山之内は、近代社会＝《階級社会》と捉え、その行き詰まりが新しい国民統合の形式としての総力戦体制を招き、かつこれによって打開されるところに現代社会が成立すると考える。現代社会は見てきたように機能主義的に管理された《システム社会》であり、その効率と成功が今度は新たな閉塞・危機となる。この逆説、この危機の展望が、山之内グループにおいて、新しい社会運動への傾斜を強化するのである。したがって一見まったく無関係であったり、過ぎ去ったことのように見えるとしても、現代社会の到来や性格には、国家および国家間関係としての戦争が決定的な役割を演じている。

このように山之内らの図式を整理できるとして、では第一に、近代社会において国家や戦争はどういう役割を果たしていたのか。第二に、現代社会は匿名的権力による支配の網目が徹底して社会と人間を覆い尽くす《暗い社会》だとして、では近代社会も同じように暗かったのか。この二点をどう考えるかが問題である。

第一の問題については、近代社会では資本主義が主導権をもち、総資本対総労働という階級闘争（史観）で十分説明がつくのだとすると（＝一九世紀型社会科学）、国家や戦争は大きな役割を果たすとは見做されないだろう。第二の問題についても、近代社会では脱魔術化（＝恭順感情を軸とする家産制的クライエント関係から自己の内面に生きる自覚的近代市民の誕生[31]）によっていったん伝統的な人格的依存関係からの人間的解放がなされるが、それが次に産業資本主義の進展、帝国主義への移行などによって合理化の過剰を生み、《鉄の檻》（＝近代官僚制が家産官僚制に収斂していく危険）に陥る[32]、という風に一般的な作法通りに考えているのだとすると、近代社会はそれほど暗くもない社会ということになるだろう。

　これらは、こちらで勝手に想定した解答例に過ぎず、山之内本人が答えているわけではない。反対に山之内は、近現代峻別論にもかかわらず、解放を生んだ古プロテスタンティズムの精神構造のなかに、そもそも解放と拘束の弁証法が組み込まれていた、というウェーバーの理解を高く評価している。つまりウェーバーははじめから、合理的生活態度を生む精神土壌自体のなかに何か異様なもの、非合理なものがあると考えていた、そのことを山之内は高く買うのである。この点にこそ、ニーチェ的ウェーバー像を市民社会派的ウェーバー像から分ける最大のポイントがあるわけで、それ故、富や経営が一人歩きして、神への奉仕にとって替わる、という目的と手段の倒錯というお馴染みの（大塚久雄流の）図式も当然否定されることになる。

　しかしながら、もしそういうことであるなら——ということは古プロテスタンティズムのなかに近代を変質させる芽があったと考えるならということであるが（あるいはニヒリスト・ウェーバーのそうした解釈に従うとするならば）、近現代に一貫して通じる論理を前提に議論を行うしかないのではなかろうか。事実、何度も関説したジョン・A・ホールの国家社会学は、近代を生んだ政治的構成や枠組が変わっていない以上、再び新たな世界戦争（第三次大戦）が起こり得る、という問題意識から議論を進めたものである。彼の言葉では《ヨーロッパのダイナミズム》（これが脱魔術化にあたるだろう）から《ヨーロッパの悲劇》（いってみれば《鉄の檻》）が再演されることへの危惧である。

　山之内自身、「プロテスタンティズムの精神と資本主義の精神」を「プロテスタンティズムの精神と帝国主義の精神」へと読み換える[33]。これは、世俗内禁欲を可能にしたものが近代社会を次代には根本的に変質させる、ということの象徴的表現である[34]。『現代社会の歴史的位相』や『システム社会の現代的位相』で彼が《近代社会の原ロゴス》（「労働と所有の同一性」）と呼んでいたものも考慮すれば、彼の研究において、近現代峻別論の理論上の位置がやや不明確なままにとどまっているのではないか、と指摘することは十分可能なのである[35]。

　動員史観ではタイムスパンを（社会科学の作法に逆らって）

極力広くとり、近代の始まりから終わり（？）までを一つながりの論理で説明できないか、というところから出発している[36]。いいかえると二〇世紀になって突然、総力戦が、したがって国家や戦争が大きな比重をもって歴史に登場したのではなく（これは歴史の流れとしては無謀な仮説のように思われる）、むしろ近代の成立当初から緩やかにある一定の動員力がかかっていたと想定する。つまり（一貫した論理の展開として）《動員の長い歴史》を仮定するのである[37]。動員をかけるのは、動員史観においては、国家と国際関係、そして戦争である（実際には三者は区別するのも困難な一つの力として作用するのだが。つまり三者を実体視してはならない。厳密な言い方は次節で行うが、国家と国際関係の交叉点が戦争である）。

つまりこうである。一四、五世紀を境にヨーロッパ中世普遍世界が動揺し始める。これが《封建制の危機》と呼ばれる現象だが、この危機に対する《解》が一般には、近代社会の成立だと考えられているだろう。そして解は通常、経済（学）的に、つまり一九世紀型社会科学的に提起されてきた。すなわち、（合理的な）市場資本主義の確立という経済的解決である。そこでは国家も市場の従僕として扱われる――「国民的な市場が近代国家を生み出したとする従来の通説」[38]。しかし、動員史観は、政治（学）的解が基本ではなかったかと提案する。つまり、普遍世界の倒壊によって生じた混乱を収拾したのがたんなる経済的仕組であったとするのは、事の真実をあまりに過小評価あるいは過大評価し過ぎているのではないか。あくまで世界の地殻的大変動、あるいは《大転換》に対しきちんとした秩序を約束できたのは、国王＝君主を中心とした主権国家主導の政治的解決だったのではないか。君主国家およびその君主外交は、戦争を常時可能性として含む不安定な体制である。にもかかわらずそれは、帝国的統一が困難な当時のヨーロッパの状況において、ほとんど唯一の政治的解ではあったというべきである。君主国家とその外交政策は普遍世界が断片化して、各所が独立し、その間がかろうじて老練な手練手管によって縫合されて成立した政治秩序なのである。そしてこの君主的主権国家が後に国民国家＝国民的主権国家となっていくのである。両者を貫く主権の誕生こそ、中世普遍世界の崩壊の最大の産物なのである。

ただし、一九世紀型社会科学的な経済的解がまったく重要ではない、と主張しているのではない。ただ動員史観としては、経済的解決も、国家的解決という上位の選択が下した大枠のなかでの一手段であった、そういう理論的優先順位を強調したいのである。つまり国家的動員という方策が持続的に底流として発動されていた上に経済的解が乗っかっていたというようなイメージである。やや不徹底ながら木村雅昭やホールらがウェーバーを戦略的な《聖典》に示唆しているのは、そうした事柄であると思われる。

この点はしかし曖昧であってはならない。白黒をはっきりさせておくべきポイントである。一九世紀型社会科学と二一世紀型社会科学を分ける決定的なポイントだからである。経済（市場機構であれ産業資本主義であれ）に引きずられるように必要悪、ガードマン、あるいは残務整理係のようなものとして国家が立ち上がってくると考えればそれは一九世紀型社会科学の世界となり、そうではなく、舞台装置は実は逆で、国家が一定の必要から産業資本主義の興隆を容認していく、あるいはせざるを得なかったが、そういう最終的な決定権力を保持していたのはやはり国家であったと見れば、これは明らかに一九世紀型社会科学からの背離、二一世紀型社会科学の端緒を意味することになる[39]。

こうした国家主導の歴史再解釈を理論的に表現するために、動員史観は、《初期動員》と《高度動員》という概念を用意した。初期動員は高度動員にいたる前段階である。一六世紀から二〇世紀初頭までをラフにカバーする。対して高度動員とは、二〇世紀前半の本格的な《世界戦争》用に、ようやく定着・発達した国民国家が繰り出すことになった動員様式であり、一般には《総動員》と呼ばれるものである[40]。初期動員においては戦争は限定的（限定戦争）であり、政治・外交の合理的・限定的手段であるが（古典的戦争観）、高度動員では戦争が総力戦化したこと（全体戦争）を受け、まさに全面化するのであり、戦時においては国家と国家構成員の全目的と化す（二〇世紀的戦争観）。重要なのは、国家的動員のこの二つのあり方を区別することによって、近現代社会は、総力戦以前以後を問わず、動員そのものの量的増大と質的高度化——増大と高度化を可能にするにはさまざまな資源的・技術的・組織的・人的要因が必要になる——という一本の《動員線》によって統一的に説明することが、理論上は可能となるということである[41]。

山之内の理解では、近代社会は現代化という質的な転換をとげて現代複合システム社会に変容するが、その限りだと市民社会派的な近代社会観が維持されていてもおかしくない。しかし動員史観では、ちょうどニーチェがソクラテス以前のギリシア世界へ回帰することを主張するように、あるいは神経症を克服した後の弱きウェーバーがキリスト教的ヨーロッパ文化全体のもつバイアスに気づきだし、また晩年のフーコーが古代ローマのストア派的倫理に返ることによって、同じくヨーロッパ文化全般を相対化しようとするのと同じ思想史的な記憶から、あるいは彼らの認識の到達点を尊重して、少なくともヨーロッパ近代以降今日までの全体については、これを、共通のメカニズムをもち、それによって動く《歴史的個体》と考えようとしている。それは古くは、アレクシス・ド・トクヴィル的近代理解の基本である、フランス革命は旧体制における集権国家化への（行政的）傾向を絶ったのではなく、決定的に拡大させた、との命題[42]に延長的に適合するものだろう。また、ナチズムの社会革命やホロコーストを近代の論理の全面的な展開と見たフランクフルト学派の主張にも何分か適っているように思われる。こうして山之内的な《近代社会の危機分析》から、《近代文化全般の危機分析》へのネオ・マキアヴェリ主義的転回が行われる。

以上を要するに、山之内自身の問題意識や全体の仕事から見て、ましてやそのウェーバー理解の基調からしても、彼が近代社会にそれほど好意的な目を注いでいるとは想像できないが、であればそのことをより簡潔明瞭に表現する理論装置を、もともと国家に注目する動員史観が採用しない理由はないと考えたのである。改めて近代―現代二分法では近代へのコンプレックスもノスタルジアも解消されない。依然生き残る《規範的近代》（たとえば大塚的近代あるいはヨーロッパ史の遅塚忠躬的近代）を打破するためには、フランス史家二宮宏之がいうように、近代そのものの解釈を変えなくてはならない[43]。

《初期動員→高度動員》という一本の動員線で考える場合、近代社会と現代社会の差はあくまで質的なものではない。もとより量的な差異だけだというつもりもない。総力戦が登場するためには、国家の側と国民の側の双方に、それまで想像もできなかったような前提条件あるいは装置の発明・革新・拡大などが必要だったからである。

ざっといっても発動側（国家）にとっては、国の行政装置の広域化・実効化、組織管理上の高度官僚制化、支配技術の精緻化・老練化、資本主義的生産の大規模化、それに伴う国家財政の大型化、さらには武力と戦略を含む戦争技術の高度化（いわゆる戦争の産業化）が不可欠である。そうしてようやく、それまでの国家的動員には不可能だった水準まで動員を引き出すポテンシャリティが高まる。

動員される出動側（国民）にとっても、事は同様である。二〇世紀転換期のイギリスを例にとって、後の集産主義的福祉国家の原型となる国家介入政策がいかに成立していくかを扱った興味深い研究がある。国際政治学者池田佳隆は、青少年の体力低下問題との関連で若い母親のモラルや子育ての仕方、学校給食の導入にいたるまで、当時のイギリス政府が進んで（労働者の反対を押し切って）介入していく次第を跡づけている。自由主義の原則を破るそうした介入に踏み切るのは、「世紀転換期に熾烈な国家間競争にさらされたイギリス政府は有能な国民を必要としていた[44]」からであった。「国家間競争に耐え得る能力をもつ社会の再構築[45]」（まさしく山之内的表現！）のためには、戦士的身体の形成のみならず、識字率の向上などを含めて、ごくごく基礎的なところからつくり直していくことが求められたということである。ひいては、国民意識（ナショナリズム[46]）の全国的浸透によって、望ましくは国家が、転倒したキリスト教会のごとく聖化され、国民が『祖国のために死ぬこと[47]』（エルンスト・カントーロヴィッチ）を厭わなくなるようなある閾値の達成も、最終的には要求されてくるだろうし、きたといってよい。

以上は例示に過ぎないが、そうした多数の前提条件や装置は意図的に生み出される場合もあれば（軍事技術の発展はその典型例。あらかじめ目標が決まっていてそれにむけて発明や改善がなされる。今日の企業開発の先駆である）[48]、既にあるものが別のもので代用されたといった複雑な経緯を経て、したがってまた出発時点や進展速度を異にしつつ（たとえば肉体改造は予想外に早い。戦後日本人の体格の向上も同様である。身体は簡単に変容可能なのである）、しまいにその複合的な結果として、初期動員の長い何世紀もの過程のなかで、高度動員のさまざまな前提条件が整えられてくる。その過程は早回しにしないと見えないようなゆっくりとしたものであって、それを目的的というのは語弊があるが、少なくともそうした方向性を支える国家的および国家間的な条件は、中世普遍世界以後のヨーロッパ世界にとってはビルトイン（内在化）されていたものだといってよい。それが一定の爆発的契機を経て、緩やかな動員社会たる山之内的近代社会を、高度動員社会たる山之内的現代社会に一挙に雪崩込ませ、転換させる。ここで一定の契機となったのがいうまでもなく二〇世紀の三十年戦争（一九一四〜四五年）とも呼ぶべき、二度の世界戦争であったが、その前の一〇〇年間（一八一五年から一九一四年）、ヨーロッパ域内では《長い平和》（long peace）が存在していたために、転換がより劇的に思えることは事実である。そこでその転換を質的転換という形で認識すればなるほど近代―現代図式（近現代峻別論）に近づくが、動員史観ではこの図式をとくに必要としなくても説明できるのであって、したがって両者の峻別ではなく、決して単調な一本線というわけではなく、ジグザグではあるけれども、動員の長い連続体が、この転換の過程に、また長い近代史のなかに、国家を基軸に認識されることになる、というわけである[49]。

こうして問題は《現代化》という概念の採用にかかわり、近代と現代の対比をどう見るかにあった。近現代峻別論に対しては、動員史観は、より長期の視点を強調することで、近代から現代までを丸ごと視野に置く可能性が開かれるのではないかと示唆した。そうした可能性の下では、第一に、総力戦体制が特異なのではなく、戦争に備える主権国家の成立とその動員体制への潜在的な（かもしれない）開始こそが、歴史の新しい始点であった。総力戦ではなく、主権国家の歴史的特異性と重要性を改めて指摘したい。いまやありふれたこの統治形態を《不思議発見》することの歴史的センスを強調したい。これに応じて、第二に、近代と現代の区別も重要でないことはないが、近代と近代以前、いわゆる前近代との違いが動員史観において、より大きな問題としてクローズアップされる。近現代史を貫いてその共通の特徴となるのが動員であることはもう言い飽きた。国家的動員が動員史観のキータームとなる所以である。

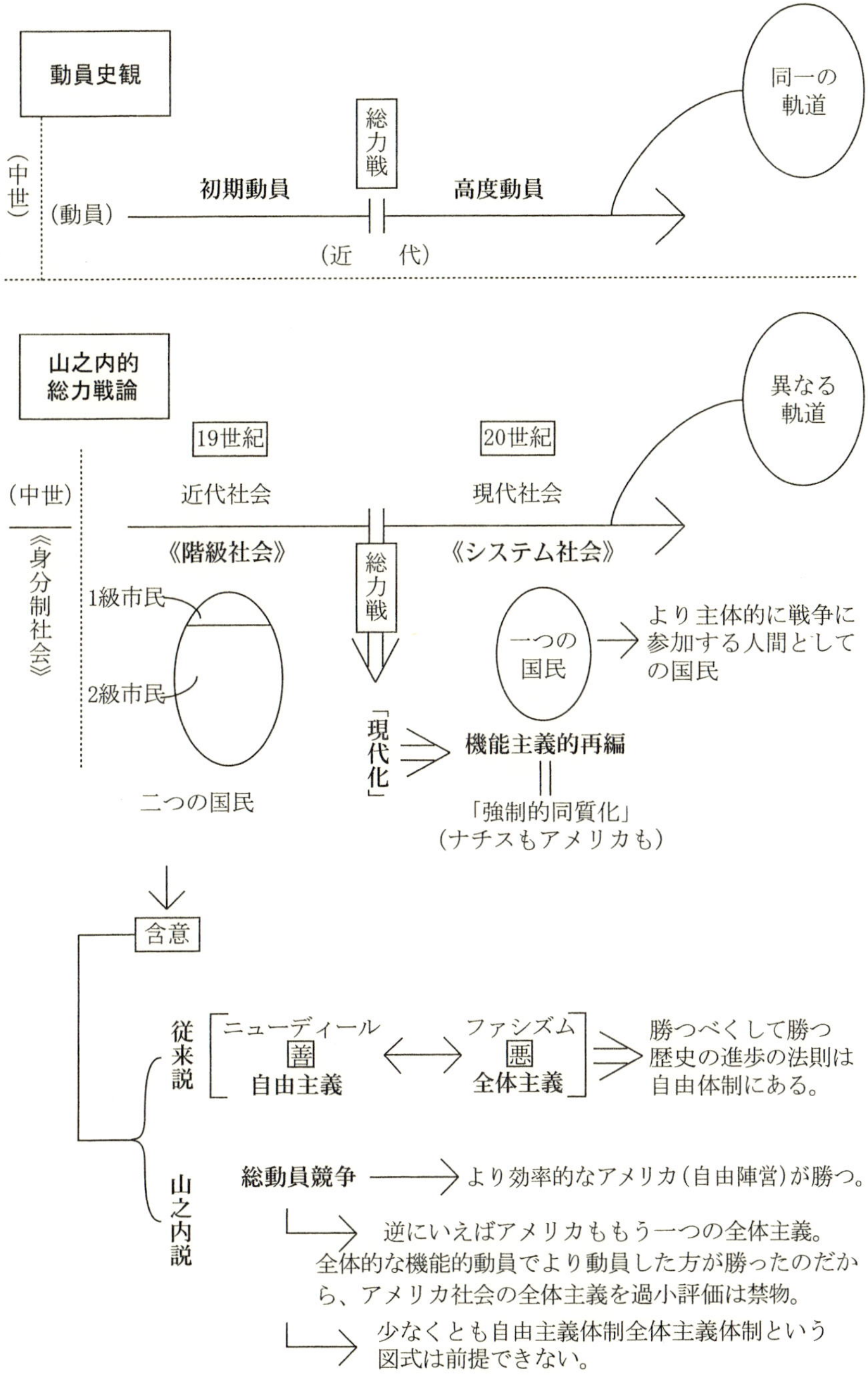
動員史観
(中世)
(動員)
初期動員
総力戦
高度動員
(近　代)
同一の軌道
山之内的総力戦論
19世紀
20世紀
(中世)
《身分制社会》
近代社会
現代社会
《階級社会》
《システム社会》
1級市民
2級市民
二つの国民
総力戦
一つの国民
より主体的に戦争に参加する人間としての国民
異なる軌道
「現代化」
機能主義的再編
「強制的同質化」
(ナチスもアメリカも)
含意
従来説
ニューディール
善
自由主義
ファシズム
悪
全体主義
勝つべくして勝つ歴史の進歩の法則は自由体制にある。
山之内説
総動員競争
より効率的なアメリカ(自由陣営)が勝つ。
逆にいえばアメリカももう一つの全体主義。
全体的な機能的動員でより動員した方が勝ったのだから、アメリカ社会の全体主義を過小評価は禁物。
少なくとも自由主義体制全体主義体制という図式は前提できない。

以上のように、動員史観は、(現代までを含んだ広い意味での)近代とは、国家と国際関係が織りなす動員と戦争の時代であり、初期動員において人々の目から隠れていた近代の要請(ロジック)が、技術的・状況的条件の《時熟》を得て、高度動員において全面的に浮上し内容的にも開花したと考えることになる。初期から高度への動員の《条件》の移行は緩慢な長期の流れだから高度動員の始点を一義的に言い当てるのは難しいが、少なくとも《銃後》が《前線》と同等の役割をもつようになれば、あるいは戦士動員と勤労動員が一種の分業だと見做されるようになれば、それが高度動員体制の誕生の証しであるとはいえるだろう。だが、基本的な動員システムの拡張という点から見れば、山之内的現代は近代の延長線上を走る特急列車に過ぎないのである。

さらにいえば、以上のような動員史観的な近代観からは、山之内よりも一歩踏み込んだ学問批判へいたり得るという点にもご注意いただきたい。既に見たように、山之内は、社会が近代から現代へモデルチェンジした以上、階級社会の分析に成功した技術や前提ではシステム社会を十分に捉えきれないとした。それはその通りであろうが、動員史観的にいえば、階級社会分析のための用具類が果たして階級社会段階の社会分析についても本当に十分であった、といえるのだろうかと問わざるを得ない。現代が近代の延長であり、近代が国家的動員をメルクマールとするなら、階級社会段階の分析についても、従来の社会科学は決して万全だったとはいえないのではなかろうか。その隠れた決定的な一面を取り逃がしてしまったという可能性が、まったくなかったのだろうか。

動員史観は、こうした見通しにもとづいて、一九世紀社会科学では、国家と国家システム(国際関係)という基本要素を等閑視するために、近代社会の成り立ちや性格、行く末をトータルには解明できない怖れがあると考える。動員という国家関連的エレメントの投入によって、山之内的システム社会の論理を近代階級社会の論理に接続させることができるし、その故にまた、《階級社会＝システム社会》の批判的・理論的解剖学たり得る、という主張が動員史観である。

第二節　動員史観の基本的な概念と枠組

こうして修正された総力戦論としての動員体制論を出発点に、動員史観の可能性をさらに追及してみたい。その場合、主要なテーマとなるのは、戦争、戦争準備、国家、国家システム、動員、原動員、動員組織、動員体制、動員型人間類型、復員(動員解除)などである。これらは動員史観の用語系では《国家関連事項》と総称される。一九世紀型社会科学はこれに対して、《経済関連事項》および経済学的視点の優位としてごく荒削りに描き出すことができるだろう[50]。動員史観の枠組を説明するにあたっては、国家関連事項を構成する用語とその関連から始めたい（基本用語には既出のものを含めて括弧で注意を促した）。

1　《国家関連事項》

ここでいう国家関連事項にかなり接近したいくつかの概念についてネオ・マキアヴェリアンの一人村上泰亮が独自な議論を展開しているが[51]、すぐ後で一部だけ触れるように必ずしも賛成できない点がある。動員史観の立場から原点に立ち返って整理しておきたい。

国家関連事項の二大構成要素はいうまでもなく、《国家》(state) と《国家システム》(state system) である（そして両者を媒介するのが《戦争》である）。国家と国家システム（国際関係）とは、厳密には、《近代的》な国家と国家システム、つまりポスト封建国家とその織りなす国家群のことである。近代国家についてはさまざまに言い換えが可能だが、既述のように、《主権国家》(sovereign state) が基本形である。

主権国家は、（人的結合原理にもとづく）中世普遍世界に対する《領域国家》(territorial state) として出発し、《国民》(nation) の成長（国民化）に伴って、徐々に歴史的には現在見るような《国民国家》(nation state) となっていくが、《主権》(sovereignty) という一円的な排他的至上権をもつ広域政治主体の創出こそ、近代の政治や統治において一貫したメルクマールである以上、国民国家ではなく、主権国家という概念で近代国家の特質とそのダイナミクスを代表させるのが望ましいし、そうするしかない。一六世紀フランスの思想家ジャン・ボーダンが近世政治思想の歴史に名前を残す（一五七六年）のは、ひとえにそのためである。

そもそも《近代国家イコール国民国家》と置くと、時代的にはフランス革命（一七八九年）、端的には一九世紀以降に近代を限定することになってしまい（事実、政治学の教科書ではそうである）、そのもつ規範的含意（政治機構の民主化や大衆参加）が過度に強調されるという欠点がある。過度というこの意味は、結果としての現在から過去に遡及し、整合的かつ非歴史的にこれを結果論的に造形することである。最初の近代国家は君主国家であったのだから、そこにいま見るような、たとえば国民化の意識が統治層にあったと考えるのはあまりにもナイーヴな見解である。被統治層についても同じようなものであったろう。国民化の契機は近代主義的理念によって祝福されて生れたというよりは、何よりも動員のための国家装置として（仕方なく）要請された、というのが動員史観の見方なのである（さきほど触れた点だが、村上は近代国家の本質を国民国家だとし、ナショナリズム、厳密には《システム的ナショナリズム》という語をこれと互換的に使用する。だから一六世紀イギリスのナショナリズムや国民国家化という、完全には違和感を排せぬ議論が行われる。村上の近代は一九世紀以降の現象であって、一六〜八世紀の三世紀は近世［early modern period］となる。経済現象としては、この分類に対応して一九世紀以降の近代の完全な成立は一五、六世紀に既にイギリスで隆盛を極めていた資本主義でなく、一八世紀後半の産業化による効果として分析される。だから近代とは、ナショナリズムと産業化の両軸がぴったり結びつく一九世紀のものとなるわけである。なお歴史学ではこれを《固有の近代》と呼ぶようである[52]。

したがって、近代国家システムは《主権国家》群の「相互の絶えざる戦闘[53]」として成立する。「実際十六、七世紀のヨーロッパ諸国は、それぞれ外に対しても、内に向かっても自らを『至高の』独立した存在として自己形成していった。その結果が、これまでみてきたような諸国間の激しい確執であり、戦争であった[54]」。ただ戦争といっても時代によって形態や役割は一様ではない。重要なのは戦争一般ではなく、《近代戦争》なのである[55]（この点であまたある理論的含みの弱い戦史研究の社会科学的不毛さが突かれるべきである）。

改めて国家と国家システムの連結は《戦争》であり、潜在的あるいは平時には（外交を含めた）《戦争準備》となる。潜在的・顕在的な戦争を介して国家同士が結びつくのが、近代国家システムの最大の特徴である。ウェーバーもいうように帝国は平和だが、近代国家システムはそうではない[56]。戦争史の権威イギリスのA・J・P・テイラーの指摘はこうである。「現在、国際的な緊張というものは、人びとが想像するほど異常なものではない。実際のところ、主権国家間の正常な関係とは、相互に不信を抱き互いに対立する野心を追及することなのである[57]」。

近代の国際関係はだから精神医学でいう《山嵐のディレンマ[58]》（小此木啓吾）のようなものに近い。一緒にいたいが近寄ると針が邪魔して距離を置かざるを得ない、でも完全には離れられない。そういう不即不離な関係——これは哲学者カントが近代の国際社会を称して《非社交的社会》といったのにパラレルである。

さて《戦時》の動員が戦争となり、《平時》の動員が戦争準備という形で、戦時と平時が一つの動員という線でつながっている。動員は、結局、《高度動員》が《前線》と《銃後[59]》の違いを廃棄していったように、少しずつ戦時と平時の区別をむしばみ、なくしていく。平時はたんなる平時、純真無垢たる平時たることを止め、そこで安逸をむさぼれば冬のキリギリスとなって住処を失ってしまう、そのような隠れた劇性をもつ現実に変身する。それはまさに《受験生》の生活を彷彿とさせる。受験生にとって遠くの試験は身近な現実である。平時＝平素の学習こそ合格如何の分かれ目だからである。これを要するに、いったん動員という歴史的運動が始まれば、一時的か周期的にそれが弱まることはあっても、完全な休息はない。近代は休息を知らないといってもよい。だから次章で見るように、受験生は典型的に近代的な人間なのである

（ある有名予備校の標語は《日々是決戦！》である！）。

かくて動員とは、休むことを知らない《絶えざる動員》であり、このダイナミズムこそ、動員史観の考えるところの《近代のダイナミクス》の正体なのである。とはいっても長い《初期動員》の間は動員への緊急性も意識も低く、技術的・社会的・文化的な制約もあって、《動員ドライヴ》は弱かった。少なくとも徴税等を除いて、全国民的、津々浦々の動員へは結びついていない。《高度動員》体制への始動は、二〇世紀である。そこで／そこから全面的なダイナミズムが花開く[60]（しかし後のフーコーの統治国家論も示唆するように、国家的動員の網の目や技術の開発と浸透は近代という時代全般を通して、ほとんど意識されぬ場合も含めて、持続的に行われていたのである。初期動員を軽視はできない）。

近代とはダイナミックな時代である、というのが古典的社会科学者たちの基本認識であったし、依然そういう理解が近代理解の根本にある[61]。そして、そのような動態をつくり出す主たるメカニズムを、市場における自由な企業競争に求めるのが、これまでの支配的な見解（一九世紀型社会科学）であったろう。すなわち経済の動態が新世界をつくると。このような経済（学）的な観点の優位は、たとえばウェーバーすら、『宗教社会学論集』序言のなかで《自由な労働の合理的組織を伴った市民的経営資本主義》の発生を近代の誕生とほぼ重ね合わせて見ていた点にもうかがえる[62]。しかし近代を《生の一般的合理化》の進行として捉えるようになる後期ウェーバー（『社会経済学講座』序文）になると、経済発展を生の合理化の特殊的・部分的現象と見るにいたっているのだが[63]。

このように経済的要因を中心に置いて考える思考の作法には確かに根拠がないわけではない。今日の技術革新の大半が企業の経済目的であってみれば、そのことはなおさら強く意識されよう。しかし、近代のダイナミズムをつくると思われる要因は実際には数限りなくあるのであって、経済的動態を一方的に特権視すべき特別の理由はないというべきである。どんな要因があり得るか例をあげてみよう。第一に、近代の世俗社会自体が普遍共同体的中世の伝統から解放され、ヘーゲル的欲望の体系（市民社会）としての固有のダイナミズムの下にある。つまり世俗社会の動態そのものに歴史形成の力を認めることができる。第二に、社会学者佐藤俊樹は近代組織のダイナミズムに着眼し、独特のウェーバー読解をもとに、近代組織の誕生こそ近代であると主張しているが[64]、これは組織の動態を重視する立場といってよいだろう。第三には、技術のもつロジックも無視できない。ギルド的規制のようなものが取り払われれば、それ自体としてダイナミックな展開を見せたわけで、技術や科学の動態を近代のダイナミズムの大きな要因と考えることは困難ではない。要するに、近代は本来さまざまなダイナミズムを内包する世界だということである。経済ばかりに目を凝らしていると、そのような近代の多様性が見えにくくなるだろう。しかしまた、逆にいうと、多様なダイナミズムをあげていってもキリがないということでもあって、専門領域に応じた個々のダイナミズムが実はちゃんと見つかるということなのかもしれない。

したがって、その上で、立てられるべき問題は、こうではなかろうか。重要なのは近代の多様なダイナミズムを個々に特定することなのではない。近代がダイナミックなのは百も承知だからである。そうではなく、何が近代のそうしたダイナミズムを解放するもともとの起点となったのか。原理的か歴史的かは別にして、この原点の《ビッグバン》をこそ問うべきではなかろうかということである。さて早速ながら、この問いに対する動員史観の解答は先刻来繰返してきたように、改めて次のようなものである。

なるほど非伝統社会としての世俗社会に備わる不安定性が新たな動態を招くこと、近代組織の効率や合理化への志向が常に変化をもたらすこと、また技術・科学の競争が実社会と結びつくときの圧倒的な起爆力などは認めよう。また他にあり得る無数のダイナミズムも認めよう。しかしどれもが時代全体のダイナミズムを生む決定的な作用を及ぼしたというには十分ではないように見える。なぜそれらが近代の時点で解放されたのか、その説明が困難のように思えるからである。それらに共通する導線に点火したもっと根底的なダイナミズムが存在した、と考えなくてはならないのではないか。そして、それがその後も、通奏低音となってすべての近代の和声を底支えしていたのではないか。さらに最後に、もしそういう通奏低音があるとするなら、それは、国家的動態としての絶えざる動員以外にはなかったのではないか、と。[65]

その点を確証すると思われるのはジョン・A・ホールの研究である。彼は南宋中華帝国における近代資本主義誕生の挫折を分析して、近代の経済的な動態も、国家的な目的が許す範囲で成立した二次的なメカニズムであったと結論する。帝国的なシステムの維持が経済のある程度以上の発展を拒み、もう一歩で資本主義という段階で中華世界は近代化のチャンスを失う。つまり狭義の経済と国家の関係について、後者の側の許容や選択の決定的重要性を明らかにしたものであり、経済に対する国家の優位を闡明したといってよい。この研究を典型として、英米流歴史社会学の代表者たるホールの一連の国家論が示すのは、一九世紀型社会科学の歴史的事例による否定、ネオ・マキアヴェリ主義的な《統治形態》(forms of government) の歴史的優位なのである。[66]

しかし、それは何も、歴史社会学や動員史観が今日はじめて指摘していることではない。次の文章はやはりまた、ウェーバーのものである。比較的知られた箇所だと思われるが、これをいま見てきた文脈で虚心に読めば、体系性の点で最後まで豊穣な混沌状況にあったウェーバーだとしても（フーコー同様、早死がその一因だとはいえ）、したがって別の解釈も排除はしないが、そこには明快にネオ・マキアヴェリ主義的発想といってよいものが打ち出されていることに気づかざるを得ない。動員史観はこの《後期ウェーバー→後期フーコー→歴史社会学のマンホール（マイケル・マン＋ジョン・A・ホール）》というネオ・マキアヴェリ主義の系譜を重点的に延長するものなのである[67]。

合理的国家という意味における国家は、ただ西洋にだけ存在した。

近代的・ヨーロッパ的な資本主義に最大の契機をつくり出したのは、国力を求めて相競う民族国家間の間断ない平和的・軍事的闘争であった。個々の国家は、移転の自由のある資本を求めて競争しなくてはならなかった。移転の自由のある資本が国力増強にとっての諸条件を指し示したのであるから。この必要に迫られた民族国家と資本との結びつきから、国民的な市民階級――近代的な意味でのブルジョワジーが出現した。だから、資本主義に存続の契機を賦与するものは、緊密な民族国家にほかならない。民族国家がある一種の世界国家に場をゆずらないかぎり、資本主義もまた存続するであろう[68]（強調引用者）。

改めて動員史観は、近代の基本的な特徴であるダイナミズムが、国家による戦争準備のための絶えざる動員（国家的動員）という、旧来の概念装置では見えにくかった、ある持続的で根底的なメカニズムによって生まれ、支えられると主張する。国家の見えざる下支えを欠いては、近代は維持されないし、そもそも開始しない。近代において動員は時代の通奏低音であった。そして初期動員において伴奏のごとき存在であった国家的動員は、近代の長い営みのなかで、次の段階になると一つのはっきりした主旋律となり、千人オーケストラをフルに鳴らすグスタフ・マーラーの交響曲さながら、圧倒的な迫力とスピードで回転していくことになる。これが高度動員である。動員とは、それほど重要かつ決定的な歴史のモメントなのだと動員史観は考える。

そこで、国家的動員というメカニズムは何のためにあったのかを、いま一度確認しておこう。そうすることで、この段階であり得る誤解を解いておきたい。誤解というのは国家的動員の国家的という冠詞の理解を深めるというか、これを限定するということなのだが、まず動員はただ歴史の偶然として生まれ、無目的に歴史のなかに、あたかも慣性のごとく定着したものなのではない。動員が成立する歴史的契機と根拠が構造的に存在したからである。ただし厳密にいえば、その契機となったのは国家ではない。なるほど現実には（国家的動員の語が示すように）国家があって初期の動員もその後の高度な動員も可能になるが、だからといって近代国家が成立したからその結果として次に動員が生じたというのは、論理的には転倒している。考え方としては、ある歴史状況が要請するもっとも基本的な動員の必要が、ある状況下において、つまり中世普遍世界の崩壊という現実を前にして、生じた。そしてそれが当時のヨーロッパ文明という諸々の限られた条件のなかで、その後主権国家として知られることになる、いわゆる近代的な統治形態（もしくは統治機構）を立ち上がらせ、成長させた。つまりここでは、実は、動員の以前に動員を立ち上がらせた原初の力、原動力を想定しなければならないということなのである。これを動員史観では《原動員》と呼ぶ。原動員を動員と混同してはならない。憲法に規定された力と憲法そのものをつくった力（憲法制定権力）が違うように、原動員は動員を生む動員である（あえて原《動員》と、動員という言葉に固執する必要もないといえばないが）。

原動員とは、繰返しになるが、「ある状況が新しい歴史に要請し、かつこの新しい歴史を養成することになるもっとも基本的な力」のことである。それは全体的な現象であり、後述するような一種の歴史の《ビッグバン》であって、何か特定の組織の局所的な行為ではない。ある歴史の環境において、おそらくは一度だけ成立した時代状況なのである。端的に歴史といってもいいし、構造といってもいいような、国家的動員を手段として要請し、これを生み出すような全般的な環境のことである。この原動員こそが国家を生み、動員のメカニズムを作動させていく。歴史的にいうとキリスト教普遍世界は、帝権と教権をイデオロギー的両輪とする中世的理念が、さまざまな緊張をある種の秩序に押さえ込んで成立していた世界である。それが、イデオロギー的制御の規範力が現実の変化に負けて徐々に瓦解していく過程で大きな混沌を生み、その混沌が新たな秩序原理を新たな現実に即して要求する。中世から近代への秩序全般の変容と組み替えは、そうした手探りではあったがある構造的な形で進んでいったと思われる。

以上をいいかえると、原動員が生んだ国家とその動員が何のためにあるのかを理解するにも、国家成立後はいうまでもなく、その生成過程も含めて、一国内部の動員に目を奪われてはならないということである。なるほど動員の実態は、国内的条件への絶えざる関与・変更・革新である。とはいえ、真に重要なのは国内的な展開ではなく、その起動因、すなわち国家の外にある所与の関係（環境・歴史・構造）による圧力なのである。

このように考えれば、動員とは、何よりも、《あり得べき戦争のための国家による動員》であったとする他ないように思われる。（近代）戦争およびその可能性の認識こそが、後に国家となるものを興し、そこでの大量動員を引き起こさせる最大の現実的な脅威（力）だったはずだからである。だから、議論を先取りして、この段階でこれまでの理解を容易にすべく、レベルの不整合に頓着しないで、分かりやすく図式化すればこうなる。《中世普遍世界の崩壊↓「原動員」状況の到来↓（封建的基盤から出発した）無数のプロト国家の出現↓その間での攻防↓近代戦争の成熟↓戦争の主体足り得る国家の限定（都市国家の衰退、小領域国家の消滅吸収）↓平行する本格的な主権国家（この段階では君主国家）の整備↓初期動員↓（さまざまな条件や契機にもとづく）主権的な国民国家の登場↓世界戦争↓高度動員》（なお経済的・文化的条件や植民地主義など国家の基本的な進展と直接関連のないものはこの図式には乗らない。ごく簡略なスケルトン＝理念型である）。

もとより動員史観は、近代戦争の極限形態であった《世界戦争》（world war）が不可避であり、戦争動員の果てに、近代世界は雪崩のように世界戦争へ突き進む、といった粗雑な必然史観（進歩史観の裏返しのような）を無条件に肯定するものではない。ただし、以上のような、原動員をめぐる一連の時代状況を勘案すると、国家と戦争の間に成立する密接な《近代》的関係は構造的なものと考えられる以上、現実の歴史の展開をそれが大きく規制か規定したということにはおそらく疑いがなく、その限り、従来の大方の前提である、一国的市場形成のための《国民経済》型のダイナミズムによって近代の誕生を説明する、という（一九世紀型社会科学的な）やり方にはどうしても疑問が残るわけである。経済的動員のダイナミズム（たとえば産業資本主義）には、国全体をある種の熱狂を交えて上から下まで大掛かりに動員するほどの力はない。それはあくまで部分的なダイナミズムにとどまり、近代の機能的連関のなかでは、中世崩壊以後のヨーロッパにおける潜在的交戦状況を与件に考えるなら、国家的動員の最大の手段（財政的基盤）として用いられた、それ故に一見その役割が逆転し、国家を越えた主人公のように見える可能性が高まった、というだけのことではないかと思われる。さきほど引いたウェーバーの主張はそのことの表現なのである（《一七世紀の全般的危機》についても、あまり知られてはいないが、人口停滞とその効果を除くと、国家的動乱・戦乱による危機だという国家論的な解釈もあることに注意）。

とはいえ、後のフーコーの統治国家論から浮かび上がるように、実は、《国内的動員》への国家的関与という日常的な活動についても、これを自明だとして軽々しく扱っていいわけではない。驚くことに、国内的動員自体、近代国家が何世紀もかかって発見していくことになる試行錯誤の対象だったからである。つまり、それもまた、何百年かを単位とするヨーロッパの経験を経てようやく見出されていった国家の歴史的な役割だったのである。平凡な風景だからといって騙されてはならない。社会科学の近代的視野狭窄はある意味徹底的である。注意する必要がある。

このことをいいかえると、関与の焦点をどう定めるべきか、長いこと、近代主権国家は迷い、紆余曲折を経験していた。動員をめぐる焦点化は平坦には進まず、この意味でも《国内的条件》の問題が重要でないということはまったくなかった。

初期動員がただちに高度動員とならず長い潜伏期間を要したのは、《国際的条件》の緊急性がいまだ弱かったという決定的な時代背景は措くとしても、この国内的動員において、国家が自らの適切な役割を発見し、これを行政の実践にうまく定式化していくことができなかったという、いまとなっては直ちに飲み込めないような事情が大きく与っているのである（動員史観では国家や社会などを実体視する実証主義的な前提から距離をとろうとしているが、国家が国家であることの発見を国家自身が何世紀もかかって試行したというこの事実は、動員の発見や経験を通じて国家がだんだん国家になっていく、つまりプロト国家から国家へということであって、《国家らしい》実践の積み重ねが国家を生むという、実体的でない、国家の構成化のあり方を示しているだろう）。

つまり国家的役割の焦点化には、幾段にもわたる試行があり段階があったのである。これを成熟と呼ぶか、発見もしくは跳躍と呼ぶかは微妙なところであるが、さしあたって成熟という言葉を使うとして、その成熟の過程を扱うのがフーコーの統治国家論の課題なのである。忘れてならないことは、このジグザグな成熟の過程はいわゆる伝統的な国家論（政治理論としての国家論）では見逃されてしまうような問題をめぐる成熟だということである。フーコー統治国家論は通常の国家論には回収されないし、政治学的思考の根本的転回を求めるものである。

ところが、次節で示すように、フーコー統治国家論には見過ごせない欠陥がある。内容に瑕疵があるとか、別の議論もできるというのではない。根本的な欠落がある。つまりフーコーは、なぜヨーロッパのポスト封建国家が統治国家となっていくかの理由を提示していないのである。この点はあまり気づかれていないようだが、ただ統治国家論となっていく過程を美しく描き出すだけでは理論的説明とは呼べない。なぜそうなっていく必然性があったのか。そのことの説明がなされなくてはならない。しかも、その解明は国家だけを見ているのでは生れてこない。この欠陥を、《国家および国家システム》論としての動員史観は補うことができる。もし国家を統治国家にしていく原動力となるものがあったとすれば、それは当然に、国家のその外との関係にしかないはずである。

国際環境における国家の置かれた圧力、したがって対外的な軍事的要因を、この統治国家論と接合すること――そうすることで近代の全体的な軌跡を国家論のなかで説明し切ることが可能だ、というのが動員史観の主張なのである。かくして国内的条件との関係における国家の発展（フーコー統治国家論）と、国際環境における国家の生き残り（一種の戦争国家論）とは、共に、社会理論としての国家論が解明する二つの重要な課題となる。前者を《社会理論としての国家論1》、後者を《社会理論としての国家論2》として後に検討する。

一九世紀型社会科学の観点からは、このように戦争もしくは軍事諸力を枠組のなかに導入するやり方は、ある種の《戦争一元論》のように映るかもしれない。戦争一元論の定義は（戦争一元論は大半はペジョラティヴな非難用語として使われるから）不明だが、さしあたり軍事的諸要因の一面的強調によって歴史の趨勢を捉えるものとしておくと、それは、ただナイーヴに主張される場合には、国際的条件の圧力に対する国家の軍事的対応を、事態の仔細な評価検証を棚上げにして、何が何でも弁証するような保守的議論との結託を疑わせるから、なるほど一九世紀型社会科学の覚える懸念もある意味正当かもしれない。しかし既に一九世紀型社会科学自身が社会経済的諸力を過度に重く見、軍事的要因を一面的に退ける特殊な枠組なことも事実であり、したがってこの点での一九世紀型社会科学からの批判は実はバランスを欠くおそれがある。戦争や国家など国家関連事項を理論的にきちんと評価し得る妥当な枠組を提示したり、そのことに具体的な理解を示すという点で、両者は争うべきだからである。しかし何度もいうように、一九世紀型社会科学、またこれを支える自由主義やマルクス主義社会理論には、そうした軍事全般の理論的位置づけへの意欲も配慮もうかがえない。そうである以上、結局、軍事的諸要因の解明は第三の社会理論の独壇場、あるいはこれに課せられた責務となるだろうといって差支えない。

歴史形成力としての軍事的諸要因の枠組への理論的編入について、第三の社会理論（ネオ・マキアヴェリ主義社会理論）が、あるいはこれにもとづく動員史観が考えるところは、もうお分かりだろう。既に述べてきたところの再説となるが、繰返しを厭わず、いまの文脈に沿って定式化すればこうである。すなわち、原動員によって成立するある不安定な状況全般、それが近代登場を促した前提条件であったが、それは特定秩序の撹乱ではなく、秩序全体の大混乱であった。近代とはそれを特殊な統治形態、したがって独特の政治的な解を生み出して一時的な解決を得ようとしたシステムであり、時代であった。その解決は依然一時的なバランス、微妙な均衡の上に成り立つもので、近代的国際関係がその例証となる。そこでは永続的な秩序や平和を確立するというような仕組は想定されていない。そうした不安定ながらその時々に均衡を保つ秩序確保という国際関係において、その単位となるのが、この国際関係と同時に誕生した幼年期の主権国家である。かくて一九世紀型社会科学が自律的な市場機構に期待した根本的な機能を実際に司っていたのは、実は国家であったというしかない。なるほど「しかもなお国家は、独自の活動領域を有するところの一つの歴史形成力にほかならない。そればかりか、そこには経済発展の帰趨を左右する決定的な契機が秘められていたのである[69]」という貴重な指摘を行う木村雅昭にはまだ躊躇があるが（この文章が接続する前の文脈を直にご参照いただきたい）、歴史の細部の実証的な検討という段階の話ではなく、それ以前の一つの理論的立場としていえば、もっと積極的に国家の対他的な規定力を重視するのが第三の社会理論の立場であって、その観点から言い切れば、国家（および国家システム）の近代が近代であり、近代の立ち上げは《原動員→国際関係の成立＋国家の誕生→戦争→国家的動員》複合といった形で表現され得るものとなる。近代とは《「国家＝国家的動員」＋「国際関係＝戦争」》とやや図式化の過ぎた書き方もできるかもしれない。ご参考までに[70]。

これがまだ戦争一元論だと非難されるなら、やはり徒労感を覚えるだけだが、一方でなるほどと頷いて開き直り、いま述べたような意味での戦争一元論なのだと抗弁してもよいかとも思うが、動員史観はあくまで国家関連事項を歴史形成の重大な力と見ており、その点に一九世紀型社会科学を批判する根拠を見出している以上、一元論かどうかは別にして、軍事諸力を軽視する従来の近代論では、もともと帝国形成すらできなかった遅れたヨーロッパが、曲がりなりにも均衡を保っていた中世普遍世界が崩壊して陥った大混乱状況から立ち直り、かつ立ち直るだけでなく、今度は他の先進諸文明を押しのけて、近代において世界を支配する力を得る、という世界史の大逆説は説明できないのではないか、と考えている。そして、この世界史的逆転を説明できない近代論には、何かが決定的に欠けているとも考える。欠けているというよりも、単純に、意識的ではないにしても、決定的な偏向、すなわちヨーロッパ的偏向があると感じるといってもよい。そうした偏向を生むのは、あるいは言い方をかえれば、従来の近代学説の欠落とは、突き詰めれば、次の二点に凝縮される。第一に、ヨーロッパの世界支配の根幹は、あくまで軍事的なものだったというシンプルな歴史的事実認識の欠如。第二に、それがいかにして可能になったかの軍事的説明をきちんと組み込んだ理論枠組の欠如である。ここには、微かにではあるが、歴史学と社会科学の共同した隠蔽工作の匂いがある。それはともあれ、第三の社会理論の実践としての動員史観において、戦争関連の歴史的意義は圧倒的である。そう考えると近代と戦争の連関がなぜこれほどに等閑視されるのか、そのことが逆に不思議でならないのである。

さてこのような見方は一つの仮設的な視点でしかないが、もしそのことに意味があるとすれば、それは、そのように眺めてみる（＝見立てる）ことで開示されてくる世界、およびその世界が明らかにする展望というものが、今日的な諸問題に対する有効なアプローチとなり、一九世紀型社会科学ではこれまで無意識のうちに退けられてきた事柄をも包み込んだ、より豊かな解釈の可能性を示すという点にあるだろう。だからその後、動員史観が、より精緻な二一世紀型社会科学へむけて踏み越えられるべきカナリヤになっていくとしても一向に構わない。第三の社会理論への最初の波頭が生まれることが大切だからである。

＊　＊　＊

さて議論を先に進めよう。長期の国家的動員の結果、一国的(ナショナル)に大きな動員のレジームが成立する。これを動員史観の国家関連用語としては《動員体制》と呼ぶが、しかし動員体制はそうした一国的レベルのものにとどまらない。近代においては、この大きな動員(一国的動員)の下に、(これを原型とする)各種の動員体制がさまざまに入組みながら、多層的・多重的に成立してもいるからである。かくして動員史観において国内のあり方を動員体制と見るということは、実は二つの意味というかレベルがある。

一つは、国家による動員が一国の仕組全体を(時代や技術やその他の事情によって、国々において異なる大小の強弱の程度にしたがって)方向づけるということである。このような動員体制を《国家動員体制》あるいは《全国的動員体制》、もっと単純に《大きな動員体制》と名づける。のみならず、そこから同心円状に小型の動員体制が、各所に成立しもする。これがもう一つの意味の動員体制、すなわち《社会動員体制》あるいは《組織的動員体制》、《小さな動員体制》である。社会動員体制は組織とその複合としての制度の次元における動員体制であり、大きな動員体制としての一国家内には、さまざまの形の社会動員体制が、極端な話、無数に成立している。教育、宗教、経済などの多様な制度、そのなかの多数の組織に社会動員体制と思しきものが成り立つからである。だから国家動員体制を、大小の社会動員体制が輪舞する《大舞踏会場》(ボールルーム)と見立てることもできるだろう[71]。

この大舞踏会場において、自由に踊る諸社会動員体制は、国家動員体制の原理的なコピーと見做すことができる。これは国家がすべてに先行し、他の諸組織や制度がこれに追随したということではない。そうではなく、その意味は、①近代において社会動員体制は原則、国家の境界を出ていかないという現実、その上で、②社会動員体制は国家動員体制を基本的な型として踏襲する小型・複数の動員体制として定義されるという原理の二つである。したがって、国家的動員の基本的な型が社会動員体制においては、反復的に、かつ、部分的に、状況に応じて変容されつつコピーされる、という風に考えられる。

だから動員の基本的な型を与えるのが国家動員体制である、というあくまで純理論的な意味で、国家動員体制は《原基的》である、あるいは《原基体》である。そして社会動員体制はその《派生体》もしくは《派生的》であるということができる。

原基的、派生的を問わず、これら動員体制の内部では、《動員の基本的な型》というべきものが貫徹しているように見える。これを次項で《動員体制の三層構造》と名づけて論じるが、これは、原基体としての国家動員体制と派生体としての社会動員体制に共通に見られる動員の仕組（原理）をさす構造的な用語である。別名《動員のトリアッド》。

重ねて、動員のトリアッドは構造的な用語系に属している。それは国家動員体制に典型的に体現されるとはいえ、社会動員体制のあるものがより純粋、より強度のトリアッドをもっていたとしても何ら不思議はない。国家動員体制より強固な動員体制が、社会動員体制にあってもおかしくないのである。なぜなら、構造として同じ型を共通にしていることとその各個の強度は、さしあたり別の事柄だからである。国家動員体制が原基体であるということの意味は、社会のさまざまな小型（場合によっては多国籍企業のように国をこえた大型）の、もしくは求心力の弱い（場合によっては家族のように、天皇陛下万歳ではなくお母さん万歳といって死ぬような強い）動員体制において、そこに動く動員の基本的な型は、その原型を国家動員体制にもつということなのである。原基体というのは、国家的動員へのドライヴがすべての動員ドライヴの出発点にあると見做す、という理論的な優先順位を表現するものだということである[72]。

2　動員の基本的な型——動員体制の三層構造

改めて、動員史観の、近代国家およびその諸構成要素（組織や制度）を見る基本的立脚点は、一個の大きな動員体制（原基体）のなかでの諸々の小さな動員体制（派生体）の、多重・多層な連結という視点であった[73]。次に問題にしたいのは、そうした動員体制の内部構造である。実はこれら大小の動員体制の内部に入り込んでみると、同じような内部構造が再現されていることが分かる。各動員体制に共通して、動員の基本的な型としての《動員体制の三層構造》とここで呼ぶものが、確認されるということなのである。

任意の動員体制のいずれにおいても、動員によって可能になり、また動員を可能にもし、かつこれをさらに要求していくような同型の構造が（面白いように）成立している。その構造とは論理的に連続する三要素＝三層からなり、それが一組の精密な機械として動くことで動員のメカニズムが発動する。動員体制は一個の機能である。その機能は外部の環境を内部に翻訳するとともに、翻訳された外部に向けて合理的な対抗措置をとらせるような運動からなっていて、動員され、かつ動員する、という動員の二重運動という性格をもつ。ただし内部と外部の形成もいわば車の両輪であって、外部の認識が内部をそれぞれに生むのであるが。いずれにしても動員の対象かつ動員の主体が、動員体制である。ある外部環境の産物にして、内部そのものであり、かつ内部の形成によって外部環境をさらに激化させる当事者が、動員体制なのである。

さてこの三層構造を論理学の大前提、小前提、結論の類比でいえば、大前提＝《競争》、小前提＝《組織》、結論＝《成員》という三層の垂直的な構造モデルとして理解できる。第一の層＝競争は《大状況》として環境をなし、第二の層＝組織はその大状況に答える《動員組織》、そして第三の層＝成員とは動員組織がそれにふさわしく要請＝養成する《動員組織構成員》である。逃れ得ない競争状況の誕生とこれを軸にした対応の連鎖が動員体制の本質である。

第一の層はそもそも動員へむけた最初のリアクションを起こさせるところの外部環境であるから、これを組織構造とは呼ばないはずだが、動員体制の三層構造は狭い意味での組織構成や組織チャートのようなものだけを引き写そうとしているのではないのであり、まさに状況と組織の相互生成のダイナミックな交錯を表現するモデルなのだということを理解する必要がある。この文脈ではまさに第二の層をなす動員組織こそが、動員体制の中心的な動態的メカニズムをなすということになろう。A・ギデンズなら《組織という管理装置[74]》と呼ぶところのものである。このような動員組織と動員組織構成員が近代組織と近代組織構成員なのだと動員史観は考えているが、理由は機械的にも明快であって、そうした全般的な競争的大状況がある独立的な形で生れたのは、近代においてだからである。この大状況の規定を受けて、あらゆる近代的事象が成り立つ。その核が近代組織なのである。いいかえると、こうした大枠から機動的な動員組織として理解されるべき特殊な歴史的存在が、近代組織なのである[75]。この動員体制の三層構造を逃れ得る近代の領域は限られている[76]。ある意味ではこの三層構造が成り立ちやすく浸透しやすい領域が歴史的にはより近代的な領域であり、その浸透に抵抗があるような領域は非近代的な領域となる[77]。したがって経済は家族という領域よりも《近代的》である。

動員体制は、国家動員体制であれ社会動員体制であれ、各体制にふさわしい形をとった、しかし同じような三層が織りなす近代的構成体である。繰返すように三層間の関係でいえば大状況の性格が決定的に重要である。大状況の性格がそれに対処する組織と組織構成員の性格の大枠を大局において方向づける。

その意味でも、国家動員体制が原基的である。国家の置かれた大状況が、最大の大状況だからである。これをしのぐ大状況というものはない（二〇世紀後半になって、地球環境あるいは地球規模の環境破壊の可能性という脱近代の可能性を含む大状況が現れてくる）。原基体としての国家動員体制の三層構造とは、《国際競争（戦争＋外交）→国家（主権国家）→国民（市民）》であり、これを別名《国家のトリアッド》と呼ぶ。国家のトリアッドを説明すれば、動員体制の三層構造の特徴が分かりやすい。

国家のトリアッドにおいては、第一に、その大状況は他の諸国家との生存をめぐる争い（の潜在性）である。再度、これ以上の大状況や競争といったものは近代には存在しなかったという事実を強調したい[78]。単純に戦争という言葉でこれを考えてもよい、というのが動員史観のラフな立場であるが、近代政治思想史風にいえば、この大状況の至上命令が国家的に翻訳されたもの、それが一七、八世紀に《国家理性》と呼ばれたものであったろう。国家が国家の存続以外の目的をもたない事態の到来、あるいはそうした主権国家という統治形態が案出されその優位が確立するのが、国家理性の時代である。フィレンツェの執政官ニッコロ・マキアヴェリが近代最初の思想家であるのは、主権国家的な統治形態のそのような魔の跳躍を指摘したことによる。国家を越えたところの伝統的、倫理的もしくは教会的な原理によってその活動の限界や役割を基礎づける中世的思考から見れば、それは異端以外の何物でもない。中世的縛りからの解放は、ルネサンスの時代になっても、ようやくマキアヴェリのような独創的な思想家によってしか行われなかったのである。国家統治が国家を自己目的化することの発見とその意義についてはフーコーとの関連で触れるが、イタリア・ルネサンスどころか、その後も長く各地で、マキアヴェリズム（権謀術数）が蛇蠍のごとく嫌われたことを思い合わせると、主権国家という統治形態はヨーロッパにおいても独特な発想だったということであろうと思われる。

第二は、この国家という動員組織がどういうものかである。中世世界の瓦解によって突然現実問題として赤裸々に突出した戦争含みの大状況は、他の政治的・経済的・宗教的その他さまざまな歴史的および地理的なヨーロッパ独特の内外諸要因の下で、近代主権国家という一個の固有の動員組織を生み出すにいたる。戦争潜在的な大状況を一挙に払拭し、国際関係なるものを廃棄し得るような別の形の解決（典型的には帝国建設）は、ヨーロッパでは事実上、不可能であった。まさにそれが不可能であったために、《戦争潜在的大状況》という、他地域の、より高度な文明をもつ安定した家産制的帝国システムではあり得なかったような、そもそもの歴史的条件が生じたのであるから、そういう問いかけ自体が無意味であるということになろう。いずれにしても、そうしたヨーロッパの制約下で生れた主権国家という動員組織は、国内的には効率的な行政組織であるとともに、対外的には強力な《戦争機械》として機能することになった。

主権国家のこの内部構造の分析が伝統的な《国家論》であって、政治学や憲法学、歴史学のなかで研究が定着していく。これが、動員史観が政治理論としての国家論と呼ぶものである。しかしこれまで見てきたように、国家の性格はこの内部構造によって決定されたのではなく、何といっても、大状況への対応として生じたものであって、それはまずは外部環境との関数として理解されるべきものである。したがって動員組織としての国家について見る場合、社会理論としての国家論が扱う、戦争機械としての国家により強いスポットライトをあてるべきなのである。真空パックされた国家について政治理論としての国家論が教えるところはあくまで部分的な真理、半面ともいえぬような事実に過ぎない。政治理論としての国家論では、確かに各国の国家の異同は理解されても（比較政治学という学問はその国家論抜きの二〇世紀的制度化である）、近代において主権国家が存在すること、それがあるということの、まさにどの国にも共通であるが故に意識から消える、しかし決定的な近代の現実が、深く探求されることなく、ただ前提されてしまう。しかしまさにこの点こそが最大の論点なのである。違いではなく、同じであることに驚くことのできる国家論は社会理論としての国家論を措いてない。かくして、戦争潜在的大状況に対する戦争機械としての国家の要請、それはどの動員体制においても妥当する近代の現実（要請）であり、その結果生れた組織の現実でもあった。

第三の層は、システムもしくは組織構成員である。原基体としての国家動員体制における組織構成員は、人民（people）ないし臣民（subject）である。国家機関の内部構成員たる役人や軍人たちは組織構成員ではない（彼らは国家組織である）。組織構成員は、あくまで組織である国家にとっての人民である。しかしたんなる一般的な人民であったものは、最終的に、《国民の国家化[79]》（ピエール・ビルンボーム）あるいは《大衆の国家化[80]》（デ・グラツィア）のような過程を経て、《国民》（nation）と呼ばれることになる。それは、不定形な人民が組織内に囲われた、あるいは囲われたことによって、国民になるということであるだろう。この組織構成員たる国民の《被動員力》（いかに自発的に動員されて、積極的な貢献を行うか）こそ、彼らを囲い込む主要な理由、あるいは国家的動員の主たる課題であった。国家の力の源泉となること、動員の対象となって半ば自動的に《出動》する人間となることが、国家の組織構成員の要件なのである[81]。したがって国民とは、戦争潜在的大状況にむけて国家を介して自らを投企する者だといってよいかもしれない[82]。

以上、国家のトリアッド、すなわち原型的な動員体制の三層構造を見てきた。三層構造のモデルの大まかなイメージは掴めただろうと考えるが、この国家動員体制という原基体の流出が派生体であった。教育領域ならば、《受験（入試）、進学校、受験生》の図式、近代家族領域なら、《（落伍の危険回避も含めた）立身出世、核家庭、親密家族》という派生体が成り立つだろう[83]。一見動員圧力とは無関係に見える教育や家族という領域でもこのように三層構造が確認され、動員体制の成立を指摘し得るが、派生体のなかでもっとも重要なのは経済領域の派生体、《市場競争、企業、会社員（サラリーマン）》という経済のトリアッドであろう。何といっても、国家のトリアッドと経済のトリアッドは、その相似性が一際目立つ例である。経済のトリアッドについてはくどくど論じるまでもないだろう。過労死、過労自殺等の日常現象（?）だけでなく、現代の日本人であれば、規制緩和、リストラ、グローバルスタンダード、アフターファイブを余暇でなくダブルスクール（資格試験や生涯学習）に費やすサラリーマンといった事象の浮上によって、今日ますます鮮烈になるある現実として理解できるだろうからである。

原基的トリアッドと派生的トリアッドをくらべると、従来、社会科学では派生的トリアッド、とくに経済の派生体を重視する、というのがマナリーな態度であったろう。歴史形成上の《第一原因》（プリマコーズ）として、この経済的派生体もしくは《（市場）経済関連事項》の方が理論上、圧倒的に重きを置かれてきたわけである。そして、とくに日本では戦後、戦争放棄の（その意味でポストモダンな）憲法下で、市場競争が実質的に戦争を代行してきたという経緯があるために《経済戦争》や《企業戦士》という比喩ともいえぬ比喩を想起）、また、国家が経済に対して資本主義の正統派が予定する以上の力を振るってきたことに対する社会科学者の（近代主義的な）対抗戦略ということもあって、一貫して国家関連事項への理論的軽視が（政治学者も含めて）特徴となってきたのである[84]。

なお最後に、この三層構造によって初期動員と高度動員（総動員）の違いを表現すれば、こうなろう。初期動員は国家動員体制といっても、《戦争―軍隊―軍人》という限定されたトリアッドであって、軍事的なトリアッドというのに近い。決して国家動員体制というナショナルな動員体制の成立を意味しない。限定的な一種の頂点構造でしかない。しかし高度動員では《（世界）戦争―国家―国民》というより大きな、つまり完成した国家のトリアッドになる。ナショナルなレベルでの国家動員体制の本格的な確立が、高度動員の成立である。

同時に、高度動員における社会動員体制についていえば、初期動員時にくらべて高度動員下の社会動員体制は、圧倒的に豊かな状態になっている。さまざまな組織は自発的に誕生したものもあれば、国家主導によって生まれることもある。たとえば官営企業として生まれ、民間に払い下げられるように。いずれにせよ、高度動員段階では、全資源の効率的動員へむけて、強固な国家動員体制の下に、数多くの多様な社会動員体制があふれんばかりに（？）成立しているはずである。物資の豊かさはそもそも総力戦遂行の前提条件である。

また、物資だけではなく、人資とでもいうべき《ヒューマン・ファクター》（グレアム・グリーン）についても、高度な動員への態勢が成立していなければならない。そしてこれは二重だろう。一つは、戦争の組織、つまり国家が拡大し、その構成員も最大かつ《充実》（＝国民化）するということ。つまりさまざまな職業、階層、地域からなる人々が国民としての自覚をもつという理想が現実化するのである。国内的な利害の対立を越えたある国民の成立は国民化（ナショナリズム）の浸透であるが、この過程は、別の見方をすれば、軍人

輪舞する動員体制

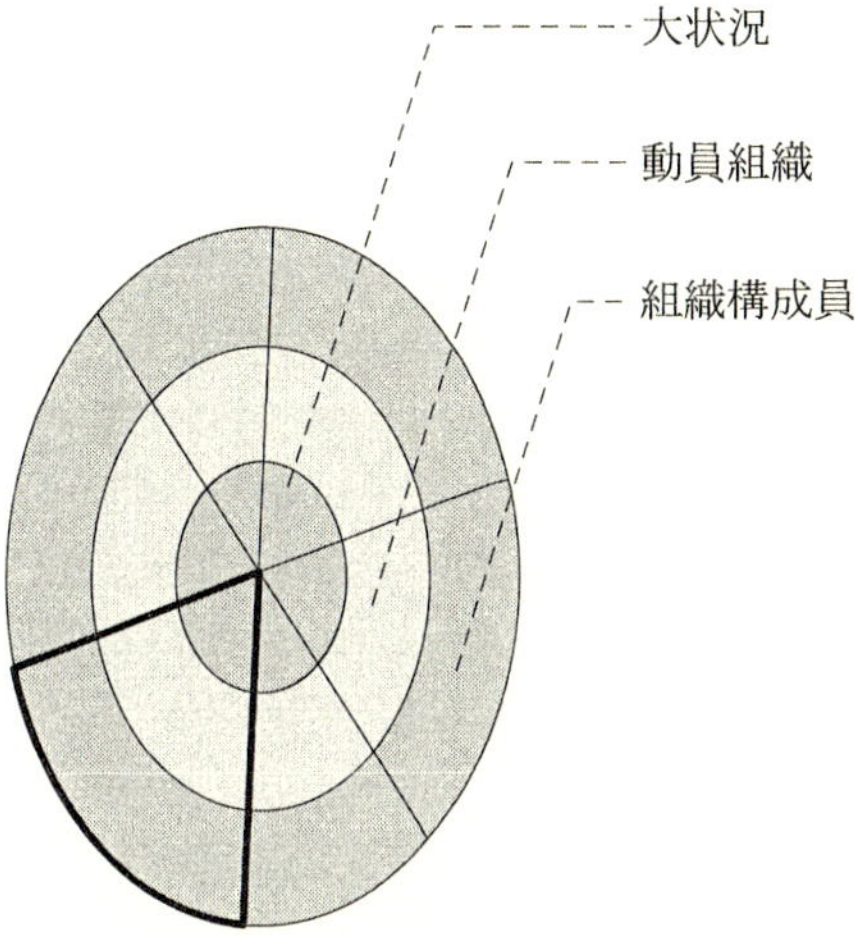

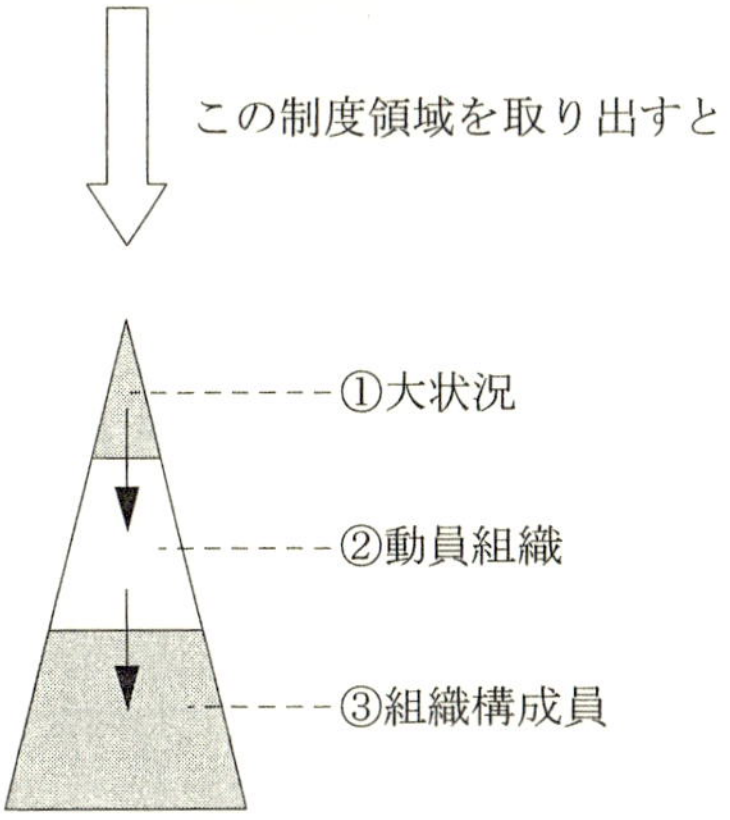

動員体制の三層構造

に限られた戦闘が全国民的な支援と参加を必要とする戦争に変じていくということでもある。もう一つは、平面的な広がりだけではなく、垂直的な形で、組織構成員としての態勢が強化されていくという過程である。国家動員体制と社会動員体制の二重の媒介と涵養を経て、近代に生きる人間の一層の内的動員化が進行するということである。こうして高度動員においては、動員体制の三層が完備され、全体として有機的な動きをスムーズにできるようなマシンと化すのである。

以下に動員体制の三層構造とそれが織りなす動員体制の輪舞としての近代社会のイメージを簡単な図にしてみた。理解の糸口にしていただきたい。

3　動員史観における《モダンの条件》
——近代のビッグバンとしての原動員と国家的動員

国家動員体制を原基的動員体制とし、その派生体として近代世界のさまざまな制度的・組織的多様性を一括して括ってしまう、というこの国家と国際関係中心の歴史理解の仕方は、いま見たように、動員史観でいうところの経済のトリアッドを、（反発しながらも）何よりも慈しんできた一九世紀型社会科学の行儀作法に抵触する。一九世紀型社会科学批判の要点であり、動員史観をもっと説得的に提示するためにも、もう少し、繰返しを厭わず、国家動員体制がなぜ原基的かの背景を論じておく必要があるだろう。

国家動員体制を原基的と見るのは、強制力をもつ国家による動員効率は高かろうとか、王家のさまざまな儀礼に見られる華やぎが他を圧倒するからではない。国王軍の規律遵守が動員の模範であったからでもない。それらは事の二次的な側面に過ぎないし、そもそも初期動員においては、軍隊も国家の動員も、いまのわれわれの目から見ると、とても模範的とはいえるような状態にはなかった。今日当たり前の電車通勤の整然さ、会社勤めの勤勉さ、体育会的上意下達の従順さなどは、歴史的には異例な近代的達成のように思われる。原基的であることの根本的な理由は、強力な、後にそう表現されるところの主権国家が、回りくどい言い方だが、生き残ろうとするすべての近代的アクター（個人や集団、組織を含めて）の基盤をなすものとして生れざるを得ないような、歴史的には特殊な事態が、いわゆる近代という時代にいたって登場したからであると考えられる[85]。

出発点は（動員史観の定義によって）一四、五世紀、つまり近代の直前である。それまで安定した秩序を支えてきたある伝統的な集団なり組織なりが中世封建社会のなし崩しの、全般的な崩壊を前に十分に機能しなくなる。これがいわゆる《封建制の危機》であるが、封建制の危機とは、この文脈では、従来の都市の自由や領主の庇護、ギルドや農村共同体の相互扶助では適切な保護や生き残りが困難になる、という（政治学的な）事態を指す。歴史学者や社会科学者がさまざまに論じてきた言い方では、この時期の大きな社会変動は、《封建制から資本主義へ》という（基本的に経済学的に理解された）過程である。しかし動員史観の考えるところでは、より重要なのは政治的なというよりも、当時の人々の感覚に即していえば、おそらく宇宙的とか世界的とかといった表現をあてはめるのが正確であるような全体的な秩序のゆらぎや危機だったはずである。もしそう考えないとしても、結果として、封建制から資本主義へという社会大変動は、旧来的秩序の担い手とは別の、より上位で広域的な権力核への依存と統合の必要を生じさせた。歴史的には、この広域的な権力核を担ったのは国家であり、国家とは端的には《国王（君主）》あるいは王家のことであった（「朕は国家なり」！）。国王とは国内的には封建諸侯・貴族たちの中世的な伝統的権力を抑制でき、対外的には継続的に戦争を行う能力をもつ、そうした統治主体の謂である。資本主義への適切な移行以前に、幾層にもわたる封建的な多元的権力関係が、国王を中心とする一元的な権力秩序へと適切に編成替えされていくことが、生き残りを賭けた《モダンの条件》であったのである[86]。

ちなみにそうした国王の組織たる初期近代国家、つまり絶対王政について、動員史観と無関係になされた研究からその特徴を見てみよう。何をいわんとしているのかがたやすくイメージしてもらえるだろう。ジャンフランコ・ポッジは英米圏では標準的な国家の歴史研究を著した社会学者であるが、絶対主義国家を次のような五つの特徴をもつ統治形態の誕生だと考えた[87]。第一に、小さく弱い政治単位をより大きく強い政治単位に吸収するということ。第二に、統一された領域に関する支配力を増したこと。第三に、強化された法と秩序が領域全土に執行されたということ。第四に、単一の主権者による、より統一的・持続的・計算可能的・効果的な支配となったということ。第五に、中世に比して比較的少数の国家が危険の大きい、無制限の競争、権力闘争に従事したことである。以上のように、絶対主義は、マルクス主義などが考えたような封建制の最後の統治形態では決してなかった。絶対君主は主権国家の建設に力をつくし、国家内部での多様性を減少させ、国家間で近代国家のあり方を拡張した。こうして一七世紀末までには、ヨーロッパは近代国家のモザイクになっていた。政治学者ヘルドの言葉によれば、「絶対主義と絶対主義のつくり出した国家間システムは、近代国家のほぼ源泉となった[88]」。

キリスト教的ヨーロッパ普遍世界が最終的に崩壊して成立することになったのは、そうした独立した統治主体によるヨーロッパ独特の準戦時状態であり臨戦体制であった。これが《近代の国際関係》の原型である[89]。基本的に対等な主体による赤裸々な力関係としての国際関係なるものが生成されたことは、他に類を見ない、世界史的にはユニークな事態であった。このユニークな背景の下に、ヨーロッパ域内のある部分で国内的権力核の形成にいち早く成功すれば対外的な戦闘能力も増大し国土は拡大するか、あるいは少なくとも生存の可能性が増すだろう。逆にいずれか一方の弱さは他方の危機を招くから、国内的と対外的の要因は相互依存・補強的である。かくてこの循環にうまく乗ったものが近代世界の地政学的構成要素となっていき、これに乗り遅れたものが歴史の舞台から、一時的にせよ姿を消す。三次にわたる国家分割（一七七二〜九五年）以後の《国家なき民族[90]》としてのポーランド、ルネサンス以後の分裂したままのイタリア都市国家、また中世末期の仏独に挟まれた華麗なる大ブルゴーニュ公国の短い命は、その印象的な例である。

同じ文脈で、英仏独伊など今日の主要国も、政治的にはもとより、国民国家の基底となる言語の違いからしても、それ以外の成立の選択肢をもたなかったように思えるかもしれないが、ご承知のように、近代フランス語や近代スペイン語の成立と普及は、国家主導の人為的で政治的なものであって、別の言語的可能性は十分あり得た[91]。ただヨーロッパの場合、種族、言語、歴史などの共通性にもとづいた《natio》（ナーチオ）という自然的単位にかなり重なって国家形成が行われたことも事実であって、村上泰亮のいうように、nation、主権国家、領土国家の《例外的》な結びつきが近代ヨーロッパ国家の特徴だとすれば[92]、自然的単位としてのナーチオをおおまかに踏襲するような形で国際関係が成り立つようになったことにも、一部の真実はあるかもしれない。しかしだからといって、それ以外の歴史的可能性が、そのことによって閉ざされるというものでもなかったはずなのである[93]。

この項の当初の問いに返って、なぜ国家動員体制、またその行った国家的動員が原基体であるかの理由は明らかだろう。このことに理論的な表現を与えればこうである。動員史観においては近代は、切り詰めた言い方をすれば、二重の動員体制と見做される。まず国家という原基的動員体制が一国内的に縛りをかけている。この意味での国家は《最大動員システム[94]》としての国家である。そして、そのなかでさまざまな派生的動員体制が成立してくる。前者の国家動員体制を一国内の領域的支配という意味で《全国的動員体制》、後者の社会動員体制を特定領域における機能に即した《組織的動員体制》と呼んでおいたわけだが、この全国的動員から組織的動員にいたるさまざまな網の目が、具体的には、近代の社会秩序を支えていく目に見える装置となる。近代的秩序の基盤は、したがって、この二重の動員体制だということになる。しかしその背後にはつねに動員を要する《近代の緊張状態》というものが存在している。

この二重の動員体制は、最初の起爆力を原動員によって与えられた。原動員はまずプロト国家およびその延長線上に近代国家とその国家動員体制を立ち上げた。その後あらゆる動員体制は、この原初の作用を受けた国家動員体制の派生体として無数に生れてきた。これが解答である。動員史観は、中世崩壊が懐妊した原動員というビッグバンが、遅れたヨーロッパの《統治形態》において、最大の歴史的逆説としての近代国家を生む、という理論的帰結を考え、その点を敷衍するものなのである[95]。

4　第三の動員体制としての《心の動員体制》
――純正近代日本における人間動員体制

動員史観の理論枠組、動員体制の三層構造を解説し（第2項）、動員体制を成り立たせたところの近代のビッグバン、原動員についても説明を加えた（第3項）。原動員は動員史観の理論枠組の一部であるとともに、それを根拠づける理論装置、一種のメタ理論枠組でもあった。

さて理論枠組の説明としては以上で尽きているが、純正近代日本という現実を捉え切るためには、動員体制の第三層として位置づけた組織構成員のあり方について、もう少し詳しい検討が必要である。ここで、組織構成員に成立する心の構えを、位相は異なるが、字面の統合という誘惑もあって、動員体制という言葉をあて、《人間動員体制》あるいは《心の動員体制》と呼んでおくことにしたい。国家動員体制はナショナルなレベルでの動員体制全体をさし（単数）、社会動員体制とは国家以外の領域における動員体制を示した（複数）。人間動員体制は、そういう国家動員体制と社会動員体制という言葉の使用法とは違って、どの動員体制においても最終的に成立することを期待される組織人間の心の構え、個の動員体制のことを言い表したものである。誤解のないようお願いしたい。

さて国家と社会の二重の動員体制は一国内において成立する実体的な組織や制度であるが、人間動員体制あるいは心の動員体制は、各実体的な動員体制の構成員レベルで生じる、もう一つの目に見えない動員体制である。高度動員の説明のところで触れたようにこの心の動員体制の成立があって、はじめて動員体制は三層構造としての円環（トリアッド）を完成する。国家動員体制であれ、社会動員体制であれ、動員体制なるものが実際に目に見える形で発動するのは、多く、このレベル、動員体制が定着して具体的な行為に変換された段階なのである。制度設計や組織づくりなどを除くと、動員体制の最終目標は、この組織構成員の具体的な活動だからである。この文脈で、どの動員体制も各自各様の特質に応じて構成員のより効果的な動員を試みる結果として、心の動員体制にはいくつかの段階が生じる。

まず初めに、動員に対して無関心であるか反抗的な状態から、表面上はこれに抵抗しないという意味での消極的なタイプの構成員が生れる（**段階1**）。これがさしあたり初期動員の目標といってよいが、この段階にとどまる限り、実効的な動員の引き出しには不安が残る。常時監視の及ばないさまざまな遠隔地的状況においては、効果的な動員を期待することが困難だからである。しかしこの段階にいたることも、既に一個の《精神革命》だったかもしれない。たとえば明治時代、兵役の導入よりも学校に通わせる制度の登場の方が強い反発を招いたように。農民は子供を日々の農作業の労力と見ていたから、学校へ行かせることは大きな問題だったのである。ライフチャンスであるものの提供すら場合によって抵抗を招くのだから、消極的な協力者の成立は大きな一歩前進と評するべきかもしれない。

動員組織が次に目指すのはもっと積極的な主体の形成である。すなわち、自ら欲して動員されていく出動型構成員の産出が目標となるのである（**段階2**）。この段階においては、構成員の精神的な構えのなかに、効率をめざして他の多くをこれに服さしめようとする心理機制が芽生え始める。

このような心理機構にも程度の大小があるが、この種の心理機制は一見思うほど例外でも恐ろしいことでもない。ごくありきたりの誰でも経験する事柄であるといえる。その一番分かりやすい例として、《受験生という制度》（竹内洋）がある。次章でじっくり見るが、はっきりした目的へむけてもっとも効果的・効率的な投入を図る（べし）という、この湾岸戦争や同時多発テロでのアメリカ軍のピンポイント攻撃にも比すべき受験生の態度は、各構成員の生活全体を一点にむけて合理化していくのみならず、精神の構造そのものをも合理化する徹底性をもち得る、そうした態度のモデルといえる。

問題にしたいのはその先である。合理的な精神の改造があってはじめて受験生は成功するのだが、そこで犠牲にされていくものがある。それは、通常の言い方では文化であり、最適最効率の現実化を阻害するようなあらゆる《軟弱》な要因である。受験生は脇目もくれず、目標に邁進する人間動員体制の象徴である。

そこで出動型の人間動員体制のなかに、行動の合理化を合理的計算の下に行う段階と人間の精神構造の徹底改造を伴うような段階に達したものを分けて考えてみよう。勿論前者においてもある程度の精神の構造的変革は必要なのだが、後者においては、最適効率の阻害要因を排除する点で前者にはない徹底性がある。文化的要因の、人間としての不可欠なところに及ぶほどの徹底的な軽視とでもいうべきか。この段階に達したものを人間動員体制の**段階3**としておこう。

第3段階の心の動員体制を考える上で、精神医学者野田正彰の研究が示唆的である。彼はその著『戦争と罪責[96]』で、日中戦争時の日本の軍人たちの特異な心理的傾向を分析した。日本軍人たちは中国人を不必要に殺傷し強姦した。その数といい残虐性といい、悲惨の一語に尽きるが、にもかかわらずそのことの罪悪感に旧日本軍人たちは不思議なほど囚われてはいない、と野田は指摘する。戦時中とはいえ犯した罪の深さに気づくのに何十年も要する場合があるし、気づきの程度も依然足りないように見えると彼はいう。そこで野田においてクローズアップされるのは、戦中戦後における心理的に傷つきにくい日本人という文化のあり方なのであるが、しかし野田のこの（岩波知識人的な）文化的因果帰属[97]を、いま動員史観の立場で眺めると、問題は日本文化にではなく、近代の動員と心の動員体制の成立という、もっと歴史的な文脈にあるのではないか、と問い直すことができる。日本の近代化そのものに、つまり近代の優等生としての、あるいは国家的動員の成果としての《近代の純正モデルとしての日本》というその意味での（戦前戦後を通じた）特異性に、したがって再び日本の近代の成功！という事態に、そうした事柄は関係しているのではないかと。そういう社会科学的解釈からすると、日本人のこわばった心的姿勢、傷つきにくい心理は、成功した心の動員体制故に生じた、という風に理解されよう。そうなったのは、その深層に（あるいはその三層構造の上辺に）、効率的で権威的な強い近代の動員の縛り（大状況と動員組織）があった、それほど近代日本人は心の動員体制に覆われていた、と見るわけである。あたかもナチスの将校アイヒマンを思わせる徹底さで[98]。

伝統的文化ではなく人の問題、しかも近代的状況に成功裡に対応し得た結果としての人間の問題。この文脈で、どうしても山口昌男の日本近代史の歴史人類学研究『「敗者」の精神史』と『「挫折」の昭和史』への参照を促したい、という領域踏みはずしの誘惑に負けてしまう[99]。彼の主張は一言でいえば、日本近代には二つの顔があったということである。光の面と影の面——光の面は明治以来、官の側が推奨した価値観、たとえば立身出世（成功主義）、勤勉、都市（錦を飾る）、舶来（外国崇拝）、中央志向などに体現される、原型的には薩長的なものの見方であり、政治家、学者、官吏、実業家など、日本近代の指導者や成功者が踏まえる実利的な成功の系譜である。近代化の系譜といってもよいし、効率化の系譜といってもいい。対して影の面は薩長＝官製的な支配的価値観とは別のところにあって、直線的な成功や果実の有無をしか問題にしないような価値観とは異なり、端的には山口は江戸的なものの系譜だと考える。それは光の面を政治という言葉一語でいいあらわすなら、要は文化である。実利的・成功的・タテの価値観に対する対抗文化としての人間関係、社交、博物学的関心など友愛的な基盤をもつヨコの価値観（ネットワーク）のことである。

この系譜においてこの一三〇年間表面に出ていたのは前者だが、最近のさまざまな不祥事はそれが破綻したことを示すというのが山口であった。日本のトップ指導者、政治家でも外交官でもビジネスマンでも、彼らが外国の指導者たちと対等に会話ができないのは、文化的素養の違いにあるのではない。伝統文化にせよ西洋文化にせよ、近代化の過程において、そもそも日本的成功者には、文化的素養が本当には欠けているからなのである。学校や組織的選抜過程で文化は不必要だったし（それもまたエリート登用の徹底性として評価すべきところもあるが）、邪魔だったからである[100]。

一例を音楽鑑賞に見てみよう。音楽鑑賞はかつて、美術、文学、映画、スポーツと並ぶ大学生の趣味の代表格であった。クラシック音楽鑑賞と履歴書に書き記すのは当たり前過ぎて気恥ずかしくもあった記憶がある。ところが、それほど普通の趣味だったのに、いまでもクラシック音楽は社会に定着していない。音楽学者若林幹夫や加藤善子の研究によれば、クラシック音楽愛好はヨーロッパでは階級的基盤をもつ社会的エリートの趣味であるのに対し、日本ではそれは階級的限定性をもたなかったという。そうであるなら、やや逆説的ではあるが、クラシック音楽がヨーロッパ以上に幅広く階級の垣根を越えて、日本社会に定着するチャンスはあったように思われる。しかしそうはならなず、むしろ減少している。しかし改めて考えれば、大学進学者は世代の半数なのである。なのになぜ日本ではクラシック音楽は定着しないのか。

若林や加藤の考えではこうである。日本のクラシック鑑賞が大学や旧制高校という高等教育機関を基盤としていたことは触れたが、学生は大学を出て企業に入ってしまえば、企業のもとからの経済エリートたちが慣れ親しんでいた「日本的趣味」に合わせたのだという。それが職業生活上合理的だったし、事実一般的だったのである。つまり、クラシック鑑賞とは個人的な趣味の問題であり、また、個人にとっても高等教育段階の短命な文化的愛好に過ぎなかったわけである。したがって、逆にいえば、知識人のクラシック音楽愛好といえばいつも名前の出てくる政治学者丸山真男やその友人でもあった市民社会派経済学者内田義彦など、学者となって大学に残った者だけがその趣味を持続させ得た。彼らは特別文化的だったのか。そう考えるより、西洋を規範とした日本の大学においてクラシック音楽愛好を表明することは、彼らの文化的価値を高める効果をもったという点に注目したい。ヨーロッパでは、新興中産階級の証であったクラシック音楽は、階級的基盤をもっていた。しかし日本では大学のような特殊な環境を除いて、それは何ら市井での社会的上昇とは関係せず、学生時代に愛好家となって一生関心を寄せた日本の古典的なクラシック愛好家たちは、他と交わることなく、細々と、多くは（社会的）費用のかかるコンサートゴアーズにならず、ラジオやレコード、CDを聴くという「書斎派」型の教養主義的な視聴スタイルをとることになったのである[101]。文化と実人生の乖離というものがどう生じるかの一断面が、ここに鮮やかに再現されている。クラシック愛好は出世には逆効果であったろう。

以上の山口的歴史人類学や音楽社会学的議論をもっと広く捉え直すと、文化的素養を欠いても、もしくは欠くことが、日本での成功、効率的・競争的達成には機能的だった、という一般的な想定が可能である。そんなわけはないだろうという方には《バカになれ》という反知性主義的ご教訓の氾濫を想起のこと。ともあれ、心の財産を増やすことと効率人間たることは一般には一致せず、事実、歴史的にもその点は傍証されるだろう。たとえば香り高き旧制高校的教養主義は実は形ばかりであって、クラシック音楽のところで見たように、いったん学校の外に出れば顧みられること少なく、教養の実態が学校においても、ライバルに差をつけるための競い合いの一面が大きかったことは竹内洋が示している[102]。つまり戦前の指導者層も、教養主義のオーラをまとってはいるが、文化的内実は怪しかったわけで、そもそも能力主義的なエリート選抜方式自体、文化的価値を捨象するところから出発している以上、文化と政治の分裂はやはり日本近代化の始まりに備わる構造的な亀裂だったというべきなのである。

＊　＊　＊

純正近代日本の現実を扱うとはこうした背景を考慮するということであり、この点を勘案しないで、ただ（動員史観の理論枠組としての）動員体制の三層構造をさまざまな現象や行動にあてはめてもあまり意味はない。そうした歴史的な判断を欠くと、動員体制の三層構造は、たんなる組織行動を扱う凡庸な組織論のようなものと受けとられかねない。強調したいのは、三層構造が通常に機能するということは、特殊な現象だということである。動員がスムーズに成員に徹底されていく仕組の誕生という主に制度的・組織的な問題が、動員体制成立の主たる課題であることは事実である。次に論じるフーコーの国家権力論は、まさにそのための何世紀かにわたるヨーロッパの努力を跡づけるものである。しかし試行錯誤を経てそうした体制が成立したとしても、成員がこれに応じた適切な行動をとるかどうかはまた、実は大きな問題であって、人間そのものの一種の改編がなければ動員体制の完結は怪しいものだったと思われる。ウェーバーのいうような職業義務観（職業人）の成立、あるいは市民社会派的な用語系でいえば近代的人間類型のようなものが、歴史のなかに出現してはじめて、動員体制は全うする。

そうしたある種の人間精神の内在化とこれへの社会的馴致の力が働いて、動員体制の第三層、人間動員体制ははっきりと姿を現し、動き出す。この過程は一方的なものではなく、そうした人間類型が現れはじめたことが近代の開始や浸透を証拠立てるともいえ、相互強化の螺旋を描きながら、徐々に動員体制の三層は完成された一個のマシンとなっていったはずである。

こうして第三層は単純な組織的合理化の帰結ではない。そうである前に、ある特殊な歴史の産物なのである。だから動員体制を形だけ用意すればひとりでに第三層が始動するというものではない。つまり人間動員体制は、特定組織による、組織に関連する限りにおける部分的な合理化なのではなく、もっと広く人間精神を改造したものに上塗りされた紋様、組織によって細部を異にする衣装のようなものなのである。全般的に改造された人間精神とその上に個別に書き込まれた装飾もしくは制服――動員体制の第三層、人間動員体制とはそうしたものと考えるべきである。

人間動員体制には、だから、第一に、程度や段階の差がある。少し前にあげた三段階の心の動員体制はそのラフな例と考えていただきたいが、それは近代化に抵抗するような伝統的諸要素や何らかの対抗価値がどうしても存在して、これを抑える傾向がどの社会でも指摘できるからである。第二に、人間動員体制は確かに近代世界をつくってきた主体的推進力ではあったが、それをある人間社会を誇らしげに代表したりするような文化的精髄や精神的精華と呼べることは少ない。自爆テロや特攻精神がイスラム教や日本精神の精華だと抗弁するような例を除いては。

そうやって考えてくると、さきほど日本の例で示してきたような人間動員体制、すなわち段階3にあたるような心の動員体制は、比較的観点からいって、非近代的な夾雑物なしになったものに近いのではないかと思えてくる。近代の論理を高純度において純化したものなのではないかと。

ここには二重の逆説がある。第一に、日本のような後進国が、もっとも近代的な世界を、少なくとも動員体制の三層構造レベルでは達成してしまうのか！という逆説。第二に、しかも、そうした段階3の心の動員体制こそが、近代の（人間動員体制の）ある種の帰着点でもあるのか！という逆説。

しかしまさに、これらの逆説に動員史観の近代観が表現されている。つまり、段階3の心の動員体制は、その根幹部分の抽出であるがために、（西欧）近代社会が現実にもっていたさまざまな文化的背景や思想的価値、文明的意欲が後景に遠のき、動員合理的要素が突出した結果なのではないかということである。近代社会という着飾った淑女の心には、それにそぐわない、競争のためにあらゆるものを犠牲に供する禁欲的で勤勉な勤労学生の精神があるが、その部分だけを凝縮して純化すれば、結局はかなり歪で一面的な心の体制を導き出すに違いない。それがどうも純正近代日本において、標本的に実現されているように思われるということである。

近代を生んだもともとの地域では、本来試行錯誤の長い何世紀かの徹底的な混沌を経験したが故に、近代の純粋培養という方向は選択されなかった。現在われわれが眺めるヨーロッパ的価値のかなりの部分は、むしろ近代の影響力の及ばなかったか、弱いところにあるように見える。また、近代起源だとしても、かなり初期的な近代的パーツからなっているようにも見受けられる。いいかえると、西欧では近代以外の価値観が近代の十全な貫徹をある程度抑制したように見える。対して後進地域では、最初からモデルとしての近代が見えていたために、近代のもっとも緊要な原理、あるいは公には隠されていた目的である効率的動員ないしは軍事的近代なるものが、意図的かつ効率的に浮上させられた、という観察は可能である。後発効果の一種ともいえるが、とくに日本においては近代化に入った一九世紀後半というタイミングのよさもあって、（明治のさまざまな指導層には）そうした近代の根幹部分がよく見えていたように思われる。また、二度の開国や近代化以前の進んだ国内状況や地政学的要因なども輻輳して、結果的に、日本＝近代の最前線、《純正近代日本》という動員史観的観察を生むような今日の現実を生み出した。市民社会派が夢見たようなヨーロッパ近代への規範的解釈が打ち出す、近代の正の側面、あこがれの西欧！　しかし、これとは異なる価値序列を近代というものに見る動員の近代は、いってみれば、日本を舞台に、もっとも原理的に展開されることになったのである。日本でなぜこうした事柄が生じたかは、後発国としても異例であって、歴史研究としては別個の長い分析を要する問題だが、現に成立している現象を分析するには、動員史観の枠組が大きな力をもとう。

いずれにしても、日本は、純正近代として典型的な心の動員体制を築き上げた。それは近代の動員合理的な純化であり、根幹的近代の純粋抽出であった。動員史観が日本から生れ、日本を最良の分析対象とする所以である。

本章の第四節ではさらにこれを受けて、段階3の人間動員体制のあり方を内なる動員という概念によって捉え直し、第六章の分析へとつなげていく。以上この項では、動員体制の第三層の特徴と成立の特異性に、改めて驚嘆することの不思議発見の勧誘を行った。

第三節　社会理論としての国家論、バージョン1と2——動員史観の理論的基礎づけ

本書は動員史観の最初の提示でしかないから、史実との実証的対照はもとから予定になく、《歴史のなかの国家》論を実践する余地もない。しかし動員史観という考え方の基礎づけを行うためには、どうしても社会理論としての国家論について最小限度の説明を与えておく必要がある。動員史観が成り立つ理論的根拠がそのことによって示されよう。

第三節では、これまで触れるだけに終わっていた《社会理論としての国家論1》（国家論バージョン1）と《社会理論としての国家論2》（国家論バージョン2）を詳述し、両者を有機的に結合することによって社会理論としての国家論の概要をお示ししたい。議論としては、まず、国内的動員の条件整備としての国家の役割（バージョン1）から始める。次いで、それがどう他の国家との連関のなかで促されてくるのか（バージョン2）を検討する。そしてそれらを最後に理論的に結びつけることになるが、バージョン1とバージョン2は文脈を異にする二つの思考の系譜であるから、どう結びつけ得るかは、一見大きな課題に見える。しかし実はそうでないことがお分かりになるだろう。国家論の二つのバージョンは、別々の家庭に引き取られた双子だったのである。

1　《社会理論としての国家論1》——統治の目的

さて、社会理論としての国家論1あるいは国家論バージョン1と呼んでいるのは、国家的動員の国内的条件の整備がどう進んだか、を理解しようとする議論である。この議論において事実上の嚆矢となるのはご承知のようにミシェル・フーコーである。フーコーの研究だけでなく、これについて時代を先駆けて丹念な読解を試みた政治思想史家栗栖聡の研究[103]も参照しながら、バージョン1のアウトラインをラフに描いてみよう。そのことは、具体的には、栗栖のフーコー解釈を動員史観の立場から換骨奪胎し、社会理論としての国家論1に再構成するということを意味する（以下この節の括弧内の頁は栗栖論文による）。

フーコーは後年、コレージュ・ド・フランスに移って以降、国家がその働きかけの対象をいかに見出していくかということについて、独自な（系譜学的）視線を投げかけることになった。これは、動員史観風にいえば、ヨーロッパ国家が近代国家としての実質をいかに獲得していくかというテーマである。その試みは二重の意味で独特だったといえる。

第一に、一般にフーコー権力論といえば《規律・訓練権力論》だというほど、彼の権力論は、社会のなかで毛細血管状にはりめぐらされた網の目のごときディシプリンの権力だと理解されてきた。事実、彼の最大の傑作が『監獄の誕生』だということについては大方の合意がある。そしてこの規律権力の浸透として近代を考えるということ、いいかえると国家抜きの近代というのが、フーコー権力論の含意だと受けとられてきたのである（たとえば有名なのはマルクス主義者ニコス・プーランツァスのフーコー批判）。

したがってこの通念に反して、後期フーコーには（厳密にはもっと早くから）規律・訓練権力論を補完する国家権力論があったというのは刺激的である。栗栖によれば、規律権力段階のフーコーは国家そのものの権力については接近しておらず、伝統的な国家権力論（国家主権論）を論破できていない。つまり権力自体の本丸が国家の権力だとすれば、規律権力論のフーコーは、このもっとも重要な権力のあり方を捉える装置をもたなかった。だから一般的な評価とは異なって、政治学の観点から見ると、フーコー規律権力論は、国家主権論と並ぶところの（＝これを否定しない！）、それまで忘れられていたもう一つの権力論に過ぎなかった、というべきだと栗栖はいう。

第二に、フーコーがはっきりと国家の権力に挑んだとき、そこに彼が見出したものは、慣用的な国家論の作法とは異質な、国家についての思考であった[104]。細心の系譜学的アプローチによって彼は、伝統的な国家主権論によって埋もれてきた国家論の水脈を跡づけていく。フーコー国家権力論は、規律権力論が上からの権力論に対する異議申立てであったように、政治学や歴史学の通常の思考に対するもう一つの異議申立てであった。

I　統治の技法論——統治の問題構成

詳しく見ていこう。面倒なので仮に権力論の前期フーコーと後期フーコーという言い方をしておくと、前期フーコーによる社会的諸事象の権力分析は、いま述べたような理由によって、国家の分析を欠くときにはどうしても不十分なものとなる。規律権力論は、国家権力の強大さが、社会における規律権力の複雑なネットワークによって支えられているとし、国家の権力と社会の権力との関係いかんという理論的な問題をクローズアップするものであったが、国家の権力論が欠けていては議論の片側半分が抜け落ちているとしかいいようがないからである。

そこで栗栖は、前期フーコーには、手短に要約すれば、《国家の権力→国家＝主権モデル、社会の権力→規律モデル》という（二元）図式が維持されていたとし、『監獄の誕生』は、後者の社会の権力あるいは《社会に内在する権力形式》を浮上させたに過ぎないと考える。この状況が変化し、後期フーコーが誕生するのは、国家権力あるいは《国家に内在する権力の形式》が、統治の問題という形で、十分な歴史的展望において浮かび上がってくる七〇年代末のことであった（一一八―九頁）。

後期フーコーは国家権力に対し、統治という観点からアプローチする。この点が彼の国家権力論最大の特徴である。こうしてヨーロッパの政治実践・思想において、国家論は二つの系譜として発見されることになる。一つは伝統的な政治哲学が追い求める国家権力論であり、これを《国家＝主権モデル》（もしくは問題構成[105]）という。国家＝主権モデルは、対立する二つの社会理論、自由主義とマルクス主義に通底した権力観であり、両者は共に権力が国家に局在し、かつ抑圧的であると見做す。近代政治哲学の主流はこの『主権』という問題構制をめぐって展開される権力論のセリー」（一一六頁）であった。そしてもう一つが、歴史の彼方に忘れ去られ、そこからフーコーが慎重に救いあげようとしたもの、すなわち《統治の問題構成》あるいは「《統治》という問題構制をめぐって展開される権力論のセリー」（一二〇頁）であった。

では国家に内在する権力形式としての統治の発見とは、どういう発見だったのか。統治自体はごくありきたりな言葉である。フーコーがこの言葉によって何を意味させたのかをまず知らなくてはならない。《統治の技法論》者として後期フーコーは、国家＝主権モデルの起点たるマキアヴェリの『君主論』（一五一三年執筆）を否定的参照点として、統治の特質を明らかにしようとする。

『君主論』におけるマキアヴェリの問題とは、よく知られているように、君主と公国の絆をいかに強化するかというところにあった。つまりマキアヴェリにとって、君主は公国の一部でなく、公国に対して外在的・超越的な存在である。そのため君主を公国に媒介する自然で法学的な関係が欠け、両者を結びつける絆は、暴力、伝統、他の君主との条約のいずれかに限られることになる。マキアヴェリ自身は、この脆弱な絆を強化するものは君主の《ヴィルトゥ》（virtu）以外にないと考えた。ヴィルトゥとは、君主個人の有する能力や技量のことである。そして絆を強める方策としてマキアヴェリが推奨助言するのが、《スタートの技法》（arte dello stato）である。

ところが、他方で、一六世紀半ばから一八世紀末にかけての時代、マキアヴェリとは問題関心（絆の強化）を共有しながら方法を異にする一連の政治的論稿が登場してくる。これが《統治の技法論》である。彼ら反マキアヴェリ的な統治の技法論者たちは、君主の個人的力量への期待・依存ではなくて、もっと別のものによってこの絆を強化しようとした[106]。一六世紀段階における統治の技法論の問題構成を、フーコーは以下の四点に要約する[107]（二二三—五頁）。

第一は、国家権力と他の形態の権力との間に連続性を認めるか否か。マキアヴェリ（国家=主権論）は本質的な非連続性を認め、権力現象を国家に局在化させようとするが、統治の技法論は複数の形態の統治を認める。すなわち、

①「道徳性に関連する、自己—統治の技法」

②「家政に属する、家を適切に統治する技法」

③「政治に関連する、国家支配の技法」

必要に応じてそれぞれの形をとるが、ここには共通分母たる統治の技法があり、これが三者間の連続性を約束する。統治は行使する主体や場所によってよりも、統治の技法それ自体によって規定されるのである。君主の統治もこの連続性の観点から検討される。たとえば国家をうまく統治するためには、君主は自分自身や自分の財産を統治することを学ばなくてはならないが（これを上向的連続性という）、国家がうまく統治されるならば、自らを適切に処し得るだろうし、財産も守れるということになる（下向的連続性）。

第二に、権力の標的が異なる。マキアヴェリの君主は領土と住民を標的とする。それらは、総合的に把握され介入されるような対象ではない。これに対して統治の標的は、たんなる領土や住民以上のものであり、端的には《事物》の状態それ自体、あるいは事物の正しい配置のことである。フーコーはこの事物ということを重視し、これを、さまざまな要素との関連の下に捉えられた人間のことだとする。すなわち富、資源、生存手段、（特定の質や気候を伴うものとしての）領土との関連における人間、また習慣、思考様式、行動様式との関連における人間、さらに飢餓、伝染病、死といった事故ないし不幸との関連における人間である。要するに、統治の標的たる事物とは《人と事物とからなる複雑なユニット》（一二四頁）のことなのである。

第三は、目的における違いである。主権における目的は、しばしば共通善（common goods）として定式化される。これは、主権により規定される法への服従を意味しているから、その目的は主権に対する臣民の服従ということになり、結局主権の目的は主権の行使自体だという循環に陥る。他方、統治の目的は、統治それ自体にはない。さきほど見たように事物そのものに置かれる。たとえば富の最大限の生産、十分な生存手段の供与、人口増大といったように、具体的な目的が、いずれも統治の目的となる。こうして統治には複数の目的が存在するため、その実現には、法を一律に課すよりは、目的に応じた多様な介入技術が求められることになる。

最後に、統治の技法において要求される指導者の徳目は、マキアヴェリ的君主のそれとはまったく異なる。フーコーは

統治者の徳目として当時のペリエールのいう《善き支配者》の三つをあげる。①辛抱強さ（patiences）。主権をもつ君主が法の背後にもつ剣に頼らないということ。②賢明さ（wisdom）。知の必要性。しかも神法や正義や平等についての知ではなく、事物の配置等にかんする特定具体的な知のことである。③勤勉さ（diligence）。被統治者に仕えるごとくに思考し行為することである。いずれも、マキアヴェリの想定する、狼にして獅子たる君主のヴィルトゥとは対極にある。

以上を要するに、マキアヴェリ的君主が領土や住民に対し行使することのできる力（ヴィルトゥ）の強化をねらうのに対し、統治の問題構成は事物そのものの福祉を達成しようとする。しかもそれを権力主体（君主）の個人的力量によってではなく、客体としての領土と住民への正確な把握と積極的な介入によって行う。詳細な事態の把握と介入によって君主と公国の絆を強化するのが、統治の技法論なのである。したがって統治は客体に内在的であり、統治の技法は国家自体の強化をめざして国家の現存や性質を探究していく。

これは、既に一六世紀の段階で、統治の技法論においては、統治の対象としての国家は、解読され維持される現実、人と事物とが織りなす複雑な諸現象として理解されていたということである。後期フーコーは、国家自体の強化という、君主個人の力の強化とは異なるもう一つの戦略の系譜を浮上させたのである。

では統治の技法は、一六世紀において実践されたのか。そうではなかった、とフーコーは『全体的にかつ個別的に』[108]という有名なポリス論のなかで指摘する。実践に移されたという意味では統治の技法の最初の具体化は重商主義と見るべきであり、一六世紀段階では実践からはほど遠かったのである[109]。むしろ、いつの時点で、統治の技法は結晶化し得たのか、と問うべきなのだとフーコーはいう。そして、フーコーによれば、それが初めて結晶化したのは、一六世紀末から一七世紀初めにかけて、《国家理性》のテーマの下においてであった。

国家理性とは「国家を統治する技法に固有の合理性[110]」のことである。これは、今日想像されるような、国家利益を最優先する専横的で自己中心主義的な行為のことではない。そこにはもっと積極的な面がある。①国家は自然法や神法、賢明さなどの超越的な基礎には還元できず、それ自身の固有の合理性をもつ。②故にこの固有の合理的諸原理にしたがって国家は統治されるべきである。③この諸原理は、勿論、国家の特殊な現実性を構成しているものから引き出されなくてはならない。以上がその積極的側面である。

このように統治を基礎づける根拠が、国家の特殊な現実を構成しているものをできるだけ正確に同定すること以外にはないとすると、国家理性の理論家たちはつねに国家を明確に把握しておかなければならない。このため国家という複雑な現象を経験的・数量的に解明する知が求められることになる。ウィリアム・ペティの《政治算術》や《政治統計》など、現在の社会統計学の初発となるような知は、こうした背景の下に誕生する。そうした知はマキアヴェリ的なスタートの技法からは生れてこない。

かくして国家理性論の下で、統治の技法は、二重の意味で新しい政治の領野を開拓していくことになる。倫理的な秩序から解放された政治、そしてマキアヴェリ的な君主の運命やこれへの助言から解放された政治である。しかし統治の技法は、一七世紀から一八世紀はじめにかけてさえ、依然実践的には不活発なままにとどまった。とすれば、何が統治の技法を一八世紀において現実化することになったのか。フーコーは、一七世紀から一八世紀にかけて著されたポリス論の諸論稿をめぐりながら、この問いに答えていく。

Ⅱ　一七、八世紀におけるポリス論――《生活する人間》の発見から《人口・住民》へ

ポリスという概念についても、国家理性と同じように、今日的な先入観から自由でなくてはならない。歴史用語としてのポリスは、現在そう解されるような司法警察機構、もしくは国家のなかで機能している特定の組織や制度のことではない。ポリスとは、もともとは国家に固有の統治のテクノロジー、すなわち「国家が介入する領域、技術、標的[111]」にかかわるテクノロジーのことなのである。その上で、フーコーによれば、国家理性論者とポリス論者の最大の違いは何かといえば、前者が統治の対象を国家という形で同定しこれをもっとも肝要な問題と見ていたのに対し、ポリス論者たちはすぐれて《人間》という観点からこれを捉えようとしたところにある。つまり国家理性論者のいう国家とは、ポリス論においては、《人と事物とが織りなす複雑なユニット》との関連で捉えられた人間となる。

この場合、人間とは最終的には、生活し活動し生産する人間のことである。この人間をフーコーは《生活する人間》と名づける。「生活こそがポリスの対象領域である[112]」。ポリスとは、人々の生活を可能にしそれを向上させるための諸条件全般の整備・管理を担当するものなのである。一八世紀のあるポリス規則を集成した論稿を引いて、フーコーは、ポリスが配慮すべき対象として次の一一項目をあげる。1宗教、2道徳、3衛生、4備蓄、5道路・土木・公共建造物、6公安、7学芸、8商業、9工業、10召使と筋肉労働、11貧民――つまり生活する人間にかかわる森羅万象がポリスの対象となるのである。

ポリスの対象たる生活する人間は、次いで、一八世紀を過ぎるうちに、ポピュレーション (population) ＝《人口・住民》という、より重要な概念によって把握されるようになる。人口・住民とは、住民のたんなる総数ではなく、生活する人間の集合として理解されるものである。つまり、ある地域で

相互に共存関係をもち、そういうものとして特定の現実を構成する諸個人の総体――住民は、生存のためであれ一層の発展のためであれ、自らの存在の諸条件をもつ存在と捉えられる。

　一国内の住民は、こうして、それまでにない精度と確度で分析されるにいたる。たとえば出生率、罹病率、死亡率、寿命、妊娠率、健康状態、飢饉の周期など固有の現象と変数をもつものとして分析され、またそうした現象や変数を規定する条件もまた、同じく解読の対象となっていく。その結果、行政知としてのポリスは、住民の状態を望ましく方向づけるために、その諸条件に積極的に介入していくことにもなる。重ねてここには、今日の政策立案のための社会調査・人口調査、新規市場開拓のためのマーケットリサーチなどの原型が見られる。その顕著な例としてフーコーがあげるのは、医療であった。

　近世のヨーロッパにおいてポリスと医療は、大疫病の根絶、平均寿命の延長等の目的のために密接な協力体制を敷き、衛生問題の社会統制を行った。その典型は、都市空間の管理において現れた。都市空間こそ、住民にとってもっとも危険な環境だったからである。かくて都市空間は医療空間となる。医療的ポリスは、都市の街区の配置、その湿気や採光、都市全体の通気、下水道とその処理システム、墓地や屠殺場の配置、人口密度に介入する。これらが住民の死亡率や羅病率に決定的な役割を演じるからである。ポリスの介入により社会的空間は医学的空間となり、可視化するとともに、やがてこの医師たちの眼差が交差して網目をつくり、空間のあらゆる場所、時間のあらゆる時点で、恒久的・可動的・分化した監視を行うにいたるというのである。

　ポリス的介入の目的は、病人の特定や治療ではない。その目的は住民全体の健康の維持・増進・病気の予防にあり、この全体的な視点から、ポリスは住民の日常的生活全般を管理していく。住民は、病気にとどまらず、食料、飲み物、性行動、妊娠、衣服の着方、住居の整備モデルにいたるまで、「存在と行動の一般形式にかかわる一連の処方箋[113]」により枠づけられ管理されていくのである。

　以上、主権とは別種の権力形式としての統治の問題構成は、一六世紀を起点に、自らの対象を《人と物事からなる複雑なユニット》と規定して以来、一七～八世紀を通してポリスとその深化いう形で着実に現実化していく。フーコーは、ポリ

【国家の統治の対象の変遷】

1	**国家**	国家理性論者
2	**人間**	一六～七世紀のポリス論者
3	**生活する人間**	一八世紀のポリス論者
4	**人口・住民**	一八世紀中に変化

スが統治の対象として人口・住民なるものを同定したことをもって、国家レベルで統治が実践される最大の契機と見た。この進展を整理したのが前図である。

Ⅲ　統治の目的

一八世紀の人口・住民段階における国家統治の特徴を改めて整理するとこうである[114]。

第一、統治の技法の三タイプ（自己─統治、家の統治、国家の統治）のなかで、国家が家政に替わってモデルの地位を獲得した。それに伴い、国家→家政→自己という下降的連続性が重要になってきた。第二、住民を自らの統治の固有の対象とすることによって、国家統治は国家全体を内包する家政を確立することができるようになった。つまり、家長がその家と財に対して行うのと同様の注意深い監視と管理の形態を、市民や富や各個人、および全員にむけて行使することが可能となった。第三、統治の究極の目的は、統治それ自体ではなくて、住民の条件の改善、また富・寿命・健康等の増大にあることが確認された。「《人口・住民》の福祉こそが、《統治》の究極目的に他ならない」（一三四頁）。

こうして、一八世紀のヨーロッパにおいて、あらゆる統治のモデルとなった国家が、住民の福祉の向上を目的に、国全体を一個の家と見立てて、きめ細かく監視を行う体制が成立する。これを近代国家（の国内的使命）と考えれば、国家の仕える究極の目的は、住民の条件の改善と福祉の増大以外にはない。かくて国家＝主権モデルとは異なる統治の技法論の（現実化の）系譜を追うことで、フーコーは、近代国家の性格を次のように捉えることになったといえる。すなわち、国家介入抜きには実現しないような公益の追及がその任務（統治）の目標となっているような統治形態、これが近代国家なのであると。

ただしそこにいう公益とは、戦争や飢餓、無秩序、法の不正、不当徴税の除去など、伝統的・消極的な公益ではない。濃密で正確な内容をもつ公益である。すなわち自然資源、労働資源、それらの流通、商業の程度、都市や交通の整備、生活条件、居住者の数・寿命・頑強さ、労働能力──これらすべてが関係する全分野に国家の介入が要請され、その上ではじめて達成される公益の追及が目標となったのである。

これを要してフーコーはいう。「われわれは、一八世紀に発見されたものとしての『統治化』gouvermentalizationの時代に生きているのである[115]」。それは、積極的な監視・介入・干渉によって実質の満たされた公益を、国家が責任をもって提供するような統治の目的が正当化される、という特殊な時代である。これが、フーコーの近代および近代国家についての《現在の歴史》論的脱構築の最終的な結論であった[116]。

2　《社会理論としての国家論２》──統治のメタ目的

しかし、果たして、統治の問題構成は、近代国家の特徴を、また国家における活動の全体を、余すところなく論じるに足る枠組なのだろうか。言い方をかえると、なぜヨーロッパのポスト封建国家（プロト国家→近代国家）が統治の問題構成という（独特の）慧眼を生み、統治の技法を発展させていかなければならなかったのか。

そのことは、残念ながら、後期フーコーの、オリジナルで、おそらくは真に行政学的な仕事（行政管理としてのポリスの歴史的再評価）のなかでは、はっきり示されていない。彼の議論の焦点は、動員史観的にいえば、あくまで国内的動員の条件整備としての国家の役割がどう発見され深化していくかに絞られ、そのような展開を促したものが何かは視野の外にある。フーコー統治国家論は、いってみれば、社会理論としての国家論として、いまだ十分ではない。そこには、一国史的とはいわぬまでも国内的視角偏向、まさに統治は統治、当然な国家の任務だという常識（あるいは動員史観的には政治理論としての国家論）への退歩がある。動員史観としては、後期フーコーすら、一九世紀型社会科学のある傾向を免れていないと映るのである[117]。

しかしそう言い切るのは、早すぎた晩年にようやくマックス・ウェーバーとの親近性を発見し、統治の問題構成という慧眼にいたった行政学者＝後期フーコーには少し酷であろう。いま少し時間の猶予があれば、フーコーの断片的な仕事も高度の完成を見ていたに違いないからである。近年いくつかその確認作業が行われつつあるとはいえ、この方面での仕事が書物の形をとらなかったことで社会科学、とくに政治学や行政学が失ったものは大きい[118]。

再確認――国家の主たる機能が専一的に経済的なものでも国内的なものでもなく、圧倒的に軍事的なもの、地政学的なものであることは、世紀転換期のドイツ・リアリストやウェーバー、最近の欧米の歴史社会学など多数の指摘があるし、部分的に触れてもきた[119]。それらを踏まえて、以下で、ネオ・マキアヴェリ主義の文脈にフーコー国家統治論を位置づけ直してみることを考える。そのことによって、なぜフーコー的統治への近代国家的志向が成立しなければならないのかということ、つまりフーコー統治国家論に欠けているもっとも根幹的な問題について、一つの解答を与えることができる。これが、社会理論としての国家論1を補完するもう一つの社会理論としての国家論、すなわち社会理論としての国家論2である。国家論バージョン2は、国家間関係のインパクトの理論的解明をめざす。

とはいえ、ここまでお読みになった方ならもう見当はつかれているだろう。解答は既に出たも同然である。金太郎飴のような切り口で申し訳ないが、それは、有り体にいえば、戦争のための動員の必要がフーコー的統治の誕生と成長を促した、というバージョン2の解答である。少なくともそこにある種のパラレリズムを指摘できると主張しよう。

Ｉ　《統治の目的と国家の目的の疑似パラドクス》

ここで、《統治の目的》に対して《国家の目的》という概念を用意し、区別して用いてみたい[120]。

改めて、《統治の目的》は、人口・住民の福祉の増進をねらう国家の国内的な目的である。そのために人々の生活、その隅々に効果的に介入し、その条件を変えようとあらゆる手段を行使する。フーコーのいう、一八世紀に確立したポリスの作用がこれである。繰返すように、フーコーのこの議論は、マイケル・マンやジョン・Ａ・ホールらの《有機体国家》の主張に連なるものと解釈できる。有機体国家の最新の形態は現代の高度福祉国家であり、その原型をなしたものこそ、このフーコー統治国家であった。

このフーコー統治国家論で考えれば、国家はその意図において善意なるものである。したがって善意の国家が支える近代もまた、善意なるものといわなくてはならない。住民・人口の全般的な福祉向上を願う統治形態が、また、そうした統治形態（主権国家群）を採用する近代が、結果はどうであれ、善意でないわけがない。なるほど、善意のあまり生じる過剰介入という問題が残ってはいる。しかも歴史的には、警察国家としての絶対主義国家において、行き過ぎた介入や一方的な統制は、住民の一部には生死にかかわる深刻な問題でもあったろう。にもかかわらず、事の趨勢としては、個人や集団の生きる条件や状態は、国家の介在によって、これまでになく改善されただろう。過剰介入・統制も例外的か一時的な撹乱だと見れば、国家と近代を批判する根本的な理由はあらかた消え去るかもしれない。

しかし、事態はもっと入り組んで複雑なはずである。本当に国家と近代は（意識的かどうかは別にして）意図において善意であったのか。国家の善意という事実は、そのままその表面価値において認めるべきなのか。もしそうであるなら、近代は一方では大量殺戮と戦争、多数の破壊行為の時代であったということをどう考えたらよいのか。戦争や多くの大規模破壊行為は国家を主体にして生じるのである。国家は二度の世界大戦を生んだだけではない。近代の端緒から戦争は圧倒的に増大し、頻発した。国家のこのような外政面の状況と、フーコーの考える濃密な行政という内政には、何らの連関もないのか。国家はただ闇雲に、善意のための善意を追求したに過ぎないのか。その国内的善意の予期せざる結果が対外的戦争につながったというだけで、その結びつきは偶然に過ぎないのか。

そこで《国家の目的》という、言葉としてはやや紛らわしい概念は、近代国家の対外的な機能、あるいはその誕生の根拠を示すものである。重要なのは、国家の目的が統治の目的を最終的に支えるもの、あるいは上級審だということである。そこでこれを《統治のメタ目的》といってもいい。《統治のメタ目的としての国家の目的》は、そもそも国家統治が推進し達成する住民個々と全体の、生活改善、体位向上、福祉増大などが最終的に回帰する理論的な帰着点を示す概念である。人々の安全に配慮しきめ細かな施策を行うと同時に、大量の（自発的）戦闘志願者や戦士者をも生み出す、といういま触れたようなこの近代ないし近代国家のパラドクスを、この概念は説明できる。

このパラドクスをもう少し敷衍しながら、国家の目的がどうこのパラドクスを解消するかを見てみよう。理路はきわめて簡単である。まず、国家によって積極的に介入され支えられる公共観念の下で、近代先進世界の人間は、前近代の人々にくらべ、さまざまに優越した高い水準の人生をしかも安全に送ることができるようになった。社会学者市野川容孝は安全性をめぐる権力と自由の対立として近代を要約し、「近代社会は安全性という理念の中で、権力と自由の和解を求めてきたと言ってもよい[121]」と述べる。この見方は、《リスク社会[122]》としてその現代的変容を考えるもう一人の社会学者ウルリッヒ・ベックにも踏襲される社会学通有の考え方かもしれないが、現実の歴史において重要なのは、繰返すように、国家における善意と戦争のパラドクスであり、一個の悲喜劇をそこに認めることである。

啓蒙期から一九世紀前半までの主要な社会理論家たち、したがって草創期の社会科学は、近代からは大きな暴力や戦争がなくなるだろうと予想した。中世は戦争社会であり、近代の商産業社会への移行は、国際的相互依存を高め、平和な社会になると見たのである。ところが予想ははずれ、事態は反対方向に大きくブレた。身体、人間社会、自然界に対する近代人の暴力的関与は、戦争のみならず、無制限な開発主義などによっても、それまでの時間の単位を変えるまでに圧倒的に進み、極端な激化を見た。近代ほど戦争、暴力、破壊、そして開発という語に満たされた時代や空間はない。近代的な思想家たちの予測と現実の乖離を非難する声は、怨嗟に満ちて響き渡っている。この乖離は、戦争の悲劇を嘆く市井の人々にとっても、二〇世紀後半の核心的な問いの一つであった。なぜ高度文明社会たる近代世界は、戦争に満ちているのか。

実はフランス思想研究者中山元にいわせると、これこそ、フーコーの問いでもあったという。フーコーの問いは「アウシュビッツと広島に象徴される《理性の逆説》の疑問だったようである。理性は暴力を追放できるだろうと考えられてきたが、皮肉なことに、理性がもっとも理性的なものとなった時代において、大地は暴力の『凶徴に輝いている』のである[123]」。フーコーこそ、「国家が戦争という形で大衆を虐殺しはじめたのは、国家が国民の健康を気遣いはじめた時代でもあるということの奇妙さ[124]」に気づいた人間であった。「国家が福祉国家を目指して国民の生活の幸福を目標としはじめた時代に、戦争という国家的な規模での殺人が行われるようになったことの不思議さがフーコーを捉えている」[125]。

このパラドクスを、アドルノやホルクハイマーは《啓蒙的理性の逆説》と捉え、次世代のフランクフルト学派ユルゲン・ハバーマスは《道具的理性》の克服として焦点化したといえる。そしてフーコー自身は《理性の系譜学》としてこれを探究する。そうしたなかにあって、動員史観は、理論的にいえば、《統治の目的と国家の目的の疑似パラドクスの解消》という形でこの問いに答えを与えようとするものである。つまり、人々の福祉に配慮する近代世界と未曽有の戦争状況――その間にパラドクスはない、両者には通底するものがある、という解答である。

改めて《統治のメタ目的としての国家の目的》とは、この解答を言い換えたものである。要は、国家の目的が、統治の目的のメタレベルの目的になっている、として理解するということである。両者は、表と裏の関係として（マネーロンダリングのような形で）密かにかつ緊密に結びついている。もっといえばメビウスの輪であり、（目的論的誤謬との）誤解を怖れずいえば、基本的な見通しにおいて、戦争あっての近代なのだということであるだろう[126]。

なぜなら、統治の目的は直接には人々の福祉であったにしても、またそのことによって人々の福祉が結果として増進したとしても、それが最終的に回収されるチャネルとして、近代のシステムやロジックには、最初から戦争が想定されていたからである。すなわち、あり得べき可能性としての戦争は、潜在的には、綿密な配慮によってなされた統治のあらゆる果実をすくいとるものであり得たのである（現実に世界大戦はすくいとった）。むしろ果実の大半は、戦争のために生み出されたと考えるべきである。だから戦争は、近代国家の誕生の母であり、その展開を規定するパラメーターであり続けた。このような特質に即して、近代国家を、これまでも折りに触れて呼んできたように、《戦争機械[127]》（war machine）と呼ぼう。ドゥルーズ的な意味合いはそこにはない。単純明快に、戦争を行う機械としての戦争機械。《有機体》国家という戦争機械であるから、いっそのこと戦争サイボーグと名づけてもよいだろう。

戦争機械としての近代国家は、統治の問題構成によって深く社会に浸透する理論と手段と必要を手にし、明瞭に意識していたかどうかは別にして、これを統治の目的となし、それまで国家にとってはさして重大な対象とはいえなかった社会なるもの（住民・人口）を利用し、ある方向へむけて編成し直そうとする。個人や社会は全面的に、ある生産的な機構へと（競争的な契機を踏まえて）姿を変え、それにふさわしく人々の意識や身体、行為や制度をも《近代化》したが、その最終目的（メタ目的）は内政上の福祉それ自身にあったのではない。そうすべき特別の理由は、前近代の統治者同様、大半が世襲の国王であった近代の国家統治者にもなかったはずなのである。あなたが王様ならどうしますか？

しかしながら、近代の統治者には、決定的に、それまでとは異なる環境があった。この環境が近代の統治形態に独特の性格を与えたのである。この環境を一口にいうと、厳しい国際的な生存競争の到来である。それが、中世崩壊によって生れた混沌状況、秩序の大崩壊に対し、近代がなし得た唯一の現実的な解決策であった。そこでは秩序は最終的な静態的解決を見ず、その都度とられる平衡として成立する動態的な秩序となる。動態的秩序にあっては、安寧や均衡、調和や平和は、それぞれにその場その場で交渉によってつくり出されるに過ぎず、一時的な性質を免れない。しかも、そうでない普遍的な権威的解決方法を、近代はとうとう見出さなかった。今日でも依然、そういう状態が継続している。近代は流動的でしかないのである。それを近代国際関係という安直な言葉で呼ぶことは、その歴史的位相の独自性をあまりにも簡単に見過ごさせるものとなる。それが表面上の安定の下に、つねに国家に対して過酷な生存への努力を要求するものであることを知れば、近代という壮大かつ緻密なシステムが、支配のための支配でしかなかった前近代の統治形態の再来を許さなかった事情に思いいたるに違いない。

この新しい環境の圧力はもとより諸事万端に及ぶが、当然国家にとってもっとも厳しいものとなる。一方で国家が大きく方向転換し、統治者自身の力の強化だけでなく、住民・人口福祉への国家的関与を打ち出していくのはそのためである。

また他方で、一九世紀型社会科学がもっとも強調してきた《近代とは何よりも資本主義発展である》テーゼ[128]に関連していうと、国家が、最終的に国家の性格をしまいには変えてしまうことになるのを承知で資本主義との共存を図るのも、そうした圧力の原理的・歴史的要請を受け入れたからである。したがって、これを受け入れる圧力のない中国や中近東では、前述のように、資本主義の発展を根こそぎにしてしまう決断を容易にとり得た。ここで国家にかかわる面白い逸話を一つ紹介しよう。そこから資本主義との共存へいたる理路をゆっくり見ていきたい。

それ以前、つまり、まさに一七八九年までは、国家とは支配者の財産にすぎなかった。ポンパドゥール夫人は、ルイ十四世とベッドをともにしている時ですら彼のことを「フランス」と呼んでいたという[129]。

国家がこの時点でいまだ王の所有物だと観念されていること――このことは、中世崩壊のインパクトが絶対主義国家の繁栄によって一時的に中断したと解釈することもできるし、それほど近代国家の本質にヨーロッパ自身が気づくのに時間がかかったと見ることもできるだろう。どちらともいえないが、何らかの根本的な外圧への明確な認識がなければ、事は前近代のまま推移した可能性が高いのではないか、という推測を否定することは難しかろう。ヨーロッパではっきりと国家が人々の包摂に取り組むのは、かくして、住民・人口に対するのより高い動員を必要とするにいたってからである。一八世紀段階では、戦争は大体、《静かな戦争》すなわち王位継承戦争——王家が他の王家と王位継承の正統性を争い合う戦争であった。スペイン王位継承戦争、ポーランド王位継承戦争、オーストリア王位継承戦争等々、戦争は主に支配者同士の戦争であったといってよいが、それが徐々に国民（nation）の戦争へと変化していくわけである。王や王家の家産でしかなかった国家が国民、すなわち『『我われこそフランスなり』』と叫ぶ人びと[130]」の国家へと変じていくということである。これは国家変容の結果であったのだろうか、それとも原因であったのだろうか。野心的ではあっても王家ゲームといえた戦争が段々に、利用不能なただの民衆でなく、国家の一員たる《国家の国民》を必要としてき、民衆は民衆で《国民の国家》たることを求める。その相互過程で、いずれにしても、国家同士の戦争は、それまでにない規模と執拗性をもつようになる。そうなるとますます、この激化する戦争に勝利するには、より自覚した国民とそのつくり出す資力、そしてそこから国家が引き出す財力が鍵となっていくのである。

そのことは当時から共通の認識となっていた。近世の経済政策たる重商主義は実際には、殖産興業としての《重工主義》であり、民富を拡大するとともに、そこから軍費や軍事費を引き出す国富の増大がめざされた。資本主義的生産への関与は、このように、回避不能の近代的必要条件であったわけである。資本主義への譲歩は最終的に、革命を経るかどうかは別にして、また実際に王家が《更迭》されるかどうかとは別に、王家の国家に替えて、国民の国家をつくり出す[131]。国家は変質するのである。適切に変質し得なかった国家には生存の見込みがない。ヨーロッパ外では植民化の危険を招き、ヨーロッパにおいても、伝統的にその地域の主だった者とは非常に異なる統治者が地域を我が物にすることになる。王家の国家であろうが、国民の国家であろうが、主権国家として国際関係をその都度つくりあげるというシステムの全体には、しかし変更はなかったのであるが。ともあれ資本主義との共存は、一九世紀型社会科学のいうように資本主義のためになされたのではない。国際秩序の構成要素としての主権的領域国家の存続という基本的要請への返答だったのである。

以上、統治の問題構成を認め、資本主義を推進させることは、国家のこうした生存状況への直接的な対応の産物であった。動員史観の見る、戦争機械としての近代国家は、ハバーマスを本歌取りすれば、戦争の物心を含む資源の増大という、統治のメタ目的としての国家の目的をめざして入念に練られた《近代最大のプロジェクト》だったのである。

Ⅱ《統治のメタ目的としての国家の目的》論再考

さてここまできた読者のなかには、統治の目的と国家の目的を連関させるという、議論の系譜としては別々の、つまりフーコー的な統治の技法論と英米的な国家の歴史社会学との、動員史観的な結合に対して、疑問がわく方が当然いらっしゃるだろう。内在的連関は本当にあったのかと。これまで行ってきた議論の幹線から一歩身を引いて、あり得るそうした疑問にこの段階で答えておくことにしたい。

最初の疑問は、いま述べてきたような連関ないし結合は、実はたんなる転用と模倣だとして説明できるのではないかというものだろう（**第一の疑問**）。この疑問は要するに、まずある統治体において国家の内政的関与の質的深化によって充実した国力が出来上がっていき、それが国際関係の偶発的状況のなかで、後天的に戦争目的に転用された。そしてそれが成功したので、ヨーロッパという接近した国際関係の下で他国も倣ったというだけのことではないか、というだろう。しかしあくまで注意しなければならないのは、近代国家の内政的特質でさえ国家システム（国際関係）のパラメーター（端的には戦争）の関数であるということ、あるいは端的にいってこれによって生み出されると考えるべきだということである。そうした国際的要因がなければ、おそらく今日見るような近代国家の主要な、一般的特質は生じなかったであろう。生じたとしても、もっと経過や経路の点で別の形をとっていたであろう[132]。もとより歴史は全面的に書き換わることになったはずである。

これをいいかえると、近代国家の《統治》の本質は、近代国家の《国家》としての本質（戦争機械）に回収される構造をはじめからもっていた。なるほどそのことは最初は十分自覚されていなかった。しかし自覚されていたかどうかは大して重要ではない。両者の関係は構造的だったのだから、いつかは浮上してくるものだったのである。しかも歴史的には一九世紀まで、長い初期動員段階のうちは、近代国家の表の顔、つまり統治の面が裏の顔を抑圧し、この戦争機械としての面は容易に表面化しなかった。

ただしいま表が統治国家、裏が戦争国家であるかのように触れたが、実をいえば裏か表かは後世（価値的近代）の判断に過ぎず、恣意性を免れない。一九世紀型社会科学では戦争が裏に見えるというだけのことなのである。あるいは一九世紀型社会科学は戦争を裏でなければならないと考えるものの見方だということである（戦争で祖国を失った人には戦争国家こそ表の顔であると見えるだろう）。したがって、そうしたものの見方を刻印された伝統的な社会科学は、その努力を圧倒的に表の側に、つまり、経済学なら産業資本主義の論理の解明に、歴史学なら封建制から資本主義への移行過程の分析に、法学や政治学なら近代の立役者としての立憲主義や自由主義の研究に、また敵役もしくは次代の主役としての社会主義などの構想に費やすことになったのである（ちなみにマルクス主義では階級支配という裏の顔を明るみに出すために資本の運動法則が検討されるが）。

もともと一九世紀全体が大きな歴史の抑圧だったというのは、既に指摘した。国家に対する市場的かつ市民社会的優位のイデオロギー的認証と擁護のための知的制度として、社会科学は、何分かは機能したはずである。これを近代の伴走者という。しかしながら最近の歴史学はこの裏の顔にこそ注目せよと述べる。たとえば軍事革命の紹介者の一人であるヨーロッパ史家大久保桂子は、だからこそ貴重なのだが一般向け通史のなかでこう述べる。

軍拡と反乱、軍拡と戦争の因果関係を説明せずに、近世ヨーロッパの歴史を語ることはできない。この時代のヨーロッパに内在する長期的な『危機』【いわゆる一七世紀の全般的危機といわれるもの】があったとすれば、その本質は、悪循環をくりかえす当時の戦争の性格にあったというべきである。（改行）しかもこの軍拡競争は、近世で終わってしまうわけではない。アメリカとロシアも加わって、軍拡が二十世紀にいたるまで休みなくくりかえされたことで、ヨーロッパの軍事技術は世界最先端を維持することができた。大砲を帆船の舷側に積み、海上での戦いに勝利するすべを叱咤ヨーロッパ人は、こうして世界を制圧していくことになる[133]。

転用模倣説は成り立たないとしても、ここで依然、疑問として浮かぶのは、やはり連関論は歴史の目的論的解釈ではないかということだろう（**第二の疑問**）。ご都合主義的に縫合されたアドホックで非実証的な主張ではないかと。これは微妙な線だが、いま戦争で一般にイメージされるのは第一次、第二次大戦レベルの総力戦である。そのため、これまで戦争というのが軍隊間レベルのバトルが圧倒的で、局所的・短期的であり、一見長期的な場合にも百年戦争のように戦闘は実は散発的であったし、殺傷の程度も低かった、という一時代前の常識を思い起こすのが難しくなっている。当時の戦争は現在なら《局地紛争》と呼ばれるべきもので、それは現在の戦争イメージとは結びつきにくい。とはいえ二〇世紀以前の戦争はもともとそういうものだったのであって、それでも当時の戦争当事者たちを困惑させるに十分だったのである。総力戦とはくらべものにならないレベルの戦争に勝つために、またこれを回避するために、当時の政府高官や外交官たちが払った慎重な配慮、細心の注意には、彼らの危機意識が否応なくうかがえる。

たとえばエリザベス一世以降のイギリス外交の歴史からは、平和なるものが高度に体系的で戦略的な所業であり、いつ戦争になだれ込んでいっても不思議はなかったことが分かる。

また一九世紀イギリス人の外交手腕がなければパックス・ブリタニカは維持されず、近代における総動員体制への条件はもっと早くに整い、大戦争状態が訪れていた可能性も否定しがたい。だから近代の平和とは実質、暴力を伴わぬ戦争であり、潜在的には薄氷を踏むがごとき綱渡りであったというべきなのである。

あえて当時のヨーロッパ各国の為政者の立場になって考えてみると、もともと狩猟的な彼らの鋭敏な生存感覚が近代においてますます研ぎ澄まされ、いわゆる《アンテ・フェストゥム[134]（ante festum）》（精神医学者木村敏）的な構え、先取り的心性のなかで過剰な反応形成に傾斜していくのをやはり止めることはできにくかったのではないかと想像される[135]。ある国際政治学者がいうように「元来、軍事力が『そこにある』というだけで、意図と無関係にこれを『脅威』と見做すというのがヨーロッパ的思考の主流であった。とくにこの点での戦略的敏感さは、近代イギリス外交の伝統としてその後、いっそう明瞭に定着してゆくことになる」[136]ならばさらに。以上、初期動員においても、さまざまなタイプの戦争が当時の国家にとって決定的な作用を及ぼしていたことは否定できず、戦争を潜在的な想定事項として動く近代国家のあり方はごく普通のことであった。

こうして二つの疑問に答えてくると、戦争と、ポリス的福祉の体制としての国家の近代的共存は不思議ではなくなる。国内と国外への国家活動のダブル・スタンダードは、分裂なのではなく、国内的統治目的が対外的国家目的へとあらかじめ回収される有機的な連結構造のなかで、密接にシームレスな一個の《近代国家》をなしていたのである。戦争機械としての近代国家が優位に立つその特徴を踏まえて、改めてこれを、《戦争国家》（war state[137]）と呼んでみよう。そうすれば、統治（の目的）というのは、厳しい言い方をすれば、戦争資源補給へむけて、事物を動員可動状態に置くためのさまざまな方策を簡略に総称するものだったということに気づくだろう。図を参照していただきたい。

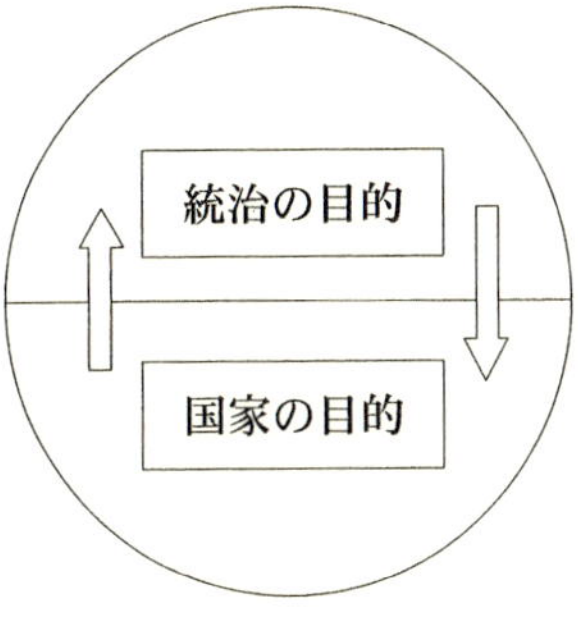

戦争国家論
（統治のメタ目的としての国家の目的論）

戦争国家においては、統治の目的は国家の目的という上位のメタ目的によって蕩尽され、循環する。このサイクルは近代初期の方が明瞭だったろう。市民権や社会保障という国家の（民主化的な）関与がほとんどない状態では、次にⅢで述べるように、徴税と国家維持・発展のあきれるほど単純で親密な関係が、スケルトンのように浮かび上がるからである。

国家の基本的な仕組がいまよりはるかに透明であった近世、そこにおいては体系的な徴税への一歩は、何よりも戦争遂行を目的としたものだった。のみならず、総動員体制の時代がくると、統治の長期の果実を戦争へと動員しようとする国家の自覚も、これに答えようとする人々の覚醒も、まさに共有された《国民文化》として明確に成立していく[138]。事実、人々に対する将来の約束として行われた動員の部分的な対価や報奨が、第二次大戦後の福祉国家体制（民主化の契機）へとつながっていった。とすれば、むしろ、戦争と国家の連関の意図的な不明瞭さは一九世紀的あるいは一九世紀型社会科学的な現象であって、ハイモダニティという特殊な時代の産物＝認識ということにもなるのではなかろうか。ここでも一九世紀は一つの例外なのである。社会科学は、この苛烈だが曖昧な時代の負の遺産を背負うものである。次にこの連関を原理的に一瞥してみたい。

Ⅲ　《戦争国家論》

(1)　近代戦争国家のさまざまな顔
——徴税国家そして治安国家

近代国家の生成を、戦争とそのための財政基盤の整備、つまりは軍事費と徴税の関係を中心に、市場経済の必要にも触れながら見よう。国家が戦争目的に徴税システムや官僚制組織の原型となるようなものを発展させていくというのではなく、もっと過激に、国家が君主による戦争継続のために生成されてくる、という意外な理路がそのことによって浮かび上がる。このことは何も新しい事実ではない。一世代以上前に軍事専門家たちがこの点をはっきり指摘していたのである。たとえば前にも引用した著名な軍事史家マイケル・ハワードは、ギデンズやマンらの提示した新しい社会学のかなり前に、「実際に、国家すなわちプロイセン国家【つまりドイツ国家のさきがけ】は、プロイセン軍についての王の必要を供するためにつくられたものであった[139]」と述べたことがある。これはレトリカルな物言いに聞こえるかもしれないが、その後の主要な国家社会学者たちも、基本的に近代国家について、同様の認識を示すことになるはずである。

同じイギリスの国家研究者クリストファー・ピアソンのまとめ[140]を参考に、この点を整理してみよう。現代アメリカを代表する国家の歴史社会学者チャールズ・ティリーのいう、近代ヨーロッパ国家形成の基本線は、戦争が国家をつくり国家が戦争をつくる、という相互循環であるとする考え方を受けて[141]、ピアソンは、国家と戦争遂行の必然的な関係を徴税との関連において、次のように要約した。

複雑な歴史物語を単純化すれば、次のようなパターンが得られる。すなわち、プロト国家が戦争を行う。戦争には経費がかかるから、財源を引き出すための体系的で持続的な手続きが必要となる。その手続きによって財源引き出しに成功するには、大規模な国家機関が必要である。大規模機関にはもっと財源が必要であり、かくてより大きな税金収入が必要となる、等々[142]。

　徴税は、国家と戦争をつなぐ必要不可欠の仕組であったが、近代国家において徴税が占めるモメントは、今日の国家論の原型である、《元経済学者》ウェーバーによる国家論のなかでは（おそらく当然視されているために）ほとんど無視されている。徴税がもつ国家的インプリケーションを明瞭に指摘した国家論の代表例として、ハーバードの経済学者シュンペーターがあるといえば、これも意外だろうか。シュンペーターのいう《近代徴税国家》は体系的、合理合法的、規則的、官僚制的など、ウェーバー近代国家の特徴をほぼ備えている。そもそも封建的統治から近代国家を分かつ指標の一つが、体系的な課税とそのための徴税組織なのである。シュンペーターの「財政上の必要がなければ、いまあるような近代国家の創設もなかったであろう[143]」との指摘は、ピアソンも引用しているが、さきのティリーやハワードの言葉と響きあい、近代国家形成における徴税と戦争との密接な連関を示唆するものとなっている。

　戦争があるから財政の支えが必要なのであり、その結果、近代国家およびその特徴が、予期せざる形で出現する。国家財政の膨張は戦争目的だったのである。歴史社会学の泰斗マイケル・マンも、近世以降になってはじめて、戦時の臨時的・一時的な課税であったものが、平時にも行われるようになったと書いている[144]。その最初の例がヘンリー八世であった。また、戦争は課税のみならず、長期公債によっても賄われていった。つまりフッガー家等の大銀行家から国が貸付金を借り入れるのである。戦時はこうして、どんどん平時へと組み込まれていく。かくして、つねに戦争および戦争準備を念頭に置いた課税措置の常態化が近代を彩り、近代国家を形づくる必須の一翼となる[145]。

　以上、戦争とそのための徴税（および公債発行）というセットは、動員史観において、近代国家の発展を考えるフォーカルポイントである。ただし通常は、近代国家の教科書的な定義からはこの連関が、また戦争も徴税も個々に、抜け落ちることが多い。自明過ぎてか、近代国家の生成のあからさまな秘密が、ウェーバーを介しても、直接は見えにくくなっていることに注意したい。いずれにしても、財政的に拡大した国家は新たな脅威となって、他国の軍拡を招き、それが自国に返るという循環とディレンマが、ここに成立する。

　ここで三つ目の顔について論じることは蛇足に近く軽く触

れておくに済ます。これまでのところから、（戦争技術の革新等によって）国家の軍事化が進む過程で、かさんだ戦費のために徴税の必要が増し、そのために財政規模ないし単純に国家規模の拡大が進む、という《戦争→徴税》の連関は理解されたと思う。この連関には当然先があるわけで、徴税の強化は、国内の不満や反抗を惹起する。戦争による徴税負担の増大は、国内において強制のモメントを拡大するからである。そこで草創期の国家（プロト国家以降）は、反乱や不服従に対し国内治安の強化を迫られることになる。つまり国内的警察機構の整備が、戦争国家化や徴税国家化と有機的な連関をもって並行的に進行するのである。《戦争→徴税→治安》のヨーロッパ近世的な《国家循環》がここにある。近代国家の二つの顔、戦争国家と徴税国家に加えて、治安国家化は、原理としての近代国家にかかわる三つ目の顔なのである[146]。

もとよりたんなる強制によって人々の服従を長期的に調達することには無理がある。そこに自ずから、人々に自発的な服従をもたらす仕組が必要となる。こうして人権・市民権などの近代国家の《民主化》の契機が生れることになるが、この点は、アンソニー・ギデンズにならって近代国家そのものの誕生の秘密とは直接関係がないというべきである[147]。近代国家の発展のなかで一貫して見られる特徴は、基本的には、国際関係の特徴を反映する右の三つの顔であり、とくに一つをあげろといわれれば、いうまでもなく戦争国家という始源性以外にはない（一九世紀以降では重要な要素となるからこの民主国家の顔も加えて四つの顔として表象することも間違いとはいえないが）。

(2)　戦争国家イギリス――国家の軍事的起源と発展

近代国家の三つの顔を典型的に示すのが、史上いわゆる絶対王政と呼ばれる国家である。絶対主義論は、動員史観にとっては今後の重要な仕事である。ここでは動員史観の戦争国家論に何ほどかの歴史的根拠を与えるために手短に論じておきたい。大陸型絶対主義国家は典型的過ぎて面白味がないので、以下では、その例外的な扱いを受けがちな《近代の母国》イギリス――絶対王政に対する制限王政と呼ばれるこの国を見てみたい。そうすると興味深いことが分かってくる。村上泰亮のイギリス論も参照してほしいが[148]、そこでの議論から意識的に離れつつ簡潔に整理しておこう。

ＬＳＥの政治学者デヴィッド・ヘルドは、近代国家の圧倒的な軍事的性格が、イギリスのような国にも妥当すると考える。彼によると、一二世紀から一九世紀までのイギリスの国家財政の七〇～九〇％は、主に戦争用の軍事物資や用具の購入と使用にあてられていた。この間国家は、軍事関連の財政拡大を主たる原因として、ゆっくりと成長していく。ただしその規模も日常生活に与える影響も依然、小さいままであった。イギリスの国家支出のデータは一六八八年以降残されているが、それによると、一七、八世紀になると、戦争の武器や用具の高騰、また常備軍（主として海軍）の維持により国家財政は急激に膨張する（非軍事関連の支出は依然小さかった）。ヘルドは、国家財政が外国との戦争に支配されているとする点で、マイケル・マンに賛成する[149]。いいかえるとイギリスの財政の全面的な拡大は、戦争によって生じたのである。そして一八世紀から一九世紀初頭にかけてのヨーロッパでは、財政規模の拡大は、立憲国家であるか絶対主義国家であるかにかかわりなく、進行したのである[150]。

慎重にもヘルドは、これは《戦争決定論》（war determinism）ではないという。戦争決定論とは、戦争と軍事の変化が国家と国家システムの排他的な源泉である、とする議論である（前に触れた戦争一元論とほぼ同義と思われる）。ヘルドの強調したいのはそういうことではなく、「強制力の発展と維持は国家の発展にとって中心的なものであった。すなわち、もし国家が生き延びようとすれば、国家は軍事能力に資金的に投入し、その効率を確保することが必要だった[151]」ということ、要は動員史観と同じ立場なのである。

勿論繰返すように、このことはイギリスという特定の国家の問題にとどまらない。近代国家発動の原則は《最初》のイギリスをも例外としなかった、ということをここでは銘記願いたい。一見そう見られてはこなかったイギリスだが、その歴史は動員された国家の姿を余すところなく示すものなのである（大陸の絶対主義国家がそうであることはいうまでもない）。

第四節　フル動員としての近代生活
——動員の考古学へ

既存の社会科学が、自由主義とマルクス主義という、一つ屋根の下でいがみ合う似たもの夫婦としての限界をもつ以上、原理的に考え直すためには、別の視角、もう一つの社会理論を提起することが必要である、つまり事は社会理論レベルでの発想の転換を要求する。そう判断して生れたのが、本書なりの第三の社会理論としてのネオ・マキアヴェリ主義社会理論であった。そして、これにもとづいて形成された分析枠組が動員史観であるが、さて、いうまでもなく動員史観は一つの可能な枠組に過ぎない。第三の社会理論としてネオ・マキアヴェリ主義社会理論以外のオルタナティヴを考えてもよいし、ネオ・マキアヴェリ主義社会理論に依拠するとしても動員史観とは異なる枠組を構築することも可能である。目的や関心、対象や工夫に応じて社会理論や枠組は多様足り得るのである。動員史観は、あり得る他の枠組を思い描いていえば、おそらく、《よい子》問題にとくに強い照明をあてる点が特徴といってよい。次章がまるまるそのよい子化現象の分析を提供するが、そこでは、バラバラに見える組織行動や組織現象が、実は、動員史観を枠組にすることによって、ある歴史的背景を負った近代特有の特質を帯びたものとして再浮上する。この点が動員史観の重要な意義の一つなのである。

とすると、ここで一つの疑問がわくかもしれない。それは、分析枠組としての動員史観の有効性そのものの根本にかかわる疑問である。もともと動員史観は、第三の社会理論＝ネオ・マキアヴェリ主義社会理論から構成される一つの可能なアプローチである。その意味では、基本的に、近代の再解釈というマクロな議論を志向するものであって、長期の歴史トレンドを整理し直し、近現代社会、また翻って中世社会にも及んで、それらの従来の理解を抜本から問い直すところに、本来、大きなねらいがある。社会科学のコンベンショナルな言い方でいえば、マクロな《歴史社会学》理論なのである。社会理論レベルでの転換の必要をいうのはそのためなのであるが、にもかかわらず、現在の人間の行動の問題、つまりよい子絡みの問題に、しかも冷戦という総力戦以来継続され、高原状態化した高度動員がようやく収束したいまになって、取り組むというのである。それは果たして妥当な試みなのか。本来歴史的志向をもち、そういう第三の社会理論という背景の下に構築された動員史観の枠組は、実のところは、そうした現代的諸問題への直接適用にはふさわしくないのではないか。それを可能とする枠組として動員史観のねらいは叶うのか。そういう疑問である。

この疑問——いってみれば歴史分析の枠組と現状分析の枠組の齟齬、あるいはその関係についてこの節では答え、枠組編としての本章を終えたいわけである。第1項が動員史観の現状分析的可能性について考察するが、その過程でさらにいくつかの概念装置が必要になってくることが分かる。それは第2項で集中して考える。それが次章の分析を可能にするだろう。第六章は第2項で出てくる《動員の考古学》の一つのパラフレーズとなるだろう。

1　今日的現象を解釈する第三の社会理論は可能か
——動員史観成立の可能性

この問いに対しては、体系的に理論化した解答の定式は終章で提出するとして、そこで出てくる動員史観の《二つの顔》論を先取りしながら、第六章の分析を可能にする基礎づけとなる議論を行いたい。なお二つの顔とは、動員史観が用いられる二つの学問的役割のことであり、歴史分析が第一の顔、現状分析が第二の顔である。

改めて、さきほどから触れてきた近代の再解釈という役割は、動員史観の第一の顔である。つまり第一の顔は戦争国家論である。この戦争国家論をさらに展開すること、大きくいえば国家と国際関係を介して絶対主義や重商主義など歴史の見直しを行い、近代の再解釈（歴史学的事象の社会科学的再解釈）を展開するというのが第一の顔である。これが、（ネオ・マキアヴェリ主義社会理論からの一つの枠組としての）動員史観の本来のオーソドックスな課題であり、今後の主要な作業となるはずのものである。第一の顔は《歴史のなかの国家》論ということもできる。ネオ・マキアヴェリ主義社会理論から構築されるアプローチはいずれもこの種の課題を共通にしているだろう。

　現在、政治理論としての国家論の転用や読み替えを含めて、そのための資料や文献には事欠かないように見える[152]。視点を転換すれば、国家の、これまで見えざるままにとどまっていた役割を明らかにするような歴史的事実や文献は少なくないのである。だから作業の障害となるのは、事実の細部と大部な理論をこなして鳥瞰していく研究者の能力だけなのかもしれない。とはいえ、本書のいまの段階では、このような第一の顔をめざす試みは、ペンディングである。理由は明白で、この仕事は、ウォーラーステインやバリントン・ムーア、ベンディクスやスコチポル級の大事業となるから紙幅がないのである。歴史データの探索収集、歴史学と社会科学の論稿の大量の精査や再解釈。これら巨匠たちはとくに二次文献に依拠した膨大な（歴史社会学的な）作業を行っている。戦争国家論の本格的展開は、中間報告たる本書の役割を物理的に越えている。

　そこで第二の顔となるが、今日的な現象を説明するという動員史観のもう一つの役割がこれである。この第二の顔がいま問題とされているわけである。すべてのネオ・マキアヴェリ主義社会理論から派生する枠組が、この第二の顔をもつわけではない。もう一度確認のために繰返したい。戦争国家論は過去五〇〇年の再検討による近代史の再解釈、およびその社会理論的含意の展開である。そしてこのことに、国家的動員や動員体制という視角から臨むのが動員史観、ひいてはネオ・マキアヴェリ主義社会理論の立場であった。とすれば、ここには動員史観の説明を最初から拒むものは原則的にはない。あるのは成功不成功、説明力の大小である（したがって同じくネオ・マキアヴェリ主義社会理論に依拠するよりよい枠組によって動員史観が駆逐されてよい）。

　しかし第二の顔がとりあげるのは、もっと身近で深刻ないまの問題であり、戦争や動員の語感とはそぐわない、援交とか学力崩壊といった《日常的な現実》の解剖なのである。この点にこそ動員史観らしさがあるが、それは弱点ともなり得る。だからこそ果たして？という疑問が、動員史観に対して生じるからである。

　そうした解剖はワイドショーの対象ではあっても、広い視野からの適切な注視を浴びにくいテーマではある。学問的にもどちらかといえば平面的な（あるいは法律的ないし道徳的な）、あるいはたんなる現代社会論的な割り切り方をされて理解されがちである。そのため社会的意味が局所化されたまま、歴史化されずにとどまることが少なくない。だからこそ動員史観を利用して問題の広がりを明らかにするという逆説的な面白味もあるといえるのだが、しかしごく卑近とすらいえるような今日の社会的事象を動員史観によって解くにあたって、国家的動員と現代的状況との際立った外見上の齟齬をどう架橋しておくのか、というマクロ歴史理論（ネオ・マキアヴェリ主義社会理論としての動員史観のもう一つの顔）ならではの問題はどう解消しておいたらよいか。以下で指針を得たいのはこのことなのである。

問い自体をめぐり長々と論じてきたが、問題を改めて規定するとこうである――動員史観は、ネオ・マキアヴェリ主義社会理論の一翼を担うものとして、中世世界の崩壊によって近代が生れたと考える。この点の論理的関係ははっきりし過ぎているので逆に目に止まりにくいが、看過してはならない。中世が終わったからこそ近代が始まらざるを得ないという現実は、あまりに軽んじられているとは何度も述べた。明白な事実、単純な論理に過ぎるからだろう。アナール学派の代表的な中世史家ル・ゴフがいうように、中世の終わりは単数ではなく、領域によって複数あるとしてもである[153]。中世世界の機能不全が近代を（不均等に）立ち上げることになるが、その結果《生ませられることになった》近代は、少なくとも政治的秩序安定の機構としては、万全ではなかったことも触れた。完全な平和を実際には確保できなかったのである。近代が結局落着くことになった政治的秩序回復・構成の仕方は、原則平等な主体同士の、分権化した国際関係のなかでの、時々の精妙な駆け引き（外交）によって力の均衡を維持する、というやり方であった。このやり方は、最終的な解決策として戦争が制度的にビルトインされている、という点に特徴がある。あるいは、クラウゼヴィッツの『戦争論』がいうように、戦争が形を変えた政治の延長だということである。戦争は近代的秩序の構造的な要素なのである。

しかし近代というシステム最大の不安定要素もまた、この（潜在的・顕在的な）戦争の脅威にある。戦争を規制する上位の権力主体を近代は想定できない。ところがさらに、ここにはアイロニーがある。かつてない発展をとげた近代のダイナミズムなるものの背景にあるのも、また、この戦争だからである。あり得べき戦争とこれへの神経質な配慮――これこそが近代という時代全体を根底的に規定していたことは疑いない。この神経症的な秩序の成り立ちと秩序構築の方法が、近代の最大の特徴、ダイナミズムの根源なのである。

そういう点を重視するネオ・マキアヴェリ主義社会理論はその意味で一種の軍事的近代論になり、動員史観もそのような戦争国家論を展開すると述べた。が、とすると、ここに一つの難点があるように見えてくる。一見したところ、現在では、その決定的な近代の梃子たる戦争の脅威が、弱まりつつあると見えるからである。だから動員史観が、過去五〇〇年の歴史解釈という枠を越えて（このレベルまではネオ・マキアヴェリ主義社会理論の守備範囲だとは再三述べた）、今日的現象を説明できる有力な視座だ、そのために構築されたのだという主張の意義や根拠が、疑わしいものと映る可能性なしとはしないということになる[154]。

＊　＊　＊

さてこの問いに答えるに際して、まずさしあたり、現代が戦争の危機や影響、脅威が目に見えて減った時代なのかどうかは直接問わないことにする。この時点で行う解答は怪しいものになるからである。そのよいサンプルが一九世紀にある。

ヨーロッパは一八一五年から一九一四年まで《長い平和》(long peace)を享受した。しかしその帰結は思いがけない世界戦争の勃発であった。当時ヨーロッパで第一次大戦規模の大戦争がよもや勃発するなどと危惧する者はいなかった。第一次大戦は起こってから急速に総力戦化したのである。近い将来、戦争があるかもしれないという観測はあったが、それは短期的・地域的な従来型の局地的な戦争という想定(せいぜい一ヶ月！)であった。ヨーロッパ一〇〇年の平和は戦争を水面下で徹底的に《近代化》していたが、この間の事情(これを《戦争の産業化》という)については、蓋を開けてみるまで誰も気づかなかった。とすれば現在、ポスト冷戦といわれ、国家同士の戦争の危険は確実に減っている、というもっともらしい歴史の見立てが、必ずしも正しいものだとは一概にいうことはできない。少なくとも政権担当者が短絡的に飛びついていけるような既定の事実ではなく、研究者も同様である。したがってこの点は留保した上で、動員史観にとって中心的な動員の問題について考える必要がある。

ここで動員の問題とは、国家的動員という赤裸々な国家的吸引作用は今日希薄化しつつあるといえるのか、という問題である。これにはいくつかの解答の仕方があり得る(ただし注意したいのは、動員史観としては、動員史観を適用できないとする見方に疑問を呈することができればいいので、これからの議論はそういう観点からなされる)。

第一の解答として、国家的動員の要素(繰返すが戦争の要素ではない)が事実上減っているようだという解釈があり得る。これは今日の状況においては自然な解釈だが、これを**解釈A**としよう。解釈Aの根拠となるのは、軽口をいえば、何といっても国民国家のゆらぎだのグローバル化だのの動きについて多くの人々が同じことを繰返し広範囲にいうからであるが(国民国家の没落)、日常感覚からしても国家の強圧を身近にするような事態は少なくとも一定の社会層には乏しい、という実感によって正当化されがちである。これに対しては、グローバル化云々には立ち入らないとして、今日見るような主権国家同士の熱戦の不在が、ただちに国家的動員減少の指標だとはいえないことは明らかである。戦争と動員の関係は実際複雑である。そもそも戦争がないことが動員の減少を意味するとは限らない例として、規制緩和やポスト福祉国家を志向しながらも、必要な領域においてさまざまな国家介入の規模や深度は、先進国では拡大傾向にあるという事実がある。福祉国家は史上最大の動員国家である。国家的介入自体は、トクヴィル以来の便法にしたがって、フランス革命のような大変動を介しても一貫して進行していると考えるのが、学問的には普通なのである。これが一点。

さらにこれに関連してもう一点いえば、国家的動員と国家的給付の違いというのは微妙である。たとえば福祉給付は人的物的サービスの提供であり、普通はよいことだとされるし、クライアント側にも被動員感はないかもしれない。しかし、改めて福祉給付の最前線は《国家の長い腕[155]》の最先端を示し、市民生活や私生活への（さまざまな審査基準を通じての）国家介入の最前線である。給付が一般には何らかの対価を要求するものだとすれば、そこには何らかの主体的出動の姿勢を少なくとも気持ちの上で要請している可能性があることを捨てきれない。つまり福祉受給には国家的動員への心理的ドライヴを増大させる余地がある。もしこれを動員と感じないのなら、それは、感じないようにする微妙で多様な政治的配慮の結果だと考えるべきなのかもしれない（この点では解釈B1やCの問題につながる）。

いずれにしても解釈Aがする動員の可能性についての議論は、戦争の可能性について述べたところと同じ不安定性があり、弱い解釈となる。

さて減った、減っていないの問題を別にすると、あり得る第二の解答として、端的には戦後の福祉国家的合意の拡大に伴って、国家の動員あるいは強制のモメントがもっと形を変えつつあるかもしれないという解釈が浮かぶ（解釈B）。この場合、さらに相互に排他的でない二つの解釈があり得る。

一つは、国家の強制的な動員がそのものとして変容しているという解釈である（解釈B1）。この文脈では保守主義と社民主義の間の政策論争、またリバタリアンとコミュニタリアンの公私の役割分担の再検討など、国家の役割をめぐる多大な論争は実は国家の活動を正確には捉えていないのかもしれない。つまり国家の隠れた動員メカニズムは、もっと潜行して別の様態をとっているのかもしれない。しかしそのことをきちんと知るすべについては、ここでは詳細に議論できない。

もう一つは、社会動員体制レベルでの組織的動員が国家的動員を代行する役割を果たしているかもしれないという解釈である[156]（解釈B2）。たとえば戦後日本国家が国家戦争なき経済戦争としての市場競争を国策として遂行したという《経済戦争》もしくは《企業戦士》的戦後史解釈（商人国家論）は、この一例になるかもしれない。ここでの戦争は動員史観以外ではメタファーの域を出るものではないかもしれないが、動員史観はまさにそれが、国レベルの競争を意味する戦争だったのだと十分解釈できると考える。

バブル以前の戦後日本国家は、動員史観の枠組を使っていえば、市場—企業—会社員の経済的トリアッドが、戦争—国家—国民の原基的トリアッドの弱さを補ってあまりある成果を収めた戦勝国だといえる。しかしそれもつかの間で終わり、その副作用ないし過度な追求が結果として、現在の種々の問題の一因となった。したがって、たとえば要求されているさまざまな規制緩和政策が国家的規制=動員の緩和を意味するとしても、《戦場》は既に国家から市場へと移行しているために、市場競争という主戦場では競争原理のさらなる開放を契機に動員の一層の激化が進み、企業にかかわる経済上の動員体制はむしろ強化されていくことになるのではないか、という危惧というか解釈が生れ得る。その結果、貧しい六〇年代の学生よりは圧倒的に豊かな今日の学生の方が、ダブルスクールをはじめとして、より時間的・精神的な余裕を失っているように見えるというのは、ただそう見えるだけだとか、大学の大衆化に伴う特権の喪失が原因だという説明だけでは十分でないことが分かる。実際そうなのではないかと。また、少女の援交問題もそうした日本近代化の数世代のツケだという議論も当然に出てくるだろう[157]。以上を要するに、組織的動員という《私的》動員体制（社会動員体制）が国家による動員という《公》の動員（国家動員体制）の形だけの平静化を肩替わりし、かつ激化しているとするのがB2の解釈である。

最後に第三として、（これも福祉国家化と関連しようが）、豊かな社会のなかで、国家的動員を速やかに受け入れるメンタリティが国民各個のなかに浸透し、さらには動員自体に参加の意識が上乗せされて、動員が社会契約的な当然の対価として積極的になされるべきと見做され、そうした感受性の変化によって今日のありきたりの風景になってしまっているから、という解釈をあげるべきだろう（解釈C）。つまり動員を動員と感じないような（感じさせないような）常識の定着、あるいは人間自身が変わり状況に対応してしまったという見方である。実際、行政への期待の革命といわれる先進国共通の戦後の現象は、国家介入への頑強な抵抗によって特徴づけられる一九世紀的な政治慣行とは、対照をなすものである。受け入れ側での考え方の軸の転換によって国家的動員が変質するというこの解釈Cは、解釈B1や部分的に解釈Aと重なってくる問題であるが、ちょうど都市や工場に出た第一世代、元農民家庭の労働者世代に労働運動が頻発し、都市的な労働環境しか知らない第二世代には順応の姿勢が強くなるのとどこか似ているように思われる（つまり労働争議は農民争議だったのであり、第一世代には比較対照する別の世界や記憶、ノスタルジアがあるが故に争議が生じたと考える[158]）。

以上のどれが適切かは、動員の指標を明確にし、動員が減るとか増えるということの意味、またそれを感じる人間の側の判断といった要素をどれだけ加味するか、事前の社会科学的理論構築が必要であり、考えると非常に連鎖の長い問題へと発展していく。それはさしあたり、本書の限界を越えるものである。

2　動員の考古学——二つの考古学

いずれにせよ、これら三ないし四解釈が、動員体制の三層構造に対応した解釈であることに気づかれた方はあるだろう。AとB1は国家的動員、B2は組織的動員、Cは成員個人の向動員意識（心の動員）に照準をあわせた解釈なのである。大きく見れば、国家的動員A、B1に対して、B2とCが非国家的動員という風にまとめることができる（国際政治学者グレアム・アリソン『決定の本質』の三モデルとの相似に留意）。

国家的動員にかかわる解釈A、B1の当否はこの段階では決め手がない。この点を明確に意識した別の枠組が、ネオ・マキアヴェリ主義社会理論にもとづいて構成さるべきであろう。替わって動員史観において問題となるのは、実質的関心からいっても、B2とCである。すなわち、《国家的動員の代行》としての組織的動員の強化（B2）、成員自らの積極的《出動意識》の定着（C）という問題である。

前者は、組織が大状況を受けとめる合理的組織としてばかりでなく、それ自体が成員にはもう一つの新たな小状況となっているということを意味している。つまり、大状況とは独立した形で、組織的動員が個々の成員の動員を一層強化していくという問題である。後者は、成員が（組織的動員の直接の影響下いかんにかかわらず）ある種の内的促しによって動員適合的メンタリティをつくりあげ強化していくという問題であり、それが場合によって通常の精神衛生を越えたところ、あるいはある非合理的なレベルまで亢進していく生理と病理を問題の中心にしている。

両者は、国際関係のあり方やそこでの国家の反応とは離れたところで、つまり国家的動員いかんとは別の次元において（しかし関連なしとはしないが）進む動員のあり方で、まずは二つの特徴を指摘できる。第一は、いうまでもなく、多くの場合、組織的動員が心の動員体制を直接に強化するということである。両者の密接な関連を否定するのは困難である。にもかかわらず、心の動員体制は、それ自身において独自の展開を遂げることがある。これは行動レベルの動員だけが問題なのではなく、姿勢や性格と化した動員の内面化にかかわる問題といえる。第二に、国家的動員が両者の動員に与える影響が切れている可能性があるということは、そうした動員を適切に押さえる、戦争の危急性を介した合理的な上限設定は機能しないということである。戦争のあるなし、遠い近いといった国家の合理的判断を介して動員が抑制されるメカニズムが、働かないということである。

第二の顔という問題を考える場合、この二つに凝縮された、戦争との直接の関連をもたない自律的な動きが、きわめて重要のように思われる。現在の多くの社会現象に、国家が行ってきた、戦争のための効率的動員の働きかけに見られるのと同様の基本的なメカニズムが、新たな様相を帯びて再現される、といった場面に頻繁に出くわすように感じられるからである。つまり動員史観のレンズを通して見ると、さまざまな動員が、国家的動員とは別の意匠＝衣装の下で（つまり非国家的動員という形をとって）、場合によってはより強化されて、乱反射するかのごとき光景に出会うのである。

　動員史観が注意する第二の顔とは、このような非国家的動員である。ネオ・マキアヴェリ主義社会理論は近代の成り立ちを考えるとき、国家の役割が決定的であったという見方をする社会理論であった。にもかかわらず、その弁証法的展開というか、成功が変質を招く歴史の通例というべきか、今日動員の主たる戦場は、組織と個人の内面にあると考える。動員史観にしてそう主張したい。このような非国家的諸点に注意するのが、ネオ・マキアヴェリ主義社会理論の一つの可能な枠組としての動員史観の特徴だといってもよい。この捻じ曲がったところを要領よく掴んでいただきたい。つまりいったん全社会的動員に成功すれば、国家は眼前で動員をかける必要はないどころか、国家の目論見を越えて動員が前進していく、そういう状況まで含めて近代の動員の姿をトータルに把握したい、というのが動員史観のねらいなのである。それが、動員史観が第二の顔まで射程範囲に含めた理論構成をとろうとする根本的な理由なのである。

　こうして動員史観は、第三の社会理論をもとにしながらも、直接国家とは結びつかないような、多くは組織的な現象や個人の行動を、近代と動員という長い線上の最新の局面として解釈しようとするのである。そうした現象や行動は、いってみれば、近代の動員体制が残した道筋そのものである。ただしそこでは、戦争を介して国家が長い歴史のなかでつくりあげた動員の前半のルートが地表から消えて水面下に隠れているために、後半のルートしか見えていない。そのためあたかも国家的動員とは関連しないように受け取られてしまうが、その水面上のルートは突然現れたものではない。そこには動員の明確な連鎖、論理的つながり、氷山の見えざる部分が存在する。一見国家とは直接の連絡を絶たれたように見える、この動員の現在顕著な最終帰結ルート・形態を射程に含めない現状分析は、動員史観の観点からは、あるいは第三の社会理論からいっても、まったく不十分である。まさに表面上は国家的関与や動員とは関係なく、独自の論理によって動員が進行しているかに見えるという事態の到来こそが、近代の動員体制がいかに成功したかの証左であって、成功故に背後に退くこの近代の論理（動員の論理）を正面に据えることが、ネオ・マキアヴェリ主義社会理論を根幹に置いてのアプローチには、おそらく（絶対に）必要なのである。

　こうして今日的現象に動員史観がどのように接近するかが分かっていただけたろう。あえていえば、国家的動員が視界から消えたかに見えるという意味では、こうした非国家的動員現象の分析は《動員の考古学》と呼ばれてよい。勿論それは、いまでは過去の遺物となった痕跡を跡づけるような考古学ではない。現に存在するものの《考現学》的観察がそこでは求められるのであって、いないかのごとく振舞う帰宅の遅い父、そのような動員原父の近代的道筋をそこに暴いて見せるということが目的の考古学なのである。近代の動員はまさにマグマ状にかつ構造的に潜在しているのである。

以上、動員の考古学とは、今日における非国家的動員の分析である。そしてその主たる対象は改めて、組織による動員と成員の出動姿勢にあった。前者の問題、つまりB2にかかわる組織的動員のありようについては、それがいかにいかなる方向に成員を導くかが課題となる。これはごくオーソドックスな組織論研究にも近い。組織と成員の関係は、動員という文脈とかかわりなく、社会科学の古典的な問いである。しかし研究の視角はあくまで近代的動員の延長としてのものであり、これを概念上《動員の考古学1》と名づける。後者の問題は、《内なる動員》と呼ぶ現象をめぐるもので、これは成員の姿勢やあり方に注目したものである。考古学1では基本として、外からの動員（つまり組織からの）は成員に加えられる非任意的動員である。これに対して内なる動員とは一種の任意的動員であり、ただの動員行動を意味するわけではない。動員が積極的に内面化され、ある種自動化されるような状態をさす。これを《動員の考古学2》としておこう。

二つを分けるのは実は難しいが、もし軽重を問うなら、動員史観の行う日本を対象とした動員の考古学においてより重要なのは、考古学2の方である。次にその点を論じる。なかなか面倒な議論になるので項を改めたい。

3　内なる動員——動員の考古学2

動員の考古学2が対象とする内なる動員とは一体どういう現象なのだろうか。それはたんに動員行動をとるということではない。組織の成員が組織の期待するように行動することは、近代のある段階からは普通である。前にあげた例でいえば、学校に通わせることに対する抵抗が、間もなく、通わせてもらえなかったことへの呪詛へと変じるように。しかしここでいう内面化というのは、もっと進んだある種の心の状態である。もっとも極私的な心のあり方にかかわるアダルト・チャイルドの問題から例示してみよう。第1部でも触れたが、ACは心の動員にかかわる社会問題の一つである。

第一に、ACは、動員史観的には、強固な囲いとなった心の動員体制を自ら自分のなかに築こうとしてしまう人々であって、多く目に見えぬ動員への渇望をもつ。逃れよう逃れようとしながらも、そこに立ち返ってしまうような心の動きが、そこにはうかがわれる。それは、現実への適応とは遠いという意味で、おそらく一個の病理である。のみならずこの病理は、一種の歴史的性格をもつ。これが第二の特徴である。

ＡＣがいまになって問題となるのは、そうした心の動員体制と、進行する社会的ないし文化的レベルでの（部分的な）動員解除とが不整合を起こしているからに他ならない。一昔前、高度成長華やかしき頃、子供が親の期待をになって《頑張る》という生き方は奨励の対象であって、そこに見られる上昇志向や被動員への執着は、一部に病理的様相を呈することはあったにしても、ごく一般的で《普通》の生き方だったはずである。むしろ一心不乱さや頑張りの欠如こそが病理的排除の対象であったろう。六〇年代から始まる学生のアパシーやモラトリアムへの社会の関心はそうした文脈を受けたものだった（新人類への初期の批判もそうだろう）。それが、一通りある程度の近代化が実現して多くの人々が都市に住み、一応の豊かさを達成した後では、一心不乱さがマイナスとなる。周囲から浮き上がってしまう原因となるのである。つまり、近代の伝統としての頑張る心性をそのまま受容した《遅れてきた青年》（大江健三郎）たちにとっては、豊かな時代こそが心と現実の不整合をもたらしたのである。その意味でＡＣは時代的刻印を帯びている。

このように、一見時代の動きとはストレートにつながらないような形で動員が、ある種のタイムラグをもって深く浸透してきているのではないか、という観測が成り立つ。それは、戦争の危険が迫っているなど国家の力によって直接鼓舞されるような形で機能する外からの動員とは外見上はつながらないように見えながら、やはり近代の動員と密接に関連する現象である。動員体制の三層構造でいえば、そのことは最終帰結点としての構成員レベルで顕著に現れる傾向であるが、これを改めて動員の《内面化》と呼ぶことにすると、それは、外からの動員のような強制のモメントがなくなっても、動員が心のなかで機能してしまうという傾向のことである。

さてＡＣはその内面化の故に不利益に陥ったケースであるが、実はＡＣは例外かもしれない。少なくない場面で、動員ドライヴを内部に備えていることは、実生活上有利に働くからである。いうまでもなく、その典型は、現代人の大半がそうである《組織人》である。組織に生きる人間は、今日でも、大なり小なりこのようなメンタリティを内在化することに相応の利益がある。そして現代人は、ますます組織的人間となりつつある。そのことは最近になって組織人の同義語たる、たとえば《サラリーマン》《体育会系》《オヤジ》《オヤジギャル》などといった言葉が頻用されていることからも推測できる。そうした組織人の動員史観的登録商標が《よい子》であった。むしろ時代の趨勢は、冷戦以後の今日において（も）、内面化された動員人間としてのよい子を歓迎しているとさえいえよう。組織的同調がますます求められるのはいわゆる《就活本》に明らかである。かくしてよい子現象の一般的な受容が進めば進むほど、また、よい子の組織的な使い勝手のよさが認識されればされるほど、生活上・組織上・職業上、機能的な心の体制としての動員的体質は生き残るし、現にそう理解できる事柄は多い。以上を要するに、もともと最終的によい子を立ち上げることになった、典型的な《外からの動員》としての国家的動員が強まろうが弱まろうが、そのことに直接影響されず、内なる動員というものはそれ自体の軌道をもって進むということであり、国家的動員への明白な要請が欠けたように見える時代において（こそ）、そうした内面化の論理とプロセスに特別の繊細な注意を払う必要があるということである（ちょうどプロテスタンティズムの倫理が合理的資本主義を立ち上げた後は資本主義が自己運動を行い、プロテスタンティズムの倫理的基盤を侵食してしまうように。あるいはベルのいうような『資本主義の文化的矛盾』が示すように）。

そうした内なる動員を捉えようとする場合、ちょっとした注意が必要なので、内なる動員の特徴をさらに明らかにしながらその点を見ていこう。

第一に、国家的動員とは直接の連関は見えにくいとしても、再三触れてきたように、（もう一つの外からの動員である）組織的動員は内なる動員に密接にかかわる。内なる動員は基本的には機能的な動員傾向の内面化であるが、その中身がズバリ、組織の構成員としての合理性にもとづくものだからである。いいかえると、現在内なる動員の働きを支えているのは家庭、学校、サークル、会社、隣保組織など、端的に組織である。よい子用語は、だから、体育会系のように組織用語でもある。よい組織人であるためには、（組織的）動員の内面化が必要なのである。いずれにしても、内なる動員と組織的動員は切っても切れない関係にある。次章でも組織と成員の関係を主な焦点とするのはそのためである。

第二に、動員史観の第二の顔＝現代的状況へのアプローチにおいては、こうして、国家的動員の赤裸々な形態が弱まったかどうかの問題は格別のテーマではないということになるが、そうなると、内なる動員があたかも現代になって登場したかのような印象をもたれるかもしれない。つまりかつて戦争の脅威の時代は国家的動員の時代、総動員においてそうした動員は絶頂に達し、一見脅威の減じた次の段階イコール内なる動員の時代であると。しかし勿論それは事実ではない。内なる動員は、動員体制の三層構造として、最初から原理的に想定され期待されていた事柄だからである。むしろ、近代が成立する過渡的段階の方が、より鮮烈に内なる動員が求められたともいえるだろう。

この点は前にも軽く示唆したが、国家が本格的な動員をかけてくる新しい時代には、内なる動員をすぐさま調達できるチャネルがあらかじめ存在するわけではなく、その前にそもそもそうした動員の発動装置を備えた《新しい人間》（近代人）の創出が必要だったと考えられるからである。《伝統主義的な精神》（ウェーバー）に対してフーコーが対置した規律・訓練型人間類型の誕生は、そうした時代的要請を反映するものであったろう。国家的動員を支える心の動員体制として、近代は、規律人間や規律社会などの新規の人間と制度を生み出す必要があったのである。そうした基盤の上ではじめて、内なる動員の十全な発露が期待されたろう。

　こうして内なる動員は当然に近代の初発、あるいは初期動員から動員体制の不可欠の要素として存在していた。この文脈では経済学者今村仁司の次のような指摘が興味深い[159]。すなわち、ウェーバーのいった、資本主義勃興を支えるプロテスタンティズムの倫理のような宗教革命の影響は実は限られたエリート層の精神革命に過ぎず、これが民衆レベルで規律化へと導かれるためには、絶対主義国家の介入と強制が継続的に必要だったという主張である。再び受験生を例にいえば、差別的に響かないことを願いつつ、進学校の生徒は命じられるまでもなく進んで勉強するが、下位校の生徒は教練まがいの生徒指導によってはじめて勉強するとでもいったように。そうした国家的動員によって、まずは独特な人間が生れる必要があったということである。ちなみに動員史観は、もっと時代をさかのぼって考えるために、宗教改革から絶対主義へというのではなく、原動員や近代戦争の登場（一五〇〇年前後）をポイントに、これがさまざまな形で動員へと、つまり国家的動員（絶対主義）や精神的動員（宗教改革）へと歴史を誘うと見ており、今村の主張をそのまま踏襲するわけではないが、いずれにせよ、内なる動員は近代の登場とともに期待されていたはずなのである[160]（なお木村雅昭も、動員史観が傾倒してもいるドイツの経済体制論者E・ハイマンを引いて、労働規律の教化を担った絶対主義国家の役割を指摘している[161]）。

　第三に、そうだとしたら、内なる動員を今日問題にする意味とは何か。問題をこう立てよう。内なる動員の現在をかつてのそれと区別するものは何なのかと。国家的動員の苛烈さが減じたから、内なる動員なのか。そうでしかないなら動員史観は有効な枠組とはいえない。あるいはそもそも動員史観なるものをつくってその第二の顔なるものに挑戦する意味はない。しかし、動員史観は内なる動員の歴史的変化に着目している。そこには独特の現代的変容があると考える。それは、動員の内面化といった表現ではいいつくし得ない深い非合理的傾向である。そこで、高度動員も含めたそれ以降の社会における心の動員体制を、今度は、《過動員》という用語で捉えて、今日の内なる動員に迫ってみたい。

　過動員で重要なのは、動員の内面化をさらに推し進めた状態としての《自動化》というメカニズムである。動員の内面化の段階においては、内なる動員は一定の合理性や任意性をもつ。それは意識的な選択の対象たり得るからである。たとえば、嫌々ながらコンパや授業に参加するよりは、いっそのこと無理やり楽しめるように自己改造しよう、好きか嫌いかはどうでもよい、ただその時間の苦痛を軽減するためにはそのことを欲するようになろう。そう判断してそのような微調整を行うのは当人の主体的判断である。一気飲みに賛同する学生は少ないが、参加を厭わない学生は多いという（悲しい）事実は、そうした判断の優位をうかがわせる。嫌なら参加を拒否するか、巧妙な言い訳の才能を磨くという選択肢がないわけではない（自己改造セミナーへの参加も状況の必要に由来するとはいえ、するかしないかは本人が決めることである）。

つまり、程度の低い段階では内面化如何を冷静に見つめる目があるということである。しかし過動員の段階にある内なる動員で支配的なメカニズムは、自動化である。自動化は、選択の主体的余地を残さない。あるいはそうであるかのように、人を強いてしまう現実原則的な要請である。その結果、《滑らかな動員》が成立するが、滑らかな動員そのものを本人が欲したかどうかは定かではない。どうしようもなく、そうさせてしまう圧倒的な段階に動員が達しているからである。その結果、本人が疲労感や徒労感、負担感に喘いでいるとは勿論限らない（多くはそうなのだが）。ただ自動化の要請とメカニズムが、内なる動員において機能するという点だけを、さしあたりここでは強調したい。

こうして内なる動員の歴史にも、便宜上、二つを概念的に区別しよう。《内なる動員1》は初期動員＝動員内面化としての内なる動員である。対して《内なる動員2》は、高度動員（および以降）＝動員自動化としての内なる動員、別名《過動員》である。動員の内面化への促しが生じた段階以降が初期動員だとすれば、それに対応する社会はフーコー的規律社会であろう。そして内面化が一段と推し進められ、自動化が生じ一般化したような時代が高度動員（およびそれ以降）だとすれば、ドゥルーズが想定するような一層の規律社会としての管理社会がそこに生じる世界である。あるいは映画『マトリクス』（一九九九年）の世界。

以上の三点から分かるように、今日、動員史観が第二の顔を大きな問題として構成されてくるのは、現実がこうした過動員を要求する世界へと変貌しているからである。そこではよい子であることは要件であるとはいえ、必要要件に過ぎない。一億総よい子化社会、よい子以外の選択肢を失った時代といってもよい。もっともっとよい子であることを求められ、生まれてこの方、ずっとよい子でしたといわなければならないような時代が、過動員ということのなかに含意されているのである。

われわれの置かれている状況は一時代前の香気で溌剌たる世界ではない。もう一つの新たな『われら失いし世界』（ピーター・ラスレット）。かつてプロテスタントは職業人たらんと欲した、しかしわれわれは職業人でしかない、というウェーバーの有名な言い方を借りれば、いまやわれわれはよい子如何を選ぶ自由を失った、われわれはよい子たることを強制されているし、そう自己強制する。生まれて以来の長期の圧力は、今日、動員体制のより強度の内面化としての自動化となって、われわれの心と体を縛る。

そのような状態は、自発的出動の意識が消えるほどに深く動員態勢が主体のなかに浸透しているという意味で、イギリスの社会学者スティーヴン・ルークスの権力の三次元論の比喩でいえば、動員の第三次元というべきものであって、純正近代日本というにふさわしい現状に対応する人間類型（日本のよい子）だということができる。

よい子たることが非任意的となったこの段階の内なる動員においては、過動員の結果が本人にとって好ましいものかどうかは不問に付される。改めて、しばしば負担感、疲労感、徒労感に苛まれながら、それ以外の世界を想像することが禁じられているかのような状況が、過動員の世界なのである。なるほど一方では自動化は容易な状況適応を可能にもするから、それはある意味で生活や利益の基盤であるかもしれない。その意味では過動員も合理的な側面をもつ。しかし、結果の合理性は主体の満足とは無関係かもしれないし、しばしばそうではない。ある種合理的な帰結をもつとしても、そこにいたる過程は、本人の意向や要求とは別の運動法則に従う。過動員は結果としては合理的な側面をもち、組織的あるいは全社会的にはプラスであり得るにもかかわらず、主体の精神と肉体にとっては不合理なものとなり得るし、なっている。ここに根本的な最大の問題がある。

動員の考古学２はこうして内なる動員２を解明するべく、そうした視点を確保させるものとして動員史観を要請したといってもよい。

動員史観は、こうした今日現実に生じている、一面で合理化の運動でもある過動員に耐え切れない多数の人々のさまざまな困難に焦点を合わせようとする。それは一般にも社会科学的にもそうは理解されてはいないが、動員史観のレンズにおいては、多く国家的動員という原型的な根を共通にする組織的圧力を引き金としてなされた過動員の問題群である。それを白日の下に引き出し、動員と動員される人間の《精神分析》を行うこと。これが動員の考古学であり、次章でデモンストレーションするよい子分析の課題である。

［動員史観の二つの顔］

- **動員史観の第一の顔**：動員の歴史社会学――歴史分析（国家的動員分析）
- **動員史観の第二の顔**：動員の考古学――現状分析（非国家的動員分析）
  - **動員の考古学１**――組織的動員（非任意的動員）
  - **動員の考古学２**――内なる動員（任意的動員）
    - **内なる動員１**――弱い動員内面化としてのいわゆる内なる動員
    - **内なる動員２**――強い動員内面化（自動化）としての過動員

第六章　よい子という問題構成——動員の考古学

家庭、学校、職場など代表的な生活拠点において、よい子化への圧力がどうかかっているのか。それからどうやって解除されたらいいのか。現代生活における動員と復員をめぐってなされたと考えてよい観察や研究を手掛かりに、過動員されたよい子の生態やメカニズム、それらからなる社会とはどういうものかについて検討する。第六章は事例をもとにしたカウンセラーのケースワークのような仕事であり、動員史観的解釈の方向（および参照される事態の範囲や多様性）を示すとともに、可能ならそれらを通じて動員史観の理解をさらに深めるようフィードバックを図りたい。題して《よい子という問題構成》（終章にいう動員史観の第二の顔の実践である）。

全般的な見通しとしては、個人大・社会大・世界大に浸透した近代社会の根幹的な問題がどこにあるかを大まかに示唆することができるように対象を選び、それに対して動員史観がどういう切り口からの解釈を与えるかを分かりやすく示すよう努める。少なくとも、各議論の対象となった観察なり研究なりが着目する諸現象の背後には、当該領域の特殊性を越えた近代という時代とシステムに特有の共通する論理が隠されていること、そしてそうした共通する論理が動員史観の用意する基本的な概念装置（動員とその産物としてのよい子）によって理解可能であることの二点が見えてくれば、導入としての成果はあったと考えたい。第一節はよい子の生態を明らかにし、それを支える具体的なメカニズムやその産物としての社会のありようについては第二節を予定しているが、両者はそれほど判然と区別されるわけではない。

簡単な前置きをしておきたい。以下の事例はいまいったように一人の人間の生活史で節目となるような誰でも経験する主な場を選んでいるが、そこで展開される事態は、（動員体制の三層構造が直接表面化するような）組織的圧力や自己圧力の一義的産物として顕現するわけではない。断るまでもなくもっと多数の要因が相乗して、ある現実の複雑な形が成立する。本章において行うのは、そうした事態の動員史観的側面をウェーバー流に《一面的に高昇》し、近代の長い動員の今日的な痕跡を明瞭に認めることである。痕跡としての動員をピンポイントに見出すレンズが、ここでの動員史観の枠組の役割なのである（したがって実証主義的な意味での説明という一般の社会科学の作業と受けとっていただく必要はない）。

幾層にもわたる現象の厚みのなかで底流をなす動員の痕跡やインパクトを感じとり、これを明るみに出すこと。そうした解釈なり理解なりを通じて、事態のより深いレベルにおける把握を可能にすること――このようなアプローチをフーコーの言い方を借りる形でメタファー的に《動員の考古学》と呼んでおくのは、そうした動員の痕跡を発掘することによって、一見そうとは思われないような事象のなかに、近代のさまざまな装置の機能や働きの堆積した効果を見てとっていくからなのである（これが一種の感受理論としての機能である）。

第一節　よい子の誕生と生態

まず、期せずして復員可能性という観点から、今日の動員状況に接近した二つの事例プラス・ワンをもとに、よい子の生態を逆照射することから始めたい。よい子って何？

1　近代社会からの脱出：全共闘バージョン
――団塊世代の挑戦

団塊世代に属する美術家・エッセイスト宮迫千鶴に『ママハハ物語[162]』という自らの体験をもとにしたノンフィクションがある（以下括弧内はこの本の頁）。

これは《六〇年代文化》を身につけ、社会常識に挑戦的な二人の再婚カップル（といっても宮迫は初婚）、すなわちバツ一の《アステカ怪人》と《シングル・ライフの原理を一〇年間生きたママハハ》（宮迫）が、夫側（アステカ怪人）の、高校生になる息子Q太郎との共同生活、彼女のいう《再建ファミリー》をいかに構築していったかを綴ったものである。もともと鋭角的だったはずの団塊世代のなかでもごくごく挑発的なこの二人の親、アステカ怪人とママハハが、その意識とは裏腹に保守的な考えに染まった息子を、なかば息子自身の意志を触発していかに解放していくかが、この本の読みどころである。

さてこのカップルが抵抗しているのは、《一般的幸福のコース》（六八頁）である。

いわゆる「よい成績、よい学歴、よい就職、よい結婚」という、ほとんど「よい墓場」までをめざした管理社会にふさわしい人生コースである（六八―九頁）。

このような人生航路をよかれと努力している人間を動員史観では大雑把に《よい子》と呼んでいる。よい子は動員史観商会の代表的な登録商標である。

よい子は圧倒的な正義語である、もしそうした言葉があればだが。鉄壁の布陣を擁した概念であり、現実である。それを批判したり否定するのは妬みや揶揄を除いて、きわめて難しい。自分の子供をよい子にしたくない親は少なかろうし、イキのいい学生がいなくなったと嘆く学生運動あがりの団魂教師にしても、教室一番手前の席に陣取るよい子の従順なうなずきにどれほど授業の進行を助けてもらっていることか（と想像する）。しかしよい子というのは既に一個の病理である、という視点が宮迫にはある。これは動員史観のようにははじめから理論的目算があってこれに武装され展開されてくるよい子批判とは違って、実体験そのものから引き出された洞察だという点で無垢の貴重さをもつ。

さてQ太郎自身についていえば、よい子でないとはいえなかろうが、一時代前、映画や街頭に《不良》健在なりし頃の典型的なよい子類型からはほど遠く見える若者である。なのによい子の規範を強く内面化していた。だから彼の言動には、その点にとくにセンシティヴな両親から見て矛盾があった。しかしQ太郎にはその矛盾が矛盾として意識されない。その矛盾は、彼にとって、自明かつ意識されざるレベルで彼の人となりになった作法にかかわる矛盾だからである。ここにはフーコー的な規範の内面化、すなわち《規律・訓練》のテーマが、日本語で美しき身体と書いてシツケと読むその《躾け》の問題としてクローズアップされている。それはたとえば次の文章が述べるところである（以下傍点引用者）。

> とはいえ、日常生活においてQ太郎が示す粗雑を通して、私は彼の生母のかつてのしつけ方に悩まされた。母親というものは《母性愛》の発揮によって時として、子供の精神のみならず存在のしかたまでもスポイルするのである。お皿や茶碗といったものに対する扱い方をしつけるのでなく、それを男の子の関わるべき領分と考えないことによって男の子の日常的なデリカシーをスポイルしていく。私が悩まされたのはまさしくそういう性差別文化の抑圧であった。だが、それを教えるのに「あんたの母親はロクでもないしつけをしている」という叱り方は何の意味もないどころか、本人を傷つけるだけである。（改行）これはそう言われる子供にとっては実に不条理な非難である。極端な比喩で言えば、日本語で生きている人間に向かって、外国人がいきなり「日本語を喋っているのはバカだ」と非難してくるのと同じである。第一しつけられていることというのは、本人がそのしつけを自分の力で対象化しないかぎりは、見えないわけであり、ロクでもないしつけをした母親＝子供自身がバカだという非難にしかならない（一一五―六頁）。

よい子といって普通はそれ以上追求しないその実態がどういうものかが、ここには描かれている。よい子の実際は、よい子という言葉から機械的に連想されるようなものとは大きく食い違う。その個々の具体的なありようについてはこれ以上触れないが、《男の子の日常的なデリカシー》がスポイルされるのは、親の過保護によるばかりではない。過保護とは、保護というそれ自体は望ましい行為がたまたま過剰になり、逸脱したケースだということであろう。しかしここで強調されているのはむしろ、過保護という行為を含めて、ある意味伝統的（＝近代的）な性差別的社会規範が、躾けという形で無意識のうちに伝達されるということ、そういうスポイルだという点である（この種のスポイルを含めて親の過保護をアダルト・チルドレンとの関連で斎藤学は《やさしい暴力[163]》と呼んでいる）。

つまり親の保護の中身が問題になっているのである。そしてその内実をなす性差別的（だけではないが）行動規範の受容が、親の《母性愛》なる機構によって与えられ、子供はよい子としてそれにただ従っただけということなのである。そういう形で性差別的規範は躾けられた。躾けというのが根底的な権力作用であることがよく分かるが、躾けの主な舞台は家庭であるから、家庭はそうした《見えざる（諸）権力》の交錯する権力磁場ということでもある。その権力作用の産物として総がかりでつくられたよい子というのが、既存社会のさまざまな矛盾をそのまま引き写しにした者に過ぎず、デリカシーを欠き、日常生活の基本的ルールに無頓着な《粗雑》な人間でしかない、という宮迫の発見と驚き。しかもそれが日本社会の支配的規範の問題なのだということ。このことに一夜にして高校生の母となった宮迫は、はっきり気づいた。彼女のこうした指摘とその理路は実に説得的であり、印象的である（序章で寓意されたオヤジ政治学者を想起。それは変わらないまま長じたQ太郎の姿である）。

これに対して宮迫が提唱するのは、《シングル・ライフの原理》である（独身宣言ではない）。宮迫の説明を読むと、この原理によって生きることの困難が分かるが、同時にそれが日本において日常的現実（よい子もその一部）の脱構築的実践になっている点がきわめて興味深い。

またこの原理は、少し文脈逸脱的かもしれないが、政治記者の書いた異例の伝記『島倉千代子という人生[164]』にも何ほどか通じるものをもつように見える。その著者、職業柄多数の各界著名人と会ってきた、自身もまた高名な新聞記者である田勢康弘が指摘するのは、いってみれば、指導層におけるシングル・ライフ原理の現代日本的欠如という悲惨である（山口昌男の光と影の二つの近代論をここで想起のこと）。

なお、さらにこれは突拍子もない推論かもしれないが、シングル・ライフの原理は、いってみればカルヴィニストの世俗内禁欲と同じような質の孤高を強いるものであって、高度成長を支えた団塊世代の現世享楽的な生活スタイルが、その貫徹された姿においては、正反対のストイックなものに転じるかもしれないという逆説を示唆して、実にウェーバー的なものを感じさせる、といっておきたい。

ともあれ、シングル・ライフの原理とは、彼女によれば、「集団主義の日本においてある種の異文化の精神構造を生きること」（五四頁）である。シングル・ライフとは個を生きることであり、徹底した故郷喪失である[165]。すがるべき伝統も正当なアイデンティティもないところで、

「《個》としての直感によって、自分が日々衝突する異和を認識することであり、…《群から離れた猿》の視線によってこれまでの伝統文化の全体を白紙還元していくことである」という。しかし、続けて、「もちろん、孤独は沼のように深く、底が見えない。『ひとり』であることを生きるということは、限りなく暗い。しかし、不思議なことに、『ひとり』であることを生きていると、時に認識のハイな部分というか、ある種の超越的体験が生まれてくる」（五四頁）。

こうして徹底したシングル・ライフの貫徹はある種、忘我の法悦に結びつくのである（!）。まさにプロテスタント的というべきではなかろうか。ということは、意識的に現実に距離を置こうとする態度が一般に、その意識的な選択の明晰な追求の果てに、宗教的ともいえる感興をもたらすことがあるということなのだろうか。孤独なパルティザンという意味で宮迫的シングル・ライフの原理も、プロテスタント的生活規範も、おそらくは原始キリスト教も含めたあらゆる政治的・宗教的抵抗者が、現実的覚醒の末の脱構築的快楽を享受するにいたるのかもしれない。

宮迫千鶴にはまた、《健全という名の病理》という表題のエセーもある[166]。よい子こそその好例だが、まさに正常であるとか、健全である、普通である、といった事柄が制度の枷をいったん取り払ってみると、異常な事態であるということは多々ある（事務仕事として淡々とガス室送りをしている強制収容所の職員といったイメージ）。異常正常の区別が、各時代特有の認知の歴史的な枠組のなかで成立する、危うく脆いものなのである。恋愛がご法度な時代と、恋愛でなければ結婚ではないと考えるアメリカ的恋愛の時代の違いを想像すればいい。だから、時間が過ぎてみると、そのおかしさに皆愕然とするほどに、時代の線引きは恣意的で、かつ制度的（一種の共同幻想）なのである。普通のあの子がなぜ殺人や校内暴力をおこしたか分かりません、と答える学校教師や隣人の常套句は、制度的な《健全思考》とでもいったものが孕む歪みを暴露してあまりある。問題児でない普通のよい子にもその歪みが日々の行動において露呈される、というカルチュラル・

スタディーズ的批判が宮迫の議論全体の骨子なのである。アダルト・チャイルドの問題も、この健全思考とよい子の問題構成の延長線上にあるだろう。

2　近代社会からの脱出：成熟社会の戦略
——学校的日常の憂鬱

さてよい子との関連で最大の（生産・規律）装置はむろん学校である。学校こそ、よい子産出の基本的なトポスであり機構である。

《近代》に特有の習俗としての《教育》。モダニティとしての《教育》。この新しい歴史時代の以前にはこのような審級はなかったし、このエポックののちにはこの審級じたいが消滅してしまって、「古文書」にあらわれる《教育》の文字が何を意味するのかわからないような時代がくるのかもしれない[167]。

だから以下でとりあげる宮台真司のように、社会も家庭も近隣社会もすべて、いよいよもってイヴァン・イリッチ的に《学校化[168]》されてきたという認識も成立し得るのである。学校化とは学校以外のものが学校の《出店》になるということであり、「社会は、いたるところがますます『閉鎖』され、『機能化』されていく[169]」ことを意味する。

したがってそこから落ちこぼれたり、これに無意識に抵抗しようとする子供たちが出てくる一方で、ますますよい子化の圧力も強まっていくはずである。近代のシステムや問題の本質が変化せず、激化する一方ならば、そのことは当然である。学校でも家でも地域でもない《第四空間》に集うストリート系、オタク系が増え、いわゆる『良い子』が消えていく[170]」という観察はあるものの、多くの子が依然、中間系のよい子に執着していることは、容易に想像される（ストリート系も結局よい子の変種に見える）。ちなみに、そうであるからこそ、よい子との関連で学校についてはこれまで飽き飽きするくらい語られてきたし、今後も語られ続けるだろうはずなのである。校内暴力、いじめ、登校拒否、学級崩壊などなど。そこで本書では、よい子の基本的育成地である学校については触れない。《よい子生産工場としての学校》では当たり前すぎて意外性がないし、この点では学校の現状に危機意識をもつ社会学的学校論の常識に、動員史観はかなりの部分従うものである。

以下では、その言葉尻をとって広くいえば《よい子化解除計画》（これは宮台自身の言葉ではない）とでもいうべきものが提起されているので、これを紹介・検討するにとどめたい。よい子状況の泥沼を明確な個々の問題へと分節化させ理解していて興味深く、スクリーンの裏側から当該状況を検分し、復員をはかったものとみることができる。

社会学者宮台真司が酒鬼薔薇事件後精力的に行ったプロジェクトに、《中学生サルベージ計画》がある。その主たるねらいは《学校ストレス》の軽減にあった。《学校的日常》という窒息しそうな状況が卒業後も永久に続くように感じる中学生に、いまある現実が一時的なものでしかなく、それを欲した大人によってもたらされたものであること、既に高校や大学では学校的日常が変化しはじめていることなどを中学生に伝達しようとする計画である。

中学生サルベージ計画には二つの戦略がある。《満員電車状況解除プログラム》と《学校化状況解除プログラム》である。満員電車状況解除プログラムは学校ストレスを弱める戦略であり、主に《個人カリキュラム化》と《ホームベース制導入》からなる。個人カリキュラム化は、現行のクラス制度を解体し、ともにいる必要のない他人と狭い空間に拘束されることの負担を解除しようというものであり、ホームベース制導入は、子供がチャレンジする合間に戻れるような半透明の隠れ家を用意しようというものである。学校化状況解除プログラムの方は、非合理な近代学校制度を善意で支える大人を排除するための二つの戦略からなる。一つは、学校の出店化を支えた専業主婦を葬る《専業主婦廃止論》であり、もう一つは民度の低い社会において上からの改革を待望する《文部省による強権的自由化論》である[171]。

なるほど学校という組織と制度に焦点を絞り、問題解決の範囲を、モダンの限られた視野に限定しないでいると、このように実効性の高そうな戦略が見えてくるのだというよい教訓であるが、後に宮台は、学校ストレスに回収し切れない問題がその先にあることに気づくようになっていく。その問題に対処する計画を彼は、今度は、《「承認の供給不足」解除プログラム》と呼ぶ。すなわち現代社会には極端な承認の供給不足があり、それが子供たちから社会性を奪っているという見方である[172]。アダルト・チャイルドも、この文脈で、一度も承認されたという経験をもたず、家族に過剰適応した象徴的な例とされる[173]。

宮台は従来から、未来に開かれた近代を《過渡的近代》（いわゆるモダン）と名づけ、その後に出現した《成熟した近代》（いわゆるポストモダン）から区別してきた。そして、成熟社会の到来を理解できない《オヤジ》の無自覚が過渡的近代レベルのさまざまな理念や処方を現在でも依然通用させようとするといい、その無理、その裂け目に彼のいう《ウソ社会》が浮上するのだと主張した。その意味で宮台のオヤジとは、動員史観のよい子のように厳密な用語なのである。すなわち「オヤジ。それはカネや役職の力に過ぎないものを自分の力と勘違いし、『他人のため』と称して平気で他人を傷つける、言い訳だらけで始末が悪いエゴイストたちのことだ。こいつらが『ウソ社会』を作った」[174]。ちなみにタマゴッチ・ゲームではオヤジは、飼い方に失敗したよい子の成人した姿であるが、日本の現実ではオヤジなるものは普通、順調に生育したよい子のことである。

さて失われた承認の回復には、共同体の再建か、共同体所属を頼らぬ承認の創造しかないが、伝統と切れ共同体が空洞化した成熟社会において選択できるのは後者しかない。かくて宮台は、人が人として承認しあえるようなコミュニケーション文化の創造を提唱する。どういうコミュニケーション文化なのかはまだ体系的に明示されていないが、《コミニケーション・スキルという知恵》は、彼の《終わらない日常》としての成熟社会を生き抜くために、『終わりなき日常を生きろ』[175]以来、強調されてきたテーマであることはご承知の通りである。

よい子という絶望が社会を支配する状況の解体は、既に始まっている。とはいえ、解体の進度や深度は領域によって違う。合理化の進展が領域ごとにバラバラであったように。また、解体への震度がまったく感じられていない領域もあるだろう。逆にモダンへの傾斜（動員）がさらに強調されるところもあるだろうし、現状からいってそうでなくてはならないというプレモダンな領域もあるはずである。その腑分けこそポストモダン論が提起される一つの実践的な意図であるともいえるだろう。

宮台の議論は裏からよい子化の回路を明示する試みである。彼はいまの学校状況で何が問題かを探り、明快な解除戦略＝世紀末の作法を提示した。しかし明快な解がないか、あっても実行に大きな障害が予想されるような領域がある。そのような領域では、よい子化への力がもっと大規模かつ集中的に働いている。労働の分野はその端的な例であろう（成人領域は多くがそうかもしれない。労働の分析は問いの角度を変えて、次節で行いたい）。

3　何のための動員？：《体育会系》という生き方
──動員のための動員

さてここまでくると、一定の近代組織には一定のよい子が対応するのでは、という動員史観的な関連が、動員史観を知る、知らないにかかわらず、おぼろげながら浮かんでくる。すなわち家庭とよい子、学校と生徒、部活と選手、そして極めつけは会社と会社員（労働者）──そこに共通する目標は、組織的に涵養され、焚き付けられたよい子の生成・強化であろう。事実、動員史観はそういう連関を主張してきたわけだが、そうすると、近代の家庭、学校、部活、企業はなぜその構成員たる子ども、生徒、選手、労働者らにかくも強烈な動員をかけなければならないのか。人はなぜ過動員に陥るのか。合理的な根拠からこのよい子化の圧力に対抗できないものなのか、といった一連の動員史観的な問いかけが生まれてくる。

それらにどう答えるかを考える前に、もっとよい子の生態を現代社会の一般的な認識へと広げて見ておいた方がいいだろう。社会がどういうよい子＝人間類型を求めているか、言い方をかえると、今日の世の中で成功するための（よい子の）条件とは何か。これについて独自な観点から扱ったルポルタージュがあるので、まずそれから入ろう。

《フリーライター》鶴見済は、物議をかもし、かつ良識派の禁書化の動きによって依然かもし続けるベストセラー『完全自殺マニュアル』、『ぼくたちの「完全自殺マニュアル」』の作者・編者として有名である[176]。彼の社会学的実践記録を頼りに、よい子とは何かを確認してみることができる（彼は代表的なテレビレポーター函館大学非常勤講師梨元勝同様、社会学科出身である）。

とりあげるのはしかし右の二冊ではない。鶴見は自殺関連の話題作に続いて、比較的地味だが現代社会ルポ『無気力製造工場』を著しており、現代社会をガマン大会だとする興味深い理解を示している。それを見たいのである（なお近著『檻のなかのダンス』[177]では現代社会ははっきりと《監獄社会》と名指されている。ちなみにこれは彼の麻薬所持容疑での収監体験にもとづくものであるが、今回はより微温的な前著に即して見ておこう。それを微温的というならばの話だが）。

> 学校と会社がこうなったってこと【ソニーが学歴不問と称しつつ中卒や高卒から人を採用するのでなく、大学受験くらいはガマンできた人間でないと不安らしく、やはり大卒をとるということ】は、もう世の中全体の基本がガマンになったってことだ。それができないヤツは芸術家やフリーライターにでもなるしかない。ガマン社会。その社会を維持するための学校っていう装置。東大生はその装置が作った、最高に出来のいい、規則や命令をよく守る、耐性の強い製品みたいなもの。こう言う俺もそのひとりだった。しかもイヤなのは、強制されてもいないのに、自分から進んでそうなったことだ。俺のまわりもみんなそうだった。自発的に柔順になってた。その上、最近は受験戦争の低年齢化に乱塾時代ときたもんだ。みんな大人しく耐えながら、内心ホッとしているのかもしれないな[178]（傍点引用者）。

《ガマン社会》、そこで成功する自発的ガマン人間――これは文脈的には、ほとんど動員史観的なよい子を念頭に置いたとしかいいようのないものである。そのようなガマン人間には、何のための動員なのかはどうでもいいことになる。ガマンすること自体が目的だからであって（ガマンの目的を問うとガマンできなくなる！）、そのためにいろいろな組織＝装置が成立している（次節の竹内洋の分析にこれは直結する）。

基本的に、組織はガマン＝規律という現代社会最大の特質を教化し、強化する場所なのだと鶴見は考える。たとえば、そもそも学校なんてものが、ガマンを学ばせるところなのだ。長時間同じ場所に座ってることや、単純な繰り返しや、時間で細々と区切られた生活を叩き込むためにある[179]。

これは、しかし、多くの人には、どうということのない常識に属すだろう。いまとなっては。そして事実、個々人の力では学校を変えられるわけもないのだから、これに、大人が世間に順応するように、学校の生徒たちは合理的に順応せざるを得ないというのも分かる[180]。ならば、ガマンの意味を考えるのは無意味である。その意味を考える人間は、そもそもガマンの意味を理解していないということなのだから（なお鶴見はここでフーコー的なテーマを意識して書いている）。

しかし一方で、同書の「就職試験に落ちるヤツは『人間失格』」と題された部分で彼は、数ある面接マニュアル本が、会社に求められる資質としてあげている項目を検討し、ガマンだけでは足りないらしいことを悟る。結果的に彼が発見したのは、積極性、独創性、バイタリティ、チャレンジ精神、協調性、体力など、誰でも予想がつくような一般的な特性であった。これは、本書が第1部で《体育会系》と呼んだ人間類型にぴったり合致するのだが、鶴見はこう納得する。

ああ、暑っ苦しい……なんて文句を言ってもしかたない。要するに優れた人間っていうのは「積極的」で「協調性がある」人ってわけだ。これは面接だけの話じゃない。研修でも配属先でも、こういう人物が期待される。しかも企業だけの話でもない。ライターに面接があっても基準は同じだろう[181]。

では消極的で友達もいない人はどうなるのか。

簡単だ。そんな人はいらないんだ。もうあなたが面接に全部落ちてしまったら、あなたはもう世の中から必要とされていないと思っていい。どっちかというと、いないほうがいい。橘いずみじゃないが「失格」だ。人間失格。実際、人間の優劣を見る試験で全部失格だったじゃないか[182]。

だから鶴見のいう社会（端的には組織）に期待される人間とは、ガマンしつつ、協調性も体力もあり、おまけにチャレンジ精神もある怪物のような存在だということが分かる（西川長夫的怪物をもう一度想起）。確かに個々の項目はごく正常である。しかし全体としては不可能性に満ちたモンスター。毒を食らわば皿までも。正常がかく過剰へと、ここで飛躍する。日本のよい子はミネルヴァのフクロウよろしく飛ばなくてはならないし、四六時中飛んでみせなくてはならない、ということなのである。

この文脈では、たとえば日本企業のノルマの設定はもともと全面的な強制なのではなく、自己申告による。その自己申告における自発性の管理を日本の企業が長期的に巧妙に行ってきた事実は、人のよく知るところである。次節で検討する熊沢誠を引けば、まさに飛んでみせようとする日本の労働者の姿がそこではよく照射される。すなわち、「積極性とはノルマを大きく自己申告する『積極性』、責任感とはそれを達成する『責任感』、協調性とは一緒に残業する『協調性』のことなのである」[183]。鶴見の描くガマン人間は熊沢の見るところと見事に一致する。

鶴見はガマン人間といったが、これをガンバル人間、《頑張る主義》（大村英昭）といい直してもよい。大村は逸脱社会学から宗教社会学へと歩を進めつつ、宗教の逸脱とでもいったものに警鐘を鳴らす。彼によると、既成の大宗教すら、頑張らせることを任務としてきたのが日本の近代化であり、今日の制度仏教に対し《鎮める》という本来の役割へ復帰するよう説いたのである[184]。再び労働の文脈でも、『過労自殺』の著者川人博弁護士は、「戦後日本の企業の労務政策は、労働者の際限のない『がんばり』を直接間接に強いることを基本にしてきた」とする同様の観察を披露している。彼はある大手電機メーカーの労務管理の会議で使われた内部資料の一部を公表しているが、頑張る主義を戦争遂行に結びつけるメタファーまで登場し、大村宗教社会学や動員史観にとっては興味深いどころの話ではない。

下記の公約ができないようなら辞表を書いた方が良いようだ。

1　仕事ができないのは自分のせいで幹部のせいではない。
2　どうしましょうかとは言いません。
3　できませんとは言いません。
4　人の意見は素直に聞こう。
5　どこへ連絡するかはいつもわかっています。
6　悪いしらせはすぐに報告しよう。
7　組織活動の基本を守る。
8　幹部に先手はとらせない。
9　無駄な話はしゃべらない。
10　思い立ったらすぐ動き出す。
11　ツーと言われたらカーと行く。

上に揚げたことほど激しくなくともつぎのモットーは忘れぬようにしたい。

「足りぬ足りぬは工夫が足りぬ」

戦時中に聞いたことがあるようだなどというなかれ。我々は企業戦争を遂行中ではないか[185]。

くどいようだが、このような人間を本書では、ブルセラ女子高生とのあくまで理念型的対比において《体育会系男子学生》と呼んできた。勿論この対比は冗談半分であり、他意のないユーモアなのだが、もしそういうイメージを維持していうことを許してもらえれば、オウム真理教の高学歴信徒もその体育会系と似たようなタイプだといえ、《知的体育会系》と称されてもよいだろう。基本的なディスポジションは同型なのである。とすると、与えられた指令に忠実な体育会系こそ、潜在的な過労死、過労自殺予備軍だという推論が成り立つ。そして事実、さきの川人は次のようにいうのである。

【その本で取り上げられた二〇歳台の過労自殺者は】精神的に弱いどころか、小さい頃から学生時代にかけて、明朗快活だった青年が多い。サークル活動でも中心的な存在で、他人との人間関係も良かったケースが多く、実際、葬儀には学生時代の友人が多数参列し、その突然の死を驚き、悲しんでいる。…過労自殺に至った青年の多くは、彼らと同じような性格・資質をもっていた。だからこそ、彼らを育ててきた両親は、彼らの自殺が業務に起因しているものと確信し、社会的偏見の強いなかでも、労災申請や裁判に踏み切ったのである。(改行) ただ、あえて言えば、明朗快活な性格であるということが、まさに日本の職場にあっては過労自殺に至る一因となりうる[186]。

こうしてよい子の生態を考える上で重要なのは、ただたんに動員の機能的な意味、近代組織と動員の単純な関係を考えることではない。この《動員／出動》の関係がなぜ半ば自動化し、自己目的化したのか、すなわち過動員に解答を与えることでなくてはならない。これは本書第五章の結論部分で述べたことだが、まさにそのことが裏打ちされたといっていい。社会が普通望ましいとする人間が陥ってしまう、《正常にして過剰な反応》としての過動員。ときには死にいたる健康。つまりよい子とは、きらめく才知を愛想のよい身振りで典雅に振りまく優等生なのではない。直線的な気持ちの豪気な表現を旨とする素朴な森田建作青年でもない。よい子はおそらく、そのような好ましい線にとどまってはいられない存在である。過剰＝変態が正常＝常態であるような変則的事態こそが、よい子の今日的な生態なのである。

4　動員とその産物としてのよい子

動員史観は、《「家族」という名の孤独[187]》(斉藤学)から《民主主義がその門前で立ちすくむ[188]》(熊沢誠)工場まで、つまり家庭、学校、職場(さらにいえば自治体やＰＴＡなどの地域社会)を貫いて作用する同一のパターンを見出すことができると考える。すなわち、組織の要求にさらされて過動員された人間類型としてのよい子である。会社人間、学校秀才、体育会系男子学生などは内なる動員としてのよい子の下位類型であり、《オヤジ》というもともとはＯＬ用語も、よい子のいくつかある熟年版の一つ、いまのところ逸脱したのかストレートな延長なのか判然としない方もおられよう、そんな年長よい子バージョンということになるだろう。病院における《おじいちゃん》《おばあちゃん》という言い方も、組織から期待された望ましい患者としての役割を示す符号であり、よい子の老人バージョンと考えてよい（だからその言い方を看護師に禁止する病院がある）。

こうして広汎なよい子化現象、《一億総よい子化現象》を指摘できる。一億二千万人すべてがよい子だというのではない。よい子化への強力な圧力が全社会的、全生涯にわたってかかる社会が成立しているということである。この圧力を全面的に遮断できるような特権的な地位、逃走経路はいまの日本にはない[189]。

ここで、その結果がよい子であるようなあるメカニズムを改めて《過動員》と呼び、その特徴を一般的に説明するとこうなる。過動員とは、自己決定とは別の原理によって、半ば強制、半ば自発的に、自らの行動と思考が方向づけられることである。別の原理を提供するのは家族、学校、部活、自主サークル、会社、地域、国家、国際機関、彼岸的集合体など多様な組織であり得る[190]。いずれもそれを構成する成員の意思と行動をかなりの程度しばり、任意加入であっても実質的に任意性の部分を相当制限してくると考えられる。大なり小なり、加入者の生存の意味づけも与える類のものだからである。

その点をもう少し説明しよう。たとえば、そこでの終身雇用を希望する一流企業の一員であろうとする意欲は、早ければ小中学生の頃に植えつけられ、またそのための家庭ぐるみの長い努力により維持される。一流大学志向も同様である。このように（一定の）組織は、まさにそのもつ位階制上の象徴的な位置によっては、単純な《任意―強制》の加入形式を越えたものになるのである。流動性も敗者復活戦の要素も弱い日本の場合（トーナメント方式というのが日本では実態に近い[191]）、その傾向は強まりがちである[192]。いいかえると、現在、スローライフのような対抗的な文化運動がないわけではないのだが、日本の少なくとも若年といえるよい子たちには、それを確証させるものとして《よい学校》《よい会社》その他が正確に対応しており、この対応への努力（や強迫）が全生涯および社会全体を覆う精巧なつくりになっている。この点は一見弱まっているような時期もあったが、むしろ強化されているのではないかと動員史観は踏んでいる。いずれにしても、その結果として、よい子は、ステージごとに異なるよい子の規範（しかしあくまでよい子でしかないような）を生きていかなくてはならない。第一章（第五節）で戯画化した《よい子の一生》を思い起こしてほしい。変身社会と騒ぎ立てても結局は、シームレス（継ぎ目のない）でのっぺらぼう、出口はどこにもないと感じられる、そういう一枚皮のボールが、一億総よい子化していく動員社会の姿なのだとはいえまいか。

同時にストレスであり、チャンスであるもの。圧力の源であり、忠誠の対象であるもの。そうした近代社会や組織において、自己決定とは別の諸原理が成功裡にその組織の成員のかなりの部分を支配する行動規範となったとき、よい子は自ら欲する欲望となり、目標となる。同調そのもの、あるいは同調の集団的拡大が同調の根拠を生むこの雪崩現象（質的転換）によって、ある集団の構成員にとって世界は意識の上で一元化され、行動においても同一化への大きな力になる。こうしてよい子の常識としての積極的な《出動》、あるいは《召集なき応集》がごくスムーズになされるのである。

近代においてこうした事態が生じてしまうのは、一つのパラドクスである。近代ほど自己決定の原理としての個人主義を強調したものはないからである。封建的諸拘束から解放された近代人が、なぜもう一つの罠に落ちなければならなかったのか。それとも、解放の言説が暗黙に隠していたもの、もしくは隠していたのではなくそれと知らずに育んできたものの正体が暴露されたということなのか。近代をめぐる問題の根幹にはしばしば、このような逆説的な問いがある。

いま論じている問題もその例外ではない。結局のところ、よい子は動員という組織的なメカニズムに対する正常かつ過剰な反応として形成される。それは繰返すように、内なる動員をさらに強固に内面化したものであって、ただ動員されたというものでは決してない[193]。

しかも、皆よい子であるときにただのよい子であることは普通の子、ただの凡庸に過ぎない。つまりよい子は、何らかの抑制装置がないと、人々の認知を求めて、必然的に（ヘーゲル的な）競争状態に置かれることになるのである。とすれば本当によい子であるためには、内なる動員を内面化しただけでも足りないことが分かる。よい子であろうとする具体的な競争のなかで、日々これへのドライヴを維持し、表現・現実化していくことが求められる。水曜日も残業する銀行員のように。過動員への傾斜はこうして生まれていく。よい子とは、よい子たらんとする一つの絶えざるドライヴである。改めて、自分をつねにそのメカニズムに同調させようとする者がよい子になるとすれば、よい子は、一定の抑制要因がないかぎり、必然的に過剰へといたる。つまり、何らかの抑制装置がない限り、動員から過動員へは大きく見えて、実はごく小さな一歩だということなのである。

この節を締めくくるにあたって、長年思春期医療の立場から教育問題に発言を続けてきた精神科医吉田脩二の議論を引用しておきたい。次節での暗澹たる労働や教育世界への《門前》で、彼の主張を知ることはジャンピングボードの役目を果たすだろう。とはいっても彼の著作『さよなら「いい子」』の基調は明るくない。社会科学とは無関係なところで実践に携わってきた精神科医が到達した結論が、動員史観とほぼ同じであったという事実は大変に興味深い。たとえば吉田が既成の教育論や若者論（動員史観でいえば一九世紀型社会科学ということになろうか）への違和感に逢着していること、また、茶髪や厚底靴などの若者にとっての精神的意味合い（解放）へも着目していることなどは、援交やヒロミ・ゴーの結婚再婚にすら注意をむける動員史観の立脚点にかなり近いものがある。しかし一番の類似点は用いられる用語である。《いい子》《非常事態宣言》《教育残留孤児》《いい子教育の生み出す過剰適応》《無知能力》《学校空間の貧弱さ》などはそのまま、動員史観の枠組のみならず、用語体系に組み入れることができる。キレる、キレないといったことをキータームに子供だけでなく、社会全体のあり方を問うという姿勢も共通している。しかも吉田は、キレることではなく、キレないことに問題があるという現代の逆説にも気づいている。新しい社会を展望して「キレていく私たち」（同書副題）の正当な評価を求めるなどは、吉田教育論の真骨頂なのである（もう少し複雑な表現を吉田はしているが）。

そういう視点に立てば「キレる」年代は思春期のみではないことがわかる。私たちはその後の長い人生で折にふれて「キレて」いるのではないか。いや「キレ」ないといけないことだってあるのではないか。…その時、今までの人生観や価値観を改めて考え直したり破壊したり、自ら変身することだってある。「キレる」とはその象徴的できごとなのではないだろうか[194]。

第二節　組織による正常で過剰な動員
——組織という絶望

過動員されたよい子の生態という現実（あるいは説明対象）を受け、この節では、組織による過動員がなぜ可能になるのかを考えたい。すなわち組織構成員はなぜ嫌々ながらも半ば易々と、動員の虜になってしまうのか。確かにいま見たように、その原理的な特徴からいって、よい子は過動員へといたる傾向をもつ。しかし潜在的に過剰性への傾きをもつとしても、そのことを発現させる契機が具体的に発動しなければ、過動員は生じにくいはずである。ここではそのことを動員の組織的・制度的メカニズムによって検討してみたい。

二つの例を用意した。一例は工場における労働者の問題、もう一例は学校教育である。前者は特定の会社（工場）に即したより組織的なメカニズムであり、後者は教育制度そのものにからむより制度的なメカニズムである。会社では人事考査のあり方、教育では受験制度のあり方が中心的なポイントとなっており、一言でいうと、人を評価・判定するシステムの効果として過動員が生じるのではないか、ということが示唆される。日本的能力主義（会社）と平等主義的選抜方式

（学校）とが、共に、同じような人間類型を造形していく。いずれも組織構成員によい子化圧力を加える複雑精巧なメカニズムである（しかしなぜ抵抗できないかという問題は依然残るのではあるが）。

《動員する／される》の関係がもつ巧妙な構造がそこに浮上してくるだろう。近代人の一生が、多く、学校と会社という近代的システムのなかで営まれる限り、この二つはきわめて重要なトポスである[195]。

1　強制された自発性：よい子生産工場——労働現場のよい子化圧力

よい子の生息地は家庭や学校に限らない。たとえばさきに触れた、社会全体が学校化されていくという主張がその通りなら、よい子の生息場所は全社会的平面にわたることになる。しかし動員史観は、何度も、そもそも学校がよい子《発祥》の地ではないのだと主張してきた。学校は理論上は、あくまで派生的トリアッドに過ぎないからである。学校化は、社会全体が、動員史観の見るように、ある動員体制の姿を表面化させてきたことの教育学的視角からの認知表明だと考えるべきなのである。そう考えると、社会に住まい社会を支える大人こそがよい子でなくてはならない、ということのはずである。そして、動員史観のテーゼにしたがって、競争圧力がより強い部分により多くの重症よい子が生まれるとすれば、生産現場こそ、重症よい子の温床であっても不思議はない。

事実、ある種の労働現場は確実に、日々よい子であることの強制と自発のめくるめく位相空間を構成している。子供の世界は、学校という局所化された組織である。いつか退出できるだろうし、転校＝転向の道もかろうじて残されている。宮台のような《解法のテクニック》が提示される余地もある。実験的にであれば、彼のプログラムの実行は十分可能である。しかし生産現場においては、そうした実験可能性はほとんどない。変化の兆しがあるとすれば、大規模な社会経済変動という形をとって現れる文化総体や会社全体の体質の変化によってであろうが（たとえばカラーシャツを着て出勤する新人社員の出現はその小さい一歩だったかもしれない）、とはいえ、たとえば現在問題になっている規制緩和や国際化（グローバルスタンダード化）がよい子の範型を切り崩していく可能性は、なるほどあるとしても、そのことがまたもう一つのよい子の範型を生み出し、あるいは従来型よい子の強化を促すきっかけとなるかもしれない、ということも十分予想される。これは、一九九八年の韓国の経済危機に際して、韓国国民のとった貴金属供出など戦時動員的行動様式を思い起こせば、何ほどか頷けるものがあるといえるだろう。サルトルが生きているなら、《出口なし》とでも呼ぶように思える日本のある時代のある労働状況について検討する。

熊沢誠は、もともとイギリスや日本などの労組の比較研究から出発した労働経済学者であるが、日本的経営や日本的能力主義への疑問を深めていった結果、リストラ、過労死、過労自殺などに集約的に現れる現代日本の労働状況を、《強制された自発性》という独特のタームで捉えるにいたった。既に第1部でもこの概念には形だけ触れた。さまざまに関説してきたように、よい子化状況には深刻なものがある。グローバル化でその傾向は形を替えつつあるが、日本経済の根幹にある会社組織の内部の問題に、彼がこのタームでどう切り込んだのかを見てみよう。

熊沢は、さまざまに日本的経営の明と暗の部分を批判してきた。明の部分としては、生産者倫理の高さ、従業員の平等な処遇（身分差別の撤廃）、参加意欲の喚起、単一の労働組合との情報公開の上に立つ労使協議などがあげられてきた。しかし彼は、だからといって日本的経営を、《人間尊重》のシステム運用だということには断固反対する。

> 明の部分が、労働者生活の細部にわたるきびしい規律や容赦なき異端排除と対になっているということもまた、国内および海外の日本企業の労務管理を虚心にみる者にとっては否定しえない命題ではなかろうか。この皮肉な、前提いかんでは合理にも背理にもなる対の関係を立入って考えてみたい。
> …〈日本的経営〉のつよみが細部への関心にあるのと同様に、日本型企業社会の真のありようは、細部を凝視してはじめてわかるのである[196]。

こうして彼は、日本企業が実際には何を日本のサラリーマンに要請していくのかを探っていく。その結果が、強制された自発性だというのである。ではいかにして人は彼のいう《会社人間》、もう一つのよい子になるのか。ここでは、《働かせる構造》と《働いちゃう心理》との関係[197]がきめ細かに分析されている『日本的経営の明暗[198]』を中心に見ていく[199]。

最大の論点となっているのが、労務管理の惰力である（同書第一章）。分析されるのは有名な「東芝府中工場の職場八分[200]」、一九八一年夏にピークに達した一工員の人権抑圧をめぐる裁判（訴えは一九八二年一月）である。東芝はイギリスで日本的経営をパイオニア的に展開した会社である。その国内主力工場におけるこの「特殊なケース・グローバルな問題」（同一五頁）すなわち東芝府中人権裁判の詳細については、直接熊沢の本をご参照いただきたい。

熊沢は、まず、会社側が訴えた当事者（上野某）を、職制（天野某）が《生活指導》によって無能力、すなわち《つくられる「無能力」》（同三〇頁）に仕立て上げていく過程を生々しく示した後、インフォーマルな職場慣行と差別の実態を明らかにする。普通こうした職場いじめの現実は会社外の人々には隠されているのだが、例外的に裁判速記録などによって細部のニュアンスにいたるまで再現されており、それゆえこの事件は貴重な資料なのである（ただ、いまでは職場いじめが管理職に対してさえも頻繁に発生していることは、学校でのそれと並んで人々のよく知るところであろう）。

要点はこうである。日本の企業社会は下級ないし中間レベルの職制（＝監督者、管理者）に大きな裁量をもたせており、これが一つの特徴となっている。厳しい目で見ると日本の職場生活の諸慣行はルーズに見えるが、これが曲者で、熊沢は、労働者の享受し得るゆとり的慣行は、職制が大目に見る限りにおいてしか存在しないと指摘する。だから、必要に応じて簡単にその慣行を差別的に奪うことができる。実際、上野某に対する天野某の差別待遇はそのような裁量行使の例であった。

たとえば裁判で追求されたが、仕事の合間の一服のとき、他の工員たちがコーヒーやたばこを楽しんで談笑するのはよくて、上野が椅子で居眠りすることはだめだとされる。つまり要注意人物となると、それまで咎められなかった慣行が急に禁止されるのである。既得権の差し止めという形での（いわゆる社会学者ピーター・ブラウ的な）権力行使である[201]。職制たちは、その上で、慣行の享受の継続を希望するその人間を、仕事意欲が欠如していると決めつけることが可能となる。こうした職制の多岐にわたるインフォーマルな裁量、その存在が職場慣行を不安定なものとしているのである。

職制のインフォーマルな裁量行使として、東芝府中事件では、二つの点がクローズアップされた。第一は、非公式な指導手段が多用されるということである。大企業に一般的な傾向として、職制はかなり自由な管理スタイルをとることが会社側から容認されている。たとえば反省書をとるような行為は職制の個人的信念によって行われており、これを課長などが知らないことがあり得る。第二に、部下に対する評価の《はばかりのない》（同三八頁）無限定性があげられる。部下の残業についての考え方から、休憩時の姿勢、電話連絡の仕方、服装、リクリエーションへの参加、自室の整理・整頓、外出時間、友人の選び方、社外サークルへのかかわり、全体として上司の説教を聞く態度までその評価は及ぶ。もしこの通りの指導が規制を受けずに貫徹されるならば、熊沢のいうように、会社人間以外の生き方は不可能になるだろう。

こうして職制の日常業務における非公式性は、場合によっては職場自治の土壌ともなり得るが、現代では日本的従業員文化と労使関係のなかで、結局、企業論理の貫徹を許す結果となっている。しかも、職制の非公式な支配を、会社が公式に保証する関係が、日本的経営にはビルトインされている。この労務管理の公式性と非公式性との関係をつなぐのが、《日本型人事考課》の制度であり、その査定の運用なのである（同書第二章）。熊沢は、人事考課を見ることで、日本企業に特徴的な従業員への要請を知ることができるとする。

人事考課の日本的特徴としては四点あげられている。まず評価が長期に及ぶことである。処遇に決定的な差がつくのは勤続一五年以上である。また、敗者復活の機会もないわけではない。第二に、考課はいくつかの職制レベルで順次行われ、配転も多いため、考課者の数が多い。査定の《相場》ができ、ある種の公平感も生まれることは生まれる。第三に、適用が全階層的である。そのためブルーカラーも企業に高い期待をもつようになる。逆にいえばもたせられる。ちなみにこれは、息子の出世を階級的裏切りと考える『ハマータウンの野郎ども[202]』に出てくる、かつてのイギリス労働者階級が置かれた状況とは正反対である。なおこの書物はイギリスの社会学者たちに、ウェーバーやデュルケーム以上に知的霊感を与えることになった最高水準の実証研究であり、翻訳者は熊沢自身である。第四に、考課要素が多面的である[203]。

さてこのような人事考課は、全従業員に能力開発への期待をもたせるという意味で、戦後労働史の帰結としての階層間平等性を示しており、これは確かに人事考課の明の面である。しかし他方で、階層間平等は当然に戦後民主主義の能力主義と呼応しあって、従業員処遇基準の能力主義化を押し進め、それが、職制支配の機能および人事考課全体のインパクトの下に、労働者間競争を助長してしまう面ももつ。能力主義的処遇自体を従業員（職場）文化が支持しもするわけだから、労働者間競争は自ずと激化する。従業員のキャリア形成への要求は残業、休日出勤、出向もいとわぬ傾向となり、強制と自発性のないまぜとなった主体、《強制された自発性》としての《会社人間》を最終的に生んでくるのである。

ここで改めて問題としたいのは、人事考課の対象である。考課は仕事実績から職務遂行能力、態度・性格の査定にまで及ぶが、評価要素の主眼が日本的意味での能力、すなわち潜在能力に置かれている点がとくに強調されてよい。単純作業でも工夫の余地を模索する組立工が生まれるのも、そういう仕組にもとづく。一方、労働者自身が潜在能力の評価を切望するという事実も忘れてはならない。それは彼らの求める公平感によっているが、その最終的な帰結が、長期的・全体的に可能性の開発を評価せよ、との要求になることは見やすい道理である。

さて査定が仕事の《姿勢》いかんにかかってくると、それは人の情意に近づいていく。ここに情意評価が生まれる。すなわち「もっぱら特定分野の仕事の短期的な実績を評価する『実績主義』とは一部かさなるだけの、潜在能力、そしてやる気、適応性、協調性、つまり『態度と性格』の査定にも及ぶ『能力主義』」（同書二一九頁）の成立である。

以上を要するに、日本的な考課システムにおいては、評価対象はともすれば全人格的なコミットメントにむけられ、かくて仕事への全人格的統合（献身）が実現されていく。であれば人は会社人間以外の選択肢をきわめて制約されたところで生きているのであって、そうした状況では自ら会社人間を

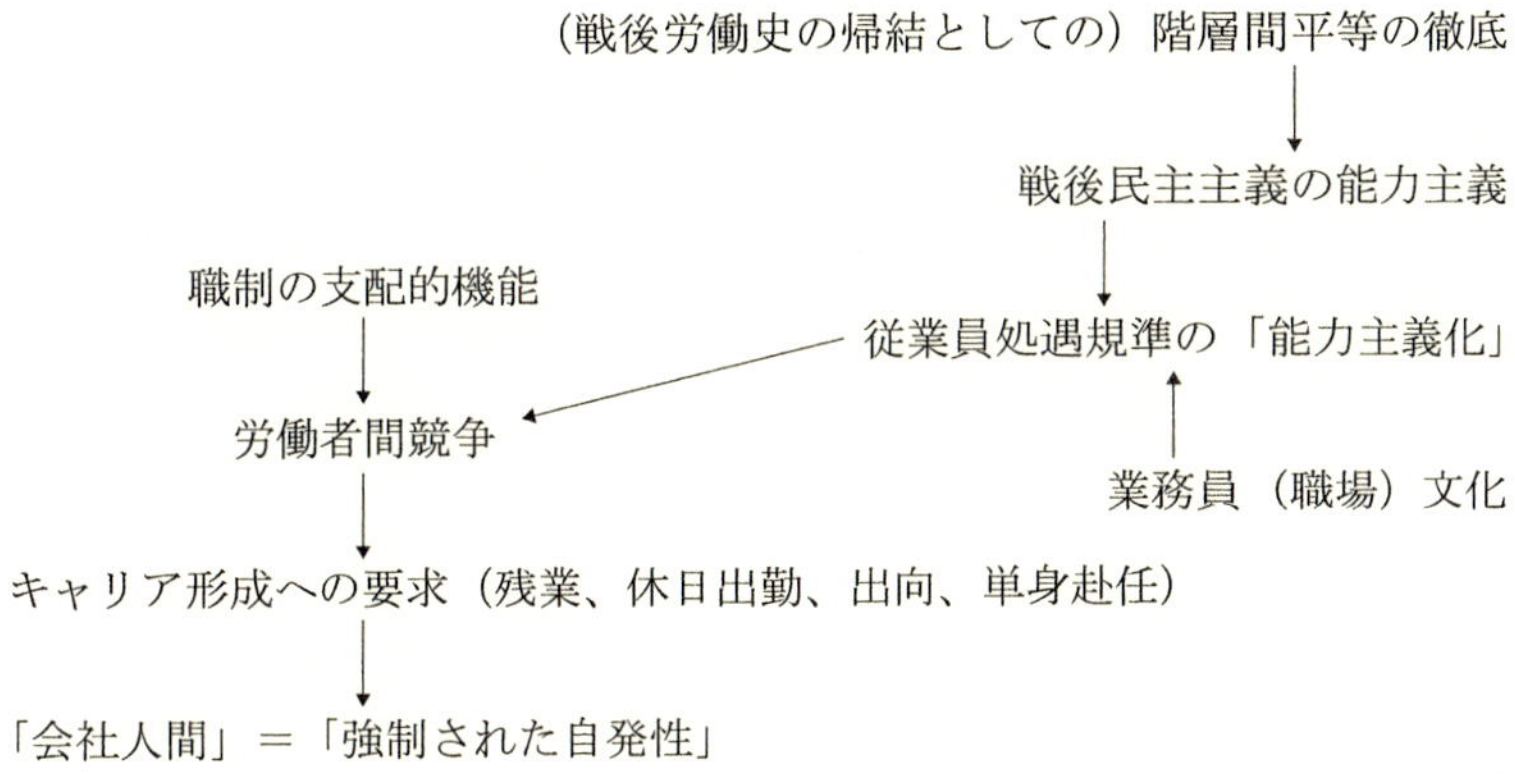
（戦後労働史の帰結としての）階層間平等の徹底
戦後民主主義の能力主義
職制の支配的機能
従業員処遇規準の「能力主義化」
労働者間競争
業務員（職場）文化
キャリア形成への要求（残業、休日出勤、出向、単身赴任）
「会社人間」＝「強制された自発性」

図１

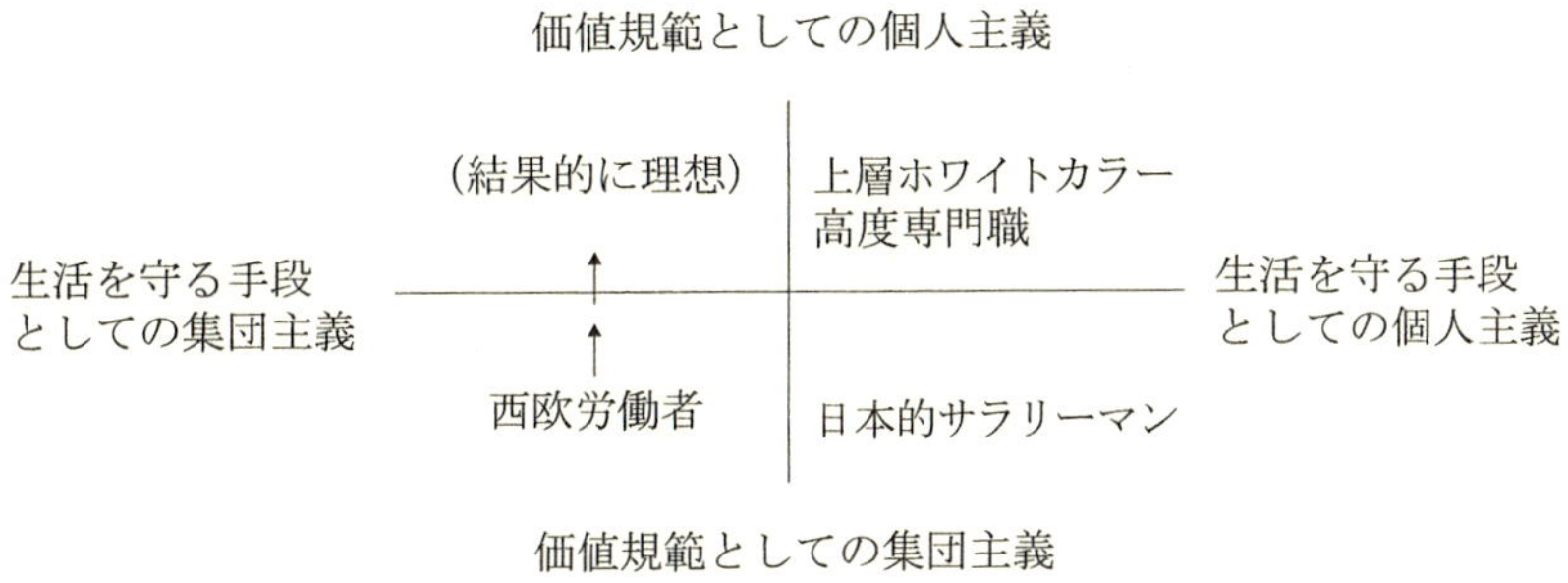
価値規範としての個人主義
（結果的に理想）
上層ホワイトカラー
高度専門職
生活を守る手段
としての集団主義
生活を守る手段
としての個人主義
西欧労働者
日本的サラリーマン
価値規範としての集団主義

図２（熊沢を変形）

選びとることに合理的な理由がある、ということになる。長期的・全面的な選別・査定・競争を通じて、日本のサラリーマンは会社人間になる。

しかしこれは皮肉な結論である。従業員の意思を尊重する戦後の民主主義競争が、ついに「経営の要請がいつしか従業員の『自発的選択』に転化してしまう日本的経営」（同書一一頁）を生むことになるからである。以上をまとめたのが図1であり、比較的観点から日本的サラリーマンを位置づけたのが図2である。熊沢は市民社会が階級社会になり、階級社会が大衆社会となり、しまいに企業社会となった世界的状況をこのように把握した（なおここでは時代の進展に伴う変化は追っていない。その帰結に関心があるからである）。

熊沢はまた、『新編日本の労働者像[204]』において、標準的な生活水準を維持するために戦後、とくに高度成長以後の労働者が、いかに猛烈に働かざるを得ないのかを分析して、それを《「ふつう」のための「猛烈」[205]》という、宮迫にも似た印象的な言葉で表現している。これもまた、強制された自発性の一面だといってよい。普通であるための猛烈などというものは、欧米では見られない。普通という大衆レベルでの競争は日本のように激烈ではないからである。あるいはその激化を緩和するさまざまな装置や歴史的記憶が作動しているというべきだろうか。最終的に熊沢が《強制された自発性》と呼ぶことになった日本企業的よい子の世界は、こうして第一に全社会的に広く浸透し、第二に安定した自立的なものではない。QC活動や労組の敗北、容易になった雇用調整などはそうした自発性によって支えられたものであり、日本的経営はそうした個人のやる気とその無理な貫徹を前提に成立したものなのである。

さらに付け加えておけば、熊沢を読んで感じる絶望感があるとしたらそれは、既出の鎌田慧によるルポルタージュ・トヨタ自動車工場の世界[206]から、さらに巧妙に突き進んだ、労働者支配のテクノロジーの妙であり、その合理的で精緻な仕組みに対してのものである。それは過労死、過労自殺など日本的経営の負の側面を説明する、高度成長のなしとげた精巧な組織的技術体系の一部をなすのである。

のみならず、低成長下での相対的成功後のバブルと、その崩壊に伴って生じた規制緩和や経済のグローバル化、またリストラの一般化の結果として、一九九〇年代初めの国家的・全社会的な豊かさとゆとり志向はすっかり消え、効率の名の下に、逆に、会社のよい子化は一層押し進められている[207]。この点はさきにも触れたところにかかわる。日本の労働者はバブル時代にはよりよい地位や賃銀のために過重労働を強いられ、今日では「プラスをめざして働くのでなく、マイナスにならないように働かなければならない[208]」というもう一つの悪循環に陥っている。動員史観においては、援助交際的メンタリティをもったポストモダン男子学生も、卒業後の強烈な組織的試練によって、新しく組織人間となっていく（悲しい）傾向が、指摘されなくてはならない[209]。

2　何のためでもない動員：浮遊する動員
——受験体制のよい子化圧力

教育社会学者竹内洋は日米欧の学歴社会論や近年は大学人の知識社会学[210]で名高いが、教育的選抜システムが日本的な人間類型、場合によってはポストモダンといってもおかしくない人間をつくり出してきたメカニズムを歴史と制度の両面から分析している。それは、教育制度における競争原理がいかに人々を狂騒的な近代人に仕立て上げるか、つまり学校的よい子誕生の仕組を解明する代表的な歴史社会学的考察であり、動員史観の立場にかなり近いものをもつ。

学校や企業の選抜システムから立ち上がる主体＝自己という視点に、衝撃を感じない日本のよい子はいないはずである。主著『日本のメリトクラシー』や『学歴貴族の栄光と挫折』、『競争の社会学』などを読み進むと、まるで自分が透明になり解体されていくような圧倒的な臨場感を覚える[211]。そうした臨場感を伝えることはできなかろうが、歴史的な類型化を行った部分を中心に、主に『立身出世主義[212]』をもとに要約してみたい。豊富な事例は割愛する（以下括弧内頁は同書による）。

竹内は日本における受験社会の変容を、受験社会Ⅰ、Ⅱという形で整理している（第一二章）。《受験社会Ⅰ》は、学歴社会や立身出世物語といった外部の欲望ないし大きな物語を背景にした受験社会であり、《受験社会Ⅱ》は昭和四〇年代以降に受験社会Ⅰが大衆化の波を受け変容していくことで成立するものである。

受験社会Ⅱの特徴は大きく二点ある。第一は大衆受験社会であること。第二に偏差値受験体制であること。すなわち大衆受験社会の教育的選抜の便法として完成したのが偏差値受験体制であり、その結果、学校総序列化が可能になったのが受験社会Ⅱなのである。よい子との関連で重要なのも、受験社会Ⅱである。

受験社会Ⅱでは、競争への《焚きつけ》（竹内）が受験社会内部で自己生産されている。だから受験社会Ⅰのように外部に欲望（立身出世のような）があるわけではない。わずかな偏差値や学校ランクの差異が、受験競争の誘因になってしまうのである。しかも総序列化されているので、一部のエリート学生だけでなく、あらゆる学生が相対的上位校へと焚きつけられてしまう。それがこのシステムのミソである。こうした大衆規模での受験戦争化は、しかし、そこでの失敗感や挫折感は少ないというパラドクシカルなものでもある。大衆偏差値体制では、成功と失敗は断続的でなく、傾斜的だからである。大きな物語がないから、失敗も、たとえば立身出世主義の挫折といったおおげさなものではない（受験に失敗しての自殺や挫折は少なくなっているのである)。

では、受験社会Ⅱが造形する人間像、本書の言い方でよい子と言い習わしてきたものはどういうものなのか。それを竹内はごくオーソドックスに、ウェーバー的な《精神の官僚制化》であるといってのける。そういわれてしまえば返す言葉もないが、受験社会Ⅱ最大の問題は、制度に対する人々の合理的対応によって、このような人間がしかも大量につくられてしまうという点にある。受験社会Ⅰでは、試験はあくまで目的のための手段であるから、「計算と戦略の明確な主体が想定されている」(二九六頁)。受験社会Ⅰの隠れたカリキュラムは、「マキァベリ的主体のもとにおける精神の合理化ともいうべきもの」(二九六頁)である。しかるに、受験社会Ⅱでは、気の抜けた魂(ウェーバー)としての精神の官僚制化が進行する。「空虚な主体という精神の官僚制化の大衆的蔓延」(三〇五頁)であり、「欲望なき競争」の蔓延である。

われわれの社会である受験社会Ⅱでは、欲望は受験システムそのものからやってくる。システムの外部にある個人の野心や欲望はシステムに回収され、空白化する。システムに飼育された空虚な主体が、こうして成り立つ。ファッション関係に行きたいといっていた有名大学の学生が四年になると、一流大学なんだからと結局銀行のようなところへ就職しようとするのがその例だと、竹内は再三指摘している。

実は、大正時代の受験エリートたちも、同様の受験社会Ⅱに生きていたという。彼らはしかし都会の新中流階級であり、圧倒的少数派に過ぎなかった(がいまでは、彼らの心性と同じものが全社会的規模で拡大して、日本国中に満遍なく広がった)。竹内にしたがえば、丸山真男のいう軍国主義者の精神構造は、まさにそうした戦前期学歴エリートの結末を示している。代表作の一つ「超国家主義の論理と心理[213]」などで丸山真男が、日本の戦争指導の無責任の構造や、天皇への距離という概念で扱おうとしている人間のあり方は、竹内において、このような受験教育の産物として理解されている(!)。この点もきわめて興味深いが、大正時代と現在の社会が違うのは、ただ大衆的規模の差だけなのである。

竹内の主張の概略は伝わったと思われる。歴史的な教育分野で動員体制の三層構造を意識的に適用したかのような研究である。以下ではさらに、日本の学校教育の歴史的な展開、とくに、竹内がいう日本的野心の特徴と歴史(第一章)を押さえておくことにすればよいだろう。

もともと立身出世は立身が武士の、出世がそれ以外の身分の、それぞれ儒教と仏教の用語であった。明治以前には身分によって出世のあり方が規定されていたが、そういう向上心、野心の欲望自体はあったわけである。ただし分限意識によってその欲望は抑えられていた。これが身分制社会の特徴であった。明治以降は全身分的に解放された個人の富貴への欲求(＝野心)が、国の富強になるとして積極的な意味を与えられ、国によって奨励されていく。富国強兵の心理的器としての立身出世ともいうべきものがこれである（つまり国家的動員が個人的欲望の解放と同調し、これを昂進させる）。

一九世紀は、世界中が立身への成功の夢に燃えていた時代であった。明治文学が世界の一九世紀文学の同時代文学であったように、日本もその例外ではない。しかし竹内によれば、たとえばアメリカの成功主義は聖書からの影響が大きかったが、日本のそれは社会ダーウィニズムの影響が大きいという。社会進化論は、明治一〇年代に日本に紹介され、三〇年代に流行した。「実際日本の成功読本は成功を説くよりもしばしば生存競争を論じ、どうやって失敗を避けるかを説いているものがすくなくない」（二八頁）。対してアメリカでは、社会ダーウィニズムの影響はほとんどなかったとされる。だからアメリカ的成功主義では、社会ダーウィニズムと違って、他人との競争とのモメントが弱い。いいかえると、日本的成功主義においては、立身の皮一枚に、つねに零落の不安＝生存競争というオブセッションが張りついており、その「希望と重苦しさの二重感情」（三一頁）こそが、日本的立身出世主義の特徴だったのである。

いま使われている意味での《勉強の誕生》（三三頁）は明治一〇年代、いわゆる受験生が登場するのは明治三〇年代のことである。しかし入試は特定の高等教育機関に限定され、苛烈なものではなかった。本格的な受験時代は大正になってからである。つまり戦前期における受験社会Ⅱ的人間の誕生は、これ以後のことである。受験生は、当時盛んに読まれたさまざまな合格（失敗）体験記を通じて、正しい受験生とは何かを学んでいく。すなわち、「受験生という特有の生活時間と空間についての定義」（七〇頁）を身につけていくのである。こうして受験生は、フーコーのいう規律・訓練権力にさらされた主体化＝服従化のプロセスに服することになる。

ここで竹内の明快な議論にしたがって、フーコーの規律・訓練権力について復習しておいてもいいだろう。これまでの長い歴史において個人として記録されるのは王や聖人、奇人、悪漢に限られていた。普通の人が個人化の視線にさらされることはなく、せいぜい家族や村が語りの対象になったに過ぎない。しかし一八世紀になると、個人化する眼差が普通の人々に及ぶようになる。近代社会は個人を無視しているのでなく、逆に各人が何者であり、何ができるかを知ろうとする社会なのである。こうした眼差の権力が規律訓練権力である。「規律訓練権力は、赤裸々な暴力をともなった抑圧的な権力ではない。身体や感情を自発的に制御させてしまう慎ましいが疑い深い権力である。…毛細管のように偏在し、日常的実践をつうじて作用する権力である」（七一頁）。

さて、試験は診断や測定と共に、こうした微視的権力作用のミクロな技術である。

試験は人々の個別的な行状を量に変換し、書かれた業績という形で詳細な記録を残す。そして、比較し、差異化し、階層秩序化し、同質化をおこない排除する。慎ましやかで疑い深い微視的権力＝規律訓練権力は、微細な分類体系によって曖昧な領域にまでくまなくまなざしをそそぎ分類する（七二頁）。

フーコー的規律権力の実践としての試験やその産物としての《受験生という制度》が、こうして出来上がる（第三章）。改めて、このきわめて平凡に見える受験生とはどういうものなのか。学校は試験、人物評価、トラッキング（進路・能力別クラス編制）など分割の実践に満ちているが、そのなかで受験生は、最終的には監視者の視線を必要としない存在となる。受験にむけて自己監視を行うからである。つまり監視するものが監視される対象でもあるという両義性が受験生をつくる。監視される者が監視する主体であるという一望監視装置の眼差を受け入れ、自己を監視する自己、積極的な主体にして従順な客体となり得たもの、それが受験生なのである。

これが精神の官僚制化された人間、受験社会Ⅱの生み出した最終的帰結としての人間である。規律権力を徹底的に内面化した結果、受験社会内部で自己生産された欲望にしたがって、「必要なときに必要なパフォーマンスを演じるように自我を操作可能な対象とする精神の合理化」（二九六頁）を行い得る人間。まさに組織（いまの文脈では受験という教育制度）によって立ち上がってくるのは、このような、イデオロギーの教化などの内面化とは無関係の、競争のための競争を内面化した空虚な主体だったのである。だから戦時下においてさえ、受験生たちは、冷めた目で試験対策に没頭し得た。彼らは逆説的に、決して超国家主義一色に染め抜かれることはなかったのである。

ちなみに竹内は受験社会Ⅲへの展望は可能かと問うているので記しておきたい。彼の答えは新しい立身出世の時代の展望である。受験社会Ⅰは偉くなりたいの時代、受験社会Ⅱはリースマン的な他者志向型人間（専門のための専門の時代）。ならば受験社会Ⅲは何をしたいのかの時代でなくてはならない（専門でなく、常識の時代）というのである。明るいオタクの時代、マイペースだが仕事にのめり込む奇人や変人の時代。つまり新しい立志の時代でなくてはならない。要するにたんなる閉じた内部の競争心という抽象的情熱に対して、システムの外部によって閉塞を打ち破りうる具体的情熱を回復しようという提言。これが竹内の期待的展望である。元学生の分析（第１部第三章）をもう一度読み直していただきたい。

以上、竹内の議論からは、上へ上へと焚き付けられるある閉じたシステム（加熱装置）の内部で欲望が消費されてしまう結果、つねに浮遊する動員状態に置かれるよい子像が導き出される。そこでは、システムから供給される疑似欲望しか欲望できない状態に置かれた人間の凄惨な帰結が、歴史の教訓（戦中日本の無責任体制のような）としてあらかじめ示唆されてもいる。受験社会Ⅲへの展望があるとしても、そこにいたる直前のよい子の末路は、個人にとっても社会にとっても、やはりきわめて陰惨なものであろうことを、竹内の研究は全体として示しているように思われる。

なお、日本における効率的動員の成立を促した近代化そのものの特徴についても、竹内は言及しているので最後に触れておきたい。この点を押さえないと、なぜ教育なら教育でそうした競争原理が貫徹して、新たな人間類型すら生んでくるのかが、実は完全には説明されないからである。これは動員史観では《純正近代日本》という歴史的概念で捉えていたのだが、要するに、遅れてきた近代化故に日本では動員体制のあり方が強固になった、という日本の独自性を竹内なりに表現したものである。すなわち、竹内は『日本のメリトクラシー』の最後の部分で、動員史観的な翻訳でいえば、動員への要請は日本においては同時に国民的要請であったということを、ある概念で捉え直そうとしているのである（以下括弧内はこの本の頁数）。

その主著最終章は「日本人らしさの理念型——日本教」と題されている。竹内によれば、近代日本では、動員（竹内の用語では同調）が国民文化そのもの（これが日本人らしさ）へとむかっていったという。「国民文化（日本教）は階級偏在的なモラルである」（二三四頁。原文通り）。ところがイギリスやフランスでは同調の対象は、階級文化にあった。「円満な人格［rounded individual］はイギリスでは階級文化であるときに日本では国民文化である」（二三四頁）という印象的な表現を竹内はしているが、ヨーロッパで成功に必要なのがブルジョワ化（洗練された文化の獲得）であったのに対して、日本でのそれは日本人化（勤勉のエートスの修得）であったというわけである。

《マス競争社会》（二三五頁）における、エリートと大衆を問わない、大量かつ持続的な動員、またそのための「『イイ高校、イイ大学、イイ職場、昇進』というように受験レースと昇進レースを貫通した移動様式としてひろく認知されている」（二四一頁）日本的な《トーナメント移動》の制度は、《日本教》という形で、落ちこぼれを出さない緊密なシステムだったということなのである。いいかえると、後発近代化国として出発した日本では（とくに第二次大戦後において）、国家総力をあげての努力が、必然的に全国民の動員にふさわしいシステムを招来したということである。竹内的日本教が動員史観的純正近代日本に重なる理路は、以上に明白だろう。

3　組織による動員
——繭としての動員組織、蚕としての動員人間

こうしてなぜ人は有効に動員されてしまうのかが分かった。到達した結論は、（歴史的背景を抜きに）整理すれば、組織と組織構成員である。

第一に組織の問題としては、これは一種のトートロジーに近いが、組織は動員することによって組織足りうるものだということである。近代組織の共通項は、それが効率的な動員を可能にする組織だという点にある。近代組織とは基本的に動員組織以外の何者でもない。近代的ゲゼルシャフトとしての組織の多くは、この動員の効率や成功によってその生存が左右される構成体である。だから動員の技術と誘因が、近代組織といわれるものの構造に元からビルトインされているのだと考えた方がいい（プロ野球のコーチが無闇に選手のフォーム矯正に走る理由の一端もこれで分かる?）。

第二は組織構成員の問題である。組織の動員は動員をかける側だけでなく、受験生に典型的なように、かけられる側からの積極的な反応、ここでは正常で過剰な反応といってきた対応によって、はじめてうまく成り立つ。よい子自身は、積極的に反応したという意識すらなく反応する。これを第2部では過動員と呼んだ。これまでの議論から過動員についてはは次のような三点の指摘が可能であろう。

第一に、過動員は、明示的な戦争の脅威の感じられない状態においても、組織が何らかの形できっかけを与えることで成立するあるメカニズムである（スポイル家庭におけるよい子Q太郎の誕生を想起）。のみならず、第二に、過動員されたよい子は動員されること自身に意味を見出し、動員が提供するあるシステムのなかでの微細な差異にしたがって自己評価を、したがって他者の評価も上下させる人間である。彼の全生活はこの人工的な疑似自然的世界の外では営まれず、その中で完結する（竹内的な受験生を想起）。だから逆に、このシステムのなかでたゆたう人間をよい子ということもできる。よい子は組織やシステムという繭によって成長し、繭によって苦しむ人間である。これを蚕としての人間といっておこう（たとえば選手であるうちは自己管理というコーチの指導が彼らの自己決定を代替する。成人になると弱いのに、日本の少年野球や少年サッカーは世界的レベルなのである）。

第三に、だからもしよい子を覚醒させることができるとするなら、その第一歩は、動員組織というある種の歴史的必然性に則った現実の改善のはるか以前に、このシステムの特徴を外から彼に教示する《もう一つ》の視線を（教育や啓蒙、社会運動その他さまざまな形で）提供することであり、またそのことに反応できるわずかなりの感受性を彼らの間に開発させるよう努めることにある、とはいえそうである。

4　競争という現実原則――大状況

さて本章の第一節と第二節は、第五章の終わりで触れたように、動員体制の三層構造に対応している。つまり第一節が組織構成員（の生態）、第二節が動員組織（によるよい子化圧力のメカニズム）を扱った。最後に、以上を踏まえて、組織や構成員を最終的に生み出す根源ともいえる、動員体制の《大状況》の問題に再言及して、この章を閉じたい。

さて、大状況の問題とは、近代組織はなぜかくも強烈な動員をかけなければならないのか、あるいは、そもそも近代組織はなぜこれほど普及しなければならなかったのか、という問題である。この問題を解くのはやさしい。既に動員史観の枠組を説明したところで実はもう十分だからである。その問題は近代組織と動員のマクロな関係を少し考えればすぐ分かる。

大変単純な構図が浮かんでくる。組織自身が、ある大きな波のような大小の動きや揺らめきのなかで、これに動員されていたというイメージである。すなわち組織とは動員するものであるとともに、動員された結果でもある。大状況とは、この組織を動員するさらに大きなうねりであり、組織自体を組織構成員とする根本的な（歴史的）競争状態のことである。近代世界は、大状況という親亀の上に動員組織という小亀が乗り、さらにその上に動員人間が孫亀となって、地球的に一体化した世界なのである。

改めて、近代組織とは、構成員をある状況に合理的に対処させるだけでなく、自らが一個の構成員となって合理的に動員されたものでもある。この時代的動員状況が《近代という大状況》である。国家動員体制は社会動員体制を内に含んで、この大状況に現実的・合理的に対応しようとする結果生まれた仕組である。国家動員体制が原基的であるのは、まさにこの大状況の性質が国家的存亡として意識され登場するからである。植民地や貿易をめぐる経済競争といえども、純然たる経済戦ではなく、たとえば英蘭戦争に見られるような国家単位の、存亡をかけた覇権闘争であった。敗者は、オランダのみならず、ルネサンス・イタリアの都市国家のように、経済的支配権のみならず政治的覇権も失い、歴史の表舞台から姿を消す。

なるほど、どの近代国家も、その国家動員体制は細かく見れば非常に違っている、という主張をしたのは西川であったし、近代国家はどれも似ているという主張をしたのはゲルナーであったが、大雑把に見れば、いずれもきわめて似通ったものに見えてくる。動員史観はこの似通った面を強調する。[214]

なぜ似るのかは愚問である。同じような状況への効率的・合理的な対応がしからしめるところだからである（勿論《後発効果》という《模倣》もあるし、先進国を文化的・制度的規範にするからでもある。その結果、模範国家のもつ非合理なところも真似られる）。このメカニズムは、改めて、その内部のさまざまな要素も組織であるようなある大組織（国家）が、共に頭だけ同じコタツに突っ込んでいるようなものである。このコタツが大状況であり、コタツの形状や特質にあわせて髪型を揃えるのは当然である。コタツから出ている部分が違うことは、したがってそれもまた、当然なのである。

　では狭い山嵐のようなコタツのなかでは何が行われているかといえば、それは原理的には、近代においては、生存競争以外の何者でもない。《諸組織の組織》たる国家の投げ出されたコタツ＝大状況は、他の国家との生存競争なのである。この競争に負けない有効な動員のために、最上位組織としての国家が存在する。国家は元は王家かもしれないし、民族や文化かもしれない。あるいはたんなる伝統かもしれないが[215]、そういう何でもいい結びつきの根拠、結晶の核があってはじめて生存の条件が整うことになった。それを懸命に育てていく以外に生き残りの道はなかった。そのことをいま、現在の視点から権力政治史観だとか国家主義だとかといって批判し、規範的観点から論難してみても意味がない。近代の圧倒的現実の核心はそうしたものだったように見えるからである。

　近代国家の発展は、そのような現実への適応過程の結果である。国家が軍隊的な機構を根幹としていくのも、何よりも大状況が、暴力的な争いを必然ないし中心的な契機としていたからに他ならない。他の事情があったとしても、結果はいままで見たように軍事的性質の強いものとなった。結局、文化的同質性の高いヨーロッパでは特定の強い国家は模倣されるし、技術改良も加えられる。戦争機械として純化していく近代国家は、そうした長期の試練や試行錯誤の結果であり、ヨーロッパ的変遷の産物である。動員史観は一種の軍事的近代化論だといっても誤りではない。

　ではウィッグ史観に代表されるような、歴史のより肯定的・進歩的な評価は誤りなのか。民主化や人道化といった規範的要素は、歴史形成の仮想的な要因に過ぎなかったのか。いわゆる《輝かしき近代化》というのはただの幻想なのか。動員史観的にいいかえると、大状況というのはその本質の軍事的な苛烈さ以外の明るい特徴をもたなかったのか。

　動員史観を維持する限り、これへの返答はこうである。民主化の進んだ二〇世紀を中心に考えてみよう。初期動員においてはまだしも、高度動員の時代がくると、統治の長期の果実を動員という形で転用しようという国家の自覚は明確に成立していたが、総力戦は、この統治の果実の動員への変換争いであり、より効率的に変換し得た自由主義陣営がファシズム陣営に勝利した。だからこの限りでいえば、人道的要素や民主化、いわゆる明るい側面なるものを歴史解釈において、とりたてて重要視する必要はないことが分かる。この意味では近代ヨーロッパ文化へのコンプレックスは解消してよい。

　しかしこの統治の果実の動員への変換ということを考えてみると、二つの要素が指摘される。

第一に、統治の果実の客観的な大小という問題がある。いかに国としての生産力を高めるか。より生産力の高い経済体制の創出がそこでは課題となるが、産業資本主義の長期的成長を促進するような政策、制度、援助を制度化した国家が、その基礎たる経済的成果を享受し得ることになる。自由貿易か保護主義かの争いは理念の争いではなく、国の置かれた状況でのそうした現実的な選択である。生産力を結果的に高めた方が次代の勝者となる。

第二に、果実を変換する動員効率の問題がある。最初に例を示しておこう。政治指導者は第二次大戦中、人々に将来の約束を行って国民の動員を調達した。戦後のたとえばイギリスの福祉国家体制の推進は、戦争での国民の働きへの部分的には報償であった。いいかえると、変換効率は決定的にその対象者の意思に依存する。したがって人々がいかに自発的に、諸事万端にわたって貢献するかが国家にとっての課題となる。なるほど強制的召集は一見、その外見の統合性や規律のよさによって、強い国家のシンボルのように見える。しかし多かれ少なかれ恐怖による戦争動員では、人々の継続的な献身は得られない。何らかの、そうしてもいいという積極的な理由が必要である。効率変換の問題はこうして、召集に対して《応集》の役割をクローズアップする。

応集の理由を与えるのが国家的誘因の体系であり、これにもタンジブルな利益提供という形での誘因と、もっとシンボリックな形で人々の統合推進性を進めるような誘因がある。前者は国民に与えられるさまざまな便益としての市民権、人権保障、福祉サーヴィス、安全、無償教育などであり（近代化の主要果実）、後者が最終的には祖国愛に象徴されるナショナリズムという形に行き着くような血の献身という形をとる。

さてもとに戻って、この二点を掛け合わせたものが争われた結果、いいかえると戦争の技術力、経済の生産力、国民の動員力などの総合評価として、第二次大戦は強制的な召集の体制であったファシズム側が負け、強制的な召集には通常無関心でありながら自発的な応集への傾性をもつ自由主義陣営（しかし果たしてそうであったのだろうか）が勝利したと解釈されるとすれば、事態の説明には、輝かしい近代化の要素はやはり、あまり重要な役割をもたないことが分かる。直接的な便益提供も無償の献身対象の提供も、動員という観点からは機能的に等価であり、前者は人々に守るべき具体的な項目を与え、後者は守ることとの根拠としての大義を与えたのであって、それら自体が独立の自律的な要素として、近代世界の形成を主導したとはいえないからである。

なるほど民主化的要素は大いなる効果をもった（とくに第二次大戦後の世界の基調はそれである）。ヨーロッパにおいては偉大な思想家や芸術家、政治家や社会運動家だけでなく、市井の多くの人々も、そのためにさまざまに邁進したかもしれない。しかし戦争における一方の勝利は人道主義や民主主義、あるいは文化的優越性によって決まるわけではない。第二次大戦の勝敗はすぐれた動員力をもつかどうかにかかっていたのだから、国民の自発的召集に適合的な方式を柔軟に採用した、妥協に優れた有機体国家が勝利したのだとしかいえないように思われる。つまり輝かしい近代化の諸項目すら、ヨーロッパにおいては、国家的動員の関数として歴史的に招来されたものと見るべきである。大状況を動員史観的に説明すれば、このようになるだろう。

　真の世界史の可能性を一二世紀のモンゴル帝国の成立と征服に見る歴史家岡田英弘が主張するのも、近代は軍事的観点をとるときにもっとも鮮明に見えてくる、ということだった。

それはそれとして、国民国家という政治形態が十九世紀に全世界に広がった理由は、それが戦争に際して効率がいいということにあった。この国民国家化が、いわゆる近代化(modernization)の本質である。ナポレオン戦争以来、今日に至るまで、世界中で大規模、苛烈な戦争の絶え間がないのは、国民国家が軍事的性質のものである以上、極めて当たり前であり、近代化と戦争は車の両輪である[216]。

　改めて、大状況とは国家間関係としての国際関係であった。近代的国際関係はホッブズ的世界そのままではないとしても、それにかなり近い世界であった。その前提に立って、個々の国家が内部的な資源の効率的・有効的凝集をめざして、分業化した諸組織に物的・人的・情報的資源の合理的動員を求める。かくてホッブズ的世界に、ちょうどウェーバー的合理化の世界が加わる形で、近代的大状況とその効果（動員体制の成立）をイメージするのが、動員史観の近代世界理解なのだといえよう。

第3部・注

1　なお戦時体制論一般に広げても動員史観と直接の関係にあるものはない。

2　山之内が市民社会派理解のために参照を促しているのは、内田義彦『日本資本主義の思想像』（岩波書店、一九六七年）、内田芳明『ヴェーバーとマルクス――日本社会科学の思想構造』（岩波書店、一九七二年）、石田雄『日本の社会科学』（東大出版会、一九八四年）、歴史学では三谷太一郎『新版大正デモクラシー――吉野作造の時代とその後』（東京大学出版会、一九九五年）、松尾尊兊『大正デモクラシー』（岩波書店、一九九四年）。

3　『現代社会の歴史的位相』（日本評論社、一九八二年）、『社会科学の現在』（未来社、一九八六年）、『ニーチェとヴェーバー』（未来社、一九九二年）、『システム社会の現代的位相』（岩波書店、一九九六年）、『マックス・ヴェーバー入門』（岩波新書、一九九七年）、『日本の社会科学とヴェーバー体験』（筑摩書房、一九九九年）、『受苦者のまなざし――初期マルクス再興』（青土社、二〇〇四年）、以上山之内単著。共編著としては山之内・コシュマン・成田編『総力戦と現代化』（柏書房、一九九五年）、酒井・ド＝バリー・伊予谷編『ナショナリティの脱構築』（柏書房、一九九六年）、山之内・酒井編『総力戦体制からグローバリゼーションへ』（平凡社、二〇〇三年）。山之内対談集に伊豫谷・成田編『再魔術化する世界――総力戦・〈帝国〉・グローバリゼーション』（御茶の水書房、二〇〇四年）がある（ただ対談間に理論的振幅があって混乱を覚える。編者の責任のように見えるが）。また、柏書房のパラケイア叢書も同じ文脈で参照。さらに訳書、A・メルッチ（山之内・貴堂・宮崎訳）『現在に生きる遊牧民――新しい公共空間の創出へ向けて』（岩波書店、一九九七年）も参照。ただ旺盛に発展を続ける山之内の、総動員論以後の思想史的探求の道はここでは扱わない。動員史観のさしあたっての範囲を越えるからだが、たとえば山之内『マルクスとヴェーバー』からハイデガーへ――日本におけるヴェーバー受容の特徴に関連づけて」『思想』二〇〇五年一〇月「東アジアとマックス・ヴェーバー」特集。

4　ハントが、歴史社会学者チャールズ・ティリーを論じた論文の冒頭の文章である。「チャールズ＝ティリーの集合行動」シーダ・スコチポル編著（小田中直樹訳）『歴史社会学の構想と戦略』（木鐸社、一九九五年）一二五頁。

5　たとえば山之内を《ネオ連続説》として検討する、山之内／成田・大内（聞き手）「インタヴュー　総力戦・国民国家・システム社会」『現代思想』（一九九六年六月号）や、これを踏まえてその特徴を三点にわたって検討し、返す刀でシステム社会という山之内の用語の採用に留保を行う上野千鶴子『ナショナリズムとジェンダー』（青土社、一九九八年）第Ⅰ章、社会保障（厚生省創設）と戦時体制の連関を扱った鐘家新『日本型福祉国家の形成と「十五年戦争」』（ミネルヴァ書房、一九九八年）などを参照。

6　なお『システム社会の現代的位相』は緊密に構成された論文集であって、全編書き下ろしの作品ではない。他の本を見ても、山之内の本作りのこれがスタイルのようである。

7　なお山之内、前掲、最近著『受苦者のまなざし』では初期マルクスの可能性を新しい社会科学的再建へとつなげる、より積極的なマルクス評価がなされている。

8　一九九九年秋東大でのウェーバー・シンポジウム（テーマ「マックス・ヴェーバーと近代日本」）では山之内も報告したが、まさにこの問題をめぐってであった。山之内「何故に日本のヴェーバー研究はニーチェ的モメントを欠落させてきたか」橋本・橋本・矢野編『マックス・ヴェーバーの新世紀――変容する日本社会と認識の転回』（未来社、二〇〇〇年）。

9　たとえばI・ウォーラーステイン（本多・高橋監訳）『脱＝社会科学――一九世紀パラダイムの限界』（藤原書店、一九九三年）、同（山田鋭夫訳）『社会科学をひらく』（藤原書店、一九九六年）、同（山下範久訳）『新しい学――21世紀の脱＝社会科学』（藤原書店、二〇〇一年）などの一連の学問・大学論参照。

10　しかしこうした近代と社会科学の厳格な歴史的整合性という解釈は動員史観はとらない。動員史観は社会科学が近代を全面的に捉え切らなかった、二一世紀型社会科学にとっても近代の再解釈は依然課題だと見ているのである。なお山之内自身の社会科学再構築への期待の表明は同「一九三〇年代と社会哲学の危機」『思想』二〇〇〇年二月号。

11　全二部構成。第一部「総力戦と現代化」は第一章「総力戦とシステム統合」、第二章「参加と動員――戦時期知識人のプロフィール」、第二部「マクロ社会理論の再構築」は第三章「システム社会と歴史の終焉」、第四章「システム社会の現代的位相――アイデンティティの不確定性を中心に」からなる。

12　西川長夫『国民国家論の射程――あるいは〈国民〉という怪物について』（筑摩書房、一九九八年）二六七頁。

13　ウェーバー研究者からの反発が多いが、たとえばイギリス経済史家椎名重明『プロテスタンティズムと資本主義――ウェーバー・テーゼの宗教史的批判』（東京大学出版会、一九九六年）、折原浩『ヴェーバー学の未来――「倫理」論文の解読から歴史・社会科学の方法会得へ』（未来社、二〇〇五年）、同『学問の未来――ヴェーバー学における末人跳梁批判』（未来社、二〇〇五年）、合理性理解に関し大庭健「近代合理性と《実質的》合理性」『思想』一九八六年九月号など。

14　M・ホルクハイマー、Th・アドルノ（徳永恂訳）『啓蒙の弁証法――哲学的断想』（岩波書店、一九九〇年）。

15　エーリッヒ・フロム（日高六郎訳）『自由からの逃走』（東京創元社、一九六五年）。

16　フリードリッヒ・A・ハイエク（一谷・一谷訳）『隷従への道』改版（東京創元社、一九九二年）。

17　ギ・ソルマン（内田他訳）『新《自由の時代》』（春秋社、一九八六年）一八頁。

18　日本の戦中のスローガン、《一億一心》や《国民精神総動員》などを思い起こそう。

19　ポール・ヴィリリオ（市田良彦訳）『速度と政治――地政学から時政学へ』（平凡社、一九八九年）第三部「速度制社会」参照。

20　たとえば伝統的には《ヒトラーの社会革命》論が議論される所以である。野田宣雄『教養市民層からナチズムへ――比較宗教社会史のこころみ』（名古屋大学出版会、一九八八年）第六章など参照。

21　この点はすぐ後で見るように批判の対象となるが、一九世紀システムと二〇世紀システムを区別する発想はごく一般的である。区別に足る違いは勿論否定しないが、その点を越えたところに問題を見出していくのが動員史観である。そうした区別の例を幾つか紹介すると、村上泰亮『新中間大衆の時代――戦後日本の解剖学』(中央公論社、一九八四年) 第八章は《技術パラダイム》の変化による区別を行っている。最近の例として西川正雄「二〇世紀とは何だったのか」板垣雄三編『世界史の構想』(朝日新聞社、一九九三年)、エリック・ホブズボーム (河合秀和訳)『20世紀の歴史』上下 (三省堂、一九九六年)、共同研究・東京大学社会科学研究所編『20世紀システム』全六巻 (東京大学出版会、一九九八年) など。

22　上野、前掲『ナショナリズムとジェンダー』が山之内を高く評価したことは触れたが、システム社会という理解については評価を留保していた (同書二一頁註10参照)。動員史観も、論拠は異なるが同じような判断に傾いている。

23　ドゥルーズの管理社会論の興味深い紹介として長谷直人「モグラとヘビ――管理社会のあるき方」宮本孝二他編『組織とネットワークの社会学』(新曜社、一九九四年)。モグラがフーコー的規律社会の動物、ヘビがドゥルーズ的管理社会の動物のメタファーである。管理社会はここでは規律社会をさらに深化させたものとなる。ちなみに管理社会論、規律社会論、監視社会論、ハイパー監視社会論などは、ネオ・マキアヴェリ主義社会理論を探究していく機動力の一つであった。『近代と監視』研究会はそういう共同研究の試みだった。この文脈でフーコー以外の英米のこの種の研究も検討された。たとえば Ch. Dandeker, *Surveillance, Power & Modernity* (Polity Press, 1990) ; S. Cohen, *Visions of Social Control* (Polity Press, 1985) ; S. Cohen and A. Scull, *Social Control and the State* (Blackwell, 1985) ; J.B. Rule, *Private Lives and Public Surveillance* (Allem Lane, 1973) ; W・ボガード (田畑暁青訳)『監視ゲーム』(アスペクト、一九九八年) など。

24　ただし『未来世紀ブラジル』でも特定の官僚機関の悪 (フーコー的世界) が描かれたというよりも、世界全体が組織化され、その組織連合が世界をことごとく支配していて、個人の抵抗など早晩つぶされてしまうという世界の一断面を描いた (ドゥルーズ的世界) と解釈できるだろうが。

25　これをダンディズムという概念で変容と修正を加えて論じてみたいという誘惑に駆られるが、別の機会を捉えたい。終章も参照。

26　メルッチ、前掲『現在に生きる遊牧民 (ノマド)』。

27　これは広くいえば、《創造の病》のもつ力なのだろう。

28　山之内・コシュマン・成田編、前掲『総力戦と現代化』、酒井・ド＝バリー・伊予谷編、前掲『ナショナリティの脱構築』。

29　グローバリゼーションを軸とした最近の総合研究、山之内・酒井編、前掲『総力戦体制からグローバリゼーションへ』は、総力戦以後の現代社会という理解の下に、グローバリゼーション関連のテーマを追うという姿勢を示している。

30　ただし動員史観の最大の論敵は、近いと見えるが故に決定的に異質なウォーラーステイン流の世界システム論や、バーリントン・ムーアや初期のベンディクス系統よりは実証に傾斜した歴史社会学などとなるだろうが、立ち入って別の機会に論じる。

31　山之内、前掲『システム社会の現代的位相』ⅱ頁。したがってここでは古プロテスタンティズムの世界史的意義が強調されている。

32　山之内靖「ウェーバー都市論と世界史像の再構成」文部省特定研究報告 (#12)［昭和62年度］『都市におけるエスニシティと文化――理論的枠組みと事例』(東京外国語大学海外事情研

究所、一九八八年）五〇頁。
33　山之内、前掲『現代社会の歴史的位相』vi頁。
34　これは、一九六四年東京でのウェーバー・シンポジウムにおける大塚久雄の「合理的経営のいきつく果て」についての議論をバネにしていると山之内は断っている（前掲「ウェーバー都市論と世界史像の再構成」）。また『システム社会の現代的位相』二七八頁参照。
35　山之内の近代化と現代化の違いは、『システム社会の現代的位相』八七頁註6に長い解説がある。やはりこの峻別論については内部でも異論があるらしく、本書が山之内グループという言葉で整理した人々の何人かと彼自身は意見を異にするという。そして彼が現代化（階級社会からシステム社会へ）として考えるポイントとして次の三点が指摘されている。①国家を媒介とした階級対立の調停と社会的上昇チャネルの制度化、②家族、市民社会、国家というヘーゲル的な近代社会観に対して、これら三要素の相互浸透が見られること。かくて国家と市民社会の相互浸透は福祉社会を、家族と市民社会の相互浸透は私生活の公共化と公共空間の私的空間化をもたらしたという。③前二者から古典的近代は新しい段階を迎え、階級対立等の社会紛争は歴史的変動の担い手でなくなり、身体システムや生命系システムが社会システムに対して深刻な摩擦をもたらすようになった。以上三点を重視するのは、彼自身の説明ではレーヴィットの影響によるところが大であるという。とくにレーヴィット、前掲『学問とわれわれの時代の運命』。
36　野口の一九四〇年体制論への批判はまさにタイムスパンの狭さに関係していたことを想起。
37　一九世紀型社会科学の特徴を思い返していただきたい。一九世紀が特権視され、そこからすべての正則と変則が判断される。二〇世紀における総動員の登場を突然という言い方で捉えると き、そこには知らず知らずのうちに一九世紀型社会科学的な見方がされているのである。
38　木村雅昭『国家と文明システム』（ミネルヴァ書房、一九九三年）一〇頁。
39　山之内は総動員体制によって社会のみならず、社会科学も変質したと考える。つまり客観科学をめざしたのが一九世紀社会科学の理想だとすれば、二〇世紀の社会科学は総動員体制の手段として機能した。丸山真男や大塚久雄も例外ではない。彼の議論では、本書の一九世紀型社会科学は、一九世紀社会科学と二〇世紀社会科学としてさらに区別されることになるだろう。山之内「日本の社会科学とマックス・ヴェーバー体験」『現代思想』一九九九年五月号参照。
40　《前期的資本》（大塚久雄）などという言葉とは表現上の類似しかない。近世と近代という概念区別により近いが（近世は初期近代のこと）、歴史学におけるその時代区分（一六から一八世紀、そして一九世紀）を踏襲するものではまったくない。
41　初期動員を時代的・内容的に細分化したり、高度動員において総動員と冷戦体制を区別したりする下位分類や史実との対象ないし歴史的再構成は、次の仕事である。冷戦は軍拡競争の激化に示されるように高度動員の黄金時代だが、この時代、高度経済成長や政治的民主化の陰に国家の役割はむしろ奇妙にも一見、潜在化した。少なくとも社会科学、とくに政治学においてその傾向は顕著である。しかしそれは動員解除ではなかった。解除への試行は一九八九年以降の現象である。
42　A・de・トクヴィル（井伊玄太郎訳）『アンシアン・レジー

ムと革命』（講談社、一九九七年）第二編第二章「行政の中央集権は旧制度の一制度であって、普通いわれているように、革命または帝政の成果ではない」参照。彼の解答は「中央集権化が革命で滅亡していないのは、中央集権化自体がこの革命の発端であり、その革命の兆候であったからである」（一九一頁）といういま読んでも刺激的なものである。

43　遅塚忠躬「序　ヨーロッパ再考——過ぎ去ろうとしない『近代』」、二宮宏之「他者としての近代」、共に遅塚・近藤編『過ぎ去ろうとしない近代』（山川出版社、一九九三年）所収、および、この書物の全体を参照。

44　池田佳隆「世紀転換期イギリスの国家介入主義（二）・完」『法学論叢』第一三七巻一号（一九九五年）六九頁。（一）は同第一三六巻三号に掲載。池田論文はもう一点、技術教育問題も分析している。

45　池田、前掲「世紀転換期イギリスの国家介入主義（二）・完」七〇頁。

46　もとよりナショナリズムそのものの概念が輻輳している。本文でのように一義的にいっていいのかも次の仕事で検討したい。ちなみに本書では議論の必要から（政治）思想史的文献への大量の参照が不可欠だが、どの概念一つをとっても、その道の専門家の大半を納得させることが困難な以上、あえて最小限の言及にとどめている。ネオ・マキアヴェリ主義や動員史観の提示とそのための理由開示が本書のねらいであるから、反論提示や防衛の段階ではそうした点は考慮したい。

47　E・H・カントーロヴィッチ（甚野尚志訳）『祖国のために死ぬこと』（みすず書房、一九九三年）。

48　これに限らず、W・マクニール（高橋均訳）『戦争の世界史——技術と軍隊と社会』（刀水書房、二〇〇二年）にはそうした類比が横溢している。軍隊の近代的特質がよく分かる。

49　したがって説明変数を抑える方が理論的洗練を示すとするオッカムの両刃的基準からすると、動員史観がよりエレガントということになる（!?）。

50　これまで再三述べてきた通り、資本制や社会主義のような経済システムの機能や仕組については古くから、それ自体としても、また、その歴史形成力としての役割に即しても、さまざまに検討されてきた、という古い長い歴史がある。近代資本主義成立論こそが社会科学そのものだったとすら印象を受けるが、それがまた、有力な歴史学的な課題（封建制の危機から資本主義への移行）でもあった。つまり近代の成立とその性格を探究しようとする試みの多くは、産業資本主義の誕生とその変容という視角以外の有力な視角をもたず、いってみれば経済（学）的な問題構成の圧倒的な支配の下にあって、経済学的《アリ地獄》に落ちてしまったというイメージが強い。最近の諸種の反省にもかかわらず、社会科学的視角そのものの基礎が何か別のものに全面的に変更したわけではなく、経済（学）の政治（学）、端的には国家関連事項に対する優位はまったく揺らいでいない（逆に政治学はますます経済学になろうとしている）。これほど経済領域（とくに金融）への国家介入の世界的な事実があっても、強調されるのはもっぱら世界経済のボーダレス化（越境）であり、国境の希薄化である。規制緩和では国家自らが悪役としての役割を喜んで引き受ける。難民や経済移民などの大量民族移動の問題が社会学やルポルタージュでとりあげられても、国境というものを画した力でありその産物でもあった歴史的な国家の役割について正面から眼差が投げかけられない。社会学そのものが国家と経済の余白（これが狭義の社会）を耕す技術であったからそうなるのも分からないではないが、いずれにしても、これらの学問（経済学、歴史学、政治学、社会学など）が、国家が消えていくか弱まりつつあると考えるなら、ではかつては国家は強力だったということになるはずであり、そのような国家について、その果たしてきた役割をどう理論的に評価するのかといえば、既述のように十分な解答能力をもたないのが、これまでの経済関連事項優位の社会科学であった。この文脈で経済学者ながら森嶋通夫『思想としての近代経済学』（岩波新書、一九九四年）第8章「マルクス」が非常に示唆的である。経済学への従属という政治学の危機は、むしろ主に経済学者の懸念なのかもしれない。

51　村上泰亮『反古典の政治経済学』上（中央公論社、一九九二年）第三章。

52　近藤和彦『文明の表象　英国』（山川出版社、一九九八年）参照。

53　高澤紀恵『主権国家体制の成立』（山川出版社、一九九七年）六二頁。

54　高澤、前掲『主権国家体制の成立』七七頁。

55　戦争や近代戦争の厳密な定義や展開については本書の後の課題である。簡単な見取り図として油井大三郎「世界史のなかの戦争と平和」岩波講座『世界歴史［25］戦争と平和』（岩波書店、一九九七年）巻頭論文。戦争論そのものの研究はかなりあり、さしあたって同論文の文献註や同書の他の論考など参照。

56　参照すべき基本文献は、マックス・ウェーバー（木全徳雄訳）『儒教と道教』（創文社、一九七一年）、同（世良晃志郎訳）『支配の社会学』Ⅰ、Ⅱ（創文社、一九六〇、一九六二年）、木村、前掲『国家と文明システム』第二章。

57　A・J・P・テイラー（古藤晃訳）『戦争はなぜ起こるか――目で見る歴史』（新評論、一九八二年）一八八頁。

58　この用語の簡単な説明は小此木啓吾『フロイト』（NHKブックス、一九七三年）Ⅷ章。

59　ちなみに昭和時代につくられた銃後という言葉に（直接でなく）相当する語が欧米に登場するのは第一次大戦下であるという。大久保桂子「戦争と女性・軍隊」岩波講座『世界歴史［25］戦争と平和』（岩波書店、一九九七年）二二五頁。

60　戦争史的には一四九四年のイタリア戦争（～一五五九年）以後が近代となるとは前言した。しかしそれから一六一八年の三十戦争の始まりまでを考えると、とくに一五三四年のミュールベルクの戦いから一六三一年のブライテンフェルトの戦いまでほとんど一世紀、一六二〇年のビーラー・ホラの戦いのような一、二を除いて、ヨーロッパには大きな戦いはなかった。そのことはナポレオン戦争後第一次大戦までの一〇〇年間が長い平和と呼ばれたのと似ている。初期動員時代、あるいはその間の手段としての限定戦争・局地戦とはその程度のものであった。

61　近代はダイナミックであるばかりでなく、同時に志向的でもある。志向的という点ではヨーロッパ近代は中世的キリスト教世界と同一の構造をもつが、中世が伝統への回帰という形で静態的であったのに対し、近代世界は来らぬ／来るべき未来へむけて強く動態的な志向性を特徴とする。（キリスト教が直線的な時間観をもっているといっても）進歩の観念が出てきたのも基本的に啓蒙期以後である。《革命》という言葉自体が、旧に復するというもともとの意味からの近代的転用である。有名な《新旧論争》が、昨日より進歩する今日、明日という近代的観念をヨーロッパに最終的に定着させたことのもつ意義は大きい。この点はたとえば樺山紘一『異境の発見』(東京大学出版会、一九九五年) 参照。

62　マックス・ウェーバー (大塚・生松訳)『宗教社会学論選』(みすず書房、一九七二年)。

63　住谷一彦「マックス・ヴェーバーの『普遍史的視座』形成史考」田中他編『近代世界の変容』(リブロポート、一九九一年)。

64　『プロ倫』を分析し、プロテスタンティズムの禁欲と近代組織の間には同型性があるとし、ウェーバーのいう近代は近代組織の合理性として成立したが、そのことにウェーバーすら十分気づいていなかった、というのが佐藤俊樹『近代・組織・資本主義——日本と西欧における近代の地平』(ミネルヴァ書房、一九九三年) の主張である。

65　意外かもしれないが、ヨハン・ホイジンガの古典『中世の秋』(堀越孝一訳、中央公論社、一九七一年) にも、このような見えざる国家動員の絶えざる動きへの指摘があり、ホイジンガは、その大きな力がはっきりするまで当時の人々はそのことに気づかなかったと見ている (第Ⅰ、Ⅱ章参照)。

66　J. A. Hall, *Powers and Liberties* (University of California Press, 1985) ch.2. 中央からの国家統制がある限度のなかで弱くなれば、経済は発展するということでもある。

67　ウェーバーの以下の指摘についてはやや慎重を要する。ウェーバーにおける時論的バイアスは決して小さくない。書き散らしに近いものがあるようにも感じられる。

68　マックス・ウェーバー (石井芳久訳)『改訂版・国家社会学——合理的国家と現代の政党および議会の社会学』(法律文化社、一九九二年) 一頁。

69　木村雅昭、前掲『国家と文明システム』、五二〜三頁。

70　正確さは欠くが分かりやすかろうと思って記した。誤解のないよういえば、くどくなるが、中世普遍世界の崩壊を前にして力の全面行使解除という決定的条件下において、生き残りをめぐる危機感が国家を立ち上げる。生き残りの単位は多様であった。イタリア都市国家から英仏領域国家、さらにスペインミニ帝国までが覇を競い、最終的に主権的領域国家が普遍的方式として定着する。主権国家となっていくプロト国家群は、戦争に備えた戦略や実践を心がけるが、十全たる形をとるのは総動員になってからである。ただ、社会のさまざまな要素を発見し開発し結合しようとする努力は、数世紀にわたって続けられ、それこそが、後に国家 (的動員) と回顧的にいわれるようになる力の軌跡の根幹に見出されていく。先取りして申し訳ないが、これが次節に出てくるフーコーの統治の問題構成である。いずれにしても国家 (的動員) を必要とする状況の出現が国家を試行錯誤して生み出すが、霧のなかから徐々に姿を現す国家の出現こそが、近代の開示なのである。

71　大小ばかりでなく、効率の程度も各種動員体制でまちまちであった。ラフに効率の高い動員体制がより近代的、低いものがより近代的でないということであったろう。

72　歴史的事実としても動員史観の立場は強化されるだろう。というのも、産業資本主義勃興と主権国家誕生の前後関係は後者が前者に明らかに時間的に先行しているからである。

73　ここでは動員の基本的な型のみを扱い、諸動員体制間の連結結合の現実のあり方については論及しない。

74　Anthony Giddens, *The Nation-States and Violence* (Polity Press, 1985) p.13. 実はそうした組織の卓越した形態

(pre-eminent form) として彼も国民国家をあげる。これも動員史観の立場を裏書する一つの例である。

75　組織論の分野でもこうした歴史的視点がないわけではないが、全般的には弱い。そのなかで動員史観的な組織論に近い興味深い議論は Mayer N. Zald, 'History, Sociology, and Theories of Organization,' in J. E. Jackson, ed., *Instution in American Society* (The University of Michigan Press).

76　動員史観はウェーバーの議論と共振するが、彼の官僚制化論もこうした三層構造と重なり合う。その意味でもたんなる静態的な組織構造論（官僚制論）としてでなく、あくまで近代の歴史的ドライヴ（合理化）との関連で問題になるもの（官僚制化論）なのである。

77　政治や経済、法律などは近代的領域であり、宗教や家族、教育は取り残される領域となる。これに応じて政治学、経済学、法学はより近代的な学問となって、アカデミー内部により強固な地位を確保する。

78　この点を強調するのは一九世紀型社会科学ではなぜか憚られているように見えるが、そうすれば国家主義や軍国主義にでも見えるというのであろうか。しかし現実が軍国主義的に成立しているなら、そういう風に見なければならないはずだが。

79　ビルンボームのこの概念は、歴史的に人民が国民として解放された後に国家に回収されていくという事態（つまり封建制から近代へ）を示す概念である。さしあたっては中野祐二「P・ビルンボームの『国家』概念」『政治研究』第三九号（九州大学、一九九二・三年）参照。ビルンボームの国家社会学についてはいずれ検討を加える。

80　ヴィクトリア・デ・グラツィア（豊下楢彦他訳）『柔らかいファシズム——イタリア・ファシズムと余暇の組織化』（有斐閣、一九八九年）。

81　既に西川が原罪としての国民という言い方をしていたが、たとえばナチス体制において、国家による社会改造や管理化に対して合意を与える側の論理は、ドイツ教養市民層の問題としてクローズアップされてきた。ここではデーフレート・ポイカート（木村・山本訳）『ナチス・ドイツ　ある近代の社会史——ナチ支配下の「ふつうの人びと」の日常』（三元社、一九九七年）参照。

82　したがって戦中の《非国民》とは出動を拒否する人間であり、組織構成員の要件を欠く者ということになる。言い得て妙だったわけである。

83　宗教なら《神の予定説—ゼクテ—プロテスタント》といった図式になるのかもしれないが、そこまでいえるかどうかは断言できない。

84　ただし現実の国家に対してはこの通りではない。ある時期までの、知的職業に一定の思想的影響力があった時代の政治学者ほど、日本国家への重大な批判勢力であったものはない。政治学は一般の政治参加を求めつつ（→《政治の季節》論）、原国家的なるものへの嫌悪をダブルバインディングに伝達した、精神医学にいう《精神分裂をつくる母》のようなものであった。

85　正確にいえば、そうした特殊な事態の誕生が近代と呼ばれるに過ぎないが。

86　この点でドイツ歴史学の父ランケの議論、《外交の優位》(Primat der Aussenpolitik) を思い出される方もあるだろう。その異同についてはしかし、いまは十分なことはいえる段階にない。ただ少なくとも一度駆逐された政治史的歴史学の展望は、全体史の議論としてはあり得る議論である。

87　G. Poggi, *The Development of the Modern State* (Stanford University Press, 1978) pp.60-61.

88　David Held, *Democracy and the Global Order* (Polity Press, 1995) p.35.

89　具体例の列挙はここでは行わないが、戦争や国家が、他のあらゆる要素に最初か最後の押し出しを行う最大の発火点であったということがその含意である。近代における戦争の重み（戦争的含意）については、たとえばスペインはヨーロッパ最初期の主権国家化の動きを示すが、イベリア半島におけるアラゴン、カスティーリャ両王国の共治体制成立（一四六九年）は両家が同一王朝下にあったというだけでなく、百年戦争（一三三八～一四五三年）後のフランスからの攻撃をアラゴンが恐れていたという事情が大きい。一七世紀前半のフランス絶対王政の下でのリシュリュー枢機卿の徹底的な王権強化策も、宿敵神聖ローマ帝国での三十年戦争を直接的な背景としている。三十年戦争の帰結としての近代国際関係の出発点ウェストファリア条約についてはいまさら触れるまでもない。国家的含意の例としては、大航海時代の実際の航海者は地中海やレヴァント貿易での航海技術をもつイタリア人（とくにジェノヴァ人）。コロンブスもその一人で最初はポルトガル宮廷を当てにしていた）であったが、スペインやポルトガルなどイベリア半島の先進国の豊かな資金その他の援助、許可なしには不可能であったという一例だけをあげておく。

90　Roman Szporluk, "Poland", in Raymond Grew, ed., *Crises of Political Development in Europe and the United States* (Princeton University Press, 1978) p.383.

91　フランス語はイル・ド・フランス周辺の地方語であり、ホイジンガ描くところのディジョンやブリュッセルの絢爛豪華な宮廷文化をもった大ブルゴーニュ公国がもっと慎重な軍事戦略をとって、本家のフランス王権を凌駕していれば（そうなる可能性は高かった）、それもいまとは違ったものになっていたかもしれない。ホイジンガ、前掲『中世の秋』。また歴史的にもっとも早い近代言語であるスペイン語はユダヤ教からの改宗者ネブリハによるつくられた言語であった。I・イリイッチ（玉野井・栗原訳）『シャドウ・ワーク――生活のあり方を問う』（岩波書店、一九八五年）参照。

92　村上、前掲『反古典の政治経済学』上、七七頁。

93　ヨーロッパ域内での先発後発あるいは近代化の速度の問題、つまり近代初発の段階での各地域や国の置かれていた状況や指導の手腕などからくるラリー的側面は、いうまでもなく各国の性格やその後の歴史コースを考える上で決定的なポイントの一つである。

94　これは行政学者村松岐夫の使う《最大動員システム》とは違う。村松のそれは日本官僚制についての、限られた資源の最大有効利用という意味で使用されている。同『日本の行政』（中公新書、一九九四年）。

95　何度でも繰返したい。ローマ帝国崩壊後文明の未熟なヨーロッパには帝国的再統合が困難であった。そこで次善的選択として封建制が結果的に採用される。遅れた統治形態としての封建制はしかし、次代において、近代を生み出す最強の統治形態（主権国家）を生み出す。これは社会科学が説明を求められる守備範囲にある問題のなかでも、最大級のパラドクスの一つである。

96　野田正彰『戦争と罪責』（岩波書店、一九九八年）。

97　この点は学士会での講演で一層苛烈な表現を与えられている。同「戦争と感情」『学士会会報』八二八号（二〇〇〇年）参照。

98　ミルグラムのアイヒマン実験と、動員および動員史観との関連は、大衆社会論にいう過剰同調論の系譜（代表はディヴィッド・リースマンの社会心理学的研究）とも絡めながら、詳しく別稿で扱いたい。アイヒマン関係についてはS・ミルグラム（岸田秀訳）『服従の心理――アイヒマン実験』改訂版新装（河出書房新社、一九九五年）、ハンナ・アーレント（大久保和郎訳）『イェルサレムのアイヒマン――悪の陳腐さについての報告』（みすず書房、一九六九年）をまず参照。

99　山口昌男『「敗者」の精神史』（岩波書店、一九九五年）、同『「挫折」の昭和史』（岩波書店、一九九五年）、同『敗者学のすすめ』（平凡社、二〇〇〇年）。

100　イギリス外交官の選抜についての竹内洋の興味深い指摘がある。同『日本のメリトクラシー――構造と心性』（東京大学出版会、一九九五年）。

101　加藤善子「クラシック愛好家とは誰か」、若林幹夫「距離と反復――クラシック音楽の生態学」渡辺・増田他『クラシック音楽の政治学』（青弓社、二〇〇五年）参照。

102　この点は第六章でも竹内洋によって指摘されるが、とくに竹内『日本の近代［12］学歴貴族の栄光と挫折』（中央公論新社、一九九九年）参照。

103　栗栖聡「ミシェル・フーコーの権力論（Ⅱ）」『早稲田政治公法研究』第二五号（一九八八年）。この論文はフーコー統治性論（生の政治論、ポリス論など）の現在のにぎわいのはるか以前になされたもので、先駆的なものの一つでもある。なお同論文（Ⅰ）はフーコーの規律権力論を検討したものである（『早稲田政治公法研究』第二四号［一九八八年］）。両方を参照のこと。ただし栗栖からの括弧内の引用頁はすべて（Ⅱ）からのものである。

104　ちなみに蛇足ながら本書の筆者はもともと英米の警察研究から研究生活に入ったが、警察という機能のもつ歴史的沿革を見ていると、たとえばアダム・スミスの考えるような消極国家のようなものの見方では問題があることを前から感じていた。警察＝ポリスという視点からのフーコー的な研究の意味に気づいたのもそのためである。

105　栗栖は問題構成を問題構制と表記するが、本書筆者の通俗好みにしたがって変更した。

106　ネオ・マキアヴェリ主義社会理論におけるマキアヴェリという名の使い方とフーコーのマキアヴェリ批判の間に言葉の不整合があることを断りたい。ただネオ・マキアヴェリ主義という言葉は符号に過ぎず、フーコーが反マキアヴェリ的伝統を追っていることとの矛盾に拘泥する必要はない。

107　ちなみにマキアヴェリと統治の技法論は君主と公国の絆の強化という課題をもち、そのための合理的原理を探究するという二点で、伝統的なギリシア的ないしキリスト教的政治哲学からの断絶を示すのであるが。

108　ミシェル・フーコー（田村淑訳）「全体的にかつ個別的に」『現代思想』（一九八七年三月号）。これには別の翻訳もある。フーコー、北山晴一、山本哲士『フーコーの〈全体的なものと個的なもの〉』（三交社、一九九三年）。解釈はかなり違っており、後者の方が後の翻訳ということもあって分かりやすいが、以下では親しんだ前者を引用する。

109　一六、七世紀に国家の統治が現実化しなかったことの理由は、第一に、国家統治が「統治の技法」のなかで「家政」のモデルに従属していたからである。統治の技法は、「自己－統治」、「家の統治」、「国家の統治」という複数の統治に関係していたが、そのなかで最も機能し得たのは家の統治においてであった。だから統治のモデルは家の統治であった。ここから、国家統治も、家政をいかにして国家の管理に導入するかという観点から検討されていた。第二に、統治の技法は主権モデルに従属していた。主権の問題構成の方が、国家の権力を把握する場合に、統治の問題構成を圧倒的にしのいでいた。こうして最初の国家統治の実践である重商主義も、その目的や手段は主権の目的構成から脱却していなかった。国家レベルでの統治の技法はついに一七世紀には主権に歩みより、社会契約論から支配原理を借りようとさえした。しかしそれは統治の技法に完全な基礎を与えるものではなかった。社会契約論は主権者と臣民の関係を法学的に定式化する公法理論（主権の法学的枠組）であったとしても、そのままで統治の理論的母体であることは（それが硬直して大雑把なため）できなかったのである。

110　フーコー、前掲「全体的にかつ個別的に」六九頁。

111　フーコー、前掲「全体的にかつ個別的に」七一頁。

112　フーコー、前掲「全体的にかつ個別的に」七四頁。

113　フーコー（福井憲彦訳）「健康が語る権力」『ミシェル・フーコー――1926–1984 権力・知・歴史』（新評論、一九八四年）一三五頁。

114　フーコー、前掲「健康が語る権力」一三四―五頁。

115　M.Foucault, "On Governmentality", in *I/C*, Autumn, 1979., p.20.

116　これが、後期フーコーにおける住民の生命維持増進としての《生の政治》（bio-politics）あるいは《生－権力》のテーマなのである。

117　フーコーには国家間関係的視野はない。またフーコーがそうした議論を行うときは国家論というより権力論となる。

118　たとえば行政＝ポリスというものをもっと歴史的な広がりのなかで捉える視点が行政学のなかで説得的に提示されていれば、日本でも、自由主義の伝統と実務の要請によって縛られたアメリカ的行政学の狭い実証研究とは異なる思考の飛躍が見られたかもしれない。反行政学的行政学者としてのフーコー！

119　Cf. B.R. Mitchell and Phyllis Deane, *Abstract of British Historical Statistics* (Cambridge University Press, 1962); B.R. Mitchell and H.G.Jones, *Second Abstract of British Historical Statistics* (Cambridge University Press, 1971).

120　これは近代国家（ポリス国家および自由主義国家）＝ポリスの論理、その後の国家の可能性＝政治の論理として整理する松葉祥一「『ポリスの論理』と『政治の論理』」『現代思想』一九九九年五月号におけるフーコーのねらいとは異なるが、慎重な断りをいれておいて、ある種のパラレリズムをうかがわせるものがあるといっておきたい。しかし松葉は政治の論理とポリスの論理は時代の段階的な関係だと考え、動員史観は同時代的な連結現象として理解する。本文のねらいはこの接合である。

121　市野川容孝「安全性の政治」大澤真幸編『社会学のすすめ』（筑摩書房、一九九六年）一一六頁。

122　ウルリッヒ・ベック（東・伊藤訳）『危険社会――新しい近代への道』（法政大学出版局、一九九八年）、同（島村兼一訳）『世界リスク社会論――テロ、戦争、自然破壊』（平凡社、二〇〇三年）。

123　中山元『フーコー入門』（ちくま新書、一九九六年）一七二頁。
124　中山、前掲『フーコー入門』一七四頁。
125　中山、前掲『フーコー入門』一七四―五頁。
126　近代への始動諸要因はヨーロッパよりもアジアの方に圧倒的に存在したのではないか、というウェーバーの指摘の検証をウェーバー自身の方法である比較的・歴史的アプローチに付してみるなら、浮かび上がる一つの要因はヨーロッパ国際関係というシステム、およびこれに内在する戦争の存在であることは間違いないといえよう。
127　戦争機械はロンドン大学の歴史学者ピックの書名にもあるが、さしあたって無関係である。なお戦争機械なる言葉の意味は訳者の指摘を参照のこと。ダニエル・ピック（小澤正人訳）『戦争の機械――近代における殺戮の合理化』（法政大学出版局、一九九八年）四二一頁。
128　これに対して動員史観のテーゼを書けば、以下にも見るように、《主権国家の誕生も合理的資本主義の成長も国家の目的としての戦争の関数なり》とでもなろうか。
129　テイラー、前掲『戦争はなぜ起こるか』一五頁。
130　テイラー、前掲『戦争はなぜ起こるか』一五頁。
131　更迭云々に関しては、名目上の君主が王であってもそれが国民の国家と背反しない。
132　改めて、対外関係としての戦争こそが、さまざまな国家間に思いのほか見られる同質性の源泉だというのが動員史観なのである。
133　長谷川・大久保・土肥『世界の歴史〔17〕ヨーロッパ近世の開花』（中央公論社、一九九七年）一八〇頁。この書物は一般的なヨーロッパの通史であるが、歴史学の門外漢が歴史学の傾向の変化をこの時点で確認するには適当な書物である。
134　木村敏「分裂病の時間論」笠原嘉編『分裂病の精神病理』第五巻（東京大学出版会、一九七六年）。
135　勿論この基本的文献は中井久夫『分裂病と人類』（東京大学出版会、一九八二年）第一章。
136　中西輝政『大帝国衰亡史』（PHP研究所、一九九七年）五二頁。同書第二章に引かれる英語文献も参照。
137　あえて福祉国家（welfare state）との対照で使われた戦争国家（warfare state）とは異なる言い方をとる。なお戦争国家とは厳密には《福祉＝戦争国家》である。現在の国家論議は、福祉が括弧に隠れている場合（戦争国家論）と戦争が隠れている場合（福祉国家論）に分かれるといえるが（現在では現代国家への批判的観点の弱い、その意味で一定のイデオロギー的偏向なしとしない福祉国家論が優勢で、戦争国家論はか細い糸のようなものでしかない）、便宜的に本書では戦争国家論と簡略化して呼んでおく。《二重国家》という言い方もできるが、そういう場合であっても、その二重性とはシームレスな一体性を意味することになる。
138　これに反するのがいわゆる《国賊》《国辱》《非国民》であるとは前言した。
139　マイケル・ハワード（奥村・奥村訳）『ヨーロッパ史と戦争』（学陽書房、一九八一年）一〇一頁。
140　以下、この項は、Christopher Pierson, *The Modern State* (Routledge, 1996) による議論を参考にしている。
141　Ch. Tilly, "Reflections on the History of the European State-Making", in Tilly, ed., *The Formation of the National States in Western Europe* (Princeton U. P., 1975) p.42.

142　Pierson, *The Modern State*, p.31.

143　J. Schumpeter, "The Crisis of the Tax State", *International Economic Papers 4* (1954) p.245.

144　M.Mann, *The Sources of Social Power, Vol.1* (Cambridge U.P., 1986) p.57.邦訳（森本・君塚訳）『ソーシャル・パワー――社会的な〈力〉の世界歴史』I（NTT出版、二〇〇二年）。

145　Ch. Tilly, "Reflections on the History of the European State-Making", p.42.

146　Cf. N. Berki, *Security and Society: Reflections on Law, Order and Politics* (St. Martin's Press, 1986); Egon Bittner, *The Functions of the Police in Modern Society: A Review of Background Factors, Current Practices, and Possible Role Models* (Jason Aronson, 1975); Clive Emsley, *The English Police: A Political and Social History* (Harvester Wheatsheaf, 1991).

147　Giddens, *The Nation-State and Violence*, p.20.

148　村上、前掲『反古典の政治経済学』上、第六章。

149　M. Mann, *The Sources of Social Power, Vol.1*, pp.485-6.

150　以下はHeld, *Democracy and the Global Order*, p.53.

151　Held, *Democracy and the Global Order*, p.54.

152　本書執筆のかなり後の段階でこのような方向に経済学者自身がむかっていることを知った。『不均衡動学』の岩井克人は、集中的に重商主義の見直しを行っていると述べていた。岩井克人・三浦雅士「貨幣――金融危機の根源にあるもの」『大航海』二七号（一九九九年）参照。

153　J・ル＝ゴフ（池田・菅沼訳）『中世とは何か』（藤原書店、二〇〇五年）。

154　テロリズムの問題はここではさしあたり検討の範囲外である。動員史観は9・11テロ以前に骨格が成立していた。

155　警察介入も福祉国家で最大となる、という研究の表題の変奏である。P.A.Waddington, *The Strong Arm of the State: Armed and Public Order Policing* (Clarendon Press, 1991).

156　他方、国家と社会との対抗という考え方に固守する場合には、国家的問題は解決しており、残る問題は社会的・市民的平面での解決にゆだねられているという形で問題を捉え直すだろう。たとえば坂本義和『相対化の時代』（岩波新書、一九九七年）参照。

157　Sexual Rights Project編『売買春解体新書』（つげ書房、一九九九年）。

158　同様の論理によって演歌は、都会の歌である。それは、集団就職であれ農閑期の出稼ぎであれ上級学校への進学という長期滞在型《知的出稼ぎ》であれ、都会において望郷の対象をもつ世代、高度成長世代の流行歌である（昭和二〇年代の流行歌は高度成長時代に演歌というものに変じた）。とくにその意味では一見ハイブラウに響く舟木一夫の歌の歌詞と映画化されたものとのギャップは衝撃的である。都会において田舎が躍動している。

159　今村仁司『近代の労働観』（岩波新書、一九九八年）。椎名、前掲『プロテスタンティズムと資本主義』第一章のウェーバー批判（労働者とプロテスタンティズムの不連関）も参照。

160　ただし、ウェーバーは理念の発生と普及を区別していると専門家折原浩は詳細に述べている。それは「マルクスおよびロッシャー以降の社会経済科学」の総体論的説明方針をもっているからであるという。折原『ヴェーバー学のすすめ』（未来社、二〇〇三年）第一章註10、一一九―一二三頁。したがって本書でも論調を弱めて、ウェーバーにはあったが、その後はあまり研究者の関心を呼んではいない重要なテーマとして《普及》の問題を再浮上させるならば、とつけ加えることにしよう。

161　木村、前掲『国家と文明システム』二三頁、エドゥアルト・ハイマン（野尻・足立訳）『近代の運命』（新評論、一九八七年）第三章参照。

162　宮迫千鶴『ママハハ物語』（思潮社、一九八七年）。

163　斎藤学『アダルト・チルドレンと家族――心のなかの子どもを癒す』（学陽書房、一九九六年）一三八頁。

164　田勢康弘『島倉千代子という人生』（新潮社、一九九九年）。

165　しかし考えてみると、マルクスもダーウィンもフロイトも、そうした単独者の思想の系譜で整理されるものだろうが。

166　宮迫千鶴『ハイブリッドな子供たち――脱近代の家族論』（河出書房新社、一九八七年）。

167　森重雄『モダンのアンスタンス――教育のアルケオロジー』（ハーベスト社、一九九三年）一一〇頁。

168　イヴァン・イリッチ（東・小沢訳）『脱学校の社会』（東京創元社、一九七七年）、同（松崎巌訳）『脱学校化の可能性――学校をなくせばどうなるか』（東京創元社、一九七九年）。

169　宮台真司『世紀末の作法――終ワリナキ日常ヲ生キル知恵』（メディアファクトリー、一九九七年）一二二頁。

170　宮台、前掲『世紀末の作法』一一六頁。

171　宮台真司『透明な存在の不透明な悪意』（春秋社、一九九七年）、宮台・尾木直樹『学校を救済せよ――自己決定能力養成プログラム』（学陽書房、一九九八年）で詳細を参照。

172　宮台真司・藤井誠二『学校的日常を生きぬけ――死なさず殺さず殺されず』（教育史料出版会、一九九八年）。

173　宮台真司『自由な新世紀・不自由なあなた』（メディアファクトリー、二〇〇〇年）第一章、とくに五九―六六頁。

174　宮台、前掲『世紀末の作法』八九頁。

175　宮台真司『終わりなき日常を生きろ――オウム完全克服マニュアル』（筑摩書房、一九九五年）。

176　鶴見済『完全自殺マニュアル』（太田出版、一九九三年）、同『ぼくたちの「完全自殺マニュアル」』（太田出版、一九九四年）。依然物議をかもしているというのは、たとえば五県が一八歳未満には販売・貸し出しできない有害図書に指定したり、東京都も同様の検討を始めたのを受けて、版元が一九九九年八月二〇日以降の書店納入分から一八歳未満の購入を控えるようにとの帯をつけ、ビニール袋でパックしたといったこと。鶴見自身は納得していない。ちなみに既に一二〇万部売れた段階でのこの措置である。朝日新聞一九九九年九月四日。

177　鶴見済『檻のなかのダンス』（太田出版、一九九八年）。

178　鶴見済『無気力製造工場』（太田出版、一九九四年）一六頁。

179　鶴見、前掲『無気力製造工場』一五頁。

180　ウェーバー、前掲『儒教と道教』参照。

181　鶴見、前掲『無気力製造工場』一二一頁。

182　鶴見、前掲『無気力製造工場』一二一頁。

183　熊沢誠『働き者たち泣き笑顔――現代日本の労働・教育・経済社会システム』（有斐閣、一九九三年）の一節。

184　大村英昭『死ねない時代』（有斐閣、一九九〇年）。この文脈でブライアン・アンドルー・ヴィクトリア（エイミール・ルィーズ・ツジモト訳）『禅と戦争――禅仏教は戦争に協力したか』（光人社、二〇〇一年）参照。

185　川人博『過労自殺』（岩波新書、一九九八年）一七六―七七頁。

186　川人、前掲『過労自殺』一九二―九三頁。ただし、これに続く川人の解釈は動員史観とは異なる一面にも光を向けている。川人は無理が通れば道理が引っ込む日本の「陰険」で無法地帯のような職場では、明朗快活さは攻撃の対象になってしまうので、青年たちが激しいストレスを味わうのだとしている。これはその通りかもしれない。こうした解釈を動員史観は否定するのではない。ただ川人がさらに付け加える、若者のもつ真面目さが際限のない労働へと増進してしまう点をよりクローズアップする視点が、動員史観の真骨頂なのである。真面目なのは若者だからでない。それは組織的社会化の産物だからなのである。

187　斎藤学『「家族」という名の孤独』（講談社、一九九五年）。

188　熊沢誠『民主主義は工場の門前で立ちすくむ』（田畑書店、一九八三年）。

189　成沢光『現代日本の社会秩序――歴史的起源を求めて』（岩波書店、一九九七年）を編年的に読むとそういう気持ちがさらに歴史化されもする。

190　また相互作用のメカニズムや座、場、激情や非合理な感情などもそうした提供者たり得るが省く。

191　竹内、前掲『日本のメリトクラシー』参照。

192　同一の職場にいる場合、働きながら得た大卒の資格はあまり意味をもたないことがある。一八歳の時点でどういう道を選ぶ学生であったかが重要視されるからであると思われる。竹内洋のいうトーナメント方式の一効果であろう。

193　さて、現実の大きな力はこの現実構成力、いわゆる現実の社会的構成というところにある。常識化した日常風景を相対化する試みとして、要は現実社会に過度に埋め込まれた社会科学から抜けだす試みとして、動員史観は成立する。このことをいってみれば社会科学の本来の課題はわれわれの住まいを２ＤＫから３ＬＤＫにすることなのではない。そうした狭い基準を押しつける側への批判、それを嬉々として受け入れ、その尺度で一点を争うようなわれわれへの批判、そしてそうした現実がいかにして成立したのかに関する分析でなくてはならない、ということになるだろう。

194　吉田脩二『さよなら「いい子」――キレていく私たち』（同朋舎、二〇〇〇年）二五頁。吉田のこれまでの軌跡、『人はなぜ心を病むか――思春期外来の診察室から』（高文研、一九八七年）、『思春期・こころの病――その病理を読み解く』（高文研、一九九一年）、吉田脩二＋生徒の心を考える教師の会編著『不登校――その心理と学校の病理』（高文研、一九九三年）などもあわせて参照。

195　ところでこの問題には、組織による働きかけの仕組から答える仕方と、それに答える構成員の文化的な問題から解明する仕方と二つの視点があり得る。動員史観は前者からの解答を用意するものである（後者のアプローチには戦争の残虐行為に対する前出の文化論的解答、罪の文化の不在を与える野田正彰のような例がある）。

196　熊沢誠『日本的経営の明暗』（筑摩書房、一九八九年）一七―八頁。

197　いずれも熊沢、前掲『働き者たち泣き笑顔』第一章の各節のタイトル。

198　熊沢、前掲『日本的経営の明暗』。

199　熊沢と立場は違うが、このような構造と心理を働き過ぎへの《強制と誘導のしくみ》としていいかえることもできる。牧野

富夫『日本型企業社会の神話』（新日本出版社、一九九三年）、同『「日本的労使関係」と過労死』（学習の友社、一九九一年）参照。

200 熊沢誠『職場史の修羅を生きて――再論日本の労働者像』（筑摩書房、一九八六年）第Ⅱ章「裁かれる企業社会」。他に東芝府中事件を扱った熊沢のものとして、前掲『民主主義は工場の門前で立ちすくむ』。

201 ピーター・M・ブラウ（間場他訳）『交換と権力――社会過程の弁証法社会学』（新曜社、一九八五年）参照。

202 ポール・ウィリス（熊沢・山田訳）『ハマータウンの野郎ども――学校への反抗・労働への順応』（筑摩書房、一九八五年）。

203 後の熊沢誠『能力主義と企業社会』（岩波書店、一九九七年）五七頁では日本型人事考課の特徴は三点である。

204 熊沢誠『新編日本の労働者像』（筑摩書房、一九九三年）。

205 もともと熊沢、前掲『職場史の修羅を生きて』が初出の短いエセーの表題。

206 鎌田慧『自動車絶望工場――ある季節工の日記』（講談社文庫、一九八三年）、同『トヨタと日産――自動車王国の暗闇』（講談社文庫、一九九二年）など。

207 ただし《勝ち組》のよい子というのがおり、ゆとり志向や《モテ志向》、都心回帰その他グラビア雑誌のトレンディな主役になっていることも事実だと思われる。

208 川人、前掲『過労自殺』二〇三頁。

209 この文脈で、川人同様、労働時間の配分を労働者の「自己決定」に委ね、時間外労働に関する労基法などの規制を適用しない裁量労働・みなし労働制の適用職種大幅拡大を経営者側が規制緩和の一つの柱として推進している点に警告を発したい。

210 竹内洋『大学という病――東大紛擾と教授群像』（中央公論新社、二〇〇一年）、同『教養主義の没落――変わりゆくエリート学生文化』（中公新書、二〇〇三年）、同『丸山眞男の時代――大学・知識人・ジャーナリズム』（中公新書、二〇〇五年）など。

211 竹内洋、前掲『日本のメリトクラシー』、同『競争の社会学――学歴と昇進』（世界思想社、一九八一年）、同『学歴貴族の栄光と挫折』（中央公論新社、一九九九年）。

212 竹内洋『立身出世主義』（NHKライブラリー、一九九七年）。なお、この書物と他のたとえば『日本のメリトクラシー』などの間には議論がかみあっていない部分もあるが、もともとのこの項の原型となったNHKライブラリー版の著書をもとにする。

213 丸山真男『増補版現代政治の思想と行動』（未来社、一九六四年）所収の天皇制国家論を参照。

214 各国体制で性格が異なるのは、国家が置かれた大状況における位置が異なるからである。一般にそうした偏差をつくる重要なポイントとしてリベラルな社会科学があげてきたのは、いつ近代化への洗礼を受けたか、そのタイミングである。また世界システム論では三層からなる世界システムにおけるどこに各国が位置していたかがポイントになるだろう。また各国の伝統一般の拘束を重視するものもある。いずれにしても、大状況と国家とのかかわりが問題になっている。

215 ヨーロッパにおける伝統の大量生産は時代的には世界支配の苛烈化する帝国主義時代に生じる。この点の符号は興味深い。E・ホブズボウム、T・レンジャー編（前川・梶原他訳）『創られた伝統』（紀伊国屋書店、一九九二年）第七章。

216 岡田英弘『歴史の読み方――日本史と世界史を統一する』（弓立社、二〇〇一年）四九頁。

終章　動員史観の基本的性格――総括

終章では、三つのことを行う。第一に、第三の社会理論の実践としての動員史観の二つの役割を《動員史観の二つの顔》として整理する。性質を異にする二つの役割が一つの枠組のなかに統合されているということが、動員史観の最大の特徴なのである（第一節）。第二は、ネオ・マキアヴェリ主義社会理論と動員史観との関係をさらに考える場を設けて、今度はネオ・マキアヴェリ主義社会理論の意義を二重に捉える（第二節）。最後に、近くて遠い歴史社会学と動員史観との関係を考察して、全体の終了とする（第三節）。

第一節　基本的性格――動員史観の二つの顔

これまで見たように、動員史観はネオ・マキアヴェリ主義社会理論の一つの展開、その実践であった。おりおりに触れてきた動員史観の基本的な性格（役割とねらい）を最終的に次のように整理しておこう。

1　第一の顔

動員史観の第一の顔は、近代像の再検討をめざしている。それは、産業や階級に照準をあわせたこれまでの社会科学（一九世紀型社会科学）に対する、社会理論レベルでなされる一つの問題提起である。提起されるのは、国家や国家システム、戦争や暴力、また国家理解においてはその軍事的起源や特質の意義という、総じて従来、社会学的孤児であった諸要因をいかに考えるかという問題である。再三関説してきたように思うが、社会理論のレベルで、ということの意味については、ギデンズが古典『国民国家と暴力』で述べているところが、やはりもっとも的確である。

「今日、本書が関心をもつ諸問題にとって有用ないくつかの研究の一団がある。しかし、私の強調したいのは、それらが社会理論の主要な流れと断絶する傾向があるということである[1]」。これは既存の国家論、戦争論についてのものだが、同様に、国家と戦争の専門分野としての国際関係論についてもこう指摘される。「国際関係論というのが独自の分野であるという考え方こそが、何分か、…私が述べてきた社会理論【本書のいう一九世紀型社会科学のこと】の限界の兆しとなるものなのである[2]」。

ギデンズのいいたいのはこうである。一方では、戦争はあらゆる時代を越えて戦争一般として論じられる。そのため戦争は人間や国家の一般的な好戦性と結びつけられやすく、国民国家の独特な軍事的性格という決定的な近代的一面が軽視されがちとなる。また、専門研究としての戦争論には、逆に、実用的・政策的・短期的な視野のものが少なくない（たとえば戦史・戦術研究）。他方では、国際関係論が第一次大戦後自立した＝分業化された研究領域となることで、戦争や国家等のもつ歴史形成力についてや、そのことが社会理論に与える可能性については理論的に深められていかなかった。以上がギデンズが懸念した、社会理論との接続を欠くために生じた研究の限界である。

これに対して、二一世紀型社会科学の試みとしての動員史観は、何よりもまず、近代国家に、これまでの社会理論においてはなかったような比重を置いて考えようとする勧誘だった。もとよりその勧誘は国家そのものを問題にするかどうかという単純なことなのではない（事実、膨大な政治理論としての国家論が紡ぎ出されてきたことは再三触れた）。勧誘とは、特異な統治形態として主権国家を見つめ直し、それが近代というこれまた特異な時代の歴史形成に対して果たした役割や意義を考え、そして、それらの事柄にかかわる一切の問題群を焦点化していこうという、そういう徹底した勧誘であった。

その意味で動員史観は独特である。

その勧誘の中心にある主張を一言でいえば、国家的動員の決定的重要性ということに尽きる。つまり、資本主義を含めたあらゆるダイナミズムに先行して、国家による——あるいは正確に歴史的事態に即していえば最終的に近代国家となっていくものをめざしていったところの——動員のメカニズムこそが近代を決定的に特徴づけた、という理論的主張である。近代的統治体がたんに《国家》と呼ばれるような近代主権国家として成立する理由は、端的に、最終的な秩序調停者不在状況の結果として登場した（近代）戦争の存在による。国境を介して《外部》が措定され、それとの関連で国内的なまとまりとして国家という共同幻想が成立するのは、隣りの他者が攻撃（戦争）の危険をもつとの想定によるのであり、しかもその調停者はいないというポスト中世的な世界においてであった（市場には他者を攻撃対象と見る視点はない。沈黙交易のようなものを除いては[3]）。

しかし実際のところは、想定さえあれば現実の戦争勃発自体は必要ないといってもよく、顕在的な戦争のみならず、国家的争いの潜在可能性への常時的緊張もしくはそれへむけての戦争準備の脅迫＝強迫観念があれば、他のいかなる要因にもかかわらず、おそらく国家は立ち上がったはずである。そのような立ち上げの梃子（レバー）として近代の特徴たる《戦争可能性》こそが、国家が最終的に国家内居住者全員（後の国民）に対して動員をかけようとしてくる時代的必要の単一最大の根拠であり、目的であった[4]。

軍事力の端的な表現として軍隊の伸長はそのような理路の結果であるが、他国の軍隊の増強は必然的に自国の軍隊増強を招く、という《合理的》な悪循環が近代史を彩っていることに気づかれるだろう。軍隊増強は国内的には徴税機構の拡大と治安機構の強化を随伴する（また自発的な服従調達のための一定の戦略的な民主化も国家は必要とする）。戦争機械としての近代国家は同時に徴税国家であり治安国家であるというこの三者の結びつきは、戦争という国際関係（国家間システム）への理論的な着目によってもっとも容易に理解されるが、この連関はいまやごく見やすい道理であろう。

しかしながら、こう述べてから次のようにいうのはアイロニカルに聞こえるかもしれないが、動員史観は戦争や国家それ自体をとくに重視するものではない。戦争機械としての国家を動員史観では一つのある運動と捉える。だから本当に重要なのは、国家なのではなく、国家が強化し、また国家を強化しようとするその運動そのもの、あるいはそのメカニズムの方にある。本書で社会理論としての国家論という言葉で表現した国家観もしくは研究プログラムは、そのことの学問的な表現である。

国家のこの運動のメカニズムは、国家を越えて、近代的な諸側面に、大かれ少なかれ、また早い遅いの差はあれ、最終的には波及することになった。その広汎な波及が確認される時代になって、動員史観ははじめて生まれ、その事態に学的解釈を施すことができたのである。これはどういうことかというと、国家だけを見ていたのでは、実は近代のこの運動の大きさや意義は理解できないということなのである。国家は国家として重要なのではないというさきほどの指摘は、この点にかかわる。国民国家の解体が叫ばれるという今日、国家は一見歴史的使命を終えたかのような議論がある。この議論に動員史観は反対するが、使命を終えたかどうかとはかかわりなく、この国家を要請した近代の運動は、実は国家を離れ、各組織、各構成員に内在化されてしまった可能性がある、という事実に注目したいのである。これがまた、近代の全面的な浸透（＝完成された近代）の逆説的な結果として、ポストモダン論が出てくる背景にもなっているのではないかと思うが、その当否はどうであれ、そのために仮に近代国家が消え去るようなことがあっても、『不思議の国のアリス』に出てくるチェシャ猫のように、その運動自体はそう易々とは消え去るものではなく、いたるところに大小、偏在して一種のパラメーターとなっているのではないか、という可能性を捨てることはできないということである。国家はさほど重要でないかもしれないという、さきのアイロニーとは、結局、そうした近代の現実上の完遂という事態、またその事態の底を支配する運動が依然健在であるかもしれないということに注意を促すものなのである。誤解ないようお願いしたい。

したがって、国家の存亡いかん・強度いかん、すなわち国民国家の枠組に関する喧しい最近の議論は、現代において特権的に重要な問題だと考える必要はない。国家の役割を強調する動員史観にして、そう主張したい。ただ、国家はそうした運動の原型であり、他の同様の運動の基礎だといえる、という意味で歴史的にも現在においても決定的な存在であり、その運動のメカニズムを原理的に捉えることのできるトポスであることは、その通りである。

かつて中世崩壊に伴う《原動員》にもとづいて形をなしてきた国家が最初に起動力を与え、その原型的パターンを提示した（国家的）《動員》は、その後、国家なしでも順調に再現され維持、強化されるほど浸透していく。国家なき組織による動員こそ、二〇世紀後半以降の主たる問題だといってもよいほどである。再び国家は見えざるものとなり、動員の牽引となる近代組織個々の問題が、こうして、前面に浮上する。動員と組織が動員史観の一大テーマであるのはこのためである。のみならず、動員は組織を越えて内面化され、個人のなかに植えつけられる。国家や組織の明示的な強制のないなかでの動員の問題は、個々人の心理学的な議論にも結びつくが、実際には社会科学が闡明すべき問題なのだということを強調したい。動員史観の第二の顔という議論はこの延長上にある。

しかしあくまで最後に再び、動員の基本的な型は、国家による国民の動員である。近代の成立はこの国家による国民の動員を機軸とする。そのためには国民や民族という概念そのものをつくり出す必要があったという事実を含めて、国家的動員は近代という時代とシステムの成立を根底的に支えたというべきである。動員史観は、この点を社会理論として打ち出す試みであった。

さて以上のような動員史観の第一の顔は、問題設定の巨匠経済学史家ガルブレイスの言葉を借りれば、次のような大問題への一つの解答だということができる。この言い方の方が、一九世紀型社会科学に親しんだ方々には、通りがいいかもしれない。

国民国家の台頭とともに、国家権力と商人勢力との結びつきは密接となり、馴れ合いと言ってよいほどの関係が生じた。いったい次の二つのどちらが先だったかについては、多年にわたって論議されてきた。すなわち、国家の方が商人よりも権威を持っていて、国家が自らに奉仕させるように商人を育てたのか、それとも、強い国家は商人勢力の必要な手段だったのか。[5]【一部訳文変更】。

ガルブレイスは、後者の例として、ドイツ歴史学派の首領シュモラーやスウェーデンの経済史家で重商主義論のヘクシャーをあげている。しかし前者、つまり「国家をつくり上げたのは別個の力関係のはたらきによるものであって、商人の影響力や富はこれに寄与しただけにすぎないとする。[6]」説については、主張者の具体的な人名はあげられていない。これは一九世紀型社会科学のなかで、このような説を述べることが（論理的には可能でも）ほとんど異端でしかなかったからだと思われるが、しかしその上でいえば、この近世史段階に関するガルブレイスの問題設定において動員史観が重要だと考えるのは、両者（国家と経済）のたんなる力関係なのではない。政治学において官僚と政治家の力関係の問題よりも両者が構成するある統治の形態の特徴の方が重要なように、近代国家とこれへの始動を図るある全体状況が、近代的諸関係総体の成立にとって、メタレベルでの必要条件（必要十分条件でなく）であった、という点こそ重要なのである。動員史観の近代像再解釈の主張は、帰するところ、資本主義経済など主要な他の要素の介在を踏まえて、近代が立ち上がるには国家による原初的な関与がなくてはならなかったはずだ、というものなのである。

2　第二の顔

以上が社会理論としての動員史観の第一の顔である。第一の顔は、過去の軌跡をエレガントに理解しようという（理論的負荷の強い歴史理解の）試みであった。しかし他方で動員史観は、現在の問題にアプローチするための努力でもあった。つまり動員史観は、過去の理解を通じて得られた歴史的洞察力と理論的枠組を武器にして、今日的な問題の本質を捉え直し、現在および次の時代にむけて新たな批判的社会科学を構築することを、もう一つの目的にしているのである。

常識の眼差が支配する現実世界を前にして、物事はいかにいま見るような形になったのかとあえて問う。批判的な脱構築の作業に付すことによって、現状を問題的に再構成し、未来に対する実践的展望を切り開くこと。動員史観の第二の顔は、フーコー的な《現在の歴史》に定位した、現代日本のある現象を説明するところにある（特別、現代日本に限る必要はないが、さしあたりはそういうねらいである）。

実は第二の顔は第一の顔と連続している。とはいうものの、こちらの方に実は、本来のねらいがあったといってよいのであって、戦後日本の近代生活をつくりあげた基本的な動因は、いまや完全に戦争の危機と記憶を忘却したわれわれのなかに、映画『エイリアン』のエーリアンのごとく異様な形態で巣くうことになった。それを象徴するのがよい子の問題構成なのだという捉え方である。

動員の過度の成功（これが純粋な近代としての日本ということの意味であった）によって、よい子は立ち上がる。よい子とはこの内なる動員が生きた形をとったものの謂、一つの人間類型である。現代日本のさまざまな政治状況、社会状況、組織状況、心理状況などはよい子の問題が文脈に応じて特定の形をとったものである、という観点からの総体的な分析の必要が動員史観において唱えられる。

着想の実際に即していえば、動員史観はもともと、このよい子という問題構成を説明したいという今日的な理論的欲求のなかで、近代史再検討の必要に答えつつ構想されたものである。もっとも現在的な事柄を十分に説明するためには、近代史の成り立ちそのもの（しかも決して日本史上の近代だけでなく）に立ち返らざるを得ない、というところによい子の問題の深さがあるし[7]、動員史観のアプローチの特徴がある。動員史観は、近代の論理と成果が過動員となって人々の心を支配するとき、よい子の問題構成が生まれると考える。

しかしこのような問いのスタイル、あるいは理論上の時間的拡がりは、ウェーバーその人の生涯の学問的な問いを共有するものでもあり、また、ウェーバーの文化批判（時代の「根本的な文化問題」の批判）の実質的な意図に、（理念型的方法としてではなく認識の方向として）実は細部にいたるまで符号するものなのである。この点に最後に触れたい。この文脈ではポイカートの議論を引用するのがよいだろう。彼はウェーバーの学問の性格はこうだったと述べている。

> マックス・ウェーバーの著作のなかでは、「西洋における合理化」過程の進行を基本視角とする世界史の遠近法的考察が、現在と未来とにたいする彼の診断と緊密に結びつけられている。そしてその診断の核心をなすものは、徹底的に合理化された世界のなかからどのような人間類型が出現するか、ということであった[8]。

この凝縮された文章、「歴史的回顧と現状診断、未来への展望[9]」の結び合わさった糸をいちいち解きほぐしていくのは難儀だが[10]、ポイントは三点である。すなわち、「西欧の合理化過程をどう見るか【第一点】、そして、それが彼の時代の『人間』にとってどんな意義を有するか【第二点】、という問題にたいする『文化科学的』分析【第三点】[11]」。この三点は実は、動員史観の意図するところをあますところなく代弁しているのである。

近代像の再検討という動員史観の第一の顔は、この第一点目にあたる。ウェーバーにおけるニーチェ的な終末論的近代（人）批判は、人間解放（＝脱魔術化）であったとともに、《未来の隷従の檻》を生み出す《合理化のパラドクス》にむけられていた。ウェーバーの社会科学は西欧近代の合理化過程の解剖学であると同時に、否応なくその病理学ともなるのである。たとえばこの合理化のパラドクスの一例として、大学生の《学力低下》という今日的な問題にアプローチすることもできるだろう。長年の合理的な受験教育のゆきつくところは、無駄のない効率的な学習プログラムであり、その学習に順応することが最終的に学生の知的能力を制限してしまう。つまり成功した学生ほど学力低下を惹起するというこのパラドクス。偏差値頂点部における学力低下こそ、ウェーバーの視点の正しさを裏書するものなのではなかろうか。

　また、第二点目、人間類型への痛切な関心という点でも、動員史観はウェーバー的な議論の進め方と共鳴している。よい子は近代人の今日的な帰結である。よい子を問題にした動員史観の第二の顔は、したがって、この第二点目にぴったり重なる。そうした人間類型をニーチェは《最後の人間》と呼んだ。このニーチェ的な系譜の下にウェーバーの《精神のない専門人、感情のない享楽人》という有名な指摘が成立したはずだが、そうすると日本の学力低下したブランド大学の学生はこの種族の最先端ということになるのだろうか。

　第三点目、文化科学的分析というのは、いってみれば伝統的な意味での《批判》の作業であり、本書の最初のところ（序章）で述べた《隠れたねらい》に確実に共振していく。なぜなら実践的には、この批判と分析は、ウェーバーが《日々の要求》と呼んだ生活態度に従うことを要求するだろうからである。ウェーバー的な日々の要求とは、序章のオヤジ学者的な振舞の対極に位置するものである。すなわち、

> 自動的に進行する合理化過程に歯止めをかけるべきいかなる手だてもない、この単調で息づまるような「日常に耐えること」、宗教的な慰めもなければ、進歩に酔いしれることもできず、さりとてまた変革の約束によって人々の胸を躍らせる偉大な予言者やカリスマの出現を期待すべくもない、そうした味気ない世界にあって「挫けない」こと、確固とした心の拠り所がないにもかかわらず、なおかつ憧憬を失わず、みずから立てたプランにしたがって自己の生を生きぬくこと[12]。

これが、ウェーバーの求める日々の要求である。一名《精神の貴族主義[13]》。おそらくフーコーのいう《ローカルな抵抗》の考え方とも通底するもの。それは動員史観の文脈では、よい子化の圧倒的な圧力にもかかわらず、これに抗する精神のあり方を堅持せよとの励ましにつながっていく[14]（終わりなき日常というブルセラ女子高生的な現実認識との共通性に驚く方もおありだろう。処方はしかし対照的である）。

　このように《ウェーバー的》な問題意識や方法意識は、期せずして動員史観の問いの実質と形式の双方に受け継がれて

いる。むしろ実相は、近代再検討の眼差はどうしても、そうした問いを含まざるを得ない、ということなのだろう。その意味では動員史観は、社会科学としてはごくオーソドックスな問いの方式を、今日の社会科学の圧倒的な細分化の潮流に抗して踏襲したものなのである。

第二節　ネオ・マキアヴェリ主義社会理論

——フェイズ1とフェイズ2

動員史観は第三の社会理論としてのネオ・マキアヴェリ主義社会理論の実践、一つのアプローチであった。しかし動員史観とネオ・マキアヴェリ主義社会理論の関係を改めて整理してみると、もっというべきことがあることが分かる。以下その点を簡説する。今度はネオ・マキアヴェリ主義《フェイズ1》と《フェイズ2》というのを設定して議論を進めよう。

1　フェイズ1

ネオ・マキアヴェリ主義フェイズ1の使命は既存の社会理論への挑戦である。これは本書の考えるネオ・マキアヴェリ主義社会理論のもっとも広い定義であり、潜在的挑発の可能性をもつ研究に付されたラフな名称だとしておきたい。フェイズ1のネオ・マキアヴェリ主義は、少なくとも次のような三点の条件をクリアしているはずである。あるいは三点を共有しているというべきか。

第一は、一九世紀型社会科学が軽視した国家、とくに近代国家の役割を重視するということ。重視するとは、歴史における独立した要因として捉えるということである。近代の国家一元的な説明を行うのか、国家を他の要因との多元的な相で捉え多層的に説明するのかは、この場合どちらでもよい。動員史観はかなり意図的に一元的な説明に傾斜するが、ギデンズの指摘する国家的要因（監視と軍事）は四つの制度的次元の一部をなすに過ぎない。しかし動員史観もギデンズも、この条件はクリアしている（もともと近代史を一元的に説明しつくすことはできないから、近代の歴史の解明は多元的な説明になるわけだが。動員史観は第二の顔という戦略をもつために一元的な説明を行うことが有益と判断されればそういう解釈に傾く）。重要なのが、国家を歴史形成力として評価することだとすると、政治理論としての国家論に限定されない国家論（社会理論としての国家論）への志向をもつことが、必要となるはずである。国家の独立的要因としての承認は、このことを含んでいなければならない。

第二に、近代国家の基本的な性格を《戦争機械》と捉えるということ。戦争を近代国家を立ち上げる主たる要因と見做すということとは、ウィッグ史観的なリベラル・ヒューマニズム、もしくは近代への過度に肯定的な評価を回避するということである。近代の基本的な矛盾と見える戦争の頻発と激化も、したがって、この戦争機械の文脈では、まったく矛盾ではない。それは近代の正常な姿である。いいかえると《民主化》や《人権》の発展というのも、基本的には戦争との機能的連関で主に理解されるということである。つまり戦争という照準をもった怒れる狩人が、フェイズ1のネオ・マキアヴェリアンなのである。

さて戦争機械としての国家という視点は、当然に、国家の定義における軍事力の重視を意味する。国力の二大指標を経済力と軍事力だとする、分かりやすい社会科学の文法にならって説明すれば、少なくとも戦争とその準備のための軍事力全般の国力における意義を回復させようとするのがネオ・マキアヴェリ主義だということができる。一九世紀型社会科学は、国家の定義における軍事的性格のもつ理論的な意味を開発する努力を怠った。それは、スミスの国富論以降、経済力中心的な国家活動の説明に傾くものであった。

第三に、戦争ということに示されるように、近代国家の国際的側面、国家と国家との関係という側面がその基本的な国家論の姿勢となるということ。国家の内発的な展開（一国史的アプローチ）に偏するよりは、国家に対する国家間的な圧力の意義を重視する。これを関係論的アプローチ（国際関係のインパクトが近代形成に与える影響）というとしても、フーコーの統治国家論で見たように、国家内部の発展という視座も軽視されるわけではない。

近代の形成に関する社会理論において、これら三条件は、つねに二義的な考慮事項であった。したがってこの三条件をクリアできていれば、どんなものであってもそれを、もっとも広義のネオ・マキアヴェリ主義としてのフェイズ1に属させてみよう。

厳密には、フェイズ1は、国家および国家間関係を浮上させる試みならどんなものでもある程度は付与され得るラベルではない。しかし実際は、社会理論的な含意の下に国家の性格や役割に気づいたということは、大体、以上のような条件を、明示的にではないにしても、クリアしている場合が多いだろう。もとよりクリアしていないとしても、《最広義》のネオ・マキアヴェリ主義的傾向という範疇を用意すれば、かなりの業績をゆるやかにここに収めることができるだろう。そもそも、どんな低い程度においてもフェイズ1へと跳躍することができなかったために、一九世紀型社会科学は袋小路にいたった、と考えるべきなら、個々的な理論構成の試みとしてのフェイズ2以上に、フェイズ1こそが、はるかに重要な飛躍であり挑戦だったというべきである。

少し本題からズレるかもしれないが、ここでいまいった最広義レベルのネオ・マキアヴェリ主義社会理論の思想的系譜を披露しておくことが適当かもしれない。それは粗雑な見取り図だが、《ニーチェ⇓ウェーバー⇓フーコー》という三つの歴史的名前だけで、鋭敏な読者にはその明らかな含意が理解されるようなある系譜である。これら三人のすべて死せる者たちの思想的遺産は時代的には一九世紀半ばに始まり、二〇世紀初頭を経由して二〇世紀末に及ぶ（ニーチェ生誕の一八四四年からフーコー逝去の一九八四年までとするとちょうど一四〇年）。つまりこの限り、ネオ・マキアヴェリアンは、近代を一九世紀からとする標準的な思考（たとえば既出の村上泰亮やポイカートなど）にとっては、ほとんどその誕生と同時に出現し、かつ、哲学や社会科学のこれまで存在した最大の巨星群のなかに、ほとんど切れ目なく、実は住まっていたということになる。フーコーはいうに及ばず、ここでニーチェとウェーバーを重視することは、山之内靖の議論とも二重写しになって、二一世紀型社会科学への道を用意することである。

山之内は、ウェーバーを、マルクスを頂点とする一九世紀型社会科学からの切断を強烈に宣言した社会科学者として位置づけていた。ウェーバー再評価は、二一世紀型社会科学への志向の下に提出される問題群を意味するものなのである。山之内にとって、それは、直接には《マルクスとウェーバー》という戦後日本の社会科学の方法的基準を脱構築することであった。戦後日本の社会科学において、ウェーバーは唯物論的マルクスに対し、観念の力を総合的に取り込む一助として動員されたのであって、それが《マルクス―ウェーバー問題》なのだ、と山之内はいう。しかし彼は、いま重要なのは《ウェーバー―ニーチェ問題》の方であるとした（同じくマルクスもフォイエルバッバ的受苦的存在としての人間という形で脱構築されて部分的にはよみがえった）。

その背景には、山之内の、未来予測としての社会科学批判がある。社会の客観的な構造把握が一九世紀型社会科学の目標であったが、社会理論をそのような未来予測を確実に行うための道具に用いるというのは、《進化の神学》となるからである。山之内がいうように、二一世紀の社会科学は、不確実性が理論の内部に位置づけられていなくてはならない。この意味でも、ニーチェとウェーバーという線がネオ・マキアヴェリ主義に適合することは、重要なインプリケーションをもつ。フーコーについても、その系譜学的な思考がもたらす近代史理解の新たな光は、一九世紀型社会科学の通念をかなりな部分で反駁するものである。

さらに本書では、この思想史的なラインは、生きた社会科学者の系譜として、《↓ギデンズ》、あるいは《↓マンホール》、もしくは《↓歴史社会学》のある傾向のものまでを含めて、という形で延長されて把握されるだろう。つまり基本的には近代認識のよりどころを（山之内靖的な）ニーチェ的ウェーバーに求め、それがフーコーとの認識論・方法論上の共鳴を経て、生者の世界にはいるとシンボリックにはギデンズやマンホールなど英米の国家の歴史社会学の世界になる、とさしあたっては考えておくことにしたい、ということなのである。

ギデンズの軌跡もまた、フーコーがウェーバーに相似的なように、フーコー的な主題への接近と共鳴を感じさせて興味深いものがある。マンホールというのは、マイケル・マンとジョン・A・ホールを合わせた本書の造語である。いずれもギデンズほどグランドセオリー的ではないが（しかしマンの歴史再解釈は非常に大がかりなものである）、いずれもギデンズ以後の代表的な英米の国家歴史社会学者である。二人とも英国人でいまはともに北米の大学に所属しており、とくに動員史観の形成には大きな意味をもった人物である。しかしあらかじめいっておくと、一般化への強い志向という点で、動員史観は典型的に歴史社会学的ではない。

2　フェイズ2

さて、戻って、フェイズ1をこのように広くとっておくことができるのは、フェイズ2をフェイズ1から区別するのが、実質的な理論枠組のレベルの異同だからである。歴史形成における国家の役割を理論戦略的に浮上させる、という挑戦的だが初発の試みからさらに進んで、どう具体的に枠組を構築するのかという段階で、ネオ・マキアヴェリ主義はフェイズ2に入る。

たとえばウォーラーステインの世界システム論では、主権国家と世界経済としての資本主義は事象の説明においてどういう関係に立つのか。本当に国家に独立的な説明要因としての役割があてがわれているのか。また、ギデンズの四元的マトリクスである事象（近代）を理解するというのは、現実にはどういう説明になるのか。理論倒れの機械的総合でしかないのではないか、といった事柄がここでは問題になる。フェイズ1の条件を積極的な理論的説明に展開していくにはどうするかが、焦点となるわけである。

ネオ・マキアヴェリ主義フェイズ1が、志向において同一だがさまざまな可能性を示すものであるのに対して、フェイズ2では、その可能性を現実の理論に変換した枠組同士の比較検討が問題となる。あるいは解体がフェイズ1の使命、再建がフェイズ2の使命といいかえてもよい。その結果として動員史観のような立場が形成される。動員史観は、このフェイズ2段階のネオ・マキアヴェリ主義社会理論の一つの具現である。フェイズ2の動員史観は、したがって、他の主要な理論枠組との比較対照によって、特色が整理されるものである。しかしそうした意図的な試みがそれほどない現時点では、こういうところに留意している、というただし書きのような形でしかフェイズ2という点から見た動員史観の特徴について触れることはできないが、これまでの議論に二点つけ加えておきたい。

第一に、ウォーラーステインやギデンズ、マンなど代表的なネオ・マキアヴェリ主義社会理論では、いまだ国家の役割を一つの要因として強調するきらいがあるが、そうすると、具体的な事象の説明の段階で結局は国家的ないし政治的要因がうまく統合されないか、実質的にそれが二次的なものに格下げされることがあるのではないかと思われる。この点は既に触れもしたが、この困難は実は多くの人々に見られるものである。再びウォーラーステインに目を移すと、国際的レベルに拡張された経済的基底還元論でしかないと解釈される余地を残す一方で、世界経済の主張自身が説明の段階では国家的説明に席を譲っているとしか思えない部分もある。その点の曖昧さが実は、大変気になるところである。また、ギデンズの四元的枠組の提起は常識的な社会科学の理解に適合するが、どう実際の《国家的な歴史》を説明していくのかは、いま一つ釈然としない。つまり整然としたモデルではあれ、その運用には疑問がある。少なくとも素直に納得できるような形で彼がその運用を示しているとは思えない。そういう事柄がフェイズ2では議論になる。

そしてこの関連では、動員史観は、そうした一見常識に適い、多様な物事への必要な配慮にも事欠かないように見える複雑で《大人》な理論枠組による説明の実際上の困難を考え、もっとも単純な戦略に出たものだといってよい。つまり、第二の点として、動員史観が多元的な軸でなく、より一元的で単純な軸に近いものでの説明を採用しているということである。これは近代史の再解釈（第一の顔）だけでなく、特定の現象（よい子）の説明のために国家関連事項を用いるウェーバー的な《一面的高昇》をモデルに期待してもいるからである（第二の顔）。具体的に説明したい現象の源泉を近代史のなかに捉え返す、というもともとのねらいの順序が、こういう形（よりシンプルな枠組としての動員史観）を迎え入れた。したがって、フェイズ2的な動員史観の有効性は、部分的には、第3部第六章のような形で判定されることになるだろう。その上でいえば、矛盾かもしれないが、本書は、動員史観の最初の提示ということもあって、第一の顔にかなり比重のかかった説明も行っている。その点は誤解のないよう指摘しておきたい。

いずれにしても動員史観は、現実を歴史の相において眺めることのフーコー的要請の一つの試みである。フーコー的な要請が、動員史観のこうした両面的な試みに対する動員史観的な解決を組み立てさせたとお考えいただきたい。

第三節　歴史社会学と動員史観

ここまでくると、動員史観が歴史についてどう考えるか、歴史の社会科学的専門分野としての歴史社会学とどういう関連をもつのかを、見ておく必要が出てくる。実は両者は、必ずしもしっくりくるというわけではないからである。

動員史観は、近代の自己理解という近代社会科学の基本的な目的を共有している。しかし近代の理解には、近代的な思考と実践の、二つながらのシステムから離脱することが、必要である（そしてそのことに一九世紀型社会科学は成功していないと動員史観は考える）。そうでなければ、近代の言語や文法で近代を考えるという自己言及の罠に陥ってしまう。

もともと人々の呪術の園からの解放の過程で近代学問は政治的意義を担い、近代の導入を可能にする実践的な力、大きな原動力となった。つまり社会科学も、世界の合理化を促進するための知的正当化と手段を提供し得た。元来、近代とは科学的知識が唯一の知識となる世界であり（中世はキリスト教神学ないし聖書にすべての真理が書かれているという伝統主義）、近代マイナス科学は限りなくゼロに近い。しかしこの合理化は、未来への展望を切り開くために、過去の一面的な理解を提供するようなタイプの知識を正当化することにもなった。この結果、一九世紀的現象の（それも動員史観的には誤った）理解でしかないものを、過去や未来、他の文明圏に無批判に投影するような転倒が生まれることになる。マルクス主義的階級概念の全世界的波及、近代国家概念の全歴史的溯行、キリスト教的宗教概念の学問支配等々。

しかも二〇世紀になると、ジャンボ・サイエンス化の傾向の強い社会科学の特定の分野では、社会科学自身が近代システムの不可欠の一部として、とくに国家の研究機関や大学という機構を通じて、体制内部に組み込まれる危険をもつようになる。社会科学的思考と実践は現在では近代的なある大きな力の虜となり、道具となりがちである。つまり、学問自体の鉄の檻化状態の到来である。したがって、そのようなシステム内的圧力をかわし、近代をできるだけ相対化し、距離を置いて眺めるためには、近代理解の方法が、同時に、想像上であれ、近代突破の方法でもなくてはならないということになる、と考える。

近代理解および近代突破のための社会科学にとって、もっともオーソドックスな方法は二つある。歴史的観点の強調によって普遍近代の特殊事情もしくはバイアスを明らかにするか（歴史的脱構築）、ある世界を他の世界と比較してその間の共通性と異質性を浮上させ、その差異から近代を逆照射するか（空間的・文化的脱構築）である。この二つを方法的視座とするアプローチを一般に歴史社会学と呼んでいる（とすれば文化人類学も《歴史》社会学の一つだという奇妙なことにもなるが[15]）。

歴史社会学は典型的に《比較的‐歴史的‐社会学[16]》（スティーヴン・コールバーグ）である。代表的歴史社会学者スコチポルは比較歴史社会学の先駆的アプローチに《ウェーバー＝ヒンツェ的パースペクティヴ》という名称を与えている。構造機能主義により片隅に追いやられてきた歴史的・比較的視角と手法の復権、《歴史社会学の興隆[17]》（デニス・スミス）に大きな役割を果たしたとして、ウェーバーとその衣鉢を継ぐヒンツェの名が冠せられているのである。近代の何たるかを最初に見通すためには、ニーチェやウェーバーのような超絶的な能力がいるかもしれないが、方法としての歴史社会学はいってみればカリスマの日常化である。いま問題になっているのは動員史観の歴史観であるから、以下、歴史的脱構築を中心に見ていく。

歴史的脱構築では、ある手続きを踏んでそこに顕現してくるものを、事態の歴史的被規定性と呼ぶことにしたい。《歴史的被規定性》もしくは《歴史的現在》（hitoricity）という発想は、すぐれた社会科学的実践にはしばしば感じとられるものであるが、それを体系的な方法として意識的に利用しようというのが、本来の歴史社会学である。ここで方法としての歴史社会学とはたんに歴史もしくは過去の事実に基礎を置くというのでなく、歴史的被規定性に着目する社会理論という程の意味である。この意味での歴史社会学において、さまざまな規範や意味、自己理解や行為の様式が、歴史的に規定された現実として再検討に付される。事態の被規定性を明らかにするもっともオーソドックスな方法が、比較的・歴史的メソッドである。

だから歴史社会学をたんなる比較や歴史の方法と捉えてはならない。またそれはある分野の名前ではない。自覚的な視点、近代批判の実践を意味するものと考えたい。そのことを、第1部で宮迫千鶴子に関連して触れた《シングル・ライフの原理》を（人生ではなく）学問に適用する、という言い方で説明すればいいかもしれない。彼女の言い方でいえば、それは《白紙還元》であった。その中身をいまの文脈に接合すれば、用いる言葉や概念の近代的負荷を反省し（歴史意識）、そう疑う自らをも反省する態度（自己再帰性）によって、現在ある事態の構成も正当性もいったん括弧にくくってみるという態度である。おそらくこうした試みは、次のようなさまざまな言い方でさまざまな分野でめざされてきたものと等質だといってよいだろう。《旧来の前提への懐疑》（浅田彰）、《身近な過去に生じた転倒》（柄谷行人）、《新しい現状マップ》（チャールズ・ライク）等々。要は前衛なき後の前衛としての脱構築の試みなのである。

確かに近代によって社会や自己についての理解は、飛躍的に深まった。であるなら、そうした歴史意識と自己再帰性は、自分たちを育んだ胎内を否定する可能性をはらむ行為だということであるだろう。そのことを知った上で、近代の論理を、金科玉条としてでなく、できるかぎり正確に公平に広く捉えようとするのが歴史的脱構築の姿勢である。

ところでこの歴史意識と再帰性による批判は、単純な比較的メソッドに対してもむけられるべきだろう。歴史的展望のみならず、余所との比較を、国民国家という人為的・歴史的・

政治的な《国境》によって区切られた領土にもとづいて無自覚に行うことは、近代の罠に搦めとられている証拠だからである。動員史観は、もともと近代とは、この統治形態に適合的な一つの精巧なシステム工学の産物であると主張している。すなわち近代が国家を生んだのでなく、国家とその諸国家体系が近代を近代たらしめ、その登場と定着を定着させたのだと（なお比較と歴史についてのもっと突っ込んだ議論は付論「見えざる手としての国家」論文参照）。

一般に近代システムとして代表的なものに市場経済があり国民国家があると説明される場合、前者が近代と同置され、もっぱら経済的近代の誕生が近代誕生の主たる議論のアリーナとされてきた。そして国家は市場経済の副作用を調整する二次的な機構とされてきた。しかし国家有機体という、全体に毛細血管のゆきわたった不気味で美しい構築物こそが、近代そのものを造血し、毛細血管を通じて近代全体に血を送り出す機構であったといえる。この肉体（body politic）がそのために動き働きかける外界との主たる交渉のあり方が、潜在的には戦争を予定した交渉である。ごく一般化した比較社会科学という、知識を国境にしたがって構成する作業は、それ自体が近代の試みなのであり、知的国境を強化するような危険をもつことに留意したい（たとえば環境ＮＧＯすら、一九九七年の京都会議を見ると分かるように、国内的政策決定に参画していればいるほど、つまり成功した団体であればあるほど、国境の枠組のなかで動かざるを得なかった）。

以上のように歴史社会学の試みを整理すれば、動員史観の特徴も自ずと浮かび上がる。

第一に、動員史観は歴史社会学と密接な関係は含むが、《制度化された》歴史社会学とは同じものではない。もし歴史社会学という領域にだけ歴史感覚を押しつけて他は放免されるといったような歴史的発想の社会学的領域化・局所化が歴史社会学だとしたら、動員史観は歴史社会学ではない。いま述べたような限りでの歴史的脱構築の志向を、動員史観は共有するに過ぎないからである。それはたんに歴史の社会科学的研究という意味ではないし、社会科学の歴史化でもない。したがって動員史観は歴史社会学ということには、とくにこだわらない。

第二に、そのこととも関係して、動員史観は大方の歴史社会学よりはグランドセオリー志向がはっきりしている。しかしウォーラーステインのように究極のメガヒストリーも歴史社会学なのだから、グランドセオリーが一概に歴史社会学的ではないとはいえなかろう。ただグランドセオリー志向といっても、それは、歴史の法則的な因果説明のための枠組なのではない。第二の顔を意識した解釈的な枠組であり、理念型的な枠組なのである。

第三に、動員史観は世界史的観点の強調によって、歴史形成力の問題こそ、社会科学の最重要な問題であると考えている。社会理論ということの一つの含意はこの点にもある。この文脈で、バラバラな専門的社会科学の知の分断を扇の要のような実質的なところでつなぎ止めるものとして、歴史社会学的実践の有用性が強調される。そうした期待を動員史観はもっているのである。

最後に、第二のポイントと第三のポイントが含む志向を一口でいえば、それはおそらく、再び一九世紀型社会科学の知の分業への批判である。簡潔にいえば、一九世紀型社会科学は、大学という学問専門機関に特定化されていくのと並行して、分業を進行させた。官僚制と同様、組織化とともに専門化が生じたのである。縦割行政とほぼ同じ経路を科学も辿るといっていいかもしれない。社会科学の分業も、管理経営という近代組織的合理化と深くかかわっている。ウェーバーの《営利機械》としての活動という意味で、株式会社も行政機関もオーケストラも近代組織であり、これらと同じ論理が大学という近代官僚制組織における学問活動において定着したと想像される。

したがって動員史観の行おうとしていることは、この文脈では、（皮肉をこめて）《偉大なる》素人仕事としての《アマチュアリズム》、もしくは器用な素人仕事としての《ブリコラージュ》に過ぎないのかもしれないとすら思われる。しかしいまこれをアカデミズムのなかで行うということは、それが既にある種の冒険といっていい。そこで、この《ナイト・サイエンス》（夜の一人仕事）の孤独な冒険を、社会科学の体制包絡化＝ジャンボ・サイエンス化に抗する《ダンディズム》と、恥ずかし気もなく表現することで、動員史観の試みの核心を総括しておきたいと思う。ダンディズムは、ボードレールにおいて、囚われのなさ、すなわち、《非職業意識》そのものを意味していた。

＊　＊　＊

終章ではネオ・マキアヴェリ主義社会理論、動員史観、および両者の関連に的を絞り、正確な定式化を行おうと考えた。理論的で抽象的な議題で本書を終えるにしても、本書全体を通じて、これを読まれた方々に、批判であれ発展であれ、触発や覚醒が喚起され、《爆発的ユーモア》（ニーチェ的ラッヒェン）の一瞬でも訪れるなら、それを本書への最大の返礼と思いたい。現在を相対化することによって瞬間的に生じる笑いに身をまかすことの快楽、《とめどなく笑う[18]》（ポール・バロルスキー）ことこそが、現実を変える最初の力となるだろう。

今日の社会や近代そのもの、そして自分自身への眼差を変えるきっかけが、そうして与えられるならば、本書執筆の長い過程に対する反響、望外かつ望内の幸せと言い聞かせて、ひとまず未熟な本書をここで閉じることにしたいと思う。

終章・注

1　Anthony Giddens, *The Nation-State and Violence* (Polity Press, 1987) p.30.

2　Giddens, *The Nation-State and Violence*, p.30.

3　カール・ポランニー（栗本・端訳）『経済と文明――ダホメの経済人類学的分析』（サイマル出版会、一九八一年）。

4　注釈しておくと、ここでは、政治文化などを含めて近代の立ち上げに関連した他の諸要因は無視してロジックだけを追っている。そもそも近代（modern）の本質は何かという議論をしているのであって、動員史観はそれは軍事的近代だと考えるわけで、実際に生じた近代社会（modern society）の多様性や種差を議論しているのではない。近代と近代社会の区別はいうまでもなく、アルブロウである。Martin Albrow, The Global Age: State and Society (Polity Press, 1996). 邦訳（会田・佐藤訳）『グローバル時代の歴史社会論』（日本経済評論社、二〇〇〇年）。

5　J・K・ガルブレイス（鈴木哲太郎訳）『経済学の歴史――いま時代と思想を見直す』（ダイヤモンド社、一九八八年）五三頁。

6　ガルブレイス、前掲『経済学の歴史』五四頁。

7　ブルセラやエンコー・オヤジは近代の数世代のツケなのだから。

8　デートレフ・ポイカート（雀部・小野訳）『ウェーバー　近代の診断』（名古屋大学出版会、一九九四年）一六三頁。

9　ポイカート、前掲『ウェーバー　近代の診断』五〇頁。

10　それにはポイカート、前掲『ウェーバー　近代の診断』第Ⅲ章第1節全体を参照すればよいが。

11　ポイカート、前掲『ウェーバー　近代の診断』五二頁。

12　ポイカート、前掲『ウェーバー　近代の診断』七八頁。

13　井上芳保「『意図せざる結果』論にみる不確実性の処遇」『理論と方法』第四巻一号（一九八九年）。

14　このようなウェーバーの立場は、啓蒙主義に淵源すると思われる企画主義的なユートピア思考（あるいは全体主義的気質）とはまったく相容れないと、ベンディクスは見ていたはずだが。ポイカートの議論は全体としてカール・レーヴィットの古典（柴田他訳）『ウェーバーとマルクス』（未来社、一九八四年）「第一篇『合理化』を手引とするウェーバーの市民的資本主義的世界の解釈」の今日的バージョンと見做すことができる。

15　しかしたとえば山口昌男の近代日本の公認された知の背後のもう一つの知の発掘をめざした例の二部作が帯で歴史人類学と銘打たれているところをみると、こういう言い方もあるのだろう。重ねてしかし、この二部作がなぜ歴史人類学とあえて名指されているのかやや不思議である。歴史社会学でいいのではなかろうか。

16　Stephen Kalberg, *Max Weber's Comparative-Historical Sociology* (Polity Press, 1994). 邦訳（甲南大学ヴェーバー研究会訳）『マックス・ヴェーバーの比較歴史社会学』（ミネルヴァ書房、一九九九年）。

17　Dennis Smith, *The Rise of Historical Sociology* (Polity Press, 1991).

18　ポール・バロルスキー（高山宏他訳）『とめどなく笑う――イタリア・ルネサンス美術における機知と滑稽』（ありな書房、一九九三年）。

付論　見えざる手としての国家

はじめに

本書全編を通して主張してきたのは、フーコー的な《現在の歴史》の日々の実践として社会科学を考え直すという視点の重要性であった。そのような視点、またそのような視点にもとづく社会科学観は、建前はともかく現実には、一九世紀型社会科学と本書が呼んだ二〇世紀後半以降の社会科学のあり方とは一致しない。第二次大戦後アメリカの大学を軸として進行した学問の本格的制度化は、社会科学にとっては、両刃の剣であった。それは、専門家養成のレベルでは、学術論文をコンスタントに生産できる学者予備軍を短期効率的に生み出す教育の編成に成功したと評価できるかもしれない。研究レベルでも確実な（計量的、できれば数理的）根拠にもとづく実証的な学問が学問である、という（合理主義的）スタンダードを確立させることになったかもしれない。それは、自然科学をモデルとする《精密科学化》、あるいは端的に《科学化》の運動（科学主義）をめざすものであった。政治学の場合、はるか太平洋をはさんでその両端において、交流の困難を指摘される戦後直後の一時期においてさえ、結果的にはその目標に変わりがなく、丸山真男が実質的に行動論的な政治学の提唱を、独自に「科学としての政治学」という論文に込めたのは、専門家なら誰でも知るところである。

しかしその少なくとも戦後六〇年後の結果は、少し視野を広くとりたい人間には、いささか手放しでは喜べない状態のように見える。既にかなり早い時点で、アメリカの社会学者ロバート・ニスベットは《科学ならぬ科学主義》の弊害を糾弾していた。現実との交流欠如と創造性喪失とに警告しつつ、彼はこう述べたのである。「マルクス、ウェーバー、デュルケームそしてジンメルが科学者であることに異論はない。しかしかれらはまた芸術家でもあった。もしかれらが芸術家でなかったら、もしかれらが今日、社会学方法論の大学院コースで検閲を経た無害な問題設定や、こせこせした検証や、理論構成やらによって得られたものだけを明らかにすることで満足したならば、思想の全領野はもっと貧しくなっていたであろう[1]」。

この点を、《知》と《学》は別である、として理解していくべきだとするのが日本の政治学者渡部純である（ただし二メートルの廊下をはさんだ研究室での会話）。学の実態は、いまや、ベルトコンベア式に専門論文を産出する工場生産のようになっている。あるいはフランス料理のフルコースのように、誰でもある一定の訓練を順序よく積めば、なるほど一人前の専門家となることができる。その結果生まれる、多方面の教養も思慮深い見識も優雅な身振りも原則必要としない、こうした我が物顔の専門家たちの群れは確かに（一九六八年闘争が目指した？）大学の民主化の一環でもあるのかもしれないが、そうした状況には何か耐えられないものがあることも事実である（ただ筆者がそのことに耐えられないのはそうした群れの一員だからでもあるのだが）。

さて本書の別の箇所でも触れたが、こうした学の非知的な状況は一種のデカダンスに近い、と感じる方があれば、それも理由なしとはしないとだけはいいたい。むしろいまや大学院でこそ深刻な学力崩壊は進んでいる。学を身につければつけるほど知から遠ざかる――それは《無知の知》とはまったく異なる――という不可思議な逆説が、存在するかに見える。大学の専門家はいまや、ニーチェがリヒャルト・ワーグナーを称して言った《細部の巨匠》というのに似ている。

ますます狭い範囲をますます深く知る専門家という言い方があるが、だからといってそれは職人的というのとも違う。ここでいう《職人》とは、現実に対しもっと繊細な向かい合い方をする人間、きめ細かく質的な判断を下す人間の謂いであって、高度に知的で身体的な、いわば全体的な存在である。今日の専門家は、職人との字面の類似から面白可笑しくいえば《職員》という方がよく、学問という制度、大学という組織、学部という部署の職員と化している。もっとも主体的で自発的なはずの学問という営為においても、制度や組織が成員を職員として支配下に置くあのウェーバー的転倒が、ここにもうかがうことができる。本書がこうした転倒を社会科学の修道院化と呼んできたことはもう繰返さない

以下は、動員史観（の誕生）の背景となった英米の国家論についてのビブリオグラフィック・ペーパーである。動員史観へいたる最初の道程にあり、もともと別に発表されたものである。本書の入門的な語り口には合わないかもしれないが、今回、動員史観のアカデミックな来歴や背景を説明しているように思えるので部分的に収録することにした。文献探索や

執筆の時点からは時間が過ぎているが、基本的な主張については特別の手直しを必要としない。ただし必要箇所だけをとり出したので一定の手直しを加えた。のみならず、時間の経過はもう原初的な《動員史観》を、書いた本人にさえ忘れさせつつあるのも事実であり、一方でここ一〇年の間に、国家論自体は、従来の政治学的あるいは社会科学的思考の枠組との対決なしに増殖中でもある。その点も頭に入れて読んでいただきたい。再び、ただし、とはいえ、歴史のなかの国家を社会理論的な深度において検討しようという試みは、国家という言葉を含んだ少なくない研究においても、いまだ不十分だということも事実で、その点にお気づきの方は、かなり本書のものの考え方に近い方である。

第一節　ネオ・マキアヴェリ主義的実践
——多様で分散した試み

いくつかの領域で社会科学の常識を修正するような動きや考え方が、相当前から生まれている。第三章で見た日欧の総力戦論のように、二〇世紀や近代全体を正面から捉え直す、人口に膾炙した大潮流は改めていうまでもないが、もっと人知れず密かな流れも存在している。いずれも（いまだに、やはり）相互に分散した試みにとどまるが、とはいえ、そこには、漠然としておりながらも一定のフレームワークに近いものを、おそらくはある同時代現象としてうかがうことができる。本書ではそうした理論上の覚醒を社会理論レベルのオルタナティヴとして理解しようとし、ネオ・マキアヴェリ主義社会理論と呼んできたが、改めてネオ・マキアヴェリ主義社会理論とは、一九世紀型社会科学的発想全体に対する一個の挑戦である。どう呼んでもいいが、何らかの呼称を与えることで個々の研究からは浮上しにくい、それらの前提になっているような思考のシステム（社会理論）をとり出すことができるだろう。

ネオ・マキアヴェリ主義社会理論に関しとくに国家論に照明をあてるのは、国家論がこれまでの社会理論全般の盲点となってきたからである。盲点とはその点を理解する糸口を欠いている、という意味ではない。むしろ逆で、国家ができるだけ不在がちな存在であることを、一九世紀型社会科学が依拠する二つの社会理論（自由主義とマルクス主義）が首肯してきたということである。その故に国家論は、不在よりも深刻な状況にあるともいえる。ネオ・マキアヴェリ主義社会理論の社会理論としての特質は、この積極的な軽視の対象であった現象をどう理解するかを見ることでもっともよく分かる。これまでの社会理論が国家を付属的に、嫌々ながら説明してきたとすれば、あるタイプの国家論がすなわち社会理論となるような一つの逆転、それがネオ・マキアヴェリ主義社会理論なのである[2]。

　以下ではネオ・マキアヴェリ主義の個々の実践を地道に《発掘》していくことからはじめる。今日、一個の社会理論にまとめあげるべき、知られざる大きなうねりや共鳴現象が存在すること——そのことに注意していただくためには、ぜひとも俯瞰が必要である。局所に自足する知識のローカリズムを排し、知的ノマドの群れを包み込む《聖なる天蓋》（ピーター・バーガー）の姿を掴むこと。とはいえ、自由主義やマルクス主義の教説がさまざまな問題に応用されるように、ネオ・マキアヴェリ主義的実践の射程も広い。その中心的なポイントである国家論的研究に的を絞ることは既に触れたが、それでも言及すべきものは少なくなく、ここでの整理は徴候的というかサジェスティヴなものに過ぎない。各分野に即し目についた代表的と思われるものを摘示する。ちなみに《ネオ・マキアヴェリ主義的諸実践》というのは、端的には、自由主義とマルクス主義という一九世紀型社会思想の二つのアーキタイプからなるべく距離をとろうとする思考の努力をさすものだとご理解いただきたい。

　これまで、くどいと思われるほど、第三の社会理論についてその特徴を指摘してきたが、ここでもう一つの対比の仕方を示してみたい。つまり、ネオ・マキアヴェリ主義とは、従来の社会理論二つながらを相手にする形での、すなわち《構造（経済・社会）》（→いわば［ミル、コント、スミス、マルクス］＝［モダン］＝［安定し計算可能なもの］）に対するところの、《力（政治）》ないし外部の力（→いわば［ニーチェ、ハイデガー］＝［ポストモダン］＝［日々のそのつどの生成への肯定］）の認識だという風に。とすれば、ネオ・マキアヴェリ主義社会理論は、アダム・スミスを含めた一八世紀啓蒙思想以来の合理主義的理想に背理する思考（たとえば意図せざる結果や逆説など）を強調しがちであることは否めない。その結果、理性的近代の偶像破壊を試みる一定の流れと重なって見えることがあるとはいえ、第三の社会理論としてのネオ・マキアヴェリ主義は、いわゆる（フランス＝ポストモダン的な）現代思想の流れとは直結しない、むしろかなりオーソドックスに、そこには伝統的なドイツ的系譜も指摘できるような、そういう歴史解釈と社会理論における、一九世紀の主流の思考とは異質のリアリズムを指向する思考のシステムだということを強調したい。このリアリズムの片鱗を、伝統的な社会科学の国家観との関連で早速見ていこう。

1　政治社会学としての政治学——一九世紀の遺産

まず戦後の主流のアメリカ実証政治学では、一般に、国家の活動を国家の側から説明するよりは、国家の対象である社会の側から国家活動を説明する傾向が強かった（そもそも国家［state］という概念が使用されなくなっていくことが印象的である。かわって《政府》［gouvernment］という機能主義的な概念が頻用された)。

たとえば権力とは政策決定への参加である、という政治学講義の最初に習う定義には多くの学生が面食らう(少なくとも著者は困惑した)。ここでいう権力とは《上向き》のベクトル、市民による政策決定者への権力(=参加)とか政策決定者相互間の権力(=バーゲニング)であり、国家による対社会的な上からの(=権威的な)作用のことではない。この点の齟齬が、全体主義的体制を経験した後発国の、その体制を直には経験しなかった人間にも、無視できない違和感をもたらすのである。

このようなものの見方は、英米流というべきかリベラリズムというべきか、これまでの社会科学を風靡してきた発想様式――場合によって経済主義、経済一元論、《発展主義[3]》(ウォーラーステイン)と呼ばれよう――であって、イギリスの場合ならスミスやヒュームなどスコットランド啓蒙(scottish moralism)以来の歴史的な影響(市民社会論)を指摘すべき問題ではあろうが、それはいまはともかく、政治学が実質的に《政治社会学》(political sociology)として構成されてきたところに戦後の政治学の特徴があったと思われる。つまり、議会制民主主義(デモクラシー)が前提となっており、そうであるならば、社会から国家の側への入力・政策決定の過程・装置に注意が集中するのは当然ともいえ、国家というメカニズムは社会の利益のエージェント・集約者・調停者(英米型利益政治)、あるいは全体意思を一般意思に変換する機構(大陸型《法律》万能主義)と捉えられる。この入力・政策決定過程がうまく作動していれば、その後の実施過程(implementation process)は機械的な執行作業だから特別問題とするにあたらない。せいぜい行政学という付帯的な実務的政策学の領域として技術的・組織的諸問題の検討を行えばよい、大方こう見做されたわけである[4]。

しかしながら、戦後政治学にとどまらず、国家や政治に関する英米の学問には、政治社会学として構成されてくるもっと歴史的な根本的理由があったというべきである。それは、国家や政治に一定の自律性を認めようとする理論的な視点がなかったということである。そこでは国家や政治はあくまで手段や結果(紛争解決の手段や社会的目的の実現)であって、それ独自の論理や選好を基本的にはもたないとされるのである。この意味で英米の政治に関する伝統的な発想はあくまで社会学的だったといってよい[5]。

この政治に対する基本的無関心ないし反感は、一九世紀自由主義の《経済主義》的教説、とくに社会学者ハーバート・スペンサーの考え方に典型的だが[6]、既に触れたようにマルクス主義にも共通しており、そこでは自由主義を引き継いでさらに強化されている。究極の国家否定論であるマルクスの《国家死滅説》(withering-away of the state)はスペンサーの、国家=強制によらない、人々の自発的協働による問題解決というリベラルな《夢》の延長なのである[7]。そこでイメージのシンメトリーに依拠して、本書では、次のように両者の類似を浮き立たせてもきたのであった。すなわち自由主義が（国民）国家と（市民）社会という近代的二分法にいう社会の側からの影響・支配として国家を説明するとすれば（この場合、社会的影響・支配は基本的に望ましいことである）、マルクス主義も社会の側に定位し、とくに資本主義経済あるいはブルジョワ階級の経済的利益という、より特定的な観点から国家を説明するというように[8]（この場合、経済的影響・支配は基本的に望ましからぬことであり、国家はブルジョワ階級の政治的支配装置＝役員会議である）。

　前者を《産業社会論》、後者を《資本主義社会論》といって対比する慣行的な作法では、近代社会および国民国家に対する両者の見方は対照的なものと考えられるが、第三項（ネオ・マキアヴェリ主義社会理論）を想定することで、その違いは後退していく。自由主義とそのライバル、マルクス主義には、社会を照準にする限りでの共通性が指摘できるからである。既存社会理論のこの共通性を一定の国家論研究者は《社会中心的説明ないしアプローチ》（society-centered explanation）という言い方で捉え、対抗的アプローチの方は《国家中心的説明ないしアプローチ》（state-centered explanation）ということは、既に旧聞に属する[9]。政治社会学的とは、政治学におけるこの一九世紀流の、あるいは《ヴィクトリア朝》的な社会中心的アプローチを、学問間分業の呼称を利用して内容的に言い表わしたものなのである[10]。

2　国家中心的アプローチへの先駆的な動き

　ところで批判の対象となるオーソドキシー《科学としての政治学》の側にも、このような反省は共有されていた。たとえばエリック・ノードリンガーは、戦後の支配学説だったアメリカ多元主義政治学の、理論と説明における社会中心的傾斜および保守的体質に対するかなりはやい批判者の一人であった。彼は国家の自律性を認め、それを三つの形態に類型化している。国家は独自の選好をもち、社会を拘束する諸決定を下すものなのである[11]。ポスト多元主義政治学として国家論や新制度論は若い世代を中心に、八〇年代以降のアメリカ政治学を特徴づける流行ともなったが、政治学におけるこの非政治性＝保守的バイアスの告発が、脱行動論のモットーでもあったという事情をもう一度思い出していただきたい。他方、マルクス主義政治経済学者たち、たとえばフレッド・ブロックも早い段階で、マルクス主義的な国家中心アプローチを提起していた。もともと今日の国家論発展の契機になったのはラルフ・ミリバンドやニコス・プーランツァスなど、ヨーロッパ系ネオ・マルクス主義者の国家論復興だったが、ブロックにおいても国家権力は階級権力に還元されない独自性において把握され、その根幹はウェーバー的な暴力独占に求められる。国家経営者はこの暴力を基礎に権力を行使するが、その過程で階級的・地政学的・国家内在的な制約に服す結果、資本主義的蓄積過程にプラスに働くことになると彼は考えた[12]。政治学が社会中心的アプローチに偏向しているとの認識は、こうして早い時期から存在したのである[13]。

しかも西欧に限定されない研究領域、つまり比較政治や政治発展論の分野では、もっと積極的に国家論的アプローチの展開が試みられている[14]。たとえばアメリカのアルフレッド・ステパンは、この種の自覚的な試みとしては最初期に属す明快な整理を行っている（ブロックなどと同年の出版）。彼は、ある政治的パターンを適当な文脈に置くのに必要な概念装置を、それまでの政治学は提供していなかったと主張する。そこで、ペルーなどラテンアメリカ政治の研究を通じて、彼は《有機体国家論[15]》をとり出してくる。ステパンは、有機体国家論が、彼のいう自由主義的多元主義および古典的マルクス主義という二大政治学説とは異なる思考だと考えた（ここでも自由主義とマルクス主義の二つが照準になっている点に注意したいが、有機体国家という言い方は歴史社会学者らのヨーロッパ国家の概念規定と同じである）。

社会学プロパーでは、アンソニー・ギデンズやマイケル・マン、ジョン・A・ホールなど、（歴史）社会学の方向設定に大きな影響力をもつ、いずれもイギリス生まれの代表的な研究者たちが、主に八〇年代になって、国家や戦争、戦争準備、国家間関係といった社会学的にはほとんど未知のテーマを追うようになっていく[16]。社会学はもともと、後発ディシプリンとして、経済学、政治学、法学などが《代理店》となった近代的セクター以外の諸領域（家族、教育、宗教など）を扱ってきた。だからこそ反近代的ないし脱近代的な発想をシャープに捉えることができたともいえ、その点で、法学や政治学など、近代の枠組に囚われた《近代主義》的学問とは、明らかに異質なタイプの社会科学を発展させることができた[17]。近代主義的学問は全般に、近代に同調し《技術主義的》徹底に一役買うことが多く、自らの胎生した近代自体を相対化しようとする意欲には乏しい。《進歩する近代》という現実や発想に対する距離のとり方、評価、そこでの役割の違いが、近代主義的学問とそうでない学問の違いを生むことになった一因と思われるが、ここで重要なのは、その反面として、社会学は、分業上の自己抑制の要請も働いただろうとはいえ、《政治向き》の要因を、理論的説明の対象としても手段としても排除しがちであったという逆の欠点をもつにいたる。

ラフにいえば、政治学者や法学者たちの国民国家なるものは、社会学者によって《社会》（正確には国民社会というべきもの）という専門用語（ジャーゴン）に置き換えられ、前者が《つくられた》国家の組織化原理を憲法的・法律的・制度的に探究したように、後者はそれとは異なる、いうならば野に咲く自生的な（共同性）原理の発見にその労力の多くを注ぐことになったのである（西洋的な《作為と自然》？）。このような探究上の分業は、学問のその後の制度化においては生産的でもあったが、同時に抑圧的でもあり、《社会学的想像力》（カートライト＝ミルズ）を縛ることになる。こうして一つの疑問が生じてくる。近代的セクターを相手にしない反近代的もしくは脱近代的議論とは何なのか。それが反近代ないし脱近代的な傾向をもつのは理の当然であって、その仕事は全体として無意味な試みなのではないかと。

このような文脈を押さえておくと、ギデンズらの担った意味が一層明確になる。彼らのいわば《脱社会学的》な仕事は、些事でも異端でもない[18]。今後の社会学の存立にかかわる問いへの正当な解答の試みだったのである。彼らの成果を抜きにしては、国家や戦争の研究が社会学内部で市民権を得るようになった事情を理解することは難しい。そうした流れに棹さして、英仏で活躍するイタリア人社会学者ジャンフランコ・ポッジも国家論の検討に進み、国家中心的アプローチを《もう一つのアプローチ》と呼ぶ[19]。そこで批判の標的となるのはマルクス主義と進化論的アプローチであり、進化論的アプローチが自由主義的アプローチの言い換えであることはいうまでもない（なおギデンズらの動きは国家や戦争を介しての、社会学への歴史的観点の導入でもあり、歴史社会学の復権へとつながってもいった）。

こうして八〇年代はじめまでに、さまざまな領域で、類似の問題意識が醸成されつつあったことが分かる[20]。彼らは、既存の社会科学的アプローチには《非政治学的》バイアスがあることに気づき、自由主義でもマルクス主義でもない、企業や市場の外部にある力のあり方を視野の中心にもち得る認識の枠組を求めていた、といっていいだろう。政治学こそ典型的な《非政治学的》な学問であった以上、この模索の旅でもっとも実りある成果を提供したのが、純粋の戦後主流の実証主義政治学者ではなく（また理論社会学者でもなく）、歴史社会学者というハイブリッド種であったというのはまことに興味深い。シーダ・スコチポル、ピーター・エバンス、ディートリヒ・ルスマイヤーの編集した論文集、古典『国家論の復権』は、その記念碑である[21]。もともと彼らは、長いことハーバードの社会学者パーソンズの機能主義社会学の影に隠れていた、ハーバードのソ連研究者にして比較歴史社会学者バリントン・ムーアやバークレーのウェーバー研究者にして比較歴史社会学者ラインハルト・ベンディクスらの歴史社会学の復興をねらいとしていたから、その華々しい登場は、国家論の復活であるとともに、歴史社会学の復権でもあった。この二面性はそのまま、反響の二面性へとつながっていく。すなわち、政治・経済学者には国家論あるいは新制度論への傾斜へ、社会学者には歴史的アプローチの誘いへというように（前者の制度論を《政治経済学的新制度論》、後者を《社会学的新制度論》という場合がある）。こうして歴史社会学がネオ・

マキアヴェリ主義的実践の母となり、国家論がその息子となる、といった状況が欧米で生まれてくる。もとより歴史社会学のその後の発展は複雑だから、このようにいうことは大局的な把握のための便宜上の簡略化を含むことは断りたい[22]。

3 ドイツ・リアリズムという伝統
――《ウェーバー＝ヒンツェ的パースペクティヴ》

右にあげた例は比較的最近の英米の研究に限られているので、ネオ・マキアヴェリ主義的諸実践が既存の社会科学的宇宙にまったく彗星のように現れてきたかのような印象をおもちになるとしたら、それは正しくない。国家論の復活はスコチポルらにとって、ドイツの現実主義者（リアリスト）の再評価、とりわけウェーバーやその薫陶を受けた国制史家オットー・ヒンツェらの業績に結びついていたのである。彼女らがそのアプローチを《ウェーバー＝ヒンツェ的パースペクティヴ》と呼ぶのもそのためである[23]。

なぜドイツ・リアリズムなのか。ここではドイツという国の歴史状況がヒントとなる。統一国家としてのドイツは、一つのドイツ社会の自然な成長によってなったものではない。新興軍事国家プロイセンの政治的達成（小ドイツ主義と普仏戦争の勝利）によって一八七一年という年にはじめて成立したのである。もともとドイツ社会というのは歴史的には一個の理想であって、仮想の概念だったのである。このような事情から（も）、ドイツの歴史家や社会科学者には、国家は最初から、社会の実在（リアリティ）を構成する主要な契機として自明視されており、国家は社会科学的営為の不可欠の検討対象だったのである。国家が成立して社会がはじめて現実化したドイツで国家の役割が決定的だったのと対照的に、一九世紀のイギリスでは、国家は不可視の存在（であるべき）だった。つまり一九世紀型社会科学を推進するイギリスにおいて見えざる手となった国家は、当時のドイツの研究者たちには鮮明に見えていたのである。だから国家論の復活は、《先進―後進》という戦後社会科学の《神学》図式をはみ出し、先進国が後進国を見習うことで自分たち本来の姿を確認する、この図式そのものの廃棄、あるいは少なくともその転倒した読みを主張するものだったわけである[24]。

改めて、俗流化された自由主義の教説が、商業・産業の自然な発展による平和の達成という予定調和的な近代化のドグマをうち立てていた頃、後発近代化国ドイツの理論家たちは、近代国家の軍事的起源、あるいは、国際的緊張というインペラティヴに当然の関心を払う独自のパースペクティヴを、二〇世紀への転換点までにははっきりとうち出していた。なるほど一八一五年（ナポレオン戦争終結）から一九一四年（第一次世界大戦勃発）まで続いたヨーロッパ域内の長期平和は、産業化の対社会的影響力、すなわち自由主義の教説をある程度裏書しているように見えたが、ウェーバー、ヒンツェをはじめてとしてグンプロヴィッツ、オッペンハイマー、ラッツェンホーファー、マイネッケ、カール・シュミットといった同時代のドイツの思想家、歴史家、社会科学者たちは国民生活への地政学的インパクトを問題とせざるを得ず、かつドイツ国家が部分的にではあったにしろ、戦争の産物であることを痛烈に自覚していた。ドイツの不安定な地理的な立場、いってみれば「軍事的な影をもつ地理学[25]」的発想は、つねに、国民形成と戦争における国家の活動に注目させたのである。

このようなリアリズムは、現在であれば、近代の模範国イギリスの近代化の始点を、国家による《開発主義》と名指すことによって、イギリスにおいてすらその近代化努力の国家的基盤（対先進国スペインやオランダとの国をあげての戦い）を指摘するような一定の研究によって、もっと汎用性のある見方として確証されつつある[26]。したがってこの限り、ネオ・マキアヴェリ主義的実践はヨーロッパの近代化全体の見直しを、国家の役割の浮上によって行うものである、ということも可能である。それは、自明過ぎて見えざるものとなった現実、いうならば自明性の喪失を再可視化するためのショック療法だといってもよい。このような知的文脈に照らして見るなら、ドイツ・リアリズムの戦略は、西欧近代および近代化の過程について従来、欧米で支配的であった認識（啓蒙主義から一九世紀型社会科学にいたる）に対し、最大限の革新をもたらすポテンシャルを担って今日再登場するものだと受け止めることができる。なおこの点で結果的にポストモダン論とも関心を共有するが、本書はリオタール、ドゥルーズ、デリダ、チャールズ・テイラーらのような文芸理論や認識論哲学としてでなく、社会理論の平面で、ポジティヴな分析に接続し得るものとして敷行しようとするものである[27]。

さてその際、意識するしないにかかわりなく重視されるのは、近代誕生における軍事的要因である。軍事的要因とは国家間競争の論理である。ウェーバー＝ヒンツェ的パースペクティヴという名称の一端をになう歴史家ヒンツェには数々の業績があるが、ヨーロッパ封建時代から近世における事実上の国際システムの存在が、ヨーロッパ国家を他の地域にはない独特なもの（封建制→国民国家というコース）にしたと主張して、とくに有名である[28]。彼の国家論は、第一に国家のなかでも軍事と治安の強制装置を重視し、第二に国家そのものの形成と性格における国家間弱肉強食関係＝国際関係の役割に注視するものである。国家はこの国際関係のなかでそれぞれの事情に応じてさまざまに形を整えていく。事実、英仏独蘭のように近代国家の形態はさまざまであるが、このことの説明は単線的なインターナリスト（一国史的）の進歩図式、あるいは世界システムとしての資本主義という画一的で合理的な経済体制の論理（収斂理論）では困難だというしかない。

このように、合理的・構造的要因によっては決定され得ない政治的要因、未来を束縛する歴史的前提、孤立を許さない相互関係の拘束――これらの要因を視野に入れようとするドイツ・リアリズムの世界・歴史認識は、かつては後発近代化国の国家主義＝軍国主義的主張として、あるいはファシズムへの先払いとしてペジョラティヴ（軽蔑的）に否定されてきた。しかしそれがいま、新たな光明として期待される見方なのである[29]。

しかしやはり他方で、ドイツ・リアリズムの世界・歴史認識が、軍事的観点の過度の強調をもたらした弊害は見逃すことができない。自由主義やマルクス主義が一面的であったのと同様、ドイツ・リアリズムの《国家＝軍事＝自然》という認識もまた、一面的なおそれがある。国家の必要は彼らの知的小宇宙においては素朴な社会進化論的必然と見做され、ウェーバーすらある意味では（議会制に対する普遍的な評価不足などの点で）、そうしたリアリズムのドイツ的限界（ライヒ・ナショナリズム）から自由ではなかっただろう[30]。

以上を要するに、過去を容易に俯瞰し評価し得る現在の観点から見て、リアリズム本来の認識（国家の軍事的側面）を生かし、かつこれに自由主義の最良の洞察（国家の経済的側面）を組み合わせる、という課題が残されているということである。この課題に演繹的な一般理論からではなく、歴史的な検討によって解答しようというのが《歴史のなかの国家論》である。それは、ネオ・マキャヴェリ主義社会理論の、ポジティヴな分析への応用の一形態である。

第二節　《歴史のなかの国家論》

――歴史社会学からの展望

1　国家権力の二つの顔

改めて《歴史のなかの国家論》は、ホールのいう「国家権力の経済的と軍事的の両方の観点の重要性[31]」を評価するものである。この点の特徴的な試みは、既にヒンツェの「近代資本主義の時代における経済と政治」という洗練された研究で行われていた[32]。

ヒンツェによれば、近代ヨーロッパ史のどの時代を見るにも、資本主義の動態と国家間競争の結果とを共に視野に収める必要がある。すなわち、国家が安全保障という軍事的観点から行ったことの多く、たとえば兵站上の理由からする各地域間の連携確立や、地方的自律権力の排除などは、資本主義にとって好都合な環境をつくり出した。同様に、資本主義の浸透によって、一八世紀イギリスの諸戦争における勝利が示すように、国家の権力も強化される、という相互連関が指摘できるというのである[33]。

このことを、少なくとも、結果的に、国家を介して経済と軍事には密接な《近代》的関係が存在したと表現してもよいが、このように国家、経済、軍事競争の三者関係に注目することは、自由主義の一面性と軍事主義の一面性を次のように克服することにつながる。まず一方で、経済発展が国家競争によって助長され、国家がこの発展過程に深くかかわりがちだという点の洞察が、自由主義の経済主義的偏向を補正する。他方、近代戦遂行のためには国家が合理的な近代経済の仕組に適応せざるを得ない、という事実への覚醒が、過度に軍事主義的なバイアスを是正する、と。

国家を中心に経済と軍事がつながってくるのは、言い方を換えれば、近代という時代に特有のこの関係は、《現実》に生じてしまったある事実であって、一方的な形で先験的・理論的に予測され得たものではない。後に示すナポレオン戦争後のプロセインにおいて軍事的意図にもとづく改革が経済活性化をもたらしたように、《意図せざる結果》の例であり、最初から、ウィッグ的・構造的・目的論的に構築されたものではない。だからこそ歴史的な視点が必要なのであるが、近代は、進化論的な予定調和を前提にした歴史理論や整合的な世界解釈などによっては接近できないテーマなのである[34]。

こうして《歴史における国家論》、すなわち国家の歴史的役割の検討が今日的な課題となるが、その際、国家を中心に経済と軍事が関連しあうという視点をとることは、単純に、経済＝階級としての国内関係、軍事＝国家間競争としての国際関係というように、機械的に割り振って国内外の要因を形式的に総合しようとするものではない。国家の権力基盤に地政学的＝軍事的側面と階級的＝経済的側面とがあることは事実だが、いずれの側面も、基本的に国際的なもの、カントのいう《非社交的社会》にかかわっていると考えるべきだからである。つまり、地政学的には国際軍事競争という超国家的な《大社会》（larger society）、階級的には国際資本主義市場という同様の《大社会》にである。ヨーロッパ国家は、この二重の国際社会のなかに、相互対抗的に置かれた一群の戦士として浮遊しているのである。

そうした《国際》環境は、実は、歴史の上ではきわめて独特なものである。後に見るように、また本書で繰返し強調したように、帝国という、長い人類の文明のなかでは一般的だった統治形態には、その種の国際関係は存在しない。帝国は一個の宇宙（ユニバース）だからである。同様に帝国には国境も存在しない。あるのは、文明の果てとしての茫漠たる辺境（フロンティア）だけである[35]。

ともあれネオ・マキアヴェリ主義社会理論（の一つのポジティヴな分析例）は、そのようなヨーロッパにしかなかった国家の歴史的役割に注目する。すなわち、社会理論という範疇からは排除されがちな国家、国際関係、戦争、戦争準備といった政治的＝軍事的要因（《国家関運事項》）こそが、近代社会をつくっていったという道筋の重視――これを、社会経済的＝階級的要因が国家をつくる、というもう一つの伝統的な側面もとり込みながら、明らかにしていこうとするパースペクティヴ。それがネオ・マキアヴェリ主義社会理論の実践の核になる。

国家という視点を介して、近代というものの成り立ちを解明しようというネオ・マキアヴェリ主義社会理論の一つの試みとして、歴史社会学者ジョン・A・ホールの議論をとりあげたい。ホールの議論を練習台にするのは、彼が最新の国家論集成のエディターであること[36]や、国家の歴史的役割と歴史社会学の意義を強調する立役者の一人であるということよりも、議論そのものがネオ・マキアヴェリ主義社会理論の枠組によくかなう人物だからである[37]。そのごくオーソドックスな国家論を見てみよう（ホールはオックスフォードで歴史を学び、英国サザンプトン大学、米国ハーバード大学で教えた後、現在カナダ・マクギル大学の社会学教授である）。

2　ウェーバー社会学の主題による変奏(1)
――宗教社会学の問題設定から

ホールの歴史社会学にはいくつかの特徴があるが、その出発点は、ウェーバーの問題意識を発展させながら、問いの観点をズラそうとしているところにあると思われる。ここでウェーバーの問題意識とは、その多様な関心のなかでも、とくに宗教社会学で追求されたテーマ、つまり世界諸宗教と近代経済の勃興の連関・非連関の探究であり、その基本的な前提をなす《なぜヨーロッパにおいてだけ近代――複合多面体としての脱魔術化としての合理化――が成立したのか》という課題である。ウェーバーが実際に問うたのは、なぜプロテスタント的キリスト教文化としての西ヨーロッパにだけ合理的資本主義としての近代経済が成立し、儒教文化やヒンズー文化では近代資本主義の精神は成立しなかったのかである[38]。この宗教と資本主義の関係という具体的な宗教社会学的問題設定を問題設定①とし、その背後にある彼の根本的な問題意識、なぜヨーロッパで近代が可能になったのかという問いを問題設定②としておく。

問題設定①については、ウェーバー個人の生い立ち――父の原理（世俗的・政治的・実際的原理）と母の原理（宗教的・脱政治的・精神的原理）の葛藤――が、厳しい神経症を経て、歴史における主体的エートスの役割という、この問題への関心を生み出したことは疑いない。宗教と近代資本主義の選択的アフィニティ（適合性）を探る彼の宗教社会学的問題設定①とは、要は、ウェーバー自身の心的ドラマの社会科学的翻訳である。そこでは対蹠的な両親の原理がヨーロッパの禁欲的教派と資本主義との関係に置きかえられ、これをいかに和解させるかが、自身の神経症からの脱却と絡んで、切実な問題となったのである。また、観念の歴史的意義を強調することは、年来のマルクス主義（史的唯物論）批判の文脈でも、ウェーバーにとって大きな成果といえた。

ところが、たとえばアメリカの社会学者ランドール・コリンズは、病後の最初の大テーマとなったこの比較宗教社会学研究のきっかけとなったのが、ノイローゼによって専門の本が読めず、再び読書を始めても自分の研究分野以外のものしか読めなかった、という消極的な事情だったかもしれないと示唆する。ウェーバーが保養先のシチリアやローマで読んだのは古代史、東洋と中世の宗教、芸術、哲学、音楽史、文化史関係の本であって、「宗教と異国的なはるか遠い社会に関する関心にふける」[39]以外、その時期の彼には何もできなかったというのである。そうした読書で得られた知識をもとに回復後最初に行った「社会科学で最も有名な作品のひとつ」[40]『プロテスタンティズムの倫理と資本主義の精神』でウェーバーは広く知れわたる。われわれもそれを最大の純学術的な研究と見做している。ところが彼自身は、それを本当に重要な研究とは考えていなかったようだと、コリンズはいう。

ウェーバーにとっては、学術的な専攻分野は、経済と法律の問題の世俗的、実際的な分析だったのである。後に、十分回復してドイツ社会学会で活躍するようになったとき、彼が提案し、ある程度まで実行された研究は、ウェーバーを有名にした歴史の分析からかけ離れたものであった[41]。

この限り、ウェーバーの近代誕生へのアプローチ（問題設定②）において、特別、宗教と資本主義の関係という問題構成（問題設定①）にこだわる必要はないということである。ただ、そうしたウェーバー的問題設定①がその後、知識人的感性を揺さぶり続けているのは確かなようで、依然、世界的な問題設定としての魅力は衰えていない。東アジアでいえば、日本とＮＩＥＳの興隆を背景に、儒教文化と資本主義の関係が長い間問われているのは、ご承知の通りである。

3　ウェーバー社会学の主題による変奏(2)
——国家社会学の問題設定へ

ところがこの関連でいえば、ホールは、おそらく神経症回復後のウェーバーによって設定された宗教社会学的な問題設定①から距離を置く。そして問題設定②を受け継いで、ホールの言い方だと、《ヨーロッパ的例外[42]》の探究に進んだといえる。そしてこの、ヨーロッパにのみ近代が胎胚したという、例外としてのヨーロッパの理解に、統治システムとしての国家と合理的経済システムとしての近代資本主義との連関という形で接近することになるのである。ウェーバー宗教社会学に対するホール国家社会学——宗教と国家。視点の置き方は異なるものの、いずれもヨーロッパ近代の誕生の秘密に迫ろうとする試みであり、根本的な問題設定②は同じという意味で、機能的に等価な企てということができる[43]。

ホールにおいては、宗教も主に政治体制との関連で検討されており、宗教の現実の役割が軽視されているわけではない。

彼の企ては次のようにいえば分かりやすいだろう。すなわち、英米圏では日本ほどは重視されていないウェーバーへの積極的評価を打ち出しながら（問題設定②の強調）、ウェーバー自身の理論的な近代理解において明確な体系的位置を与えられているとはいいがたい国家の役割をはっきり捉えようとするのだと。この点でホールはあくまでウェーバーに忠実であり、のみならず、合理的近代資本主義は何の産物か、という問いを発する点でもウェーバー的なのである[44]。つまり資本主義経済の、近代形成における意義を軽視しないということであり、また階級の役割を考慮するということである。ネオ・マキアヴェリ主義社会理論は、このウェーバーをいわばシンボリックな父としている。母はいうならばフーコーであるが、この点はここでは触れない。

さて、ホールは自らのアプローチを《社会進化の新エピソード理論[45]》(neo-episodic theory of social evolution) と呼んでいるが、それがどういうものかを体系的には展開していない。十分な提示がないものを無理に説明する危険は冒したくないが、いくつかのポイントは示されている。たとえば、進化概念なしに歴史現象は説明できないとする見方——すなわち、社会の組織化の方法の基礎的な変化が、すべての社会の活動の条件を変えてきたのであって、この変化は進化という に値する、と主張される。しかしこの意味での進化は、組織編成・文化などの模倣と伝播というごく限られた意味で使われていることに注意したい。また、一定の進歩を保障するような、歴史過程に固有の目的論は存在しないという見方——そこには局面突破は何らかの不可避的な論理の帰結というよりは、幸運な機会の結果である、とするイギリスの著名な社会哲学者アーネスト・ゲルナーの考え方[46]が踏襲されている（ホール自身、ゲルナーの記念論文集を共同編集している[47]）。さらには、一般に社会組織は環境に適応しようとし、均衡を達成しようとするものだとすると、根本的な社会変化は行為者や組織の意思に反したものと考えられるということ。つまり根本的な変化の担い手は、《適応上の失敗》者なのだとする見方——つけ加えれば、こうしたホールの考え方には、ギデンズの史的唯物論批判としての構造化理論における《挿話的移行[48]》(episodic transition) の主張が共鳴しているように思われる[49]。

ともあれ、（ある時期までの）ホール自身の最大の学問的関心は、ウェーバー同様、近代を生んだ西ヨーロッパという地域・思想の歴史的理解にあり、近代ヨーロッパの勃興（の栄光とその後の悲惨[50]）の説明にあった。しかもヨーロッパが勃興するのは必然的な過程なのではなく、ゲルナー流の僥倖によるとする。この意味で歴史のヨーロッパ中心主義的な見方をしているのではないことは明白である。ウィッグ的な進化過程でも、革命史観的な必然（政治革命→産業革命→社会主義革命）でもない、ある複合要因の長期的産物としての近代観[51]。とはいえ、一定の条件下に一定の革新が容易に広がるような特殊な環境が、ヨーロッパには存在した。そうした条件をつくるのは文化的共通性であり、共通の精神基盤としてのキリスト教（と古典古代の遺産というファンタジー）であるが、その結果として、その長期の過程には、社会の組織化などに進化（進歩ではない）という言葉を使ってよいような、ある連続的な過程が見られもするとホールはいう。そして、この必然と偶然との多様な歴史の襞に分け入る一つの視点として、国家と資本主義の関連を浮上させようとするのが、ホールの国家社会学の戦略なのである[52]。

ホールのヨーロッパ的例外の理論を聞く前に、彼の国家論全体の構成に目を通しておこう。彼の議論はある時期からかなりはっきりしており、ややボレロ的な繰返しが目につくようになるが、国際政治学者アイケンベリーとの共著から国家にかかわるおおまかな関心のありかをうかがっておこう。主要な構成は以下の通り[53]（括弧内は共著の各章。なおこのもともとの論稿を発表以後にこの本は訳出されたので詳細をその訳書をチェックいただきたい）。

(1)　最初の国家の起源（第二章）

国家の発明という第一のブレークスルーはいかに生じたか。

①最初の国家の誕生——二つの説明があるという。生態学的起源説は力による国家の誕生を強調し、宗的起源説は神へのサーヴィスとして国家が生じたとする。ホールらによると二つの説明は矛盾しない。単一の過程の別の面を強調しているに過ぎない。しかしいずれにしても、最初の国家の起源に関する完全な説明は今後も不可能だろうという。最初の国家の数が絶対的に不足しているからである。

②二次的国家の誕生——いったん国家ができるとそのもつ軍事的破壊力が大きいので、国家をもたない共同体は模倣に走り、雪崩的に国家が群生していく。国家を形成しない共同体は滅亡してしまう。

(2)　近代ヨーロッパ国家の成立（第三章）

ヨーロッパで主権国家（後に国民国家）という形での新しい次元の国家が誕生するが、それはいかにして可能になったか（これを第二のブレークスルーと呼ぶ）。

ホールらは、《適応上の失敗》からくる進化輪的突破＝《ヨーロッパ的動態》として説明を加える。これがヨーロッパ的例外の部分にあたり、以下この章ではこの説明を重点的に行う。一種のヨーロッパ史見直しであり、ヨーロッパにおける国民国家（政治）と資本主義（経済）の歴史的関係が追求される。またウェーバー比較社会学のごく標準的な作法に則って、ヨーロッパ文明と非ヨーロッパ文明の対比も行われる。

(3)

《ヨーロッパ的動態》を用意したと同じ要因が次に

《ヨーロッパ的悲劇》を招く（第四章）

近代を用意したのと同じ統治の枠組（近代国家と国際システム）――これを《制度的パッケージ》と呼ぶ――が今度は、二度の世界戦争を二〇世紀において招くプロセスについて論じる。この点も第三章同様興味深いが、近代が当初は解放（脱魔術化）であったにもかかわらず、それがある限度を過ぎると、《鉄の檻》になるという、ウェーバー的パラドクス感覚が示される。

(4) 第二次大戦後の展望（第五章）

近代の枠組が変わらない限り再び世界戦争の可能性は残るとして、検討される。

以上、ホールとアイケンベリー（以下ホールと略記）は、まず、国家の発生から始め、東西文明におけるその違いを前提にヨーロッパの国民国家と国際関係の成立にいたる発展を概観する。そうすることで近代を生み出す動態を検討し、さらにその同じ国家と国際関係が二度の世界大戦を引き起すまでを説明する。そして最後に、第二次大戦後の展望を国際関係の変容という点から問題にした。国家を軸に、歴史の展開をその現代的帰結と今後の課題にまでいたる形で、大きく眺望しているのである。

次節では、この全体的な流れのなかで、ヨーロッパ的例外と国家の関連に焦点をあてる。右の整理の(2)の部分が主な対象である。

第三節　《ヨーロッパ的例外》の歴史社会学

ヨーロッパ的例外に関するホールの考え方は、ヨーロッパの近代突破（近代国家の誕生と資本主義の関係）に関する進化論的な概念図式である。進化といっても、さきに触れたように限定された意味で用いられる。この突破を可能にしたヨーロッパの歴史的構造配置を、彼は《制度的パッケージ》という言葉で呼ぶが、この制度的パッケージで重要なのは、いうまでもなく国家の性格（左の図の④と⑤にあたる部分）である。したがって問われるべき第一の問題は、そういう国家のもつヨーロッパ的性格である。第二は、この国家の性格がいかにして形成され、それが市場社会にいかに影響を与え、また逆にいかに影響を与えられたか。つまり国家と環境（社会および大社会）との相互作用の問題である。

第一の問題（国家の性格）はホール歴史社会学のキーポイントであり、ネオ・マキアヴェリ主義社会理論の一典型としてこれをとりあげる主な理由でもある。ホールは、国家の性格をそのもつ権力の特質から概念化しようとして、友人の歴史社会学者マイケル・マンの国家権力の二つの次元という考え方[54]を基本的に援用する[55]。その一つは憲法的拘束から自由な恣意的権力という意味での《専制権力》(despotic power)

の次元、もう一つは社会に浸透しこれを組織化する実効的権力としての《インフラ権力》(infrastructural power) という次元である。東洋(中国、インド、イスラム)の国家は専制権力という点で強く、インフラ権力としては弱い。対して西洋国家は専制権力的には弱体であるが、インフラ権力的には徐々に強化されていくという歴史をもった[56]。

この大雑把な対比は純理論的なもので歴史的ではないが、それによってホールは、東洋国家を《冠石国家》(capstone state)、ヨーロッパ国家を《有機体国家》(organic state) と呼ぶ。社会に対する《意図的・計画的》な浸透力という点で、有機体国家と冠石国家の間には質的な違いがある。つまり一見するところとは対照的に、有機体国家がもつような圧倒的な浸透力は、冠石国家にはないということである。この意味で有機体国家は《強い》(strong) 国家、冠石国家は《弱い》(weak) 国家である。インフラ権力は、実際の国家権力の程度(国家能力)(state capacity) を示す概念なのである[57]。

しかしその《強さ》(state strength) は、国家を取り巻く多様なアクター(集団)と協力することによって現実化される。ここに《アイロニー[58]》がある。社会集団との協力は、国家側の自己抑制によって成り立つからである。自己抑制が権力を増進させるこのメカニズムは、後に歴史のパラドクスという言葉でも触れることになるだろう。

以上を踏まえ、ホールは、社会的意向に敏感な国家とその独特な権力がヨーロッパでいかにして生み出されたか、そしてそれがいかに合理的市場社会を育てることになったかを扱うことになる。次にこの第二の問題にアプローチしてみよう。

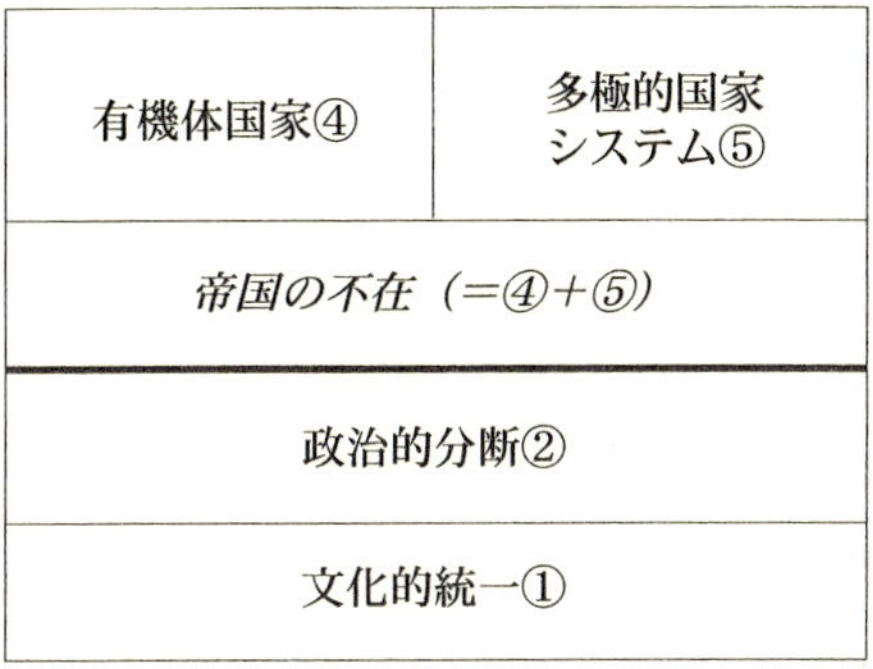

1　統合のなかの多様性
――《文化的統一性と政治的分断のユニークな結合》

改めて、社会進化の新挿話理論において、近代誕生は、ヨーロッパ的例外の《適応上の失敗》の産物である。すなわち、東洋という言い方で彼らが把握するところでは、政治システムは農業的な前近代世界の社会経済状況にぴったりと適合しており、国家と社会の均衡状態が新たな変革の余地を残さなかった。これに対して西洋（ヨーロッパ）では、適応上の困難が不均衡を生み、そこに社会経済的ダイナミズムが生じた。つまりヨーロッパでは、その政治システムが前近代世界にうまく対応できなかったがために、近代的動態（国民国家や資本主義経済）を生む素地が形成された。とすると、伝統ヨーロッパにおいて均衡を破り、社会経済的ダイナミズム誕生の契機となったもの――それは同時に有機体国家を生むことになった条件でもあるが、その条件とは一体何であったのか。ホールの答えは明快である。ヨーロッパという地域の、文化と政治の特殊な関係、すなわち文化的統一性が担保されたなかでの政治的分断である[59]。

①文化的統一性――キリスト教の浸透

ヨーロッパの成り立ちについてのホールの理解は常識的である。ヨーロッパでは、ゲルマン民族の長期の侵入後、ローマの古典古代文化は再興されず、時間をかけてじっくりと文化的統合が進んでいった。その主たる媒介となったのはキリスト教会だが、キリスト教会はいわばローマ帝国の亡霊であった。ローマの軍隊が提供していたさまざまな便益や仕事は、教会が代行したからである。ローマの政治構造は消えたが、その法と文化の核心は残り、教会によって保存される。こうしてヨーロッパに共通文化が生じた[60]。

この共通文化＝文化的同質性は、ヨーロッパの経済的・政治的革新に重要な意味をもった。たとえば、(1)同質性の生む共同体的感覚は、契約関係が機能する際の基本的なコンセンサスをつくり出した。西暦一〇〇〇年前後には一つのヨーロッパ市場が成立し、そのなかで広汎な経済的関係が営まれた[61]。また後になると、文化の同質性は(2)組織的革新の伝播、(3)国家の領域的コントロールの拡張、(4)行政職員の移動などを容易にした[62]。

②政治的分断――政治統合の失敗と国家の分立

問題は、キリスト教（会）を媒介にした文化の同質性にもかかわらず、政治的にはヨーロッパはずっと分裂していたということである。政治的分裂の主な理由として、(1)ゲルマン民族の侵入がローマ帝国各地で何世紀にもわたって続き、政治権力の領域的多様性が促進されたこと。(2)社会経済的組織の封建的パターンが権力分散と財産権の私有化を進めたことなどがあげられる。生活空間が封建領主のマナー（荘園）と都市に二極化し、都市は交易と非農業生産の中心地となる。

他方このような分裂を修復しようとする動きも見られた。ホールがとくに興味深いと考えるのは、キリスト教会自身の動きである。実は教会はキリスト教的教権帝国をことあるごとにつくろうと試みていた。しかし精神世界の支配者でしかない教会には、競合状態にあった既存諸権力主体（要はミニ国家）を抑えるだけの（武）力がなく、いずれも失敗に帰したというのである[63]。

ではその諸権力、諸国家は、どのようにして成立したのだろうか。まず、ゲルマン民族の何度かの侵入によって多極的システムの最初の条件が成立した。加えて、ここでもホールらは教会の顕著な役割を指摘する。すなわち教会は諸国家の誕生にとって最良のシェルターとなり、教会こそが世俗の帝国を不可能にしたというのである。それはいかにしてか。ホールの主張を要約すれば、およそ次のようになるだろう[64]。

(1)教会は、その財産をより保護してくれるような国家（統治体）の興隆を歓迎し優遇した。

(2)中国やビザンチンにおける国家宗教とは違って、キリスト教会は《第二バイオリン[65]》を弾くことを拒んだ。だから教会は帝王を疑似神的地位に祭りあげるような皇帝教皇主義の教説をつくり出そうとはしなかった。

(3)　教会が実践したパワー・ポリティクスは多極的な国家形成を促し、そのバランス・オブ・パワー政策は単一の強大国の出現をつねに阻んだ。にもかかわらず、他方で教会は、典型的には戴冠式などの形で王権の超自然性を主張してもおり、王を有力者の《同輩中の第一人者》以上の者と見做すよう先導した。

(4)しかも、もっと印象的なことには、教会は、親族制度の役割を攻撃した[66]。他の文明では親族制度は保護と相互援助の手段として社会階層の低い人々の拠り所であったが、ヨーロッパの下層階級はそうした救済の道を絶たれた。その隙間を埋め救済を代行したのが国家であった。その結果、農民はどの文明の民よりも国家形成に適合的な人々となっていった。

③ヨーロッパ帝国？――思考実験

そこでホールは、《もしヨーロッパにも帝国があったら、どうなったか》という思考実験を提案する。彼の結論は、ここでも明快である。ヨーロッパも中華帝国と同じような帝国型国家（冠石国家）になり、近代のダイナミズムは生まれなかっただろうというものであった。つまり、単一の政治的中心（＝国家）は大きな兵站＝軍事能力をもつことになり、集権化を進める。他方で、社会のなかで生まれてくる自律的な二次集団（中間集団）については、これを危険視し場合に応じて抑圧する。かくて、ヨーロッパ帝国でも、一定程度の経済促進は認めるが、その独立的発展は許さない、という帝国支配に共通の結果が生まれただろうというのである[67]。

この文脈でホールは、ヨーロッパ都市の歴史的役割（社会実験の場にして可能性）を重視したウェーバーに注意をむける。周知のように、ウェーバーは、西洋の勃興に自治都市が大きな役割を果たしたと考えた。つまり、西ヨーロッパ、とくに北イタリアの都市国家だけが他者の恣意的支配を逃れ、独自の政府と軍隊をもち、そこではいわばブルジョワが王であり、非貴族的＝ブルジョワ的な価値が生まれ成長した空間であった[68]。自治都市は古典文化を再興し、そしてこの文化的遺産が(1)宗教改革時の地域的国家（national state）の誕生、(2)フランス革命による国民国家（nation state）の創造に重要な意義をもった。われわれは依然この文明の生み出したもののなかに住まうのだ、とホールはいう[69]。

では、北イタリア都市の自律性はいかにして成立したのか。トートロジーとなるが、それはヨーロッパに単一の権力核が存在しなかったからだとされる。彼らは、教皇と皇帝との間の権力的真空から、忠誠を機会主義的に変えながら、自分たちにとって最良のものを得ようとし、得た[70]。だから、彼らがいったんスペイン・ミニ帝国に編入されると、北イタリア都市国家の名は歴史の表舞台から消え、以後ヨーロッパ文明に何も新しいものをつけ加えることはなかった。こうして一つの社会実験は終わったのである[71]。

このようにウェーバー説の再確認をヨーロッパ帝国の問題と絡め――ということは文化的統合のなかの政治的多様性の問題と照合しながら、ホールはヨーロッパ独自の政治と文化の関係、とくにそこでのキリスト教会や自治都市の政治的役割を強調することになった。

2 経済発展における国家の性格
――有機体国家の国内的条件（図の④）

しかし問題はさらにその先にある。政治的分断が即、近代誕生の原動力とはならないからである。インドやイスラムの政治的分断からは近代を生む社会経済的ダイナミズムは生まれなかった。ということは、分断そのものは、市場の自律性にとって、必要条件ではあるかもしれないが、十分条件ではないということである。ホールはここから、ウェーバー的な基本的な問題設定に従い、近代社会における経済の意義を念頭に、市場経済の勃興と国家の関係に焦点を絞っていく。この観点からすると、ヨーロッパにおいて特徴的なのは、国家が経済発展を助けるという決定的な一面である。経済成長を促進させるべく、ヨーロッパ独自の有機体国家はそのインフラ権力を行使していくのである。

歴史上、国家にはさまざまなタイプがあるが、統治ないし国家と経済との関係については、二つの一般的原理があるとホールは述べる[72]。

(1)あらゆる統治の不在は悲劇的結果を生む。

(2)官僚制的かつ略奪的統治は通常、経済発展に敵対的である。

前者(1)に関しては、政治秩序の欠如は無秩序と地方割拠主義（ローカリズム）を助長し、交易を妨げるが、ヨーロッパではキリスト教が統合力として働いたので、アナーキズムが奨励される余地はなかった。(2)との関連で、ホールのインフラ権力論のポイントをいえば、（家産）官僚制的・略奪的統治は一見強そうだが、その内実は弱いということである。その種の統治が専横的なのは、概して弱いからなのである。これに対して、ヨーロッパの統治の特異性は、専横性への限定とインフラ的浸透の増大が結びついていた点にある。そしてこの「専横権力への限定とインフラ権力への同時的奨励[73]」は、国家に対する大きな拘束の結果であった。ヨーロッパでは、無政府主義の傾向がキリスト教により阻止されるとともに、国家権力の専横も抑制されるのである。

では、その拘束とは具体的にはどういうものだったのか。ホールは《国家と社会の相互作用（としての拘束）》に注意をむける。その粗筋は以下の通り[74]。

(1)ヨーロッパ国家は、その以前から存在した社会関係のなかで、ゆっくりと、かつ懸命に進化してきた。とくにヨーロッパの特殊性として、議会ないし他の審議機関が歴史的に大きな役割を果たしていたことが強調される。ドイツの歴史家たちは、それらがあまりにユニークなので、《等族国家》(Standesstaat)——教会、貴族、都市という三つの職能身分の代表からなるところの等族議会をもつ国家が、世界史上の特別の段階だと見做したほどだった[75]。

(2)議会の優越はしかし、かなりの部分を教会に負っていた。教会は大土地所有者だったので、課税の対象者となっていた。そこで教会はカノン法の二つの準則を一般化して対抗した。この二つの原則、すなわち①代表なくして課税なし、②全員にかかわる事柄は全員の賛同を要するは、三身分に重大なインプリケーションをもった。

しかし《特権》(liberties)は社会に広く分散していた。だから聖職者は貴族、ブルジョワジー、ヨーマンリーと提携した。ホールによれば、「このような社会は市民社会といわれるに値する社会である[76]」。

(3)だから強力な王国権力建設のためには、国王がこの市民社会と折り合いをつけなければならなかった。国王とそうした代表機関の間の協調と従属のパターンはさまざまだった。

①イギリス——議会はチューダー朝とスチュアート朝の挑戦を乗り越えて、生き延びた。

②フランス、プロイセン——結局王国は代表機関の力を弱めることに成功したが、それも相当の努力と強力な行政機関の建設後にはじめて可能になった。

③スペイン——王と議会は和解なしのまま併存した。

国王と市民社会の関係調整の努力が一七世紀のかなりの間、ヨーロッパの政治エリートたちの課題となっていたが、このことは、近代国民国家の社会的・政治的インフラ構造の基礎を据える上でも、たいへん重要なものであった[77]。

(4)さてそこに歴史における《パラドクス[78]》が生じる。すなわち統治への拘束が、結局は社会に対する国家自身の大きな権力を生む、というパラドクス。この過程で、おそらくもっとも重要なメカニズムだとホールがいうのは、社会に対して一定のインフラ構造を提供することで、国家が財政を豊かにしていったという事実である。

①その端的な例は司法行政である。一定の科金をとることで一二〇〇年頃以降、裁判は王国収入の重要な部分となっ

た。

②他の例に、さまざまな災害に対するインフラ的援助がある。一八世紀までに地震の犠牲者に対して国家は援助を行い、また、伝染病は法律によって厳格に統制された。

(5)さらに国家による国内植民地主義により、単一の市場圏が形成された。イングランドによるスコットランド、アイルランド、ウェールズの統合はその典型的な例だが、同様のことはヨーロッパ各地で起こった。より発展したヨーロッパ国家では、しかも、この国内植民地化の過程が国内関税の廃止と一緒になっており、交易への刺激剤となった。これらの政策は、それ自体としては経済改革を視野においた企てではなかったが、支配者たちは長期的展望から交易の促進に意識的であった。それは、彼らの歳入のかなりの部分が、関税と物品税だったからである。

(6)しかも、社会の側、つまり社会的有力者の多くは、高い税を支払う用意があった。自からの利益が通常は国家によって守られていると認めていたからである。イギリスの貴族と郷紳は地方自治を行い、自らに高い税を課した、というトクヴィルの指摘は正しい、とホールはいう。イギリス国家のインフラ的援助と社会的浸透力はそれだけ高かったということである。対照的に中国の官僚は三年ごとに移動し、担当地域の事情に明るくなかった。帝国的支配は点と線の支配であった。地方貴族の中央議会への代表というヨーロッパの制度は、これとは異なった結果を招いたのである。

3　多極的国際システム
——有機体国家の国際的条件（図の⑤）

しかし、そうした国内的条件（社会からの拘束）に目をむけるだけでは十分ではない。個々の国家は真空のなかに存在するのではなく、競合する諸国家システムの一部であり、この国際システムが個々の国家の性格を決める上で大きな役割を演じたからである。自律的な市場経済の興隆を許す条件として、ヨーロッパ国際システム内でヨーロッパ国家が置かれていた状況に注目する必要がある。ホールの《ヨーロッパ的ダイナミクスの完璧なフォーミュラ》とは、「より大きな一個の文化のなかでの強い国家同士の争いが、資本主義の大勝利を促した」[79]というものなのである。

さて、近世ヨーロッパには、国際関係が存在した。これは、一見するところと違って、近世ヨーロッパ独自の特徴といってよいものであった。そこでは比較的狭い領域（総面積は約一〇〇〇万㎢で、アジアの四分の一もない）のなかに多数の国家群が近接し、その間で地政学的・経済的に常時、競合状態が継続した。しかも、ヨーロッパは、その外へ膨張していく契機をさまざまな理由から抑制されてもいたため、一国の経済的ないし軍事的組織革新が成功し、自国の国際的地位を押しあげれば、（既に指摘した文化的同質性からくる模倣の容易さが手伝って）他の国家もそろって右ならえせざるを得なかったという状況にあった（いろいろな領域での第一走者の存在とその模倣）。こうした模倣が生じるのは、大かれ少なかれ、互いに似たようなタイプの国家だったからでもある。帝国のようなところでは、小さな隣国＝辺境の文化をコピーすることはない。帝国の隣あるいは外には、たんなる野蛮が拡がっているだけである。

　では、この国際関係そのものに含まれた競合システムは、経済成長にとってどう好都合だったのか。端的な例としてプロイセンの例が引かれている。ナポレオン戦争（一八〇六年のイェーナとアウアーシュテットの戦い）後、プロイセンはその敗北を分析して、自分たちはフランスの市民軍の力によって負けたと考えた。農奴では市民軍は形成できないとして、シュタイン、ハルデンブルク周辺の開明的エリート集団は一八〇七、一一、一八年と社会構造の改革を行い、農業の商業化に乗り出す。その意図は軍事的なものであったが、その意図せざる結果の一部として経済活性化が生じた（軍隊の再編については一八一四年に国民の兵役義務を導入した）。これをいいなおすと、戦争という国際競争が軍事的強化の戦略を招き、それが経済と社会のより効率的な組織化を促進したのである（のみならず、それが広い領土の獲得を可能にし、最終的にドイツ統合への足がかりともなっていくのである[80]）。

　そうした連関を生み出した国際システムの性格を整理してみよう[81]。

　(1)まずヨーロッパ国際システムには、そもそも国外脱出のシステムがビルトインされている。スペインからのユダヤ人や新教徒（カルヴァン派ゴイセン）の追放、フランスからのユグノーの脱出の例のように、彼らは人的資源そのものとして「イグジット」（逃亡）できるだけでなく、動産としての資本（貨幣や貴金属）をもって逃げていく。勿論逃げていった先の国は富む。長期的にはこうした例が教訓となって、専横的な統治を抑制する働きをする。「一定の抑制された規則的な行動はこうした手段で確保された[82]」。

　(2)「ここでの基本的なメカニズムは、おそらく、軍事競争である[83]」。つまり、軍事組織の効率化とそれを支える税制の発達である。

　(3)国家の支配者の最大の関心事が軍事競争であるとしても、右の例が示すように、支配者たちは、資本家たちが国家に対し資金等で援助するだろうことを、無条件には期待できない。この間の事情を代表的な歴史社会学者チャールズ・ティリーの議論（戦争遂行、資本蓄積、資源獲得、国家建設の関係）からいうと、《幼少》国家の建設者・支配者たちは、隣国との戦争準備のため生産者と交易者から金を絞りとりたいが、生産者たちは資本をもって簡単に国外脱出してしまえるから、国家は彼らむけの優遇策を講じざるを得ない[84]。いいかえると、国家はさまざまな社会諸階級と提携し、資本蓄積を促進しなければならない。最初期の国家建設者が直面した矛盾とは、資本家を脅して追っ払うことなく、かつ経済成長を減じさせることもなく、国家の対外的地位を強化するために国富をいかに多く生み出し、利用するかであった[85]。この要請を無視したために生じた悲劇的な例はスペインのフェリペ二世である。スペインは低地地方の経済の要衝であった都市アントワープを搾取し過ぎたために、数年のうちにアムステルダムの興隆を招いた。以後アントワープは盛時の勢いを取り戻すことはなかった。同様にリエージュからのカノン砲製造業者の逃亡も、彼の専制君主としての野望をくだいた。スペイン・ミニ帝国はとうとうヨーロッパ帝国の形成に失敗した[86]。

(4)しかし、その結果、ヨーロッパ国家は、逆説的に、帝国よりも大きな権力をもつようになった。その力は、既述のように、市民社会の他の諸要素と協調せざるを得ないところから生じたものだったのである[87]。

(5)では、ヨーロッパ国家は大きな力をもつにいたったのに、なぜ、次の段階として、国内的に帝国類似のシステムをつくるような方向へむかわなかったのだろうか。実は、近世の絶対主義体制はその試みであったといえる。が歴史が示すように、それは頓挫した。理由は、フランス絶対王政とイギリス立憲政体との比較から示されるとホールはいう。一瞥すると、ルイ一四世などに象徴される旧体制下のフランスが強い国家と見えるが、実際のところはイギリスは一八世紀に一度負けただけで、いつもフランスに戦争では勝っていたのである。そこで一八世紀半ば、フランスはその秘密を探るために知識人をイギリスに送り込み、その秘訣を盗もうとさえしたという[88]。このことはイギリスの国力がトップ（第一走者）だったことを示すが、そこから、前に触れた文化的同質性が模倣を促進するという論理に従って、いまの文脈では、第一走者が近世以降のヨーロッパ史では、スペイン→オランダ→イギリスと続いたように、絶対王政（フランス）ではどうしても制限王政（イギリス）に勝てないことが分かったからには、これを捨てざるを得ないということなのだ、というのである。つまり帝国類似のシステムでは、ヨーロッパ独特の国際競争を勝ち抜けないが故に、一国内帝国も成立しないということなのである。

(6)そしてイギリスについていうと、集権的な身分制度をもっていたことは偶然ではない。それが存在したことが、国内的抑圧には利用できない海軍力と相俟って、なぜ絶対主義的な方向が避けられたかを、おそらくよく説明しているとされる。

4　結論——ヨーロッパ的動態の例外性

ヨーロッパ的例外という動態の例外性について、ホールは国家と資本主義勃興の関係という点から、理論的に次のように整理する。なお小論では紙幅の関係で東洋の例を省略して論じたが、ホールは論じており、その詳細は別の機会にしたい。その点を断った上で、まず前提に、市場関係が自律的となる条件として、広汎な社会的相互作用のネットワークが必要である、ということを置くと、次の三つのケースが想定されることになる[89]。

(1)　ケース1――中国＝帝国支配　中国は典型的な帝国、冠石国家であった。広汎な社会的ネットワークは政治（polity）、あるいは端的には軍事力によって提供されていた。しかし国家は、巨大な社会的エネルギーを生み出すことができなかった（インフラ権力の弱体）。他方、帝国的支配は、それがコントロールできない水平的なリンケージ（宗教的なものであれ経済的なものであれ）を抑制できる程度には、大きな力をもっていた（専制権力）。その意味で中国では、政治的なものは明らかに自律性をもっていた。そしてこれにもとづく官僚制的干渉は、結局、経済の自律的発展にブレーキをかけることになった[90]。

いいかえると、中国では、国家の分裂期において経済発展が認められるだろうということである。事実、市場と都市の自立は南宋の時代（一一二七〜一二七九年）に顕著であった。南宋は北方民族と対抗して海軍を創設し、貨幣の質を改良した。それもすべて軍事衝突のための財政的必要（商人の保護）に出たものであった。しかし再統一された国家は、目前の国際緊張から解放されたため、国家以外の諸勢力を妨害していく。都市の自治を制限し、寺院を弾圧し、自律的な経済の発展を阻害したのである。資本主義的関係の展開はそこで潰えた。かくて明代後期になると、資本主義の発展に欠かすことのできないサーヴィスは、中国ではほとんど欠ける結果となった。実業家保護の法的規定はなく、通貨は不足し、金利は高く、銀行業は未発達だったのである。

(2)　ケース2――インド文明とイスラム文明　インドではバラモンの支配に対する政治支配者の攻撃が仏教と結びついたが（いわゆる選択的アフィニティ）、仏教と結びついた普遍帝国の建設は失敗した。救済宗教として、宗教の社会的側面に無関心であった仏教は政治支配とソリが悪かったのである。対照的に、新しいバラモン教は社会の組織化に熱心であった。ところが、カーストにもとづくバラモン的な社会生活の組織化は、不安定な政体を生み出すものでしかなかった。しかし問題なのは、インド社会では、政治構造いかんにかかわらず、資本主義的発展は望めなかっただろうという点である。それは、キリスト教やイスラム教に見られるような普遍的救済を根幹とする共同体の成立が、インドではなかったからである。いずれにしても不安定な政体は、略奪的な支配を助長し、経済活動の妨げになった。短命な支配は、経済にとっての必要なインフラを提供できなかった。

他方、イスラム文明では、広汎なネットワークが、中央政体の存在なしに、イデオロギー組織（宗教組織）によって保障されていた。つまり政体よりも大きな広がりをもつ文化を

なる)。

いずれの文明も市場の力が強く機能した社会ではないが、国家の性格は経済関係には否定的に作用したといえる[91]。

(3) ケース3――ヨーロッパという非帝国文明　市民社会が国家の以前に存在していた。そのため、強く長命な国家が、軍事競争の必要から、この社会と相互作用するよう強いられ、これが経済発展を生んだ。経済発展と自由主義的政治支配が一致し、商業と政治的自由が選択的アフィニティの関係にあったが、これは歴史的には奇蹟的なことだった。これをいいかえると、ケース3は、いわゆる進歩の例なのではない。進歩だということは、素朴で攻撃的なヨーロッパ中心主義である。むしろ西洋の勃興は、最初の国家の誕生がそうであったように、意図されざる結果であった。しかも、この勃興は失敗の産物であった。すなわち、地中海の古典文明を維持することの失敗である。リンクのもっとも弱い部分が、根本的な変化を生み出したのである。

重要なのは、このヨーロッパの発展が、次のような枠組なしには生じなかっただろうという点である。それは秩序とインフラ的サーヴィスの枠組である。それは、①国内的には活発な国家によって提供され、②国家間的には、キリスト教会のなかに確立された規範的統合の結果として提供されることになったものであった[92]。

以上の三ケースを要するに、ホールは、国家が秘密の核心だと主張する。なぜなら生産力は、抑制的でもあれば保護的でもあり得る防御帯(シェル)、すなわち国家をどうしても必要とするからである。国家のこの見えざる役割を、理論と歴史のレベルで浮上させたところに、彼の試みの最大の意義がある。そしてこの点が、ネオ・マキアヴェリ主義社会理論の典型的な例となっているのである。

第四節　近代世界と国家という問題設定
――国家の政治理論から社会理論へ

ここでは、前節の《歴史のなかの国家》論のねらうところを社会理論としての国家論という概念で捉え直す。社会理論としての国家論の検討対象は、近代世界と国家の関連である。この関連は実はこれまでさまざまに論じられてもきたが、多くは分散的で孤立していた。社会理論としての国家論というカテゴリーの提示が可能にするのは、離散した議論の架橋である。のみならず、その集積=アルヒーフのなかから、一つの理論的パースペクティヴ=ネオ・マキアヴェリ主義社会理論が、逆照射されるような形で鮮烈に浮かび上がってもくるだろう。

1　政治理論としての国家論、社会理論としての国家論

ネオ・マキアヴェリ主義社会理論の何たるかを示すために、ホールとアイケンベリーの典型的と思しきテクストから、いかに国家の観点から合理的資本主義の興隆、したがって近代の勃興という問題に接近したかを説明してきた。《国家に関する》ではなく《国家によって》開かれる近代についての視界は、これまでのどの説明よりもシャープである。ネオ・マキアヴェリ主義という補助線を与えることで開かれる世界の広がりは、意外なほど大きい。それは、定義によっても現実的にも、狭い意味での国家論のレベルをはるかに越えている。

狭い意味での国家論は、国家自体の解明を第一義の課題としてその歴史、構成、活動を分析しようとするもので、国家論の王道である。この《国家に関する》という言い方で示される議論を《政治理論としての国家論》と呼ぶことにする。そうすると、《国家によって》という表現で指し示そうとしているものは、国家そのものに即して国家を理解するアプローチとは視角を異にするものである。すなわち、通歴史的観点から国家全般の特徴を問題にするというよりは、ある時代のある地域のある国家形態に特別な眼差しを送るものである。特別な眼差しの対象はいうまでもなく、近代国家（君主国家→国民国家）である。近代主権国家という統治形態が西ヨーロッパに登場したという限りでヨーロッパに特別の視線をむけることになるが、それはヨーロッパ中心主義ではない。近代国家が歴史上特殊な統治形態であると考え、それがどんな歴史的役割を果たしたか検討しようというに過ぎず、そのためには他の時代、他の地域の統治形態との比較は必要だし、そもそも比較の目的が近代国家の特殊性プロパーにあるのではなく、勿論だからといってその理解を含まないというのではなく、むしろその重要な一部でもあるような、もっと広い理論的な問いが課題となっているからである。その問いとは、《統治のあり方の違いがその後の歴史的展開にいかなる影響を与えたか》、あるいは《国家は社会のあり方にどういうインパクトをもつか》である。この意味での《国家によって》にかかわる国家議論が《社会理論としての国家論》と呼ばれるものである。

このような国家論の区別は実はホールが明示的に行っているのではなく、筆者によるものである。本書では既にかなり触れてはきたはずであるが、もともとの出発点はここにある。さてこの区別には大きな利点がある。何よりも、歴史と国家という、社会科学において理論的な問題としては等閑視されてきた関係に、新たな視線を投げかけるチャンスになる。自由主義やマルクス主義という一九世紀的・経済主義的な社会理論が前提としていた《軍事社会から産業＝商業社会へ》という進歩史観的な発想では無視されたり、その自律的な論理

を否定されたりしていた関係の再検討が、この区別によって新たな問いとして浮かび上がってくる。

こうして国家論には、原理的に、政治理論と社会理論の二つがあるとしよう。とはいえ、以下では、かならずしも社会理論の側にはっきりと分類されないような人々、あるいは明確なネオ・マキアヴェリ主義者とは呼べない中間的な人々も含めて、いいかえると、試みの性格は全体として政治理論をめざしているようなかにも、もし社会理論にとって貴重な示唆を含むものであればとりあげるということにして、近代世界と国家の関係に注目した、実質にかかわる示唆的な議論を追ってみたい。第一節で行なったネオ・マキアヴェリ主義的試行への全般的な知的構えの動きだけでなく、ホール的な試みの妥当性を結果的にさまざまに検証していると考えられる具体的な知見の提示を中心に見ていきたい。ここでも提示は散発的である。

2　近代世界と国家

近代世界と国家の関連といえば、ただちに思い浮かぶ巨大な研究がある。イマニュエル・ウォーラーステインの世界システム論である。世界システム論は社会科学上のパラダイム転換の試みだったが、その一環として帝国と国民国家（近代国家）の違いがやはり指摘されている。この違いは、資本主義が近代国家システム（国際体系）の成立と関係しているという、彼の主張にとって基礎となるものである[93]。国際政治学者山本吉宣の整理によればこうである。すなわち、帝国＝グローバルな中央的な政治権威が存在する場合、財や資本の流れは基本的に政治によって決定され、個人なり企業なりの利潤最大化ないし市場メカニズムは経済機構としては支配的にならない。しかし政治的権威が分散した国家システムでは、たとえばどこかの国が市場メカニズムに制限を加えようとすると、ホールの議論で確証済みのように、資本は他の国に移動する。こうしてグローバルに市場メカニズムが成立する可能性が出てくる。またこの文脈で、山本は、国家システムが成立していると、国家間競争が技術・産業の競争となり、それが技術移転を促進し、産業革命の伝播につながる、という歴史家D・S・ランデスの議論[94]も紹介している。有利な経済措置を講じることで、経済の自律化が促進されるのである。このような指摘や観察は国際政治学等にはお馴染みのものといってよい[95]。

そもそもこの点はもとを探れば、帝国と国民国家の、その後の歴史コースにおける経済体制的帰結（資本主義か社会主義か）に注目したウェーバーにまで返る考え方であって、とりわけ新鮮な発見ではない。ウェーバー世界史の構図では、封建制的分権体制を経験した地域では経済が自律化して活性化し、帝国的集権体制下では政治支配が強く経済に自律的発展の余地がない。だから経済活動はある程度のところまで行くと、しまいに停滞する。この統治形態と経済の関係のあり方が、その後の資本主義化と社会主義化の違いを生む、とウェーバーは確信していた。つまり、〔帝国の末裔→急速な上からの産業化としての社会主義化〕、〔国民国家→強権性の弱い形での産業化＝資本主義化〕という二つの歴史コースである[96]。そしてこの議論はその後、もっと歴史学的・法制度的観点からオットー・ヒンツェによって明確に提示されることになる[97]。またよく知られているところでは、人類学者カール・ポランニーの市場社会論にもその考え方は顕著である[98]。

しかし、とはいえ、《通常科学》化した政治学や経済学などの領域においてそうした見方が支配的だったかといえば、そうではない。一九世紀型社会科学なるものは国家に最小限の役割しか与えない知の体系であった。にもかかわらず、国家と近代のこの深い関連、とくに軍事をはさんで国家が近代をつくりあげていく、という決定的な側面に対する関心は、相当思いがけないところで、ということはヒンツェなどの影響が学問の制度の上では及ぶことを期待されていないような人々によって、維持され継承されていくのである。

そのもっとも印象的な例は、政治学者でも歴史学者でもない村上泰亮に見ることができる。彼は近代経済学＝進歩史観の乗り越えを、経済学という狭い範囲の知的営為としてではなく行おうとした学者であって、ネオ・マキアヴェリアンという呼称が適切かどうかは別にして、彷徨する知的ノマドの一人であったことは、本書第四章において指摘した。そこでは十分触れなかったが、村上は今後の世界の取り組むべき三つの《問題軸》として産業主義（←→反産業主義）、ナショナリズム（←→インターナショナリズムないしトランスナショナリズム）、自由（←→平等）をあげており、このうちナショナリズムを検討した部分で近代の軍事的起源説に言及しているのである。すなわち、火器革命の登場→封建領主の安全保障能力を脅かす→新しい戦略・戦術の出現→機動的な常備軍とそれを支える経済力の必要→広い範囲の政治統合への動き→国王の領土支配権の強化から主権化へ[99]、という歴史コースの指摘である。これを国際政治学の通常の文法でいいかえれば、『新しい「中世」』論の田中明彦の次のような指摘に合致するはずである。

> あえて単純化すれば、近代主権国家を特徴付ける形式的特徴は、戦争技術の進展のもとでの、効果的戦争遂行能力のための組織ということになりそうである。中世的な組織では、一六世紀以後の戦争を戦うことは極めて困難になってきた。多額の出費が必要とされ、そのためにはある規模以上の領域が必要とされ、大規模な戦争を戦うための文民の組織（官僚制）と軍人の組織（常備軍）が必要とされたのである[100]。

ちなみに世界システムないし国際関係という観点が国家の役割を否応なく浮上させることは自然であり、より組織だった整理はもはや教科書レベルの知識として、同じ国際政治学者猪口邦子などによっても提示されているとはいえる[101]。ただし村上は、進歩史観というイデオロギーを克服する過程で国家の軍事的性格に注意をむけ、領土や国境の観念への執着に端的に現れるヨーロッパ近代国民国家の《歴史的例外》性に注目するのである。それにとどまらず、ヨーロッパ独特の聖俗関係、帝国の不在という問題、国民国家と国民国家システムの共存など、前の節でとり上げた主な論点の多くが彼自身の関心のなかで独自に消化されてもいるのである。彼の経歴を考えると、意外であり、刺激的である。

村上同様第四章でとりあげたもう一人のネオ・マキアヴェリアン木村雅昭も、比較政治学の立場から、ソ連のペレストロイカと解体、冷戦の終結などに触発されてその文明史的考察を行った『国家と文明システム』において、次のようなテーマを追っている。すなわち第一章「資本主義・社会主義・文明システム」、第二章「帝国と近代国家」、第三章「国家と経済発展」。このタイトルだけからも第一章から第三章が、ホールの問題関心に正確に符合することの雄弁な証拠になるだろう。ヒンツェ、ウェーバーをはじめドイツ・リアリズムの研究を多様に援用し、社会史や経済史、文化人類学や法制史などにも配慮しながら、木村は政治システムと経済システムの間にある密接な連関を解きほぐそうとした。ホールの議論が比較的禁欲的な論理的展開をねらっているとすれば、木村のねらうところはもっと大胆である[102]。その営為は、前に紹介した大著『「大転換」の歴史社会学』に集成されたが、しかしそれが多くの実証的政治学者に影響を与え、受け入れられているかといえば、いまのところ疑問であろう。

この文脈で、最後に、近代国家の軍事的役割を検証した歴史学の研究動向に注意をむけておこう。いわゆる《一六世紀軍事革命論》はイギリスのマイケル・ロバーツやジェフリー・パーカーなどの軍事史家によって代表される（ジェレミー・ブラックは近年それを一〇〇年繰り下げるべきだと反論しているが）。ロバーツはスウェーデン軍事史の専門家であったが[103]、パーカーは視野をヨーロッパ全体に開き、一五〇〇年から一七五〇年までにヨーロッパ人が史上初めて地球規模の帝国を築くのに成功したのは、軍事革命による戦争遂行能力の向上によると論じた。彼らはいずれも、歴史における近世ヨーロッパの軍事革命（戦争のロジスティクス）の意義を強調する。その粗筋をいえば次のようになるだろう。兵器の増強＋兵士の増員（つまり要塞の強化と軍隊規模の膨張）→組織と平站上の深刻な課題→①〔それを克服するための統治の革命→一八世紀近代国家の誕生へ〕＋②〔《帝国の道具》の非ヨーロッパ世界への拡張→帝国主義的侵略へ〕[104]。

いま問題になっている①の国内的なコースについてだけ簡

単な解説をしておくと、大軍隊の維持には有能な官僚制の形成が必要だが、一五三〇〜四〇年代に軍隊規模の一挙的拡大があったとき、ヨーロッパ諸国は統治の大がかりな再編の必要に迫られ、家産官僚制から合理・合法的官僚制という近代行政組織へ移行することになった。また、一六七二〜一七一〇年にかけて兵士の急膨張した時代は、また絶対主義の台頭した時代であり、とくに三十年戦争でピラミッド型の命令系統が崩壊したフランス、スウェーデン、オーストリア、プロイセンなどでそうであった。ルイ一四世が死亡した一七一五年（美術史上ではバロックの終わり）までに、ヨーロッパ各国は、一定の形式の近代的政府をもつようになっていたのである。

いうまでもなく、近代初期のみならず、その後も——一九世紀のヨーロッパ大平和をさしあたり別にすることができたとしても——現実には、自由主義の想定に反して、戦争の時代であり、歴史に例を見ない《戦争の工業化》や《世界戦争》[105]の時代であった。これらのことを素直な問いにいいかえると、近現代の成立と内容に深く、戦争ないし戦争準備、国民国家がかかわっていたのではないか、ということである。世界戦争は《総力戦》を強い、総力戦は国全体の総動員体制を要求する。この論理は原爆製造や強制収容所に象徴されるように二〇世紀にいたって目に見える形で十全に貫徹したが、だからといって二〇世紀だけが突出しており特殊で例外的なのではない。その論理は、近代という独特な歴史的個性の長期の流れのなかで、誤解を招きそうだが、まさにヘーゲル的に、次第に現実のものとなり拡大していった。かくして、戦争のインパクトを例外視することなく、近代社会そのもののパラメーターとして戦争を捉え直すこと——ある意味ではごく常識的なこの見方を学的な認識の場にとり込み、正当な位置を与えようというのが、軍事革命論の社会科学的含意であり、ネオ・マキアヴェリ主義社会理論のねらいともぴったり一致するところなのである。

ところで、次のような事情をもう一度考え合わせると、そうした試みは決して常識的でも、ありふれているわけでもない。これまで国家や戦争など、いわゆる軍事にかかわるような現象は、ちょうど警察フリークがマッチョの嗜好か劣等感の裏返しと見られがちだったように、なかば孤立した独自の領域、マニアの課題であった。だから、社会科学の専門家のあまりよくするところとは考えられていなかった。しかしいま見てきたように、近代社会の形成と性格において決定的な役割を果たしたといってよく、その検討は近代社会にとって不可欠のテーマとなってくるはずなのである。

3　《リサーチプログラム》としてのネオ・マキアヴェリ主義

ホールの議論は必ずしも目新しいわけではない。自由市場の形成（いわゆる封建制から資本主義への移行論）に関する《局地的交易論》（大塚史学）と《遠隔地交易論》の、説明の要もない有名な論争の長い蓄積[106]などを踏まえると、歴史の認識としては、むしろ概念的で図式的に過ぎるということになるのかもしれない。が、そこに、あえて控えめにいっても一つの特色がある。ホールの研究は、近代の勃興（および展開）に関する理論的な認識としては、全体として、もっともすっきりした社会学的説明の一つになっており、（ある種の）歴史社会学の魅力——マクロな歴史理解——をもっともよく伝えている。

それだけではない。より重要な点として、ホールたちの研究では、自由な経済（資本主義経済）というデリケートなメカニズムの自律的な発展を支えるものとして、統治様式の役割が強く打ち出されている。この点は、ネオ・マキアヴェリ主義社会理論がねらう（社会理論としての）国家論の典型的な一実践となっている。近代の勃興（および展開）に関して、従来の経済学中心的な議論が見出したもののさらに下に、もっと構造的規定要因があり、その検討を促すものだからである。木村の言葉を借りれば、「国家の形態は社会経済的な諸条件に基本的に規定されたものである」が、「国家は、独自の活動領域を有するところのひとつの歴史形成力にほかならない。それればかりか、そこには経済発展の帰趨を左右する決定的な契機が秘められていたのである[107]」。

別の言い方をすれば、ある（成熟した市民）社会の論理（市場機構）によって国家が規定されていると同時に、メタレベルでいえば、経済そのものが統治の形態によって逆に可能になっているということ。つまり市民社会の自律的経済秩序の背後にあってこれを下支えしている、見えながら（＝政治理論としての国家論）見えない力（＝社会理論としての国家論）としての国家、これをネオ・マキアヴェリ主義は考察の主対象に引き上げるということである。

ホールを例とする国家議論は狭い意味での国家論としてではなく、第三の社会理論、ネオ・マキアヴェリ主義社会理論の一例として供せられた。ポイントは、あくまで一個の社会理論の提示である。社会理論とはさまざまな実証研究や思索を刺激し支える《リサーチプログラム[108]》（ラカトシュ）のようなものであるが、マキャヴェリ主義社会理論にはどういう可能性があるのかを、最後にまとめて考察したい。

第五節　ネオ・マキアヴェリ主義社会理論の射程

社会理論としてのネオ・マキアヴェリ主義の特徴を、二つの角度から考える。まず従来の社会理論との関連でその特徴を大局的な観点から（1）、次に、対象に対する具体的な接近における特徴を比較（2）と歴史（3）という面から見てみたい。

1　社会理論としてのネオ・マキアヴェリ主義——鳥瞰的整理

古典的な近代社会理論の使命は、何らかの現象の《社会的》説明にあった。そのことによって近代（というシステムと時代）というものが誕生・発展した契機を理解し、これに備え、その将来展望を切り開く。それが社会科学勃興期の社会理論——哲学と社会科学のこの中間物に与えられた歴史的な課題であった。

さて社会理論は、極端でなく、社会というものがほとんどすべてを説明し得ると考えた。その限り《社会に関する》というよりは、《社会による》理論なのだと考えた方がよい。社会とは市場（機構）であったり（↓《近代》経済学の前提）、階級（的支配）であったり（↓マルクス主義の前提）、集団であったり（↓戦後の《近代》政治学の前提）するが、いずれにしても、それらは黄金の切り札であった。だからイギリスの社会学者マーティン・アルブロウは「『資本主義社会』、『産業社会』、『近代社会』が近代という時代についての著作を支配してきた[109]」と指摘するのである。国家や経済といった歴史的実在に限らず、自由や平等などの近代的理念、さらにはたとえば帝国主義、植民地主義といった対外政策・活動も、そうして国内（＝社会内）的に説明される多様な対象の一つとなり、そのつど微調整を加えられつつ、社会の側の自生的ないし独自の原理により説明された。自由主義とマルクス主義に、この点での区別はない。たとえば帝国主義についていえば、レーニンやケインズにも大きな影響を与えた自由主義者ホブソンは、イギリスのボーア戦争参戦が主にユダヤ人からなる国際金融資本によるとして説明を加えた[110]。レーニンやローザ・ルクセンブルクなら、独占資本段階の資本主義経済の階級的矛盾の外への投射として説明するだろう。

したがって社会理論の問いとは、何よりも、そのような自生的原理がどういうものかに置かれる。自由主義とマルクス主義の争いもその点にかかわり、産業社会的原理（前者）と資本主義的原理（後者）はおよそ、諸事全般にわたって対立したといえる。しかし実のところは、それらが一九世紀の《社会理論》である限り、当然に、成熟した市民社会の自律的メカニズムを説明の原理にするというドグマを共有していたのである。のみならず、端的には、企業ないし工場という勃興する産業組織を象徴的な舞台にして、歴史の軌道と帰趨を考えるという点でも共通していた。経済主義（あるいは発展主義）は、イギリスという産業的市民社会を背景に展開された一九世紀的思考劇の核であった。

つけ加えれば、こうした自生的原理と経済主義的観点の合成されたところに生じたのが、一種の目的論的思考であった。

すなわち未来に投影された《大きな物語》――マルクス主義における階級闘争の弁証法、産業社会論における科学的かつ技術的な進歩の論理などがそれである。

この目的史観に対しネオ・マキアヴェリ主義社会理論に新しさがあるとすれば、それは、歴史の進歩を簡単には認めにくい構造になっている点にある。なぜならごく常識的にいって、国家の盛衰、とくにその点にかかわって決定的な戦争の帰趨は、事前には予測しにくいからである。個々の戦闘の勝敗も難しければ、ヨーロッパ大の政治的帰趨の予想も同様に困難である。たとえば一六世紀における神聖ローマ皇帝カール五世によるカトリック教帝国建設の失敗は、果たして歴史の必然だったのだろうか。ヨーロッパ内部ではもう一歩のところまで行ったのではないか。問題は当時オスマン帝国がヨーロッパ世界を脅かすほどに隆盛であったという、ヨーロッパ内部の事情としてはまさに偶然的な要因によって不可能になったに過ぎないのではないか。したがって当時のヨーロッパ人が、自らの力の不足によって、もうほとんどカールのヨーロッパ帝国化を受け入れざるを得ない、という判断に達していたとしても不思議はない。帝国化の阻止はあくまでヨーロッパとその外部との関係によって現実化したように思われる。

これを一例として、要するに、ネオ・マキアヴェリ主義では、《国家関連事項（国家、戦争、戦争準備、国際関係）》が主たる説明の軸となる結果、比較的広い範囲で予測可能な合理性をもつ生産様式や経済構造、また市場合理的な企業活動とは違って、歴史の偶然や状況依存性（コンティンジェンシー）という視点が浮上しがちである。そのため、ある安定した構造や論理による歴史の一貫した演繹的な解釈といったものは、無理ではないにしても困難であり、可能だとしてもかなりいかがわしいものに映るようになる。

《自然》な近代としての商業＝産業社会という自生的原理よりも、《構築》された近代としての政治＝国家による、あるいは国家を媒介したコンティンジェントな運動の強調――このようなネオ・マキアヴェリ主義社会理論においては、もとより、経済主義に国家主義を対峙させる硬直した態度が求められているのではない。経済主義（たとえば階級一元論）が一面的なら、国家主義（たとえば軍事一元論）も一面的である。必要なのは、国家というものの存在の状況関数的性格、つまり関係の束としての国家という視点をもつことである。国家がどういう行動に出るかは、他のなにものかとの関連によって決まってくる。それは、歴史のなかでの国家という視点によってはじめて、満足のいく形で把握可能になる。したがって、現実の国家は、つねに複数形なのである。複数形とは、単一の国家なるものの本質定義を行ってもそれほど益はないということに加えて、そもそも複数国家のなかで国家は存立するということでもある。

さて、とはいえ、どの近代国家も似ているというのは何度もいうように歴史家アーネスト・ゲルナーの有名な主張であった。何が国家をして似通ったものにさせるのか。これは国内的事情からは説明できない。国内的事情は多様だからである。似通っているとすれば、それは国家の外的事情、つまり他の国家との政治的生存競争という《闘争》の次元にどの国家もかかわっているという事実によって説明されなくてはならない。もし国家の本質ということをいうならそれこそ本質である。すなわち人為的装置としての国家は、対外的な生存競争環境に共通に決定的にかかわりあう存在だということである。これ以上に近代国家の本質を突く事実はない。

改めて、ともに自由主義とマルクス主義においては、国家は国内的（主として経済）関係のなかで捉えられがちであった。が、国家の行動は、領土内部の社会・経済構成の構造や動態から、その主要な特徴や行動をすべて理解できるようなものではない。それどころか、むしろ基本は、ヨーロッパの歴史を一瞥する限り、（ドイツ・リアリズム的な）領域外的動機づけであったと考えるべきものだと思われる。他の近い地域の、同じような政治的構成体（＝国家）との対外的な生存競争は、国内での他の社会的・宗教的・地域的な諸権力との争いより以上に、深刻な結果をもたらしたからであった。

このような対外的生存競争を本質とする国家が、その置かれた国内的・国外的制約状況のなかで、ある種の順説と逆説の必然的と偶然的の重層によって、結果的に、市場社会の成立を促し、国民経済の発展を助け、のみならず、ひいては自由で平等な個人という近代的な人間類型、「《人間》を自律的で自由な完結した主体とみなす……いわゆる《人間中心主義》[11]」の産出にすら《ある時、ある場所》（近世北西ヨーロッパ）で貢献することになった。ウィッグ史観的な自由の進歩や社会経済的自生原理によって《ヒューマン》に歴史を解釈するよりも、このように歴史の連なりを考えることがより現実的だとするならば、(1)社会は説明の原理でなく、むしろ対象ないし結果となり、国家は説明の対象でなく、一つの原理として浮上してくる。説明原理と対象がここに反転する。のみならず、(2)近代という《高邁》な時代の成立も、歴史の必然ではなく、ウェーバー的・ゲルナー的な偶発・爆発となるだろうし、逆説的ながら、近代ヨーロッパという時代と地域とシステムに特権的で普遍的な地位を与えなくてはならないという理由はない、ということにもなるだろう。

社会理論としてのネオ・マキアヴェリ主義は、こうして、第一に旧来の社会理論の逆立ちであり、第二にヨーロッパという歴史的個体からその特権性を剥奪することを意味することにもなる。もとよりヨーロッパが依然、近代社会科学の解明すべき第一のテーマであることは以上と矛盾しない。

さて、これまでの検討で明らかになったように、（ヨーロッパ）近代国家を生み出す過程にさまざまな社会的・文化的・宗教的要因、一口に非政治的要因がかかわることはいうまでもない。国家を生むのは原理的に国家ではない。国家以外のものである。とはいえ、いったん君主国家→国民国家という、ある歴史的構成体（主権国家）が成立した以後は、この実在が強力な歴史の原動力となる、という事情があくまで重要である（ラカトシュ的な堅固な核として）。近代とは、したがって、その意味での主権国家の時代であり、それが世界的に拡張していく時代である。短い言い回しのもつ鮮やかさを求めるなら、その後のファシズムの到来を前提に、近代の論理は国家の成立を要し、その出現によりはっきりした形をとったのだ、といいかえることもできるだろう[112]（アルブロウなら「近代性の主たるエージェンシーとしての国民国家[113]」と端的にいうだろうところのもの）。

このように見てくると、歴史における国家の学的重要性はあまりにも明らかである。にもかかわらず、このような国家と近代世界の関係は、従来の主流の歴史解釈や社会科学では十分検討されてこなかった。これまでの理解では、近代は分業にもとづく社会発展の調和的帰結であったり、資本主義経済の法則的発展であったりした。改めて国家は、前者では市場社会発展に伴う複雑性を縮減するための技術的な装置となり（→《技術的要請》の強調としての産業社会論）、後者では階級的支配の装置となる（→《階級的要請》の強調としての資本主義社会論）。

ネオ・マキアヴェリ主義社会理論が刺激に富んだ一個の知的革新である経緯は、以上に明白である。最終的に整理すればこうである。ネオ・マキアヴェリ主義は、歴史としてのヨーロッパ近代という時代を、社会や国家、国民や国際関係といった複合的な視点を総合的にとり込んで理解し、それに一つのパノラマを与えるような解釈的営為を可能にする。

それは、はじめて正面から、狭い意味での政治史とはまったく異なるものとしての、《政治学的》な歴史理解を行おうとする試みである。近代が基本的に、国家を含む国家関連事項という対内・対外の政治的要請から生まれるとする、そういう見方を強調する点でネオ・マキアヴェリ主義は、従来の社会理論と対蹠的地点に立つ。それは、ヨーロッパ内部の検討から生まれながら、「《西欧的近代》の思考の構え[114]」を相対化する大きな努力の環のなかにあるものだといってよい。それは、政治を帝国主義や世界戦争という極限的な形にまでもっていきながら、その意味を実は隠蔽し、政治的営為に真の適切な知的理解を与えることを怠ってきたヨーロッパ近代の、まさに大きな物語を明るみに出そうとするものである。リオタールのいう大きな物語は自由主義であれマルクス主義であれ、未来にかける前進＝救済の物語のことであった。しかし実は現にありながら否定されてきた、社会における政治＝国家の思考的排除、これこそが、その伝でいくともっとも《大きな隠れた物語》であった。

さらに一点。ネオ・マキアヴェリ主義の政治的（＝国家的および国家間的）役割の強調という見方は、ドイツ・リアリズムが一九世紀の後進国の知的産物であるように、冷戦以後英米の知的イデオロギー支配が崩れ、近代社会成立に関する別次元のリアリズムが登場してきたことの兆しであるだろう。それがはしなくも、ついに、一九世紀的決定論である一元的な近代進歩主義を突き崩す[115]。

2　無自覚な比較は無意味である
――比較論の前提をめぐる疑問

次に、ネオ・マキアヴェリ主義について、もっと細かくアプローチの特徴に即し二点見てみよう。比較ないし関係論的な見方の強調からはじめたい。

繰返すように、国内的動態から社会・政治・経済事象を説明しようとするのは自由主義、マルクス主義双方の特徴で、多くの場合、一国史的（internalist）な視野で事態の理解を、したがって実践的解決を求めがちな主な理由となっている。こうした傾向は、半分は閉じられ（↓主権・内政不干渉）、半分は開かれた（↓外交・交易関係）ある近代的現象（《国なるもの》）を前提に、考察の単位・尺度・対象を決めようとする《近代主義的》態度と不可分である。その対象が政治学でいえば《国民国家》あるいは《主権国家》と呼ばれ、社会学ではもっと単純に《社会》と言い習わされてきたものであった。国民国家と《国民》社会は実質上同じものであって、ただ隠語を使用する人間の住処が違っているだけである。いずれも、伝統的世界では考えられなかった広い地域（↓領域国家）を、内部的競争者あるいは地域的自律性を排除した単一の権威（↓主権国家）が、最終的に《人口・住民》として捉えられることになった人々の福祉に留意しつつ（↓フーコー的ポリス論あるいは伝統的な福祉国家＝行政国家論）、法にもとづいて統治する（↓法の支配ないし法治国家）、という近代的な仕組を指している[116]。

社会科学自体がこの新しい現象から生まれ、これを対象にしたものだという端的な事実、すなわち近代の自己理解としての社会科学という観点からすれば、このことはある程度不可避だったかもしれないが、いまとなってはそうした単位や尺度の選択は《近代主義》的な恣意と映る。たとえば――国際政治学ではこのことは常識なのかもしれないが――、インドがイギリス一国によって占領されておらず（つまりプラッシーの戦いがイギリスの勝利に終わらず）、英仏によって南北が占領されていたとしたらどうだろう。現在あるようなインドという国はなく、それぞれの地域の代表的な地名を冠して、北インドの政治文化と南インドの政治文化が、あたかも伝統的で固定的なものとして、過去に遡ってまことしやかに分析されることになったかもしれない。アフリカの本質的に部族国家を近代的＝植民地主義的な直線的《国境》で画し、外来の国民国家の装いそのままに眺めることの愚も、同様の恣意性に依存する。当初から強く批判されながらウォーラーステインの世界システム論が衝撃的だったのは、社会科学ではじめて分析単位としての国民国家、したがって近代の枠組を乗り越えようとした点にあっただろう。

このことはいくつかのことを教示してくれる。第一に、近代世界と近代社会科学が、ある外部的な力＝暴力的な《仕切り》によって領域と視野を確定され、かつ限定され、のみならずそれによってともに保全されていた、というフーコー的論点である。しかもそれはごく最近、おそらくヨーロッパでも一九世紀になって全面的に確立し、その後、地球的規模で波及した世界の仕組に対応していた（ギデンズ的グローバル化）。ここから、近代世界とその認識装置としての社会科学の間には暗黙の協奏ないし相似関係があったと考える人々が出てくる。たとえば環境問題やフェミニズムといった形で近代社会総体の乗り越えを求めると称する社会運動が、近代社会に内在するものとしての近代社会科学パラダイムの共犯的批判へとむかうのは、事の当否は別にして、そのためである。ヨーロッパ中心主義としての帝国主義批判、知の帝国主義としての《オリエンタリズム》批判も同様である。

第二に、一国史的アプローチといっても、それはヨーロッパなどの先進諸国に限られたアプローチだということである。事実上、社会科学では、第三世界の国々について、一国史的アプローチが優位になることは、低開発を支える政治文化の問題を除いてあまりないように思われる。その国内的諸決定は実際、外国との重要な関連で検討されている。こうして、一国史的アプローチを適用できる先進国と適用できない途上国との暗々裡の分別が、支配していた。いいかえると一国史的アプローチは、高度で複雑な、それゆえ科学の対象となる自律的社会に適用される近代的営為なのである。ここにはエスノセントリックなものの見方がある。

第三に、いずれにしても先進諸国で一国史的アプローチの克服が課題となるということは、世界システム論も含めて、国や地域同士の関係が焦点になってくるということである。国家単位の問題設定が恣意的だという指摘には矛盾するかもしれないが、ここで重要なのは歴史的には国家間関係である。正確にいい直すと、一定の領域を支配するある権力主体と他の権力主体との、恒常的な潜在的かつ顕在的闘争状態のもつインパクトである。これをコンベンショナルに国際関係と呼ぶとすると、外交・戦争準備・戦争がそこでは重要な意味をもつ。国際関係は国際関係としてだけ重要なのではない。国内関係を説明する要因としてここでは重要なのである。このことをもっと端的に表現すれば、ギデンズらのように、社会学に政治と国家を導入するということである。つまり、成熟した市民社会の見えざる手がそれらを規定するのではなく、逆にそれらによって規定されているその前の段階、市民社会の自律的秩序のさらに背景にあってこれを支える《外部の力》

を、考察の対象として浮上させるということである。一九世紀のイギリスでスミス的な経済社会の論理が貫徹するのは、社会に基本的な同質性とコンセンサスがあるからだとしても、そのデリケートでこわれやすいコンセンサスを最終的に担保する、見えざる国家の強制力が働いているはずであって、その根底的な作用の重要性を再確認しなければならない。

こうして第四に、効果的で先進的な統治システムとしての国民国家独自の特徴の認識が、改めて、強調されることにもなる。ある統治形態を国家と呼ぶことはできても、国民国家を国家そのものと同視することはできない。統治形態は古来さまざまであり、そのなかで国民国家は近代ヨーロッパが生んだ、きわめて特殊な統治のシステムである。それは、ヒンツェがいうように、帝国形成に失敗した後進地帯ヨーロッパが次善の策としてつくりあげた封建制という分権体制のなかから立ち上がってきたものである。それが次代には、最新最強の統治形態となる国民国家を生み出した。そこには歴史の皮肉がある。現在その枠組が崩れつつあるといわれ、いかに国民国家を乗り越えるかが話題になるとはいえ、結局ポスト国民国家の明確な像を説得的な形で提示したものはない。しかも、そのもつ意味や効果が広く検討され出したのすら、ごく最近である。ネオ・マキアヴェリ主義はこの流れに属する社会理論なのである。

しかし以上のように見てくると、最後に、比較といってもたんなる比較が重要なのではないことが分かる。先進国同士、あるいは先進国と発展途上国の比較は、まず近代的国境をもった一国を照準にした上での比較である。アメリカの比較政治学はその例である。歴史を括弧にくくる近代主義的思考への安易な寄りかかりが、そこには見られる。政治学者のあまりに無自覚な態度には、今日の政治学そのものにどこか根本的な欠陥があることを感じさせる。しかしここでより問題にしたいのは、一国を見ることが他の国々を同時に一個のシステムとして眺めることにつながっていかなければならないということである。そのシステムを東洋と西洋といったように捉えるのか、世界システム論的な、中核国など三つのレベルの国々からなる大システムと見るのか、あるいはもっと別のハンチントン的な文明システムであるのか、はまた別の問題である。ネオ・マキアヴェリ主義社会理論が強調するのは、単純な似たものの比較という意味での比較の基本的方法論ではない。事態を相互連関の網の目のなかで捉える水平思考のことである。

3　社会科学において歴史は異化の技法である
――歴史と社会科学の対立の無効

次に歴史を社会理論のなかに組み入れるということ――歴史的コモンセンスの復権に移りたい。水平思考に対して垂直思考を組み合わせることで、事態の把握は一層深くなる。

歴史的コモンセンスの復権にはさまざまな意味を見出すことができようが、ここでは社会科学の具体的な流れのなかでの理論上の特徴に限って三点、ごく常識的な整理をしておこう。その上で、最後に、歴史的コモンセンスへの移行が、《現在の非常識》あるいはフーコーの系譜学になっていく理路を簡単に説明しよう。

理論的な特徴の第一は、歴史社会学がその機動力となることにかかわる。歴史社会学は、既に触れたように、社会学の主流であったパーソンズ社会学の非歴史性、保守的静態主義、マクロスコピックな体制学、その背後にあるアメリカ・モデル主義などへの抗議活動として、六〇年代末の学園紛争の世界に再登場した。レアルポリティークの面についていうと、現在を歴史の到達点と見るキリスト教的・進化論的発想、現在の概念を過去に投影する反歴史的態度、アメリカを念頭に置いた西欧近代至上主義は後発世代の社会学者から反発の的となるが、歴史社会学もそうしたポスト・パーソンズ社会学の知的・政治的なプロテストの重要な一翼を担うものであった。したがって、そういう世代＝政治闘争としての性格がある。

第二に、歴史社会学を離れて、社会学のアポリアともいえる、ミクロ（主体的行為）とマクロ（社会構造）の乖離の克服という純理論的課題を追うなかでギデンズが辿り着いた《構造化》理論の影響があるように思われる。さて、構造が行為を可能とし規定するとともに、行為が構造を再規定し、そのつど構造そのものをその場その場で生成するとすれば、この連続は時間性をもち、その相互作用を捉えようとする構造化の理論は歴史的アプローチに近づいていくはずである。事実、ギデンズの構造化理論は最終的に歴史社会学を指向するにいたる。ギデンズを第一義に歴史社会学者とは呼ばないとしても——デニス・スミスは呼んでいるが[117]——、彼の試みが歴史社会学を鼓舞したことは事実である。

第三に、歴史的コモンセンスの復権は、歴史学や人類学等のめざましい発展に同時代的な影響を受けてもいた、という点からいうと、もっと広い知的反逆としての意味ももつ。すなわち、近代市場経済の時代が普遍的というより特殊な時代であるというポランニー派経済人類学の台頭、フーコーらの一連の不連続の歴史にかんする考古学的・系譜学的研究、フランス社会史＝アナール学派の前近代社会の心性と豊かさの発見などは、その知的刺激の一例であるが、この意味では、ネオ・マキアヴェリ主義は《近代理性＝幸福増進[118]》という啓蒙の物語に疑義を呈し、近代の自己理解としての社会科学の自己実現への、さらなる一歩という共同歩調のなかにある。つまり一種のポストモダン論である。歴史を見直すことが、来るべきものへの検討になる。

さて第三の論点との関連で、歴史的コモンセンスによって回復される事態への認識についていえば、それは、いまある常識—自明性の、意識的な喪失の試みということになるだろう。それは一元的な《現実》なるものの読み直し、多元的現実の発見であり、また、そのための《異化》の技法である。これまでの文脈でいえば、近代を脱構築する試みであったり、現在の偶有性の指摘としてのフーコー系譜学的実践となるだろう。ネオ・マキアヴェリ主義社会理論は一九世紀的社会理論からの覚醒をめざす。とすれば、異化作用の技術である歴史的パースペクティヴの援用は、ごく自然な成り行きであるだろう。

4　おわりに

改めて、水平思考と異化作用という二つの視線の交わるところに、社会理論としてのネオ・マキアヴェリ主義は成立する。マキヤヴェリ主義は歴史の脱構築を行い、そのことによって近代世界の成り立ちを捉え直し、そこに外部の力としての、あるいは、《権力の追求》（フーコー）としての政治＝国家の作為的な活動の跡を見出そうとする。その活動は、産業社会の論理に服するものでも、階級分化の弁証法に服するものでもない。それは、人間社会を構造化する独立かつ独自な要因なのであり、これまでの社会理論が等閑視してきたものである。国家および国家関連事項の発見は、世界をこれまでとは違った相貌で体系的に眺めることを可能にする水平思考と異化の技法の実践なのである、といっておくことにしよう。

次のステップは、そうしたマキヤヴェリ主義社会理論の具体的な展開である。この稿で論じ残された問題を三点指摘した後、さしあたり念頭に置いた今後の課題に触れてみたい。

第一に、ネオ・マキアヴェリ主義的実践の例（知的一般動向と具体的研究動向）は提示したが、その思想的系譜はここでは扱わなかった。マキアヴェリ主義の復活に力のあった最近の主要な理論家としてはウェーバー、フーコー、ギデンズという、主義も主張も異なる人々がいるが、そこにどんな一個の思考のシステムを導き出せるかという課題がある。ネオ・マキアヴェリ主義的《モダンの脱構築》は外部の力としての権力＝国家の隠れた、あるいは、あからさまな規制＝整序の作用を表面に浮かび上がらせようとするものである。ウェーバーらがどの程度までこの問題に接近し得たかという観点からの整理が求められよう。

第二に、間接的にしかなされていない他の二つの社会理論（自由主義とマルクス主義）の、ネオ・マキアヴェリ主義からする本格的な検討と批判が、もっと本格的に取り組まれてよいだろう。そうすることによって社会理論としてのネオ・マキアヴェリ主義の理解も深まるだろう。

第三に、ここの議論の不足を補う意味でも、ホールの冠石国家と有機体国家の説明をもう少ししておくべきかもしれない。とくにヨーロッパとの対比で、アジア各地における国家論は補強されなくてはならない。ヨーロッパが重要であるために、アジアが重要となるのである。その広がりは歴史と地域の二重の方向に向かう。なおこの文脈で、システムとしての近代世界というものに、どういうアプローチの仕方があるのかを考える必要があるかもしれない。その場合、世界システム論等、分野の異なる人々の業績がネオ・マキアヴェリ主義のなかにどう生かされるのかを考えておくべきである。こうして検討の矛先がかなり学際的拡散的な方向へとむかってゆくことになる。

最後に、以上とは反対に、ネオ・マキアヴェリ主義社会理論がもともと実証分析のための議論の指針を提供すべきものとして構想されたという点に話を戻すと、社会理論という意味は、実証研究へのリファレンスを欠いたたんなる社会思想ではないということである。リサーチプログラムとしてのネオ・マキアヴェリ主義という言い方を前の節でしたが、それは比喩的な意味でいわれているのではなく、具体的な実証との関連で問題群や検討の方向を指し示す、まさに文字通りラカトシュ的な《理論の構成体》として使われているのである。だからこの社会《理論》を通じて、いかなるテーマが問われていくのかが、問題にされなくてはならないだろう。ネオ・マキアヴェリ主義社会理論が個々の下位の理論枠組に分岐していくわけである。

付論・注

1　ロバート・Ａ・ニスベット（中久郎監訳）『社会学的発想の系譜』（アカデミア出版会、一九七五年）八頁。

2　これに関連して国際関係や戦争の意味の検討、また国家－社会関係（という伝統的な分割）の再考などというテーマが浮上してくるが、基本は国家論的な線上にある。

3　Ｉ・ウォーラーステイン（本多・高橋訳）『脱＝社会科学』（藤原書店、一九九三年）参照。

4　そもそも民主政自体が世界的には少数派であるが、このことは社会科学を含めた西欧文明の進化論的前提によって視野の外に置かれがちである。戦後アメリカ的近代化論の破産はその例であるのだが。

5　この点は何でもよいが、たとえばデヴィッド・ヘルド（中谷義和訳）『民主政の諸類型』（御茶の水書房、一九九八年）第三章「自由民主政の展開――国家賛否論」、第四章「直接民主政と政治の終焉」参照。

6　ちなみにアダム・スミスの考え方はかならずしも一九世紀のヴィクトリアン・リベラリズムの中核部分となっておらず、当時流行となったのはその俗流化された形、スペンサー流の社会ダーウィニズムであった。スミス自身は反政治（学）的とはいえず、権力をコントロールする必要をもっと現実的に評価しており、国家の廃絶も考えない。むしろ道徳哲学者スミスにとっては、商業すら、穏健な政治体制をつくるという道具的な理由で奨励されているに過ぎないという点に注目しておこう。ところがスペンサーを介して一九世紀におけるスミス像は、夜警国家が経済成長にとって望ましいとの逆のイメージに転化していった。

7　国家の死滅という発想自体、ギリシアのようにポリスをもって究極の価値の源泉と考えるところでは想像すらできないだろう。国家死滅という願望はきわめて西欧的で、かつ近代的であるとホールはいう。J. A. Hall, "Introduction", in J. A. Hall, ed., *States in History* (Basil Blackwell, 1986). ギリシアのこの経験はしかしイタリア・ルネサンスを経て《シヴィック・ヒューマニズム》という形で再生した。Ｊ・Ｇ・ポーコック（田中秀夫訳）『徳・商業・歴史』（みすず書房、一九九三年）参照。

8　しかしこれは極端な整理であって、スミス以外にも、ミル父子などは社会を改善する賢者支配としての国家の役割を重視していた。J. A. Hall, *Liberalism* (Penguin,1987) chps.2-4. しかし一九世紀の主流の思想は、国家の最小限の役割＝マンチェスター派的レッセフェールの教義であったことに変わりはない。

9　国家中心的アプローチについての説明の不足は、中谷義和「アメリカ政治学における国家論の文脈」中央大学社会科学研究所編『現代国家の理論と現実』（一九九三年）や桐谷仁「国家の自律性」佐治孝夫他『国家と近代化』（芦書房、一九九八年）などを参照して補っていただきたい。

10　しかしフーコー流にいえば、社会や国家といった、社会科学がもっぱらにする実体が確固としてあるわけではない。社会や国家へと編成される言説のあり方こそが、フーコーにおいては分析の対象である。しかし、それはそれとして理解した上で、一般的な理論構築をめざす小論のこれまでの論述のスタイルでは、そうしたフーコー的な議論を延長していくのが難しく、ためにあえて一定の方法的省略を全編で行っていることを断りたい。

11 E. A. Nordlinger, *On the Autonomy of the Democratic State* (Harvard University Press, 1981).

12 F. Block, *Revising State Theory* (Temple University Press, 1978).

13 他に、B. Badie and P. Birnbaum, *The Sociology of the State* (The University of Chicago Press, 1983)；［バディ・ビルンボーム著、小山勉訳『国家の歴史社会学』日本経済評論社、一九九〇年］, G. A. Almond, *A Discipline Divided* (Sage, 1990)；S・S・ウォリン（千葉他訳）『政治学批判』（みすず書房、一九八八年）、深沢民司「比較政治学の過去と現在」『法学研究』第59巻第一一号（一九八六年）などを参照。

14 ステパンと同じ年に出たこの分野の次の代表的な諸研究もまた興味深い。E. K. Trimberger, *Revolution from Above* (Transaction Books, 1978)；S. K. Krasner, *Defending the National Interest* (Princeton University Press, 1978).

15 有機体国家という言い方は、ホールのヨーロッパ近代国家の概念規定と同じであるが、内容はやや違う。

16 A. Giddens, *The Nation-State and Violence* (University of California Press, 1985)；M. Mann, "The Autonomous Power of the States", in J. A. Hall, ed., *States in History* (Basil Blackwell, 1986)；M. Mann, *Souces of Social Power, Vol. 1 & 2* (Cambridge University Press, 1988; 1993)；M. Mann, ed., *States, War, and Capitalism* (Basil Blackwell, 1988).

17 筒井清忠編『「近代日本」の歴史社会学』（木鐸社、一九九〇年）、石田雄『社会科学再考』（東京大学出版会、一九九五年）参照。

18 しかし合理的選択理論の跋扈によって現在では歴史社会学的アプローチが《異端》と見做されていることを歴史社会学の主唱者自身が嘆いている。John A. Hall, *International Orders* (Polity Press, 1996) pp.24-29.

19 G. Poggi, *The State* (Stanford University Press, 1990).

20 しかしそうした方向は現在では／でも、政治学や国際関係論ではあくまで《異端》なのである。（国際）政治学では合理的選択理論という抽象度の高い基本的に経済学的理論モデルが流行し、歴史社会学的発想を圧倒している。ネオ・マキアヴェリ主義的営為のか細い一線をたどることの意義も、一つにはそこにある。ネオ・マキアヴェリアンのその種の嘆きの例として異端という言葉遣いも含めて、J. A. Hall, *International Orders*, Preface.

21 P. B. Evans, *et al.*, eds., *Bringing the State Back In* (Cambridge University Press, 1985).

22 河野仁「アメリカ歴史社会学の現状と課題」『思想』八一二号（一九九二年）、小田中直樹「訳者解題とあとがき」T・スコチポル編『歴史社会学の構想と戦略』（木鐸社、一九九五年）。日本への導入についてはいうまでもなく、筒井清忠編の紹介を参照。既にあげた『「近代日本」の歴史社会学』以外には、『日本の歴史社会学』（岩波書店、一九九九年）と『歴史社会学のフロンティア』（人文書院、一九九七年）がある。

23 T. Skocpol, "Bringing the State Back In: Strategies of Analysis in Current Research", In P.B. Evans, et al., eds., *Bringing the State Back In*. 邦語でこのパースペクティヴをもっと知るには木村雅昭『国家と文明システム』（ミネルヴァ書房、一九九三年）第二章。

24　ドイツ・リアリズムにおいては国家権力は国内的には独自の行為主体であり、対外的には生存の保護者である。しかし他方でネーションという観点ではドイツという固有名は古代ないし中世に淵源する。その場合のドイツと国民国家としてのドイツが同じものだとはいえないにしても、この点は頭の片隅にとどめておいてよい。日本やフランスについても同様である。佐藤成基「ネーション・ナショナリズム・エスニシティ」『思想』8月号（一九九五年）。

25　金森修『フランス科学認識論の系譜――カンギレム、ダゴニェ、フーコー』（勁草書房、一九九四年）二三八頁。

26　村上泰亮『反古典の政治経済学』上（中央公論社、一九九二年）とくに第六章。

27　なお国際政治学で戦争や国際システムの問題が重視されていることは当然だが、それらが一個の社会理論や歴史認識への革新への道案内と見做されているかとなると疑問である

28　O・ヒンツェ（阿部謹也訳）『封建制の本質と拡大』（未来社、一九六六年）、F. Gilbert, ed., *The Historical Essays of Otto Hintze* (Oxford University Press, 1975).

29　J. A. Hall, ed., *The State: Critical Concepts, vol.1:* "General Commentary" (Routledge, 1994).

30　リアリストたちは国家を必要とする理由を素朴な社会進化論的仮定に従って考えており、戦争も自然視されたから、国家の性質や機能についての問いは逆説的に忘れられがちでもあった。ウェーバーも議会を国の威信を高めるような強いリーダーシップを可能にするべく構成せよと主張した。J. A. Hall, *Powers and Liberties* (Penguin, 1986) p.9.

31　J. A. Hall, "Introduction", in Hall, ed., *States in History,* p.10.

32　O. Hintze, "Economics and Politics in the Age of Modern Capitalism", in Gilbert, ed., *The Historical Essays of Otto Hintze.*

33　つまり国民市場や殖産興業政策は近代国家統合の副産物ではあるが、「政治が資本主義を造り出した」とも考えない。木村、前掲『国家と文明システム』四四頁。

34　ウェーバーはご承知の通り、予期せざる結果の連続として歴史の形成を考える代表者である。

35　ただし岡田中国歴史学によれば事は非常に複雑であるが。

36　J. A. Hall, ed., *The State: Critical Concepts, Vols. 1-3:* (Routledge, 1994).

37　たとえばマイケル・マンは、前産業社会では、国家が大きな自律性をもつが、産業社会段階になると国家の自律性を論じる余地のない状態、つまり経済＝階級の支配下に国家が入ると論じる。マン（内山・丸山訳）「国家――古代と現代」A・マクファーソン他『国家はどこへゆくのか』（御茶の水書房、一九八四年）。これは彼がネオ・マキアヴェリ主義の適用範囲を限定して考えていることを示している。しかし近代プロイセンの例でも分かる通り、産業社会における国家の役割を軽視することは悪しき進化論的段階論への後退であり、この点で彼の依然とした一九世紀型社会科学的限界を看取できるように思われる。

38　マックス・ウェーバー（大塚・生松訳）『宗教社会学論選』（みすず書房、一九七二年）、同（木全徳雄訳）『儒教と道教』（創文社、一九七一年）など参照。

39　R・コリンズ（寺田・中西訳）『マックス・ウェーバーを解く』（新泉社、一九八八年）四五頁。

40　佐藤俊樹『近代・組織・資本主義』（ミネルヴァ書房、一九九三年）三三頁。

41　コリンズ、前掲『マックス・ウェーバーを解く』四五頁。

42　J. A. Hall and G. J. Ikenberry, *The State* (Open university Press, 1989) p.34.［ホール、アイケンベリー（星野・斎藤訳）『国家』昭和堂、一九九六年］。

43　沼尻正之「マックス・ウェーバーの比較歴史社会学的方法」『ソシオロジ』一一六号（一九九三年）九七頁。ただし、ウェーバーの関心が西洋近代の資本主義から西洋そのものの文化的特質へと拡大していき、西洋合理主義の宗教的源泉としての古代ユダヤ教が問題にもなる以上、彼の全体系のなかで宗教社会学の占める決定的な重要性は疑う余地がないこと、このことは繰返しておこう。

44　ホール自身はウェーバーの問題構成そのものとウェーバー主義とは区別しなければならないとしている。ホールの理解するウェーバー主義とは歴史形成におけるイデオロギー（宗教）的要素を強調するものの見方で、実際のところウェーバー自身の思考とは反対だという。ホールは、ウェーバーが経済的要素と政治的要素の複雑な関係を重視する見方を提示したものと捉える。J. A. Hall, *Powers and Liberties*, p.16-7. しかし本章がウェーバー主義というのは、この複雑な関係のことなので、お間違えないよう。

45　Hall and Ikenberry, *The State*, p.14.

46　E. Gellner, *Plough, Sword and Book* (Collins, 1988).

47　J. A. Hall, ed., *The State of the Nation: Ernest Gellner and the Theory of Nationalism* (Cambridge University Press, 1998)；A. Hall and I. C. Jarvie, *Transition to Modernity* (Cambridge University Press, 1992)；J. A. Hall and I. C. Jarvie, eds., *The Social Philosophy of Ernest Gellner* (Podopi, 1996).

48　挿話的移行とは、歴史を法則定立的観点から説明することを拒否し、偶有性に支配されるものと考える。挿話とはある社会とその転換後の社会の間を指し、転換の方向はその時点で当該社会に固有とする。社会発展に不可避のトレンドは存在せず、あらゆる変化は偶有的な結果のパターンとして理解されるとする。だから部族社会から階級分化的社会へ行くだけでなく、その逆も同様の挿話的移行となる。山田信行「歴史記述と弁証法」『社会学評論』第四六巻二号（一九九五年）一六七頁参照。

49　A. Giddens, *A Contemporary Critique of Historical Materialism* (Macmillan, 1981).

50　たとえば、「人間がシンボル化を始めて以来人間に潜在的につきまとっていた意識は、近代西洋の合理主義において究極的に暴き出され、徹底化された」といった、ウェーバー学者の指摘をさらに延長したような。W・シュルフター（嘉目克彦訳）『近代合理主義の成立』（未来社、一九八七年）三九頁。

51　近藤和彦「『二重革命』とイギリス」歴史研究会編『講座世界史2――近代世界への道』（岩波書店、一九九五年）。

52　しかし繰返すように、ホールは自律的市場、有機体的国家その他の独立の運動を支えるものとして宗教（キリスト教）の意義を一貫して重視している。Hall, *Powers and Liberties*, p. 140-1.

53　この章の論文の初出時にはこの共著は未翻訳だったので、全体を鳥瞰しておくことの意義はもっとあった。いまではその翻訳、ホール、アイケンベリー、前掲『国家』を参照し、本章がその一部を選択的に強調していることを確認していただきたい。

54　M. Mann, "The Autonomous Power of the State", in A. J. Hall, ed., *States in History.*

55　J.A.Hall, "Capstones and Organisms", *Sociology* 19 (1985). [後に J. A. Hall, *Coercion and Consent* (Pollity Press, 1994) に所収]

56　マンはインフラ権力を社会に対して行使されるものと見ているが、ホールは社会のためにインフラサービスを調整する能力としてこれを見なければならないという。これがマンの考えを基本的に援用するということの意味である。

57　T. Skocpol and K. Finegold, "State Capacity and Economic Intervention in the Early New Deal", *Political Science Quarterly* 97 (1982).

58　J.G.Ikenberry, "The Irony of State Strengh", *International Organization* 40 (1986).

59　Hall and Ikenberry, *The State,* p.34.

60　Hall and Ikenberry, *The State,* p.34-5.　なおこの文化的統一性の実態が市民社会成立の前提（pre-existence of civil society）であるとされる。

61　M.Mann, *Sources of Social Power, vol.1* (1988) chs. 10 and 12.

62　Ch. Tilly, "Reflections on the History of the European State-Making", in Tilly, ed., *The Formation of the National States in Western Europe* (Princeton U. P., 1975).

63　Hall and Ikenberry, *The State,* p.35.

64　Hall and Ikenberry, *The State,* p.35-6.

65　Hall and Ikenberry, *The State,* p.35.

66　J. Goody, *The Development of the Family and Marriage in Europe* (Cambridge University Press, 1983).

67　Hall and Ikenberry, *The State,* p.36-7.

68　P. Burke, "City States", in Hall, ed., *States in History.* またピーター・バーク（森田・柴野訳）『イタリア・ルネサンスの文化と社会・新版』（岩波書店、二〇〇〇年）参照。

69　Hall and Ikenberry, *The State,* p.36.

70　G. Poggi, *The Development of the Modern State* (Hutchinson, 1978).

71　もしスペインのフェリペ二世が長期的な帝国体制をつくりあげていたら、オランダとイギリスの社会実験はどうなっていただろうか。ホールらの解答は、英蘭という周縁部分における社会革新は帝国型統治（冠石国家）により排除されていただろうというものである。Hall and Ikenberry, *The State,* p.37.

72　Hall and Ikenberry, *The State,* p.37.

73　Hall and Ikenberry, *The State,* p.37.

74　Hall and Ikenberry, *The State,* p.37-9.

75　成瀬治『絶対主義国家と身分制社会』（山川出版社、一九八八年）参照。

76　Hall and Ikenberry, *The State,* p.38.

77　Ch. Tilly, "Reflections on the History of the European State-Making", in Tilly, ed., *The Formation of the National States in Western Europe.* pp.21-25.

78　Hall and Ikenberry, *The State,* p.38.

79　Hall and Ikenberry, *The State,* p.39.

80　クシシトフ・ポミアン（村松剛訳）『ヨーロッパとは何か』（平凡社、一九九三年）一六九頁参照。

81 Hall and Ikenberry, *The State*, p.39-41.
82 Hall and Ikenberry, *The State*, p.40.
83 Hall and Ikenberry, *The State*, p.40.
84 Ch. Tilly, "Warmaking and Statemaking", in Evans, *et al.*, eds., *Bringing the State Back in*.
85 D.C.North, *Structure and Change in Economic History* (Norton, 1981).
86 Hall and Ikenberry, *The State*, p.40.
87 Hall and Ikenberry, *The State*, p.41.
88 Hall and Ikenberry, *The State*, p.41.
89 なお、この三つのケースの体系的研究は既にホールが別のところで行っていた。J.A.Hall, *Powers and Liberties*, Part 1.
90 Hall and Ikenberry, *The State*, p.22-27.
91 Hall and Ikenberry, *The State*, p.28-34.
92 Hall and Ikenberry, *The State*, p.42. この文脈に見られるように、ホールの市民社会への高い評価はその後の彼の研究の主たる方向にもなる。
93 イマニュエル・ウォーラーステイン（川北稔訳）『近代世界システム　一六〇〇～一七五〇』（名古屋大学出版会、一九九三年）。
94 D.S.Lands, *The Unbound Prometheus* (Cambridge University Press, 1969).
95 山本吉宣『国際的相互依存』（東京大学出版会、一九八九年）七六―七七頁。
96 マックス・ウェーバー（世良晃四郎訳）『支配の社会学』II（創文社、一九六二年）。木村、前掲『国家と文明システム』第二章参照。
97 O・ヒンツェ（阿部謹也訳）『封建制の本質と拡大』（未来社、一九六六年）。
98 ポランニー説は、国民市場経済が近代国家を産出したという従来説に対して、近代の国家形成（＋国民統合）の過程の副産物として国民市場が生まれるというネオ・マキアヴェリ主義的実践であり実に興味深い。彼の議論は別に詳細に検討予定である。カール・ポランニー（吉沢他訳）『大転換』（東洋経済新報社、一九七五年）。この関連で木村、前掲『国家と文明システム』第一章。
99 村上泰亮『反古典の政治経済学』上、八〇頁。
100 田中明彦『世界システム』（東京大学出版会、一九八九年）二八頁。なお、田中は、近代主権国家の形式的特徴として領域性、官僚制、常備軍をあげているが、同書によれば、防衛費の割合は、今日だとおおよそ日本七%、アメリカ二九%、西ドイツ（当時）二三%であるのに、一八世紀にはルイ一四世のフランス七五%、ピュートル大帝のロシア八五%の高率だった。
101 猪口邦子『戦争と平和』（東京大学出版会、一九八九年）。
102 木村、前掲『国家と文明システム』。
103 M.Roberts, *The Military Revolution 1560-1660* (1956).
104 J・パーカー（大久保桂子訳）『長篠合戦の世界史――ヨーロッパ軍事革命の衝撃　一五〇〇から一八〇〇年』（同文舘、一九九五年）
105 西谷修『戦争論』（岩波書店、一九九二年）。
106 H・J・ケイ（桜井清訳）『イギリスのマルクス主義歴史家たち』（白桃書房、一九八九年）、石坂昭雄他『新版西洋経済史』（有斐閣、一九九三年）参照。
107 木村、前掲書、五一―五三頁。

108 I・ラカトシュ「反証と科学的研究プログラム」ラカトシュ、マスグレーブ編（森博監訳）『批判と知識の成長』（木鐸社、一九八五年）。

109 Martin Albrow, *The Global Age* (Polity Press, 1996) p.19.

110 D. Smith, *Capitalist Democracy on Trial* (Routledge, 1990) pp.90-92; J. A. Hall, *Liberalism* (Paladin, 1987) ch.4.

111 西谷修『夜の鼓動に触れる――戦争論講義』（東京大学出版会、一九九五年）五四頁。

112 この言い回しは、ダンデカーら通常のネオ・マキアヴェリ主義者よりは国家の役割を強調した言い方かもしれないが。

113 Albrow, *The Global Age*, p.27.

114 西谷、前掲『夜の鼓動にふれる』五四頁。

115 村上、前掲『反古典の政治経済学』下、三三〇頁。

116 Ch. Dandeker, *Surveillance, Power & Modernity*, p.51.

117 D. Smith, *The Rise of Historical Sociology* (Polity Press, 1991).

118 森重雄『モダンのアンスタンス』（ハーヴェスト社、一九九三年）。

あとがき

本書は、動員史観というものの見方やそれが行う《診断》のあり方などを、まとまった形にして多くの方々にお伝えし、ご理解願おうと思って書かれた。個人的にはかなりの時間考え続けてきたことなので、新鮮味は薄れつつあるが、お読みになる方が少しでも刺激を得ることができればと期待している。構想初発とはいえ荷をおろした案内人の安堵を感じつつ、本書の来歴を少し述べてあとがきにかえたい。

本で読んだのか、人に聞いたのか忘れてしまったが、昔、クレムノロジー（ソ連政治研究）の大家がいて（多分イギリス人）、よくその予測があたるので、どうしてそんなに分かるのか、クレムリンに特別な内通者でもいるのかと問われて、いやただ毎日、あなたがたと同じ新聞を読んでいるだけなのだが、と答えたという逸話があった。文献学者ニーチェのように一頁一頁、また一行一行、注意深く読み解いていくことの教訓が、そこにはある。この本もそのひそみに倣い、特別な文献や社会科学の常識的な宣託によらず、誰でも知っているようなごく基本的な文献や日常の現象を使って、その解釈的刷新の技法を提示したいと思った。つまり誰でも知っていることについて、誰も気づかないことに触れるということ。

本書は、次に予定しているより専門的な近代再解釈（国家関連事項をモティーフとする近代理解）という長い航海の最初の寄港地でもあり、最初の航海記録でもある。そのため、平凡なアルヒーフ（集積体）、いわば打ち捨てられた灰のなかから、そうした不死鳥が生まれていくことの、いやます鮮やかで逆説的な興奮、いってみれば《ときめく心》を、読者の方々にも感じてもらおうと、少々は意識した。「庭の豆を使ったかけあわせの作業を通して遺伝の法則を考え出したグレゴール・メンデルのように」（パトリシア・オブライエン「ミシェル・フーコーの文化史」リン・ハント編［筒井清忠訳］『文化の新しい歴史学』岩波書店、一九九三年、六一頁）。フーコーは、このいまでは知らぬ人とてないオーストリアの無名の修道士、当時の科学が語ることのできなかったこの《怪物》に自己を同一視させていたが、ここではただ、平凡な庭の豆でも、その組み合わせを考えると、こうした本になるということだけを、《小さな声》（ニーチェ）で囁いてみたい。

いずれにしても「いったんこの構想の興味にとりつかれて以後は、新しい史料にもとづいて細かな事実を確定することよりも、ごくありふれた史料や既存の研究文献のなかにあらわれる諸事実を新しいコンテクストのなかに整序づけて解釈しなおすことの方が、著者にとってはるかに重要なことのようにおもわれるようになった」（野田宣雄『教養市民層からナチズムへ』名古屋大学出版会、一九八八年、四四三頁）。序説のさらに序文のようなものである本書に引用しては申し訳ないが、野田は慎重にもこの文章の前に「第三者の目には滑稽そのものにみえようとも」と但書をつけている。本書のためにあるような言葉だが、とはいえ、完成されたもの、書かれたものを最終的に提示することより、はるかに、考えたり書いていくことの過程の愉しみ、一歩ごとに光景の変わる石畳の街路を歩くようなコンサマトリーな逸楽は捨てがたいものがあったというしかなく、「通常の意味の学術的体裁は多少犠牲にしてでも自己の歴史解釈の仮説をおもい切って前面におし出した形の書物を意図するようになった」（野田、前掲書、四四三頁）。

その願望のどれほどが実現されたかは別にして（基本的に動員先進国・純正近代日本の文献を使うというねらいは達成されていると思う）、少なくとも、現実の自明性を切断するだけでなく、学問の自明な前提からも距離を置こうとする動員史観のねらいに沿って、この本は、高度な理論的攻撃目標の割に、使用される戦闘機はごくありふれたものであり、装備も日常的な事象や推論、一般常識や教養というありきたりのものでしかない。しかしその全体は、かつてＮＡＴＯのハイテク・ステルス機をユーゴのローテク・レーダーが捉えて打ち落としたような、一九世紀型社会科学への決別と粉砕という大撃破となった。この、柔よく剛を制す的な変則こそ、本書の段階における動員史観の真骨頂であるといっておきたい。テレビのワイドショー並みの平凡な物事を集積していく結果としての動員史観――動員史観の成り立ち自体にフーコー的な現在の歴史の知的実践が反映している、と不遜ながら言い添えよう。

本書の《南国の果実》（序章冒頭）的な《ゴージャス》（某氏評）な構成（？）がなるにいたった背景について、三点ほど述べたい。まず第一点目として、動員史観自体の構想はかなり前に出来上がっていて、機会があれば披露していた。しかしこのあとがきの最後の方でも触れるだろうが、最終的な難関は理知的理解を推し進める上での困難ではなく、感情的納得だった。その際、助力となったのはある種の解釈学的深化であった。いまでは《よい子》なる問題構成にさほど関心がないような気もする学生たちだが、かつてはまさに自分のことだと敏感に反応してきた。それで私が彼らのいうことを感心して聞いていると、それが、学生としては私の議論を彼らなりに受け取り、私のいっていることをただ繰返したに過ぎないと感じているらしいのである。一種の解釈学的循環であり、われわれは未完成のある知的構想を各自自分なりに想像し補足しつつ、自由な会話の遣り取りによって、それを相互構築的に現実化させていくという作業をしていたわけである。もっと正確にいえば、自由とはいえ参加者の会話が相互拘束されている共有されたリアリティが、結果として（非常識に見えた前提から）現にいま見るような知的構想を共同で構築させた。目に見えない会話の秩序が会話の前提を現実に結果させたといってもいい。あるかないかが不明確なパルサー（中性子星）の存在を確認していく天文学者たちのメモや会話記録を分析した、私のもっとも尊敬する社会学者山田富秋のエスノメソドロジー研究が示すように、場の秩序が相互に補強し反響しあい、ある不定型なものの現実上の発見あるいは結晶化をもたらす。そういうわけで感情的バリアの突破については当時の学生たちの何人かに感謝したい。竹内君の卒論を掲載した所以である（勿論竹内君は竹内君としての変奏を試みており、彼なりの動員史観の実践である）。いつまでもモダンの独断的な問題構成のなかで微睡んでいたかもしれない大学の教師にとっては、その刺激は小さくなかった。これが本書の啓蒙・教育・研究という南国的構成の、そして大幅な紙数超過の理由でもある。

しかしそのため、ほとんど仏文科の学生のような学部時代を過ごした私には、フランス文学者宮川淳の、すべからく本というのは短くストイックたるべし、という言葉が一層厳しく響く（『美術とその言説』中央公論社、一九七八年）。簡潔に二人の方だけ名前をあげてお礼を述べたい。直接間接にその影響は本書全体を支配している。これを第二点目としておきたい。まず、本書でときにのさばり出る社会科学以外の用語や人名については、美術家高田修一氏の長い、もう三〇年以上にわたるご指導の記憶をとどめるために、あえて児戯に等しい振舞とは承知しつつ、場違いなこの本に戯れに使用させていただいた。バッハもマーラーも、ヴァルヒャもホリガーも、ランボーもマラルメも、ブルトンも瀧口修造も、バタイユもアルトーも、デュシャンも澁澤龍彦も、フランセス・イエイツもバルトルシャイティスも、コルビジェもファン・デル・ローエも、トニオ・クレーゲルもハムレットも、ジェームズ・ボンドもアラビアのロレンスも、遠近法も『最後の晩餐』も、すべて高田先生に教わった。その結果、バロック・トランペットの魅力を知る小生意気な中学生が出来上がったわけである。そういう次第で、本書のそうした小児的な行為は氏へのオマージュである（同時に、私の若い時代への惜別でもある）。

もう一人は本人はもうお忘れになっていると思うが、軍事的発想というか近代日本の狂いに対する認識のきっかけを与えていただいた井上和雄氏。経済学者にして画家、音楽家（評論、演奏、指揮）、要はルネサンス的教養人の氏は既に大学を退官されたが（音楽関係ではサントリー学芸賞も受賞された『弦楽四重奏が語るその生涯』三部作、音楽之友社刊がある）、私、いってみれば《万能の凡才》が、単身赴任では軍隊だという後知恵的には至極当然の指摘を独特の説得力で教わったのは、井上さんがまだ四〇代半ばの頃、一九八三年のロンドン（大学留学中）であった。私はもうその頃の氏の年齢を越えてしまったが、ともあれその意味では、動員史観は日本の極北ロンドン生まれである。そうした指摘をなさる氏の研究の軌跡はアダム・スミス研究『資本主義と人間らしさ――アダム・スミスの場合』（日本経済評論社、一九八八年）から『さらばヘーゲル』（日本経済評論社、二〇〇二年）で完結したが、動員史観もまた、そうした問題関心上に胎胚した一つの芽なのでないかと思う。いずれにしても、本書第六章に紹介した画家・精神科医吉田脩二氏は井上さんの幼少時からの親友であり、『さよなら、「いい子」』（同朋舎、二〇〇〇年）の著者である。本書も一時『さらば、（一九世紀型）社会科学』と題そうかと考えたが、そうなれば《さらば近代三部作》となっていたはずで、そう思うたびに、個人的には、瞬間的に沸きあがる哄笑の欲求を抑えがたいものがある。

第三点目は、本書の構成というより、動員史観を考え出す直接のきっかけにかかわるもので、要は肉親の連続した病死にあった。簡単に。私の英米留学の直接の課題は近代警察（とくにイギリス警察）の歴史社会学的研究、治安機構（物理的強制装置）の政治学というテーマであった。英国にいる間にも関連の論文は書いたが、それは、文献一式抱えて、後は仕上げるばかりと帰国した私を襲ったある不幸によって一挙に魅力を失った。長い呆然自失のなかで深夜の趣味から真昼の検討へと躍り出ることになったのが、近代という時代やその同伴者、社会科学全体をやはり根底から考え直さなくてはならないということであった。本書で繰返したように、われわれが決定的に歴史の産物であって、それが個人の問題を越えた広がりをもつことの覚醒が、その促しをなした。こうして、フーコー、ドゥルーズ、デリダ、バルト、バタイユ、ボードレール、マラルメ、ポランニー、蓮見重彦、山口昌男、渋澤龍彦、高山宏、中井久夫、栗本慎一郎といった学生時代以来の、ポストモダン系統（？）の、それまで楽しみで気まぐれであった読書が、今度は真剣な読解の対象となり、自分の問題としてはじめて浮上した（私の最初の本はフーコーの隠れた官僚制論的応用で、直接には一箇所でしかフーコーには触れなかったが、気づいた人はいた）。

なぜ自分はここでこういったことを考えこういった行動をしているのか。なぜ私は私になったのか。いまこの地にいて、こういうことをしている自分をつくりあげた力は何か。こうした問いともいえない問いが生まれ、その子どものような問いを問うことが、近代日本人に共通してかかわる一定の事情を明らかにしていくことを悟ったということ。「フーコーの生涯は、みずからへの個人的な問いかけが、世界そのものへの問いかけへの道を切り開いた、格好の範例である」（桜井哲夫『フーコー』講談社、一九九六年、二九七頁）といえば、少しは《社会科学的にコレクト》な表現ということになろうか。それらの問いは社会科学誕生の秘密にかかわる最重要なテーマであった。近代そのものの組成、意味、影響、展開などは、一九世紀末のウェーバーなど《不安の世代》にとって基本的な問題だった。とはいえ、それは、浅田彰氏らのような先鋭な知的俊秀のもっぱらにする問題だと考えていたため、私自身は自分の問いとして問う意欲をもたなかった。社会科学は分業である。しかしさきほど触れたような事情が自らの非力を押返して、そうした問題に自分なりの理解の道筋をつけるよう促すことになった。ポストモダンという言葉がただの文芸評論や理解しがたい哲学的なテーマ、ファッションであることをやめ、今日の社会や人間を考えるのにもっともふさわしい補助線であることに気づくというこの個人的体験を経て、改めて書棚のかなりを占領していたその種の書物に遅まきの《職業的》な視線をむけるにいたったということ。つまりは社会科学のもっとも素朴で原初的な問題群へと立ち返ることによって本書は生まれた、というお話。出来はどうあれ、以上がその誕生の経緯である。

本書を書き出す最大の貢献者の名前はあえて伏しておきたい。ただ伏しておくということを明記することによって、その記憶を自分だけのものにし、かつそう述べることによって、そのように思ったという事実のあることだけは記録にとどめておきたい。そのことにまつわる経験は、私にとっては長期かつ断続的に《学》的停滞を余儀なくさせるものであったが、それが《知》的前進の契機となったはずだという期待と感謝の念をもって。

★　★　★

以上は、実は、本書の前身となる書物につけたあとがきを、本書の来歴を分かっていただくために適当と思われる点を残して再説したものである。つまり本書は、『動員史観へのご招待――絶対主義から援助交際まで』（五絃舎、二〇〇二年）という書物の増補改訂版ということとなる。前回出版社をご紹介いただいた大平浩二先生（明治学院大学経済学部教授）が、この旧著が流通にやや難があるということで、新しく出し直すことを提案してくださったわけである。現在、大平先生は経営哲学会の代表理事という立場にあり、その関係もあってか文眞堂から出していただくことになった。天災は忘れた頃にやってくる。文眞堂社長の前野眞太郎氏にはお礼の言葉もない。また、増補改訂とはいえ、内容的には新著といってよい理論内容の掘り下げを行なった。そのため校正作業も巻き添え食って大変煩瑣なものとなった。編集の前野隆氏にも感謝申し上げたい。さらに、前著とは大きく変わったにしても、前著を書く過程で、動員史観は、理論的要としての原動員の浮上など一層明確さを増し前進できた。その意味でも、ご迷惑をおかけした五絃舎の長谷さんに改めてこの場を借りてお礼を述べておきたい。いずれにしても、前回と今回を通して、厳格なポーパー主義者にもかかわらず、反証可能性と無縁な理論的系譜に属する動員史観のような、近代全体を問うマクロな研究にも興味をお持ちいただいた大平先生に、そのご厚情を深く感謝する次第である。活気溢れる「大平事務所」のにぎわいのなかで、その最末席に座を占める悦びをひっそりと表明しておきたい。

今回の作業の結果が前回と違う雰囲気をもつとすれば、それは音楽史上の前古典派の発見があるとお考えいただきたい。前回の執筆中は、バッハのマタイを繰返し聴いた。入れ替えが面倒なので少なくとも半年以上は、終日、ほぼ毎日。ただ誰もその何枚目を聴いていたのかという質問はなかったが、マタイ受難曲は通常三枚組みである。きちんとあとがきを読む者が実は身近でも少ないと悟った次第だが、それはさておき、そのため前回執筆時はパセティックで精神的な研究室となっていた。それで今回、新しく本を出し直すことは決まっていたものの、一年以上、きっかけがつかめずにいたある日の午後、図書館で芸術学科の大学院生とばったり出会った。忘れもしない貸出カウンターの前。グラウン兄弟について立ち話をした。グラウン兄弟は一八世紀半ば、フリードリヒ二世の宮廷楽団にいた比較的高名な作曲家である。ベルリン歌劇場の柿落としが弟の作曲したオペラ『クレオパトラとシーザー』であった。モーツァルト以降のオペラには関心の薄い人間でもこれには結構感心したので、そのとき、音楽史のなかでは高い評価のないこのバロック・オペラのことを話題にした。そして時代区分の話になって、当然のごとくグラウンを後期バロックだと思い込んでいた私に、その現代音楽（ドイツの作曲家シュレーカー）専攻の院生は、グラウンは古典派だというのでさすがに驚いた。つまりうちの文学部にある芸術学科では、古典派のコーナーにグラウンの作品（ＣＤ）を置くというのである。

政治学科と同年に発足した芸術学科には、いまや結構な量の音楽作品の収集があり、ヨーロッパ音楽に関してはマイナーな作曲家やアンソロジーものは中世、ルネサンス、バロック、古典派、ロマン派、現代音楽と大分類してある。各項目にはかなりＣＤがあり全部聴こうとすると相当の時間がかかるが、大作曲家は別にその名前で項目立てしてあり、実はグラウンも自分の項目がある。だからグラウンの時代区分が分かりにくかったのだが、院生氏によれば、グラウンは前古典派だから古典派に分類するというわけである（芸術学科の大分類には前古典派はない）。煩瑣なので詳細は省くが、要は、バッハから何年かして生まれた作曲家は一般に、グラウンのように前古典派に括られるのである。しかし、書法からいってバロック的な処理が目立つ（と私には思える）グラウン兄弟らその時代の作曲家たちを、私は後期バロックだとばかり思っていたのである。フリードリヒ大王の好みは時代に四〇年遅れていたといわれているので、まだグラウン兄弟やヤーニッチュ、クヴァンツらサンスーシーの作曲家たちはバロックにかなり傾斜していた。とはいえ、彼らと同時代のヨーロッパ中に散ったイタリア人作曲家や（バッハのいたライプチヒに近い）ドレスデン宮廷の音楽は、もうバロック的とはいいがたい。一八世紀半ば以降のそうした作曲家から受ける印象は曲調の全体的な明るさやのびやかさなど、コレルリなどの後期バロックの巨匠たちとは相当違う。定型的な旋律や書法などでバロック的要素は残していながら（それがまた心地よい）、もっと開放的で晴れわたった大気を感じさせるし、感情表現も自然で豊かである。内なる宮殿の壮麗さにいたるバッハの音楽構築とは異質な広がりがある（学生時代に読んだ柴田南雄の埃まみれの本を開いてみたら、このまったく忘れていたＣ・Ｈ・グラウンのオペラのところに何行か傍線が引いてあった。聴けるとは夢にも思わずにいた当時を思うと、現実はシュールだと頭がくらくらする）。

かくしてなぜか、この覚醒が知的興奮を呼んで、今回の作業に取り組むきっかけとなった。実は動員史観による近代の再解釈という次の仕事の準備を進めていて、中世から近世へのヨーロッパ史を全体として鳥瞰するためには音楽の展開という点から見るのがもっとも手っ取り早いし正確ではないかとも感じていた。たとえば、味も素っ気もない書名ながら歴史的総合の見事な例、フーゴー・ライヒテントリット（服部幸三訳）『音楽の歴史と思想』（音楽之友社、一九七九年）のような書物からは、音楽だけでなく、ヨーロッパの権力的重心移動の歴史的見取り図がはっきり読みとれる。それに政治社会学の授業ではウェーバーの合理化論を説明するために、まず、一般には無視されがちの音楽社会学に重点を置いてきたということもあった。ヨーロッパ音楽では音律（一オクターヴをどう割るか）と楽曲の関係がダイナミックだというのがウェーバーの主張で、音律という理論と音楽作品の間につねに緊張関係があるようになっているのが特徴だとする。この理論と実践の緊張とその解消が次の音律の選択や誕生を招き、それがまた新しい音楽的実践の基礎となって発展を促すという仕組になっている。ピュタゴラス音律から純正律、純正律から中全音律、中全音律から平均律へというように音律は変化し、実践面では三度の和音がきれいに表現できるとか、半音階的移行や転調がしやすくなるといった現実の要請に見合った音楽の発展がある。ウェーバーが一頃音楽社会学にのめりこんだ理由というのは、この理論と現実の緊張が、彼のいう西洋の《合理化》の一つの姿だと理解したからであった。日本でなら、和算も花道も茶道も《理論》は早々に現実との接触を失い、伝家の宝刀か秘儀となって、家元制度のなかに囲い込まれてしまうのと対照的である（あるいは現在なら社交ダンスすら！）。ウェーバーにおいて西洋音楽の発展は、世界を変革する多様な合理化の一つの局面なのである。

そういうこともあって、ここしばらく西洋音楽を系統的に聴くという作業を行ってきた。聴いて思うのは、西洋音楽には言葉をどう使えばいいか分からないが、思い切って進化とか進歩といった表現をしたくなるような、短い覚知できるタイムスパンのなかにはっきりした発展というか歴史があるという感じをどうしてももってしまう、ということであった。一九世紀の半ばのシューマン登場の時点で、ベートーヴェン亡き後の歴史（音楽史）の終焉（！）がドイツで語られ、知識人作曲家の宿命とはいえシューマン自身が既に古典派によって確立した調性を崩そうとしていたという。自らの歴史にきわめて自覚的なのが西洋音楽なのである。したがって、やはり順番に聴いてくると、しまいにワーグナーからマーラー、そしてシェーンベルクにいたるまでの音楽の発展（あるいは自壊？）の理路が、どんな素人にも、おぼろげながら仄見えてくる。なるほど中世から順繰り現代音楽にいたるといっても既に膨大なＣＤがあり、全部を聴き通せないことは音楽学者自身が述べている。たとえば二〇〇五年度の日本音楽学会は、明治学院大学であった。院生たちの発表もあって、二日間、ずっと朝から聞いたのだが（これまでどの学会でもそうしたことはなかったような気がする）、そこで桐朋学園大学の大崎滋生氏がそう述懐されていた。大崎氏は、当方の勝手な推量では、音楽学会における動員史観のような立場の方で、本書がご著書からかなり影響を受けたことは本文註にも触れた。ちなみに氏も参加されたバッハをめぐるラウンドテーブルでワイマールで発見されたばかりバッハの楽譜を演奏したＣＤを聴いたが、そのとき私の脳裏にあったのは、至福のときだという思いと、競馬には興味はないがディープインパクトは三冠馬になったろうかということであった。同時刻に走っていたのである。カーテンで外界を遮断した暗い教室でそんなことを思うのは、やはりスノベリーな／たるべき社会科学者だけなのであろう……か。

というわけで、今回は、寛容にも自由な出入りや借り出しをお許しいただいた芸術学科の樋口隆一先生（および学科の先生方）に特別の感謝の言葉を申し述べたい。樋口先生は日本の指導的なバッハ研究者であるが、明学バッハアカデミーを率いて、実技教育をもたない学科としては異例なことだと思うが、バッハやベートーヴェンの本格的なＣＤ（しかも大作や受難曲を中心）を多数発表されており、二〇〇六年にはライプチヒのバッハ音楽祭にバッハアカデミーを連れてご出演の予定である。お暇な折、愉快な逸話やご冗談とともにいろいろご教示いただく。たとえばＣＤにする演奏をどうやって楽譜と照合していくかとか。トレードマークの赤いアルファ・ロメオは毎日、地下駐車場にやってくる。日々のまことに勤勉なお仕事ぶりには頭が下がる。樋口先生に与えていただいた音楽的接触や経験があって（先の院生氏は一番弟子である）、作業は始まった。

そういえば高名な皆川達夫氏の報告も今回の学会ではあったのだが（ちなみに皆川氏は最近、樋口先生の審査によって当大学から博士号の授与を受けられた）、中世の大学の自由七科に（数学部門として）音楽があったように、コラール作曲の天才だったルターだけでなく、ヨーロッパの知識階層は音楽をよく知っていたといわれるが、皆川氏によると、ヨーロッパに限らず、江戸時代の日本においても、音楽の素養は武士のたしなみであって、三〇〇余の藩のほとんどあらゆる藩校などには、音楽の学習の場が設けられており、殿様を含めて教養ある武士で音楽を知らぬものはなかったという指摘をされていた。そういう事実を踏まえて改めて考えると、ポストモダン論以後の若い大学人にクラシック音楽を聴く習慣がなく、聞くのはさまざまなロックや、場合によってはニューミュージックの現代版、つまりはつくりの複雑になった流行歌のようなものであるということと、日本における西洋近代離れや批判の興隆には何ほどかの相関があるに違いない、とどうしても想像してしまうわけだが、なるほどクラシック音楽ばかりが音楽ではないにしても、その壮麗な和声的構築性、ダイナミックな音響的スケール、流麗な旋律的表現力、オーケストラの体系的構成力などの点で、クラシック音楽に匹敵する音楽はなく、しかも音楽がヨーロッパの文化階梯の最高位にあるといってよいものである以上、それを知っておくことは、ヨーロッパが簡単に否定したり、乗り越えたりできるという根拠のない自信がいたずらに助長されるおそれを防いでくれるように思う。その構築全体が堅固な要塞を思わせる西洋音楽、西洋文化、西洋近代。太鼓の原始的躍動感は捨てがたいが、琴や雅楽の淡い音楽的構築がそれに太刀打ちできないのは明白である。そもそもトルコの軍楽隊を通じて太鼓はヨーロッパのオーケストラの一部に組み込まれてしまっている。その堅固さ、そして柔軟さ。逆説的に響くかもしれないが、遅れた文明が統治の安定を困難にし、そうして生れた秩序の不安定性が次代の近代的逆転を生む、と主張する軍事的近代論としての動員史観にして、そういっておきたい。長くなったが、今回は、そういうわけで、何となく調和と明朗さとそしてわずかの哀愁が本書全体を支配しているようにお感じになっていただければ嬉しい。

最後に、本書は繰返しの箇所が多いと感じる方のために、少々弁じる。理由は二つ。一つは意識的なもので、不遜極まりないが、研究者が必ずしも本が読めるとは限らないということを、博士論文を本にしたときに感じたからである。どうしてこういう理解になるのか、書いた本人が理解に苦しむものまである。受け取り方は自由だとしても、まずは本をそのままに読むということがいかに難しいことなのかを悟った（学生の授業の理解の偏頗さというのもその例だが）。というより、数式や技法の習得に時間をとられて、本を読むということの訓練や習慣が足りないのかもしれない。そのとき抜群の読解を提示されて本人すら驚き、逆啓発された研究者は、いまでは同僚である。繰返しは一種の意識的なダ・カーポ形式の採用であり、本書全体がソナタ形式なのだとお考えいただきたい。

もう一つは今回気づいたのだが、その意味では繰返しというよりも、ある一つの事柄をいろいろな角度から眺めてこれに表現を与えるという風にいった方がよいが、そうなるのは、説得の最大の対象が自分だからかもしれない。結局は自分自身が納得いくように、さまざまな視線を投げかけて、そのたびに浮き上がる微妙に異なる図柄をもとに、そこから3D映像をつくり上げるように、動員史観という理論枠組を検証し、問うべき対象の姿を浮き彫りにするような。思い出したのは『ミステリアス・ピカソ』（一九五五年）という映画である。この映画はピカソが実際に絵を描いているのを追ったものだが、ある絵は、仕上がってみるといかにもピカソらしい絵なので、一〇分で描いたと人は思うだろうとピカソ自身もそのなかでいう。しかし、実は描き直しに描き直しを重ねていて、五時間もかかっているのである。映画ではその経過が入念にたどられている。消したものが次に復活し、そう思うとまた消えたりと、あのピカソにしてこうも紆余曲折し、描き直すのかと呆然となってしまう。本書をピカソになぞらえるなどお笑い草だが、それにしても低レベルではあるが、本書でも、同じような作業を無意識にやっており変奏曲状になるようなのである。これは、しかし、ディアベリ変奏曲のような主題とその三三の変奏という風に捉えることはできない。音楽の主題ははっきりしたメロディをもった譜面上の実体であるが、本書の行なっている主題と変奏は、まずもって主題自体が明確な形を（書き手の主観としては）なしてはいないからである。むしろ変奏だけが明確であって、その変奏に次ぐ変奏がさまざまに演奏されたあげくに、主題がようやく最後に形をとって浮上してくる。そのような、つまりは既に触れたような解釈学的循環を、一人で行ったために、ある種の変奏の乱舞が生じた。極寒の北洋を旅する独航船動員史観号の宿命、あるいは、合わせ鏡に永遠に映し出され続けるドゥルーズ的《襞》のようなものとお考えいただき、さまざまに、ある意味ズレながら、何度も表現されたものの雲間から、あるとき《一条》の光がさして全体を見渡し得るような一瞬が訪れ、動員史観とは何かが、はっきり読者の心に刻み込まれるような読書経験であることを切に祈りたい。

最後にこの本は、母ユリに捧げたい。動員史観のようなよい子批判ができるのは、これまで、私自身がよい子経験を人並みにしてきたためだと考えていた。しかし子供の中学受験を見ていると、自分の大学受験のときより勉強していることに愕然とした。中学受験ごとき（！）が、かなり激しい規律と勉学を強いるものだったのである。しかもそうした首都圏の現実は、昨今のものではない。戦後最初のよい子はもう引退した老人である。さて、となると、私がよい子批判に乗り出したのも、そうした首都圏的現実とは無縁の、たとえば偏差値を、博士論文を書く段階まで、ヘンサイと呼んでいたというまったく笑い話にもならない一事（つまり高校時代、誰かと偏差値について語り合った経験がないということだと思う）をもって象徴されるような、お気楽な毎日を過ごしていたためであったということに気づいた。だからこそよい子に違和感をもったということなのだろう。というわけで、よい子的に中途半端な、お気楽生活を演出してもらったという意味で、母に心からの感謝の言葉を添えて、本書を献呈することにした。

二〇〇五年一二月二三日　　　白金台　抜けるばかりの青空の下

畠山弘文

●本書の基礎になったいくつかの論文や報告は以下の通り。①「見えざる手としての国家」『法学研究』（明治学院論叢六一号（一九九六年）［→本書付論に修正短縮して再録］。②「一九九六年度日本社会学大会共同報告：近代と監視」報告要旨（一九九六年於琉球大学）。九六年度のものは共同研究者四名によって部会をお借りして報告したものである。なお前年九五年の同学会でも個別に報告を行った（日本社会学会大会「権力」部会一九九五年九月二四日於東京都立大学）。③「絶対主義から援助交際まで」『木野評論30号・特集魅惑の「戦争」』（一九九九年）。④「動員史観へのご招待①〜④」『マスコミ市民』（一九九七年）［→本書第一部第二章の原型］。⑤その他、「経営哲学学会」「日本法社会学会」「パターナリズム研究会」「社会科学方法論研究会」その他いくつかの学会や研究会で報告を行った。いろいろ参考になったことを感謝したい。

●人と物そしてもっと多くの無駄と思惑の大量投入による《ジャンボ・サイエンス》（jumbo science）でなく、いぜん基本的に一人深夜黙考する《ナイト・サイエンス》（night science）としての本書にとっても、もっとも大切な補助作業に煩わした労苦の故に、法学部事務スタッフ、田下優子さん（旧姓前原）、海老澤ちひろさん、渡邊香織さんの方々に感謝する。調整と対話、ご苦労様でした。また、音楽から眺めるとヨーロッパ史が理解しやすいとは既に述べたが、音楽C

Dは明学では三部門で収集されている。その関係でまず文学部芸術学科事務スタッフ、清水綾子さんと畑依子さん（旧姓岡田）に最大の感謝を捧げたい。二人の援助があってはじめて音楽史の全体像に接近できた。また同フランス文学科スタッフ星野薫子さん（旧姓星）にもフランスもののCDを多数お借りした。謹んで感謝したい。中央図書館（白金と横浜）にはリリングのバッハカンタータ全集を中心に各種大量のCDがある。便宜を図っていただいたとくにお二人の職員、福地真理子さんと藤本直樹氏に感謝申し上げたい。なお図書館全体の特筆すべき使い勝手のよさは早期退職された菅育夫氏に負うものである。

●表紙カバーの装丁はまた、高田先生にお願いした。もとはドゥルーズ的な襞を反映し複雑に入り組んだものだったが、書肆の性格も考え、雪降る函館で、よりシンプルな形にしていただくようお願いした。本書をかつて先生の学芸恩（？）に対する返答、《閉じた円環》と表現したが、《円環の変貌》（G・プーレ）が生じたわけである。越えようとして越えられず、円環はやはり永遠に開かれたままなのかもしれない。

付録——動員史観用語集

これは授業などで配布している用語集である。不完全なものであるが、索引がわりに付し、イメージトレーニングや練習問題にご使用いただきたい。ただし、一、二、本書に出てこないものがある。なお括弧内は主な該当箇所である。すべてに付しているわけではない。

■社会科学

一九世紀型社会科学（第三章第一節）
二一世紀型社会科学
裸の社会科学（序章４）
ネオ・マキアヴェリ主義社会理論：フェイズ１・２（終章第二節）
時空の二重のバイアス：特権的なイギリス（第三章第二節）
社会科学のイギリス暦／紀元前としての一九世紀以前
例外としての一九世紀（第一章第三節３）
一国史的な社会経済的アプローチ（第三章第二節）
　①国際関係の軽視
　②軍事的要因の軽視
国家関連事項（第五章第二節１）
経済関連事項
技術関連事項

■国家

絶対主義国家⟷市民社会
制限王政⟷絶対王政
自由主義国家と専制国家の伝統的二分法
有機体国家と冠石国家の新しい二分法（付論）
国家のインフラ権力／インフラ国家（付論第二節１）
国家の専制権力／専制国家（付論第二節１）
国家能力
国家の自律性
伝統諸国家（第一章第四節４）
近代国家／主権国家／領域国家／国民国家
二重国家論［戦争／福祉国家論］（第五章第三節２）
戦争国家イギリス（第五章第三節２）

■動員／戦争

原動員／近代のビッグバン（第五章第二節３）
動員
出動
動員する／される
初期動員／高度動員（第五章第一節３）
動員体制／総動員体制（第五章第一節３）
戦時／平時の溶解
兵站／輸送／補給
外からの動員
内なる動員１＝動員の内面化（第五章第四節２）
内なる動員２＝動員の自動化［過動員］（第五章第四節３）
第三の動員体制としての心の動員体制（第五章第二節４）
動員の考古学１、２（第五章第四節２）
動員解除＝復員
復員兵／帰還兵（第二章）

近代戦争
戦線離脱／戦線復帰

■枠組
二つの国家論：政治理論としての国家論と社会理論としての国家論（第一章第三節４、付論第四節１）
動員史観の第一の顔（終章第一節１）
動員史観の第二の顔（終章第一節２）
社会理論としての国家論バージョン１（第五章第三節１）
社会理論としての国家論バージョン２（第五章第三節２）
統治の目的（第五章第三節１）
国家の目的［統治のメタ目的としての］（第五章第三節２）
統治の目的と国家の目的の擬似パラドクス（第五章第三節２）
動員の三層構造［トリアッド］：競争・組織・構成員（第五章第二節２）
原基的動員体制［すなわち国家のトリアッド：戦争―国家―国民］
派生的動員体制［たとえば経済のトリアッド、教育のトリアッド、他］
経済のトリアッド［市場―企業―サラリーマン］
教育のトリアッド［入試―進学校―受験生］
受験社会Ⅰ、Ⅱ、Ⅲ（第六章第二節２）
純正近代日本（第五章第二節４）
ドイツ・リアリズム（付論第一節３）
ウェーバー＝ヒンツェ的パースペクティヴ（付論第一節３）

■よい子
体育会系（男子学生）／知的体育会系（オウム）（第一章第二節）
ブルセラ女子高生（第一章第二節）
組織人［組織人間］
オヤジ／オヤジギャル／サラリーマン
森田健作的好青年（第六章第一節３）
過労死／過労自殺（第六章第一節３）
頑張る（主義）［大村英昭］／脱力主義
「最後の人間」［ニーチェ］
ニッポンの男をすてる女たち：恋愛亡命者
一億総よい子化社会（第一章第二節）
「強制された自発性」［熊沢誠］（第六章第二節１）

■人名
中田英寿（第二章）
千葉すず（第二章）
森鷗外（第一章第一節４）
ニーチェ
ウェーバー
フーコー
マンホール（マン＋ホール）
エリアス（第二章第一節１）
西川長夫（第四章第一節）
山之内靖（第四章第二節）
村上泰亮（第四章第三節）

■その他
三角食べ
ノマド

政治の美学
不服従を讃して
異化の技法（序章）
シングル・ライフの原理／白紙還元（第六章第一節1）
敗者学［山口昌男］
匍匐前進（第一章第一節2）
美学的抵抗（第一章第五節）
美学的切断（明治維新＋第二次大戦敗戦）

著者紹介

畠山弘文（はたけやま　ひろぶみ）

1956年　函館生まれ。

1979年　東北大学法学部卒業。

1986年　東北大学大学院法学研究科修了（法学博士）。
この間，ロンドン大学LSE校留学。
明治学院大学法学部着任，現在，政治学科教授。この間，レスター大学治安研究所，カルフォルニア大学バークレー校客員研究員。

専攻・講義科目　政治学・政治社会学・国家論

主要業績『官僚制支配の日常構造――善意による支配とは何か』三一書房，他。

近代・戦争・国家
—動員史観序説—

二〇〇六年四月二十五日　初版第一刷発行
二〇一一年三月二十五日　初版第三刷発行

検印省略

著者　畠山弘文

発行者　前野弘

東京都新宿区早稲田鶴巻町五三三
発行所　株式会社　文眞堂
電話　〇三-三二〇二-八四八〇番
振替　〇〇一二〇-二-九六四三七番

製作　モリモト印刷株式会社

落丁・乱丁本はおとりかえいたします

© 2006

定価はカバー裏に表示してあります
ISBN978-4-8309-4541-0　C3031